Norbert Borrmann

Frankenstein

und die Zukunft des künstlichen Menschen

Diederichs

Die Deutsche Bibliothek – CIP-Einheitsaufnahme
Borrmann, Norbert:
Frankenstein und die Zukunft des künstlichen Menschen /
Norbert Borrmann. – Kreuzlingen ; München : Hugendubel, 2001
(Diederichs)
ISBN 3-7205-2187-7

Umschlaggestaltung: Ute Dissmann, München, unter Verwendung
des Motivs »Robot and Sound Waves« von Michel Tcherevkof,
Image Bank, München
Produktion: Maximiliane Seidl
Satz: Impressum, München
Druck und Bindung: GGP Media, Pößneck
Printed in Germany

ISBN 3-7205-2187-7

Inhalt

Zur Einführung:
Frankenstein – ein moderner Archetypus

Die brennende Aktualität des Themas künstlicher Mensch, dessen Symbolfigur Frankenstein ist, wird heute gleich auf drei verschiedenen wissenschaftlichen Ebenen offenbar: in den virtuellen Realitäten, im Bereich Roboterwesen und in der Genforschung. Doch das sollte uns nicht darüber hinwegtäuschen, daß das Thema eigentlich uralt ist. Geträumt, geahnt wurde auf diesem Feld fast alles, was seitdem vorhanden ist. Aber damit nicht genug. Der Mensch sucht nicht nur seit mythischen Tagen nach künstlichen Ebenbildern, sondern es ist auch Teil seiner Wesenheit, etwas Künstliches in sich zu tragen. Menschsein heißt Künstlichsein, bedeutet ein Herausgefallensein aus dem organischen Zusammenhang der Schöpfung. Der Mensch ist das »künstliche Tier« in Gottes Zoo. Und dieses künstliche Tier ist zugleich die einzige Kreatur, die an sich selbst nicht Genüge finden kann. Sie strebt und schopft daher bestandig über sich hinaus. Pygmalion, Golem, Homunculus, Android oder auch Frankenstein heißen die künstlichen Abbilder, die der Mensch in Mythen, Kunst, Magie, Alchemie oder moderner Wissenschaft zu kreieren versuchte bzw. versucht.

In dem Begriff Frankenstein verschmelzen Schöpfer und künstliches Geschöpf miteinander. Die Gestalt des Dr. Frankenstein ging ein in sein Geschöpf Frankenstein und wurde von ihm gewissermaßen aufgezehrt. Frankenstein offenbart die Problematik und Gefährdung des Menschen, der in seinem »Herausgefallensein« zwischen Hybris und Verzweiflung schwankt. Der *Homo sapiens,* an sich von der Natur eher stiefmütterlich ausgestattet und den meisten anderen Lebewesen in freier Wildbahn hoffnungslos unterlegen, wurde sich nach den zwei Weltkriegen seines Sonderstatus zusehends bewußt. Redewendungen vom »gefährdeten Menschen« (Joachim Bodamer), vom »Irrläufer der Evolution« (Arthur Koestler) oder vom »rationalen Mängelwesen« (Arnold Gehlen) tauchten auf. Aber so unterlegen der Mensch aufgrund seiner Körperausstattung und seines zurückentwickelten Instinktes gegenüber seinen Mitgeschöpfen auch sein mag, mit seiner Phantasie und großen Flexibilität verfügt er über Fähigkeiten, die ihm sein Überleben und Fortkommen bisher trotz allem garantierten und seinen spektakulären Aufstieg aus dem Tierreich überhaupt erst ermöglichten. Aber die Gaben, die er besitzt, haben etwas »Widernatürliches«. Gerade sein schöpferischer Geist, mit dem er seine Außenwelt formt und der sich in der menschlichen Kunst, Philosophie, Technik, Wissenschaft, in Kult und Mythos, Sprache, Staat, Recht, Wirtschaft, Sitte und Moral widerspiegelt, ist kaum als »natürlich« zu bezeichnen. Das Künstliche ist also ein unabänderlicher Teil von uns selbst. Dabei gibt es im Menschen keine klare Trennungslinie zwischen dem, was »natürlich«, und dem, was »künstlich« ist. Selbst die Bereiche, die uns als vollkommen »natürlich« erscheinen, wie Essen oder Fortpflanzung, sind beim Menschen mit Künstlichkeit vermengt. Beispielsweise kennt die Natur kein »Wunschkind«. Die Geschöpfe werden nicht danach gefragt, ob sie sich fortpflanzen möchten oder ihren Nachwuchs beschränken wollen, sondern die Natur erfüllt sich in ihnen, ohne daß eine Möglichkeit der Wahl bestehen würde. Und die Natur will im Gegensatz zum Menschen die ständige Schwangerschaft. Nur der Mensch hat sich durch zahlreiche Verhütungsmethoden ihrem Zeugungsbefehl weitgehend entzogen. Sex einfach nur der Lust wegen ist in der Natur nicht vorgesehen. Aber auch im Mitgefühl für schwächeres Leben zeigt sich eine Diskrepanz zwischen Mensch und Natur: So läßt sie z. B. die Frühgeburt vollkommen gleichgültig sterben, die Natur kennt keine Brutkästen. Wir sehen daraus, daß die Fortpflanzung beim Menschen auch ohne Genmanipulationen von einem hohen Maß an Künstlichkeit bestimmt ist, aber gerade die ist es wieder, die uns erst als Menschen ausweist; denn der Mensch ist von seiner »Natur« aus ein Kunst- und Kulturwesen, wäre dem nicht so, dann wären wir eben keine Menschen mehr. Und der Prozeß unserer Verkünstlichung schreitet mit dem Prozeß unserer Zivilisation unentwegt fort, was zweifelsohne ein schwieriger und gefährlicher Vorgang voller Rückschläge und Zusammenbrüche ist. Der Mensch ist das einzige Geschöpf, das sich zu einem Gutteil selbst erschaffen hat bzw. sich fortwährend neu oder weiter erschafft. Das Künstliche an ihm bzw. an uns fällt kaum noch auf: Ein Mensch mit dritten Zähnen, Behelfsaugen (Brille), einer zweiten Haut (Kleidung), scheinbar wiedergewonnenem Kopfhaar (Perücke) und verwandten Prothesen erregt kaum Erstaunen. Aber wie verwundert, ja tief verstört wären wir, wenn uns ein Tier in freier Wildbahn in dieser Aufmachung begegnen würde!

Doch der sich selbst ständig neu schaffende Mensch greift auch in die Natur ein, er will sie zähmen, ausbeuten und sich gefügig machen. Die Tiere, die ihm dazu brauchbar erscheinen, versklavt er und experimentiert mit ihnen in vielfacher Hinsicht noch ungenierter als mit sich selbst. Den ganzen Globus will er umgestalten, »Terraforming« lautet ein neues Schlagwort. Maschinen und damit mechanisches und künstliches Leben wurden von ihm erzeugt, und diese neuen »Geschöpfe« haben in weiten Bereichen die Sklavenkaste von einst ersetzt. So greift der Mensch immer weiter aus, und immer dringlicher stellt sich die Frage, was kann und soll der Mensch aus seiner Um- und Mitwelt machen bzw. was kann und soll der Mensch aus dem Menschen selbst machen?

Wir hatten eingangs gesagt, daß der Mensch das einzige Geschöpf ist, das an sich selbst nicht Genüge finden kann. Es träumt beständig über sich hinaus, und diese evolutionäre Sehnsucht versucht der Mensch auf alles zu projizieren, was ihm begegnet: auf die Naturgeschichte ebenso wie auf die von ihm gemachte Weltgeschichte, auf die Entwicklung der sozialen Gemeinschaften wie auf seine ganz persönliche Entwicklung. Indirekt stellt sich ihm immer wieder die Frage: »Ist der Mensch schon, was er sein kann?« Einzig der Mensch empfindet sich als das noch nicht fertiggestellte Geschöpf, und daher ersehnt er seine Umwandlung und seinen Aufstieg zum »Neuen Menschen«, zum »Übermenschen« oder gar zum Gottmenschentum. Dieser menschliche Utopismus ist gefahrvoll und hybrid, aber auch wieder großartig und kühn, reißt er den Menschen doch stets von neuem aus einer erstarrenden Selbstzufriedenheit heraus und gibt einer philiströsen Saturiertheit auf die Dauer keine Überlebenschance. Dieser im Kern faustische Antrieb läßt sich im Menschen bis zu seinem Ursprung zurückverfolgen: Als Adam und Eva vom Baum der Erkenntnis aßen, bedeutete das zwar ihre Vertreibung aus dem Naturparadies, aber auch, daß sie sich fragend der Welt zuwandten und dabei zugleich ihr eigenes Ungenügen empfanden. Der Biß in den Apfel vom Baum der Erkenntnis stellt darüber hinaus auch den frühesten Pakt zwischen Mensch und Teufel dar. Dieser Teufelspakt ist seitdem immer wieder erneuert worden: Von Dr. Faustus, Dr. Frankenstein, aber auch von Dr. Dr. Mengele.

Wenn wir die großen Linien der Menschheitsentwicklung vor uns Revue passieren lassen, wird augenscheinlich, daß die Erschaffung künstlicher Menschen oder Künstlicher Intelligenzen eine gewisse Logik in sich enthält. Mit kaum zu leugnender Stringenz läuft die Menschheitsgeschichte auf Dr. Frankenstein und die von ihm geschaffene Kreatur zu. Als Mary Shelley 1818 ihren Roman »Frankenstein« vorlegte, gab sie einem Mythos neue Gestalt. Frankenstein ist seitdem nicht mehr aus unseren Köpfen wegzudenken. Im Gegenteil: Der Name Frankenstein ist heute präsenter denn je. Überall können wir auf das »Frankensteinsyndrom« stoßen: In der Genforschung, im Experiment an Mensch und Tier oder in der eitlen Suche nach Lifestyle und immerwährender Jugend. Und obwohl die Vorstellung vom künstlichen Menschen mythisches Alter aufweist, hat sie doch an Aktualität deutlich gewonnen; denn moderne Wissenschaften und industrielle Revolution können mittlerweile mehr als *nur* den gesamten Globus umpflügen. Das, was vorher ausschließlich Kunst und Magie möglich schien, nämlich neues Leben zu erschaffen, will nun auch die moderne Wissenschaft leisten. Der von den Menschen ausgelöste Industrialisierungsprozeß scheint sich heute, nach über zweihundert Jahren, ganz unmittelbar auch auf ihn selbst auszuwirken. Hierin ist auch der Grund zu sehen, weshalb sich Frankenstein als moderner Archetypus bezeichnen läßt, denn auch wenn er etwas verkörpert, was schon immer im Menschen angelegt war, so zeigt er doch die Radikalisierung dieses Mythos auf, der heute an der Grenze seiner Realisierbarkeit steht und uns möglicherweise in den Abgrund reißt.

Die Entstehung des Romans »Frankenstein« geht auf eine Anregung von Lord Byron zurück. Im verregneten Sommer 1816 begab sich Mary Shelley in Begleitung ihres späteren Ehegatten, des Dichters Percy Bysshe Shelley, an die Ufer des Genfer Sees, um dort als Gast des gerüchteumwobenen Lord Byron eine Zeit der Muße zu verbringen. Den dreien sollte sich noch ein gemeinsamer Freund hinzugesellen, der Arzt John Polidori. Das schlechte Wetter, die zufällige Lektüre deutscher Gespenstergeschichten und die Diskussion über die Experimente des Erasmus Darwin, ein Großvater von Charles Darwin, dem es – so wurde berichtet – gelungen war, Segmente von toten Würmern im Reagenzglas wiederzubeleben, trugen zu einer Atmosphäre bei, die Byron auf die Idee brachte, daß alle eine ghost-story schreiben sollten. Während Byron und P. B. Shelley nur Fragmente einer Erzählung bzw. eines Poems vorlegten, begann Polidori mit der Niederschrift einer Vampirgeschichte, die fortan das literarische Vampirfieber auslöste,[1] und Mary Shelley fing mit der Abfassung ihres »Frankenstein« an.

Unzweideutig enthält der Roman »Frankenstein« auch Züge von »German horror«. Das liegt zum einen daran, daß die Abfassung des Frankenstein durch deutsche Geistergeschichten mitinspiriert war, und zum anderen, daß ihr tragischer Held den deutschen Namen Frankenstein trägt. Zwar ist Dr. Frankenstein Schweizer, doch sein Studium absolvierte er in Deutschland und ebendort erschafft er auch seine schreckenerregende Kreatur. Auf Mary Shelleys Roman »Frankenstein« aufbauend und wohl auch nicht ganz unbeeinflußt von den Leistungen der deutschen Naturwissenschaftler im 19. Jahrhundert und in der ersten Hälfte des 20. Jahrhunderts, die manchmal

Abb. 1: *Moderne »Steinzeit«: Wittgenstein, Gertrude Stein, Frankenstein, Einstein. Illustration von Kent Williams.*

nicht ganz ohne Neid verfolgt wurden, hat sich in der angelsächsischen Literatur und Unterhaltungsindustrie der Typus des genialen, aber leicht verrückten und skrupellosen Wissenschaftlers durchgesetzt, der häufig Deutscher oder deutscher Abstammung ist. Mit Frankensteins Studienort in Deutschland – Ingolstadt – hatte Mary Shelley keine schlechte Wahl getroffen; denn die Stadt beherbergte vordem bereits Dr. Faustus. Darüber hinaus war die Stadt auch Geburts- und Wohnort vom Führer der Reichsärzteschaft Dr. Ludwig Liebl, einem glühenden Nationalsozialisten und persönlichen Freund Hitlers.[2] Aber auch der Name »Frankenstein« weist einige bemerkenswerte »Synchronizitäten« auf. Nicht weit von Darmstadt lebte einst das alte Geschlecht derer von Frankenstein. Auf ihrer trutzigen Stammburg, die noch heute als Ruine das umliegende Land weit überragt, experimentierte im frühen 18. Jahrhundert als Gast der Familie Frankenstein der seinerzeit bekannte Alchimist Konrad Dippel. Dippel war u. a. auf der Suche nach dem Stein der Weisen, stellte aber auch Spekulationen über die Fabrikation eines Homunculus an.[3] Und im Jahr 1673 tauchte der Name Frankenstein mit folgender Zeile in der frühen Sensationspresse auf: »Von den unmenschlichen Taten des Totengräbers Heinrich Krahle zu Frankenstein«. Dieser Totengräber Krahle hatte über einen Zeitraum von acht Jahren hinweg Leichname ausgegraben, sie seziert und ihnen einzelne Organe entnommen, die er dann pulverisierte und mit weiteren Zutaten zu einem giftigen Sud vermengte.[4] Eine interessante Parallele, wenn man bedenkt, daß Mary Shelleys Frankenstein seine Kreatur aus geraubten Leichenteilen zusammengefügt hatte. Der renommierte amerikanische Wissenschaftsjournalist John Brockman glaubt sogar, daß wir uns am Beginn einer neuen »Steinzeit« befinden, da die Personen, die seiner Ansicht nach unser modernes wissenschaftliches Weltbild am nachhaltigsten geprägt haben, alle den Namen Stein tragen bzw. dieser in ihren Nachnamen enthalten ist: Einstein, Gertrude Stein, Wittgenstein und natürlich – Frankenstein (Abb. 1).[5]

Wenn nun mit Frankenstein endgültig die »klassische« Zeit des Homo sapiens zu Ende geht, was folgt dann? Der Mensch wird wohl ein anderer – vernetzt und gentechnisch verwandelt, umgeben von virtuellen Realitäten und autonomen Robotern. Dabei werden wir in immer größerer Geschwindigkeit uns selbst umbauen. Wir werden dann möglicherweise als Gattung nicht mehr so isoliert sein, wie wir es heute noch zu sein scheinen. Die Grenzen werden fließender. Aber damit bahnt sich nicht nur etwas Neues an, sondern zugleich die Wiederkehr von etwas Uraltem. Einst fühlte der Mensch sich eng verbunden mit den Tieren, den Göttern, Dämonen und Halbwesen, und im Zustand des Rausches und der Ekstase konnte er sich in ebensolche verwandeln und an deren Existenz teilnehmen. Dieser Zustand könnte sich nun auf einer High-Tech-Ebene wiederholen. Die Dämonen und Götter von einst kehren jetzt als Roboter, Ufonauten und virtuelle Geschöpfe zurück, mit denen wir durch die Technik eng verbunden sein werden. Das Zeitalter des »menschlichen Isolationismus«, das im Grunde genommen nur für einige Jahrhunderte währte, wird dann wieder zu Ende gehen. Ob wir uns dabei mit unseren neuen Verwandten vertragen werden oder irgendwann einen »Kampf der Kulturen« mit ihnen führen müssen, mag die Zukunft lehren. Dr. Frankenstein erging es einst jedenfalls nicht ganz so gut: Das von ihm kreierte Geschöpf hatte ihn aus der tiefsten Inbrunst seines zusammengeflickten Herzens verflucht!

I. Das Leben und der magische Akt seiner Erschaffung

Was ist Leben?

Geheimnisvoll taucht das Leben aus der Unendlichkeit des Todes auf. Was Leben überhaupt ist und wie es entstand bleibt für uns verborgen und ist in ein weites Feld von Spekulationen eingebunden. Dennoch hat sich nun der Mensch – der selbst ein Produkt dieses Lebensmysteriums ist – daran gemacht, nach der Rolle eines Schöpfers zu greifen. Es gehört gleichermaßen zur menschlichen Kühnheit wie zur menschlichen Torheit, daß er sich in Zonen vorwagt, die sein Wissen übersteigen und deren mögliche Folgewirkungen für ihn in der Regel nicht absehbar sind. Optimistisch mag man das ein »learning by doing« nennen, weniger frohgemut könnten wir sagen, daß der Mensch erst aus seinen Fehlern klug wird. Zum Zauberlehrling Mensch gehört es offenbar, daß er sich zunächst einmal ordentlich die Finger verbrennt – wie das z. B. auch Dr. Victor Frankenstein tat.

Frankenstein war auf der Suche nach dem »Lebenselixier« – und fand es. Allerdings verrät er bzw. Mary Shelley dem Leser keine detaillierten Fakten seiner Erkenntnis. Eines wird jedoch unmißverständlich klar, nämlich, daß das Leben eng mit dem Reich des Todes verschlungen ist. Als besessener Wissenschaftler schreckt Frankenstein nicht davor zurück, in die dunklen Grabgewölbe der Verstorbenen hinabzusteigen und aufmerksam deren Fäulnisprozesse zu studieren. So berichtet er: »Ich sah zu, wie die Verwesung des Todes mehr und mehr nach des Lebens blühendem Antlitz griff, und gewahrte, wie das Gewürm sich in Aug' und Hirn einnistete, um nach Gebühr dies fleischerne Erbe anzutreten. Und ich verweilte so lange über der Prüfung und dem Zergliedern all dieser minuziösen Kausalität, darin das Überwechseln des Lebens zum Tode schon Hand in Hand geht mit des letzteren Wandlung zu neuen Formen des Lebens, bis inmitten aller Finsternis ein plötzliches Licht mich durchzuckte – ein Feuerschein, welcher so strahlend, so wunderbar und doch von so klarer Folgerichtigkeit war ...«[1] Frankenstein hat das Geheimnis des Lebens »erlebt«, doch hat er es – entsetzt über die dadurch von ihm heraufbeschworenen Folgen – mit in sein Grab genommen!

Durch sein Tun hat sich Frankenstein in ein Gebiet vorgewagt, das eigentlich den Göttern vorbehalten ist. Schöpfungsmythen, die von den lebenspendenden Werken der Götter berichten, gibt es fast überall auf der Welt. Mitunter war es den Menschen auch vergönnt, sich in das Götterwerk einzubringen. So glaubte man in einigen Kulturen, es seien Menschenopfer nötig, um den Weltlauf, namentlich die Fruchtbarkeit der Erde, zu erhalten. Auch bei derartigen Vorstellungen begegnet uns wieder die Überschneidung von Leben und Tod. In der biblischen Schöpfungsgeschichte hat der oberste Gott allein in souveräner Handlung die Welt erschaffen. Der Mensch ist hier nicht zum Diener der Götter geschaffen, sondern als Ebenbild Gottes, mit dem Auftrag, über die Erde und die Tiere zu herrschen (1. Mose 1,28). Aber wie hat Gott die Welt erschaffen? In der Schöpfungsgeschichte heißt es nur »Und Gott sprach«. Sein gehauchter Odem hat offensichtlich ausgereicht, um das Werk des Lebens zu errichten. In späteren Hinzufügungen, so z. B. in der lateinischen Bibel, der Vulgata, erfahren wir, daß Gott alles »nach Maß, Zahl und Gewicht geordnet« hat (Abb. 2). Gott hat demnach, in dieser von griechischem Geist befruchteten Vorstellung, eine Welt der Harmonie erschaffen, aus der als Folge auch das Leben hervorblühte.

Die von Aristoteles stammende Theorie, daß Lebewesen direkt aus unbelebter, also toter Materie entstehen können, hielt sich bis in die Mitte des 19. Jahrhunderts. So nahm z. B. der Aufklärer Denis Diderot an, daß sich Tiere aus dem Erdboden kristallisieren können, und noch Goethe vertrat die Auffassung, daß man Flöhe aus einer Mischung aus Sägemehl und Urin erzeugen könne. Dieser Glaube entsprach in gewissem Sinne der Beobachtung; denn war es nicht etwa so, daß, wenn man Unrat verrotten ließ, plötzlich Lebewesen daraus hervorkrochen? Auch Dr. Frankenstein hatte an verwesenden Leichnamen eine ähnliche Erkenntnis gewonnen. Solche Annahmen und der damit verbundene Glaube an eine Lebenskraft (vis vitalis), die organische Partikel zu neuem Leben reorganisiere, geriet jedoch 1864 ins Wanken. Louis Pasteur hatte nämlich mit Hilfe von Sterilisierungsexperimenten die spontane Entstehung von einfachen Lebewesen aus unbelebter Materie und toten Organismen widerlegt. Was in den toten, sich auflösenden Körpern scheinbar lebt, ist nicht der Organismus selbst, sondern die Bakterien, die ihn zersetzen. Seit Pasteur galt nun: Alles Leben stammt vom Lebenden ab, was es aber logischerweise zu einem Problem macht, den Urbeginn des Lebens auf der Erde zu erklären; denn irgendwo muß der Punkt sein, da einmal Leben aus der unbelebten Materie und damit aus dem Reich des Todes, im Sinne einer Spontanzeugung, entstanden ist. Das Problem

Abb. 2: *Gott hat die Welt nach Maß, Zahl und Gewicht geordnet. Athanasius Kircher: Arithmologia. Stich 1665.*

der Lebensentstehung wurde daher Ende des 19. Jahrhunderts von vielen Wissenschaftlern als mit naturwissenschaftlichen Möglichkeiten unlösbar betrachtet und bis auf weiteres vertagt.

Heute wird durchaus ernsthaft erwogen, ob das Leben nicht doch »vom Himmel« stammt. Dabei denken die damit befaßten Naturwis-

senschaftler allerdings weniger an Gottvater als vielmehr an einen
Einschlag von Meteoritentrümmern auf die einst unbewohnte Erde,
in denen Spuren von Lebenskeimen, z. B. Ameisensäure oder bak-
terienartige Lebewesen, enthalten gewesen sein könnten. Beherr-
schender als diese Meteoritentheorie ist jedoch die Vorstellung, daß
das Leben gewissermaßen zwangsläufig in einem kausalanalytisch
nachvollziehbaren Entwicklungsprozeß seinen Ursprung nahm. Aus
einer brodelnden »Ursuppe« heraus soll sich über komplexe Mole-
külformen langsam, aber folgerichtig das Leben entwickelt haben.
Angefangen von seinen primitivsten Urgestalten bis zu seiner gegenwärtigen Krönung – also zu uns selbst – ging der Weg. Anorganische
Stoffe verwandelten sich in organische – so lange, bis der Tod das Leben gebar!

Mit derartigen Vorstellungen befinden wir uns natürlich inmitten der Evolutionstheorie, bei deren Nennung sich beinahe zwangsläufig der Name von Charles Darwin aufdrängt. Darwins Lehre vom
Ursprung der Arten geht davon aus, daß in der Natur von Anbeginn
an das Prinzip der »natürlichen Zuchtwahl« gelte. Diese züchterische
Macht sorgt dafür, daß bei einer Überproduktion an Nachkommen
durchschnittlich diejenigen am ehesten überleben, die ihrer Umwelt
am besten angepaßt sind. Unterstützt wird dieser Selektions- und
Anpassungsprozeß im Konkurrenzkampf des Lebens durch die erb-
liche Veränderlichkeit (Mutation) der Lebewesen. Mit seiner Lehre
hat Darwin das Prinzip »Fortschritt« in der Natur installiert; denn
der Wettbewerb der Lebewesen untereinander führt zu deren Evolution. Ausgangspunkt von Darwins Theorie der natürlichen Zuchtwahl war übrigens sein Studium der »künstlichen Zuchtwahl« gewesen. Wirkt doch auch bei der Züchtung von Haustieren das in der
Natur vorhandene Prinzip der Auslese, das der Züchter durch seine
Tätigkeit beschleunigen und in die von ihm gewünschte Richtung
lenken kann. Natürliche Zuchtwahl und künstliche Zuchtwahl sind
also bei Darwin eng miteinander verbunden. Mit der künstlichen
Zuchtwahl befinden wir uns aber zugleich inmitten des »Franken-
steinsyndroms«, insbesondere wenn wir bedenken, daß der züchterische Ehrgeiz, wovon Darwin ausging, nicht auf die Haustiere beschränkt bleiben muß …

Darwins Vorstellung von Evolution durch natürliche Auslese
stellt eine Umkehrung aller tradierten Glaubensvorstellungen dar.
Statt einer Schöpfung von oben, durch einen intelligenten Schöpfer,
nimmt er eine Schöpfung von unten an, durch einen geistlosen,
sinnlosen mechanischen Prozeß, der – direkt oder indirekt – all die
großartigen Entwürfe der Natur schafft – und damit alle Produkte

des menschlichen Geistes, allen Sinn. Urschöpfer allen Lebens ist hier also allein der Tod und nicht ein lebendiger Gott, der erst die Welt aus sich heraus erschaffte und dann den toten Dingen – Kraft seines Odems – Leben einhauchte.

Auch für den Sprung vom Tier zum Menschen bzw. präziser vom Affen zum Menschen bedarf es für die unser heutiges Denken leitenden Naturwissenschaften keiner außerweltlichen Kräfte mehr. Nach gegenwärtigen Erkenntnissen entstand der Vor- und Frühmensch, die Gattung *Australopithecus,* vor 5 bis 7 Millionen Jahren. Ihm verdanken wir den aufrechten Gang. Die Gattung Homo trat vor 2,5 bis 3 Millionen Jahren auf. Mit ihm begann das Hirn rapide zu wachsen, was zugleich einige Komplikationen mit sich brachte und uns einen ersten Hinweis darauf geben mag, daß das Prinzip »Fortschritt« nicht unbedingt der Erleichterung unseres Daseins dient. Durch das vergrößerte Gehirnvolumen wurde der Geburtsvorgang nämlich schwieriger, so daß sich das Ende der Hirnentwicklung erst in die Zeit nach der Geburt verlagerte. Unreifere Babys wurden geboren, deren Pflege eine engere Sozialstruktur erzwang. Vor 100 000 Jahren entstand der Homo sapiens – der Mensch wurde mit ihm zum Kulturwesen. Aus dieser Epoche stammen die ersten Höhlenmalereien, der Mensch begann, sich mit Perlen zu schmücken und Kleidung zu tragen. Damit ist zugleich die Periode des »reinen Naturmenschen« beendet. Der Mensch fing nun an, selbst aktiv auf seine Gestalt und Entwicklung einzuwirken. Die Entwicklung zum »künstlichen Menschen« wurde damit in die Wege geleitet.

Gleichwohl bleiben noch viele Fragen offen. Entwickelte sich der moderne Mensch gleichzeitig auf verschiedenen Teilen der Erde, oder stammt er aus Afrika, wie die »Out of Africa«-Theorie besagt. Auch gibt es immer noch das »missing link«, der erste eindeutige Übergang vom Affen zum Menschen fehlt. Gewiß ist nur soviel: Alles organische Leben ist eng miteinander verwandt. So besitzen Bakterien, Pflanzen, Tiere und Menschen den gleichen genetischen Code. Alles Leben ist von einheitlichem Ursprung und einheitlicher Struktur. Auch zu unseren unmittelbaren Vorfahren ist die nahe Verwandtschaft geblieben: Biologisch betrachtet ist der Mensch eine Schimpansenart. Nur in gut einem Prozent unterscheiden sich Mensch und Schimpanse in ihren biologischen Bausteinen, d.h. in ihrer DNS, voneinander. Von daher ist es durchaus verständlich, wenn einige Tierschützer auch »Menschenrechte für Affen« einfordern.[2] Aber es stellt sich natürlich die Frage, ob wir das Leben allein aus seinen Grundbausteinen, aus seinen Genen und Molekülen, erklären können. Die reduktionistische Schau moderner Wissenschaft lenkt den Blick zumeist nur auf die Teile, nicht aber auf das Ganze. Das Ganze ergibt aber oft etwas vollkommen anderes, als die bloßen Teile erahnen lassen. Das Leben selbst scheint zu bunt, zu komplex und auch zu unberechenbar, um sich aus vorgefertigten Teilchen und starren Mechanismen wirklich enträtseln zu lassen. Nicht ohne Grund galt daher das Studium der Biologie und der belebten Welt lange Zeit als »weiche« – gar als »unexakte« Wissenschaft. Das Ideal war die »tote« Physik mit ihrer vermeintlichen Regelmäßigkeit und der Universalität ihrer Gesetze.

So tut sich ein Gegensatz zwischen der organischen und der anorganischen Welt, zwischen der »exakten« Welt des Todes und der »ungenauen« des Lebens, auf. Beim Menschen kommt aber noch etwas anderes hinzu, was ihn von Tier und Pflanze trennt: Er besteht nicht nur aus materiellen Stoffen und ist nicht nur ein Geschöpf der lebendigen, unberechenbaren Natur, sondern er ist zugleich ein Produkt von dem, was er selbst geschaffen hat: der Kultur, die in vielem noch weit ungebärdiger, verworrener ist als die bunte Welt organischen Lebens. Die Menschwerdung begann mit der Künstlichkeit seiner Kultur, die ihn selbst künstlich gemacht hat und ihn von seinen nur natürlichen Mitgeschöpfen aus dem Tierreich trennt. Mögen wir genetisch betrachtet mit den Schimpansen fast identisch sein, unser Lebensstil unterscheidet uns von ihnen doch gewaltig. Mag in uns das tierische Erbe noch so groß sein und sich mitunter gewaltsam entladen, die Kluft zwischen Mensch und Tier ist trotzdem unübersehbar und wächst konstant weiter. Der Mensch ist das einzige Geschöpf, wie es der Anthropologe und Zoologe Helmuth Plessner formulierte, das unter dem »Gesetz der natürlichen Künstlichkeit« steht.[3] Dieser Sonderstellung haben wir auch die bisher größte Leistung der Evolution zu verdanken: unser Gehirn.

Auf Darwin geht die moderne Evolutionslehre zurück. Nach ihr setzt sich der Stärkere – auch der Stärkere an Geist – zielstrebig im »Schöpfungsplan« der Evolution durch. Für den klassischen Evolutionsbiologen führt daher ein gerader Weg von den niedrigsten Formen des Lebens hinauf zum bisherigen Lebensgipfel, dem Menschen. Dieses optimistische »Fortschrittsmodell« wird aber immer häufiger von einigen Ketzern in Frage gestellt. An ihrer Spitze steht der amerikanische Paläontologe Stephen Jay Gould. Nach Gould ist der Mensch nur das prächtig geratene Zufallsprodukt eines unberechenbaren Prozesses, der eigentlich gar nicht auf größere Komplexität ausgerichtet ist; denn die ältesten, zahlenmäßig reichsten und zähesten Lebensformen bilden die Lebewesen, die am einfachsten strukturiert sind – bakterienähnliche Organismen. Daher gibt es für Gould auch keinerlei Anzeichen dafür, daß die Evolution des Lebens einen Trend zu höherer Komplexität, zum »Fortschritt« beinhaltet. Eine solche Sicht spiegelt für ihn nur die Eitelkeit des Menschen wider und hat seiner Ansicht nach mehr mit Ideologie als mit Wissenschaft zu tun. Der Mensch ist nur ein »Unfall« des Lebens. Ein Irrtum, dessen Lebenschancen daher auch – im Gegensatz zu den Bakterien – zeitlich begrenzt sein werden.[4]

Aber gerade die Unwahrscheinlichkeit menschlichen Lebens bringt auch Gott wieder ins Spiel. Gibt es doch einen verborgenen Schöpfungsplan, welcher der Unmöglichkeit Mensch erst auf die Sprünge geholfen hat? Im Augenblick können wir nur soviel konstatieren, daß der »Fortschritt« auf unserem Globus unzweifelhaft in Richtung einer erhöhten Produktion von Künstlichkeit hinzielt. Diesem Trend wird sich auch ihr Schöpfer, der Mensch, nicht entziehen können. Vielleicht haben ja Roboter und ihre künstliche Verwandtschaft eine bessere Überlebenschance als wir selbst. Dieses künstliche Leben enthält übrigens ein Paradoxon: Es ist nämlich nicht wie unser herkömmliches Leben organisch strukturiert, auch wenn gewisse Formen davon imitiert werden mögen. Genaugenommen handelt es sich um Totes, das lebt – es erfüllt in der Zukunft aber möglicherweise die Bedingungen von Leben, wenn man darunter etwas versteht, was mutieren und sich reproduzieren kann. Und es kann gut sein, daß es für diese Untoten die besten Überlebenschancen gibt – neben den Bakterien!

Prometheus – der Menschenerschaffer

»Frankenstein oder Der moderne Prometheus«, so lautet der vollständige Titel von Mary Shelleys Roman. Nicht ohne Grund; denn ähnlich wie Prometheus den Menschen nach seinen Vorstellungen aus Ton erschaffen haben soll, träumte auch Frankenstein davon, Leben nach eigenem Begehren formen zu können. Wenden wir uns also Frankensteins antikem Vorbild zu: Prometheus entstammt dem Geschlecht der Titanen, welche den Göttervater Zeus zu stürzen versuchten. Doch während die übrigen Titanen mit rein physischer Kraftentfaltung kämpften, wandte Prometheus geistige Waffen an. Dieser Wesenszug kommt bereits in seinem Namen zum Ausdruck, da Prometheus soviel wie Vorbedacht heißt. Prometheus ist der Vorausdenkende, der Kluge, der Listige, der Verschlagene. Aber Prometheus versteht es nicht nur, die übrigen Götter hinters Licht zu führen, er – und nicht etwa der Göttervater Zeus – soll auch die Menschen erschaffen haben, deren Förderer und Wegbereiter er zugleich ist (Abb. 3). Die Vorstellung von Prometheus als Menschenschöpfer entwickelte sich allerdings erst in der klassischen Zeit Griechenlands, zuvor hatte man in Prometheus lediglich den Feuerbringer und Wohltäter der Menschheit gesehen. In seinen Beziehungen zu den Menschen dokumentiert Prometheus seine Unabhängigkeit von den ihm »höhergestellten« göttlichen Machthabern. Bei der Erschaffung des Menschen, *seines* Menschen, nutzte Prometheus das Wissen, »daß im Erdboden der Same des Himmels vielfältig schlummere; darum nahm er vom Ton, befeuchtete ihn mit dem Wasser des Flusses und formte daraus ein Gebilde nach dem Ebenbild der Götter, der Herren der Welt. Diesen Erdenkoloß zu beleben, entlehnte er allenthalben von den Tierseelen gute und böse Eigenschaften und schloß sie in die Brust des Menschen ein. Unter den Himmlischen hatte er eine Freundin, Athene, die Göttin der Weisheit. Diese bewunderte die Schöpfung des Titanensohnes und blies dem halbbeseelten Bilde den Atem ein. – So entstanden die ersten Menschen und füllten bald vervielfältigt die Erde.«[5]

Prometheus formte den Menschen demnach aus der Erde bzw. dem Ton, in welchem bereits der Same der Götter schlummert, dem Lebenselement Wasser, aus Spuren von Tierseelen und dem Lebenshauch einer Göttin. In dieser Mixtur wird bereits die Sonderstellung des Menschen erkennbar – ist er doch aus irdischen *und* himmlischen Elementen zusammengesetzt. So betrachtet ist der Mensch aber mehr als nur ein Kind von »Mutter Natur«. Durch seine göttliche, »künstliche« Teilabkunft bildet er einen halben Fremdkörper innerhalb des Naturreiches, in dem er nach der Prometheussage zunächst traumverloren und beinahe lebensunfähig umherirrte, so daß Prometheus seinem Geschöpf erst die notwendigen Dinge des Lebens beibringen mußte, damit es überhaupt überleben konnte. Aber der Titan Prometheus tut noch mehr: Er schenkt dem Menschen die Gewalt über das Feuer, mit dessen Beherrschung dieser endgültig aus den engen Grenzen seines Naturwesens ausbricht und sich der Natur fordernd, ausbeuterisch und sie nach seinen eigenen Gesetzen künstlich umformend gegenüberstellt.

Auch Prometheus selbst, der Sohn eines Titanen und einer mächtigen Göttin, nahm eine Mittelstellung zwischen den Göttern und den Menschen ein. In diesem Menschenschöpfer sind viele menschliche Züge im Großen, Titanenhaften veranlagt. Schon im 5. Jahrhundert vor Christus findet sich bei dem Komödiendichter Platon der Ausspruch, Prometheus sei der »Geist« des Menschen. Prome-

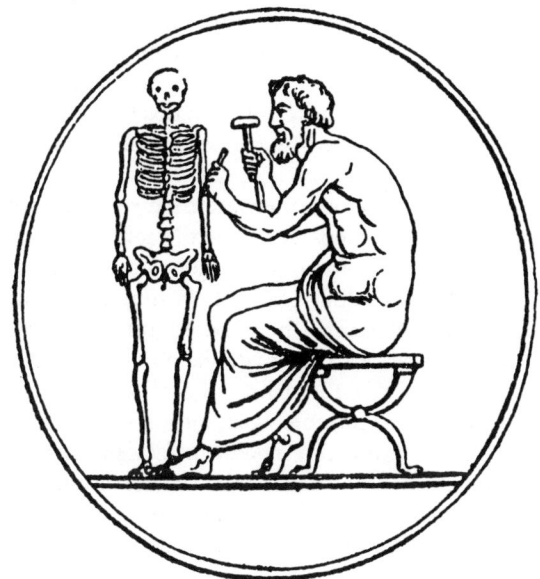

Abb. 3: *Prometheus erschafft den Menschen. Zeichnung nach einer antiken Gemme.*

theus ist Menschenerschaffer im doppelten Sinne: Er hat den Menschen nicht nur einen belebten Leib geschenkt, sondern auch einen Geist – nämlich seinen eigenen –, durch den der Mensch erst wurde, was er ist: ein Geschöpf, das aus dem übrigen Naturzusammenhang herausfällt, ein Rebell gegen die restliche Welt, die er sich anzueignen versucht. Mensch und Prometheus stehen beide für das Neue, für die List und Überlistung, für das Feuer, das wärmt und die Nacht erhellt, aber auch vernichten kann, für das Experiment und den ewigen Aufbruch. Es darf daher nicht verwundern, daß Prometheus seit den Tagen der Antike wie kaum eine andere Gestalt aus dem griechischen Pantheon ein steter Begleiter des Menschen war. Dichter, Denker und Philosophen haben sich immer wieder von seinem Feuer entzünden lassen. Endlos sind die Namen: Hesiod, Aischylos, Ovid, Plotin, Cicero, Giordano Bruno, Tommuso Campanella, Francis Bacon, Thomas Moore, Goethe, Herder, Rousseau, Byron, Heine, Nietzsche, Brecht, Kafka, Camus oder – Mary Shelley. In der bildenden Kunst sind es u. a. Tizian, Caracci, de Ribera, Rubens, Moreau oder Kokoschka.

Doch Kühnheit, Aufbruch und Ungestüm fordern ihren Preis: Gottvater Zeus schickte den aufrührerischen Menschen das trügerisch schöne, eigens zu diesem Zweck von Götterhand geschmiedete

Kunstgeschöpf Pandora, das den Menschen ihre Büchse voll Krankheiten und Übel überbrachte. Dem Götterrebell Prometheus erging es noch schlechter. Er wurde von Zeus an einen Felsen im Kaukasus geschmiedet, wo ihm ein Adler am Tage die Leber zerhackt, die nachts immer wieder nachwächst, damit seine Pein eine endlose Verdammnis sei.

Sigmund Freud hat Prometheus und den prometheischen Gedanken als eine Kultur jenseits des Lustprinzips gedeutet. Er hielt die negativen Folgen des Feuerbringers – vergleichbar dem biblischen Sündenfall und der Vertreibung des Menschen aus dem Naturparadies – für schwerwiegender als die Vorteile, welche Wissenschaft und Technik bewirkt haben. Er beschwört das Bild von Prometheus am Abgrund, zu dem ihn die Rebellion gegen den Übergott und sein Wunsch, ein eigenes künstliches Reich zu errichten, gebracht hat.[6] Auch für Dr. Victor Frankenstein endete sein prometheisches Streben in Fluch und Tod. Doch immerhin: Ihr aufrührerischer, titanenhafter Wahnsinn machte sowohl Prometheus als auch Frankenstein, wenn auch nicht glücklich, so doch tragisch und groß!

Der gebärende Mann

Der Titan Prometheus gehört einem sehr männlichen Geschlecht an, und die prometheische Kultur hat mit ihrer Technik, ihrem Ungestüm und ihrer Unersättlichkeit das Antlitz von »Mutter Erde« nachhaltig umgepflügt. Ursprünglich war der Mensch, ähnlich dem Tier, in die Natur eingebettet. Aber seit der Heraufkunft des »künstlichen Tieres« haben sich diese Bande fortlaufend gelockert. Der Mensch ist – zumal seit der industriellen Revolution – ein Produkt prometheischen Geistes. Anders als der »Prometheus-Mann« ist jedoch die Frau in ihrer Wesenhaftigkeit weit mehr in den Kreislauf der Natur eingebunden. Besonders offensichtlich wird das an der weiblichen Fähigkeit, organisches Leben zu gebären. Derartiges konnte der Mann nie – aber die prometheische Kultur gab ihm die Möglichkeit, seinen Gebärneid und seinen Gebärwunsch über die von ihm geschaffenen künstlichen Produkte zu befriedigen.

Das Verlangen, die Natur zu beherrschen und sie als Ausgangsbasis für die eigenen Kreationen zu benutzen, setzt voraus, daß die Natur als etwas Fremdes erlebt wird, das sich vom eigenen Selbst unterscheidet. Eine solche Weltinterpretation lag dem Mann verständlicherweise näher, da die Frau mit ihrer zyklischen Menstruation, ihrer Gebär- und Stillfähigkeit enger mit der Natur verbunden bleibt. Diese ursprünglich stark gefühlte Einheit mit dem großen Naturzusammenhang schenkte der Frau auch ein Stück Unsterblichkeit und Transzendenz. Es war sicher nicht zuletzt die größere Trennung des Mannes von der Natur, die zu dem Wunsch geführt hat, Unsterblichkeit und eine Verewigung des eigenen Selbst durch die »Erzeugung« von Maschinen, Ideen und künstlicher Menschen zu erlangen. Erich Fromm notierte zu diesem Phänomen: »In der Unfähigkeit des Mannes, sein Bedürfnis nach Transzendenz durch das Gebären eines Kindes zu befriedigen, ist sein Drang begründet, sich selbst dadurch zu transzendieren, daß er selbst geschaffene Dinge und Ideen hervorbringt.«[7] Allerdings bewirkt die männliche Zeugung eine fortlaufende Beschleunigung und einen eng damit verbundenen Suchtcharakter; denn je mehr Künstliches der Mann gebiert, desto stärker trennt er sich gerade damit aus dem ursprünglichen Naturzusammenhang, was wiederum eine Steigerung seiner Gebärsucht zur Folge hat.

Der menschliche Mann wurde so zum einzigen männlichen Tier, das gebären kann. Und ähnlich wie zwischen Mutter und Kind eine enge, emotionale, erotische Beziehung besteht, so finden wir eine solche auch zwischen dem Mann und seinen Erzeugnissen. Der Mann hat zu seiner Maschine durchaus auch eine sexuelle, beinahe inzestuöse Liebesbeziehung. Ersichtlich wird das z. B. am Mythos vom »verrückten Wissenschaftler«, der – häufig karikiert mit wildem weißen Haarschopf und vortretenden, unruhigen Augen – nur noch eine Leidenschaft kennt: die Natur zu beherrschen, sie zu entschlüsseln und auf irgendeine Art neues, künstliches Leben oder Scheinleben zu erschaffen. Aber selbst der »ganz normale Mann«, der ja im Regelfall kein Schöpfer von Maschinen ist, hat meist – wie das besonders beim Auto ersichtlich wird – ein weit engeres Verhältnis zu derartigen Kunsterzeugnissen als die Frau. Der Besitz einer Maschine und die Herrschaft über sie ist für den Mann ein sinnlicher Genuß, der zugleich sein Selbstbewußtsein stärkt; denn die Herrschaft über die Maschinen ermöglicht auch eine Herrschaft oder Teilherrschaft über die Natur. Die Maschine gibt Macht.

Aber die Zeugungskraft des Mannes, die »Geburt ohne Frau«,[8] erlangt ihre Vollendung und ihren Höhepunkt nicht darin, immer neuere, effektivere und schnellere Maschinen hervorzubringen, sondern erst dann, wenn sie endlich mit der Schöpferkraft der Natur und der Frau gleichziehen kann, und es dem Mann gelingt, tatsächlich neues, von ihm geschaffenes Leben zu kreieren. Die Zeugung im männlichen Hirn bzw. in der Retorte verzichtet auf den weiblichen Schoß, welcher der natürliche Weg zum Leben ist. Exemplarisch wird das auch bei Victor Frankenstein: Dieser besessene Wissenschaftler, der so verrückt danach ist, künstliches Leben zu erschaffen, drückt sich vor der natürlichen Zeugung. Für seine Braut Elisabeth findet er, auch wenn er ihr seine Zuneigung versichert, immer wieder Gründe, die Hochzeit aufzuschieben. Nicht mit ihr zeugt er ein Kind, sondern er schafft Leben in der männlichen Einsamkeit seines Laboratoriums, indem er einen elektrischen Funkenregen auf zusammengeflickte Leichenteile niederregnen läßt. Das so geschaffene Monster ist sein legitimer Sohn. Hollywood machte aus Dr. Frankenstein wohl eines Wortspiels wegen Baron Frankenstein: Baron wird im Englischen wie »barren« (= unfruchtbar) ausgesprochen. Der unfruchtbare Baron Frankenstein hat jedoch eine erbärmliche Imitation weiblicher Fruchtbarkeit vollbracht.

Bemerkenswert ist, daß der moderne Mythos vom hybriden männlichen Schöpferwahn von einer Frau stammt, nämlich von Mary Shelley. Zu Recht wurde daher im Zuge der Frauenbewegung in Mary Shelleys »Frankenstein«-Roman auch eine frühe »feministische« Kritik am männlichen Schöpfungswahn gesehen, der alle vorgesehenen Naturzusammenhänge und tradierten Ordnungen zerreißt und geradewegs auf den Abgrund zusteuert. »Frankenstein« ist daher ein sehr pessimistischer Roman, bei dem am Ende der Tod triumphiert. Einen nekrophilen Beigeschmack besitzt die männliche Zeugung im Gegensatz zur natürlichen ohnehin: meist sind es tote, anorganische Stoffe, die zusammengesetzt werden, um zu einem gespenstischen Scheinleben erweckt zu werden. Synchron mit der Überdrehung des männlichen Zeugungszwanges tritt in den Industrieländern ein historisch neuartiges Phänomen ein: Die natürliche Fähigkeit der Frau, Leben zu gebären, die ursprüngliche Quelle ihres Ansehens, ist inzwischen zum Störfaktor in der vom Mann organisierten Massenproduktion und seiner hektischen Arbeitswelt geworden. Das Anorganische tritt an die Stelle des Organischen. Es hängt offensichtlich kein rauschender Frühling über den männlichen Geburten!

Menschen aus Lehm: Die Golems

Der Golem stellt die erste lebende Kreation des Menschen dar, und wie alle anderen künstlichen, meist rein männlichen Schöpfungen besitzt auch er nur ein halbes Leben, ist er nur eine Karikatur organisch-gewachsenen Daseins. Der Golem ist auch gerne als der neue Adam bezeichnet worden. Er ist der Adam des Menschen, wie der

Mensch selbst der Adam Gottes ist.[9] Als solcher gehört der Golem
zum gesamten Menschheitserbe, auch wenn er in der uns bekannten
Gestalt vornehmlich eine Schöpfung jüdischer Esoterik sein mag.
Hans Ludwig Held, der 1927 eine erste Grundlagenarbeit über den
Golem verfaßt hat, äußerte dazu: »Ich habe bereits darauf hingewiesen, daß die Wesentlichkeit dieser Gestalt seit uralten Zeiten mit uns
gehe, und so ist es selbstverständlich, daß nicht nur die jüdische Mystik ein solch geheimnisvolles Wesen kennt. Es liegt sogar nahe, anzunehmen, daß die Gestalt des Golem aus einer mythologischen
Vorstellungsreihe stammt, die als menschliches Gemeingut in den
Schöpfungsmythen der verschiedensten Völker und zu den verschiedensten Zeiten wiederkehrt; die jedoch ihre unzweifelhaft vollkommenste Darstellung im hebräischen Mythos gefunden hat.«[10] Ein aus
der griechischen Mythenwelt stammender Verwandter des Golem ist
z. B. die zum Leben erwachte Statue des Bildhauers Pygmalion.
Auch hier wird aus irdischer Materie und der Kraft einer Persönlichkeit Leben erzeugt.[11] Selbst zu der Gestalt des Alrauns gibt es Parallelen. Zwar wird der Alraun nicht vom Menschen hergestellt, er
ist ein Produkt der Natur, Gottes oder des Teufels, aber sein Leben
ist auf die Hege und Pflege des Menschen angewiesen.[12]

Doch was für eine Kreatur ist nun der Golem? Das hebräische
Wort »golem« bedeutet »das Ungeformte, Ungestaltete« oder auch
»Erdkeim, ungestaltetes Klümpchen, Embryo«. Im Alten Testament
wird das Wort Golem im Psalm 139, Vers 16 erwähnt. Die Stelle lautet in der Bibelübersetzung von Martin Buber: »Mein Kern war dir
nicht verhohlen, als ich wurd gemacht im Verborgenen, buntgewirkt
im untersten Erdreich, meinem Knäuel (golmi) sahn deine Augen,
und in dein Buch waren all sie geschrieben, die Tage, die einst würden gebildet, als aber war nicht einer von ihnen.« Diese dunklen
Worte deuten auf den ersten Menschen, der hier als formlose Masse,
als Golem, ausgestreckt vor seinem Gott lag. Aber nicht in der Bibel,
sondern erst im Talmud entwickelte sich die Bezeichnung Golem zu
einem umfassenden Begriff, der alles Ungestaltete und Unfertige, das
sich in einem Zustand des Werdens befindet, in sich schließt. Golem
nennt man eine Frau, die noch nicht empfangen hat, ein Gefäß, das
noch poliert werden muß, einen ungebildeten Menschen. In den
Adamsagen der talmudischen Zeit stellt der unbeseelte, noch unfertige Adam, den Gott selbst aus Lehm geformt hatte, den Golem dar.
Das unförmige Gebilde wird als riesenhaft und zweigeschlechtlich
beschrieben. Später hauchte Gott ihm die Seele ein und trennte
Mann und Weib. Wer nach ihm den Versuch wagte, einen Golem zu
schaffen, imitierte die Erschaffung Adams.

Im Mittelalter galt allgemein ein seiner Seele beraubter menschlicher Körper als Golem, gleichzeitig aber taucht das Wort ab dem 12. Jahrhundert in Schriften deutscher Kabbalisten als Bezeichnung für einen künstlich geschaffenen Menschen auf. Vor allem in den Kommentaren zum Buch der Schöpfung, dem »Sefer ha Jetzira« wird auch die Erschaffung des Golems behandelt. Als materieller Grundbaustein des Golem gilt Lehm, aus dem, gleich Adam, in groben Zügen eine menschliche Gestalt geformt wird. Um diesem ungeschlachten Klotz Leben einzuhauchen, bedarf es allerdings magischer Praktiken. Da nach biblischem Glauben Gott die Welt durch seinen Odem und sein Wort geschaffen hat, erschien es theoretisch auch für den Menschen möglich, Leben zu erschaffen, wenn er Gottes Schöpfungslaute kannte. Man glaubte, in den Buchstaben des hebräischen Alphabets seien geheime Lebenskeime enthalten, und wer es vermochte, sie in der richtigen Kombination zu rezitieren, könnte damit die Kraft des Schöpfers gewinnen, Materie Leben einzuflößen. Besonders wortgewaltigen, würdigen und gelehrten Rabbinern, so z. B. dem Rabbi Eleasar von Worms, dem Rabbi Elijah von Chelm und als bekanntesten dem Rabbi Löw von Prag, soll es gelungen sein, unter Einbeziehung des Schöpferwortes – *Schem hamphorasch* – einen Golem aus Lehm zum Leben zu erwecken. Der Golem selbst ist, im Gegensatz zu seinem wortmächtigen Herrn, stumm und von übernatürlicher Größe. Er erfüllt nicht selten die Aufgaben eines Hausknechts. Aufgrund dieses »Jobs« erinnert der Golem auch an einen Roboter bzw. an den ebenfalls durch magische Methoden ins Leben geführten Zombie. Die magische Wortbeschwörung allein reicht jedoch nicht aus, den Golem am Leben zu erhalten. Deshalb wird ihm noch ein weiteres magisches Wort auf die Stirn geschrieben, so z. B. das hebräische *emeth* (Wahrheit). Vom Golem des Rabbi Elijah wird berichtet, daß er zu so enormer Größe angewachsen war, daß der Rabbi darüber erschrak. Um sich von seiner Kreatur wieder zu befreien, entfernte er vom Wort emeth den ersten Buchstaben, so daß daraus *meth* (Tod) wurde. Diese Wortänderung sollte sich als doppeldeutig erweisen. Der riesenhafte Golem, der daraufhin zu Boden stürzte, erschlug nämlich im Fall seinen Herrn. Ein Menetekel, das drastisch vor Augen hält, was passieren kann, wenn dem Schöpfer sein Geschöpf im wahrsten Sinne des Wortes über den Kopf wächst. Besser erging es dem Rabbi Löw. Er hatte seinem Golem das magische Wort nicht auf die Stirn gezeichnet, sondern ihm einen Papierstreifen mit dem »richtigen« Namen Gottes in den Mund gelegt. Sobald er den Papierstreifen entfernte, fiel der Golem wieder in Totenstarre.

Im Buch »Der Born Judas« (1959) von Emanuel Ben Gorion heißt es über den Golem und den berühmten Rabbi Löw: »Die Kraft der Rede konnte er (Rabbi Löw) dem Golem nicht eingeben, denn was diesem innewohnte, war eine Art Lebenstrieb, aber keine Seele. Er war wohl mit einem gewissen Unterscheidungsvermögen ausgestattet, aber Dinge der Weisheit und höhere Einsicht blieben ihm versagt. – Wiewohl nun der Golem keine Seele hatte, merkte man ihm am Sabbat etwas Besonderes an, und sein Gesicht erschien freundlicher als an Wochentagen ... Der Golem barg in seinem Inneren keinerlei Neigung, weder gute noch sündhafte. Was er tat, geschah nur unter Zwang und aus Furcht, zurück ins Nichts versenkt zu werden. Alles, was zehn Ellen über und zehn Ellen unter der Erde lag, war für ihn mit Leichtigkeit zu erreichen, und nichts konnte ihn an der Ausführung des einmal Unternommenen hindern. – Er mußte ohne Zeugungstrieb erschaffen werden, sonst hätte sich kein Weib vor ihm retten können ... Weil er aber keinen Trieb kannte, so haftete ihm auch keine Krankheit an ... R. Löw behauptete, daß der Golem auch Anteil am ewigen Leben haben werde, da er sovielmal Israel von schwerer Not bewahrt hatte.«[13]

Die ursprüngliche Erschaffung des Golem beruhte auf mystisch-spekulativen Ideen. Die Schriftgelehrten, die sich mit diesem geheimen Akt beschäftigten, gerieten bei der Rezitation der richtigen Buchstabenkombinationen nicht selten in ekstatische Zustände. Als im 15. und 16. Jahrhundert der Golemglaube auch ungelehrte Schichten erfaßte, verflachte dieser heilige Schöpfungswahn. In volkstümlichen Legenden materialisierte sich der Golem immer stärker zum dämonischen Diener des Menschen. In das Motiv des Knechttums, das sich nun gehäuft in die alten Schöpfungsvorstellungen einmischte, spielten auch die seit der Antike bekannten Automatensagen mit hinein. Daraus ergab sich, daß durch die im 18. Jahrhundert in Mode kommenden menschlichen Spielautomaten auch die Golemsage wieder aktualisiert wurde. Vor allem die Literatur entdeckte in der Folge den Golem. Zwar wurde bereits 1718 in der Schrift »Megilath Jochasin« des Aktuars und Rabbinerassessors in Prag, Maier Perls, die Geschichte des Rabbi Löw (1512–1609) geschildert, aber erst als ein Jahrhundert später, zu Beginn des 19. Jahrhunderts, von L. Weisel in den »Sippurim«, einer Sammlung jüdischer Volkserzählungen, die Geschichte des Rabbi Löw literarisch aufbereitet wurde, erlebte der Golem seine wirkliche Renaissance. Auf diese Sammlung gehen zumeist die literarisch ausgeschmückten Geschichten vom Golem des Rabbi Löw in den »Böhmischen Sagen« von Oskar Wiener zurück. Aber auch außerhalb des Judentums wuchs das Interesse am Golem: 1808 geht Jacob Grimm in der »Zeitung für Einsiedler« auf die Golemgestalt ein. Achim von Arnim beschäftigte sich in seiner Erzählung »Isabella von Ägypten« (1812) ebenfalls mit dem Golemmotiv. Andere Autoren folgen: E.T.A. Hoffmann, Ludwig Tieck, Clemens Brentano, Annette von Droste-Hülshoff, Theodor Storm oder Detlev von Liliencron.

Die vielleicht beeindruckendste, atmosphärisch dichteste Umsetzung des Golemstoffes gelang Gustav Meyrink 1915 mit seinem gleichnamigen Roman »Der Golem«. In der gespenstischen, sagenhaften Prager Judenstadt − halb Traumwelt, halb Realität − erwacht der Golem immer wieder erneut zum Leben. Der Golem gerinnt bei Meyrink zu einem vielschichtigen Symbol: Er ist ebenso Zeichen der Tiefe und des Geheimnisses des Lebens wie seelischer Dämmerzustände und der Kollektivseele. Außerdem kann er die Gestalt des Ahasver − des ewigen Juden − einnehmen oder auch Doppelgänger des Ich-Erzählers sein. Meyrinks Golem ist zugleich ein Symbol von etwas, das weder richtig leben noch richtig sterben kann, das als Geschöpf des Menschen keine richtige Seele hat und in dem sich doch unverkennbar erste Seelenkeime regen.

Meyrinks »Golem« wurde zum Bestseller und leitete eine wahre Golemwelle ein. Aus einer Dissertation aus dem Jahre 1934 geht hervor, daß allein im deutschen Sprachgebiet mindestens 29 Autoren die Legende in Form eines Buches bearbeitet hatten.[14] Meyrinks Version blieb jedoch die bei weitem berühmteste. Nicht allein die Auflage von fast einer Viertelmillion ist beeindruckend, sondern auch die Zahl von Übersetzungen, die ab 1916 erschienen sind. Vor allem dürfte Meyrinks Erfolg auch die Kinokarriere des Golem unterstützt haben. Besonders der deutsche expressionistische Film war von dieser dunkel archaisch-utopischen Sage fasziniert (Abb. 4). Allein dreimal (1914, 1917, 1920) hat sich der unvergessliche Schauspieler und Regisseur Paul Wegener des Stoffes angenommen. Vor allem die letzte Verfilmung »Der Golem, wie er in die Welt kam« zeigt Bilder von düster-suggestiver Kraft (vgl. Abb. 32, S. 171).

Der Golem ist ein Archetyp von universaler menschlicher Bedeutung, der seinen Ursprung in der jüdischen Mystik hat. Allerdings sticht ins Auge, wie eng diese Gestalt seit ihrer Präzisierung im Mittelalter mit der deutschen Kultur bzw. dem deutschen Kulturraum verbunden ist. So hatten deutsche Kabbalisten den größten Anteil an der »Erschaffung des Golem«. Zur »Golemstadt« wurde Prag, eine Stadt, die über Jahrhunderte zum Habsburgerreich gehörte, die deutschrömische Kaiser zu ihrem Hauptsitz erwählten und in deren Mauern sich bis 1945 die älteste deutsche Universität befand.

Deutsche und jüdische Kultur prägten lange Zeit das Antlitz dieser Stadt. 1924 begab sich hier, genauer in der Prager Altneusynagoge, der rasende Reporter, Egon Erwin Kisch, auf Golemsuche.[15] Außerdem waren es vor allem deutschsprachige Autoren und später auch Filmsschaffende, die den Golem popularisiert haben. Der Golem darf, so betrachtet auch als ein Symbol einer deutsch-jüdischen bzw. jüdisch-deutschen Verbindung angesehen werden. Als Höhepunkt dieser Verbindung kann vielleicht die Zeit vom Beginn des Ersten Weltkrieges bis in die zwanziger Jahre hinein gelten. Mit anderen Worten, es war genau die Zeit, als sich in Deutschland besonders der Geist von Dr. Frankenstein zu regen begann …

Da die Gestalt des Golem vielschichtig ist, ist sie auch wandlungsfähig, sie hat gewissermaßen jeder Zeit etwas zu sagen. Obwohl der Golem bei Meyrink bereits eine hohe Komplexität erreicht hatte, eröffnete der Golem-Mythos in der Zeit nach dem Zweiten Weltkrieg nochmals neue Facetten. Der Golem wurde nun auch von der modernen Wissenschaft entdeckt und als Symbol Künstlicher Intelligenz, ja überhaupt der Naturwissenschaft, interpretiert. So nannten z.B. die beiden Naturwissenschaftler Harry Collins und Trevor Pinch ihr 1993 erschienenes Buch »The Golem« und gaben ihm den Untertitel »what everyone should know about science«. Bereits 1964 philosophierte der Vater der Kybernetik, Nobert Wiener, in seinem Werk »Gott und Golem« über die Folgen, welche die

Abb. 4: *Aufgeschlagenes Buch mit Golemfigur. Aus dem Film: Der Golem (1914).*

Revolution der Naturwissenschaften für Ethik und Religion gebracht hat bzw. bringen werde. Mittlerweile haben sich auch zahlreiche Science-fiction-Autoren der Golemgestalt angenommen. Vielleicht die bemerkenswerteste neuzeitliche Interpretation davon lieferte Stanislaw Lem in seinem Roman »Also sprach Golem« (1981). Dort ist der Golem XIV ein Angehöriger der Maschinenintelligenz des 21. Jahrhunderts, dem die militärstrategischen Probleme seiner Schöpfer zu banal geworden sind und der es vorzieht, Vorlesungen über die Stellung des Menschen im Kosmos zu halten. In der Kombination von Philosophie und Science-fiction hat Lems Golem viele Entwicklungen wie Gentechnologie, virtual reality und Cyberspace vorausgreifend beschrieben.

Neben der vielgestaltigen Symbolkraft, welche die Golemfigur innehat, sagt sie aber auch etwas über das komplexe, widerspruchsvolle Verhältnis des Menschen zu seinem Gott aus. Einerseits ist der Golem ein Geschöpf des Gottvertrauens, gleichzeitig aber auch eines der Gottferne und Blasphemie; denn die Golemschöpfung widersprach dem göttlichen Gesetz: »Du sollst dir kein Bildnis noch irgendein Gleichnis machen, weder des, das oben im Himmel, noch des, das unten auf Erden, weder des, das im Wasser unter der Erde ist« (Ex. 20,4). Um dieses Gebot zu umgehen und wohl auch um das Ungeheuerliche der eigenen Tat vor sich selbst zu verschleiern, erhielt der Golem nur eine ungeformte, grobschlächtige Gestalt. So wird die Gottes- und Menschenebenbildlichkeit des Golem zu einer Karikatur. Allerdings sind derartige »Kompromisse« sehr kennzeichnend für den Menschen. Belegen sie doch seine Neigung, sich vor den Konsequenzen seiner Schöpfungen herumzudrücken, um sich für alle Fälle noch eine vermeintliche Hintertür offenzulassen!

Von Zombies
und weiteren Arbeitssklaven

Gerade vor der Konstruktion der vielen dienstbaren Geräte, die uns heute den Alltag erleichtern, bestand der Wunsch des Menschen, sich belebte Diener in Form fleißig arbeitender, aber weitgehend willenloser Arbeitssklaven zu schaffen. Die Antike kannte die Androiden als hilfreiche Diener. Doch als solche funktionierten sie nur in Mythos und Literatur. Die tatsächlich im Altertum konstruierten Automaten hatten lediglich einen spielerischen Wert. Die Erschaffung von Arbeitssklaven erschien zunächst nur unter Einhaltung einer magischen Prozedur möglich. Mit Magie wurde auch der Golem ins Leben gerufen, der vorrangig die Funktion eines Hausknechts innehatte. Ebenfalls magisch belebt wurde die sogenannte Sennenpuppe. Sie ist das Geschöpf von Schweizer Sennen, die sich während ihres langen, einsamen Aufenthaltes auf der Alm aus Verlangen nach einem weiblichen Wesen eine Puppe bastelten, der sie einen Namen und zu essen gaben und der sie, Kraft ihres Willens, langsam Leben einflößten. Die Sennenpuppen sollen dabei zu *allen* weiblichen Arbeiten bzw. Dienstleistungen zu gebrauchen gewesen sein. Sie erfüllten sowohl die Funktion einer Sexpuppe als auch die einer Dienstmagd. Ebenfalls verbreitet war die seit der Antike bekannte Vorstellung künstlicher Kriegsknechte. So kennen wir z. B. aus der keltischen Mythologie die Kesselkrieger, Tote, die in einen Zauberkessel getaucht wurden und darin zu neuem Leben erwachten. Fortan mußten die Kesselkrieger als fühllose, zum Morden abgerichtete Sklaven für ihren Herrn in die Schlacht ziehen.

Zur Gruppe willenloser Sklaven zählen natürlich auch die Zombies. Der Zombie ist ein magisch erzeugter Roboter, und ähnlich wie der Kesselkrieger ist er bei seiner Erschaffung dem Totenreich entrissen worden. Der Glaube, daß Tote auch mit ihrem physischen Körper weiterleben können, hat eine lange Tradition: Lebende Tote bevölkern als Vampire und Wiedergänger in nahezu unendlichen Variationen die Mythologie aller Völker. Sogar das Frankenstein-Monster ist eine Art lebender Toter, hat sein Schöpfer es doch aus Leichenteilen zusammengeschustert. Und selbst das erste organische Leben scheint sich in seinen Anfängen geheimnisvoll,»magisch« aus toten Stoffen herausentwickelt zu haben. Immer wieder hat der Mensch versucht, Toten Leben einzugeben oder das noch verborgene Leben in ihnen abzusichern, wovon uns insbesondere die ägyptischen Mumien einen Beleg liefern. Auch heute noch werden Tote präpariert und»aufgepeppelt«, um sie derart gestärkt zurück in ein scheinbares Leben zu holen, wo sie dann den»Normalsterblichen« als Anschauungsmaterial dienen dürfen. Der Arzt Cecil Helman schildert in beredten Worten die Prozedur einer solchen Neubelebung:

»Eines Morgens bin ich Zeuge der Geburt eines Muskelmannes. Der Technische Leiter des Anatomielaboratoriums nimmt uns mit hinunter in den langen eiskalten Kellerraum mit seinen Gläsern und Kästen, seinen obskuren Gerüchen und den Reihen stählerner Bahren.
Auf einer dieser Bahren liegt der frisch eingelieferte Körper eines älteren farbigen Mannes. Er wird gerade für den Anatomiesaal hergerichtet. Ich stelle fest, daß seine Züge die hohen Wangenknochen der Einheimischen vom Kap haben. Irgendwie haben einige wenige resistente Gene der Buschmänner und Hottentotten die Kugeln und die Windpocken der weißen

Siedler bis heute überlebt. Er hat nicht nur die übliche Totenblässe, sondern auch das eingefallene Aussehen, das von Armut und Unterernährung kommt. Allzulange hat dieser Mann nur sehr wenig gegessen und hat jetzt ein ausgemergeltes Gesicht und einen schmächtigen nackten KZ-Körper. Aus Flaschen tropft eine hellrote Flüssigkeit durch lange Plastikschläuche in sein welkes Gewebe und seine Blutgefäße. Er erinnert mich an einen Koma-Patienten, den ich auf der Intensivstation eines Krankenhauses gesehen hatte, aber hier gibt es keine Schwestern und summende Maschinen um ihn herum, und von diesem besonderen Koma wird er sich nicht erholen. Während wir auf diesen alten ausgehungerten Körper hinunterschauen − diesen ›frischen Kadaver‹, wie man ihn nennt −, zupft der Chefassistent an dessen weißen Schamhaaren und gibt uns in kehligem Flüsterton einige Geheimnisse der Balsamierungskunst preis. Er erzählt uns von den Farbstoffen, Flüssigkeiten, Kühlgeräten, den speziellen Mitteln zur Gewebekonservierung, den kleinen Tricks, um die seine Kollegen ihn nur beneiden können. Dann schickt er uns zum Kaffee- oder Milchkakaotrinken in die Cafeteria …
Und als wir am Nachmittag zurückkommen, werden wir Zeugen eines Wunders an abartiger Alchimie. In wenigen Stunden hat sich die Welt auf den Kopf gestellt. Der Hottentotte ist nicht mehr tot, sondern schläft bloß auf der Bahre, wenn auch sehr tief. Das von roter Balsamierungsflüssigkeit aufgeschwemmte Gewebe hat seine Auszehrung verschwinden lassen. Auch die parallelen Täler zwischen seinen Rippen sind weg und ebenso sein eingesunkener Bauch und die schlaffe Hüfte. Seine Arme und Beine sind jetzt die muskulösen Gliedmaßen eines jungen schlafenden Mannes. Auch seine Wangen sind voll und haben eine gesunde Farbe. Nun liegt er erhitzt und zufrieden auf der Bahre, wie ein Mann, der sich in der glühenden Kapsonne nach einem üppigen Mahl mit gutem Rotwein auf einer Parkbank oder am Strand ausruht.«[16]

Einen derart ruhigen, konfortablen Dienst können die Zombies als wohl bekannteste Vertreter der künstlich zum Leben erweckten Toten allerdings nicht schieben. Das Wort Zombie selbst ist afrikanischen Ursprungs und in der Zeit des Sklavenhandels in den karibischen Raum gelangt. Ursprünglich war es der Name eines Schlangengottes in Westafrika. In der karibischen Voodooreligion kann das Wort Zombie in der Einzahl der Name des höchsten Gottes sein, der als Schöpfer des Universums gilt. Im Plural hingegen sind Zombies immer lebende Leichname, die von einem Zauberer durch Gift oder andere Manipulationen zurück ins Leben geholt wurden und nun ein Dasein als Sklaven führen müssen. Ihr grausames Los als schaffende Leiche ist den Zombies anzusehen: Ihr Blick ist leer und starr, ihr Gang schleppend und ihre Stimme kaum verständlich.

Haiti ist das Zentrum des Zombieglaubens. Auf der Insel wimmelt es von Geschichten über Menschen, die starben, begraben wurden und dann Jahre später von ihren Angehörigen oder Bekannten an anderen Orten als wandelnde Leichname wiedergesehen wurden. Der haitische Zombie ist jedoch kein Monster, das den Lebenden nachstellt, sondern ein Opfer. Der Zombie beendete seine normal sterbliche Existenz meist mit einem Tod, den man gemeinhin als unnatürlich bezeichnet und wird beerdigt. Ein Zauberer bzw. Voodoopriester oder »Bokor«, wie er auf haitisch genannt wird, exhumiert den Verstorbenen und führt daraufhin eine Wiederbelebungszeremonie durch. Er vollbringt das mit Hilfe von *Datura Stramonium,* einer halluzinogenen Pflanze, die in Haiti auch unter dem Namen *Concombre Zombi* – Zombigurke – bekannt ist. Der so mit Drogen vollgepumpte »Leichnam« erwacht, wird vom Zauberer bis zu seiner völligen Unterwerfung durchgeprügelt und anschließend auf die Felder zur Arbeit gejagt.

Damit allerdings ein Voodoopriester jemanden wieder zum Leben erwecken kann, muß er zuerst den »unnatürlichen Tod« des Betreffenden herbeigeführt haben. Der »Bokor« vergiftet sein Opfer mit einem *coop poudre,* das Menschenknochen, Frösche und andere magische Beigaben enthält. Aber die entscheidende, aktive Zutat ist das *Tetrodotoxin,* das von einer an der haitischen Küste heimischen Rasse von Kugelfischen stammt. Eine exakt bemessene Dosis davon bewirkt alle Anzeichen des Todes. Auch Ärzte aus dem Westen sind darauf hereingefallen. Das bedauernswerte Opfer ist die ganze Zeit über bei Bewußtsein, alle fünf Sinne sind hellwach, nur ist es vollständig gelähmt. Es hört, wie sein Tod verkündet wird, sieht seine Verwandten trauern, hört, wie die Nägel in den Sarg geschlagen werden und wird bei lebendigem Leib begraben. Allerdings ist es sehr schwierig, die korrekte Menge des Zombiedrinks genau abzuschätzen. Die Mixtur verlangt vom bösen Voodoozauberer Wissen *und* Intuition. Zuviel Tetrodotoxin tötet das Opfer auf der Stelle, eine zu geringe Dosis bewirkt oft gar nichts. Es muß der richtige Fisch, die richtige Jahreszeit, die richtige Menge für die richtige Person sein …

Das Wissen um die Geheimnisse der haitischen Zombieexistenz verdanken wir vor allem dem amerikanischen Anthropologen und Ethnobotaniker Wade Davis, der jahrelang das Phänomen auf Haiti untersucht hat.[17] Entstehen konnte diese Art des Zombieglaubens (Zombiezaubers) offenbar nur auf Haiti, eingebettet in die Voodooreligion, die eine abenteuerliche Kombination aus afrikanischen, römisch-katholischen, indianischen und okkulten Bestandteilen ist, verbunden mit einer gehörigen »magischen« Kenntnis der haitischen Pflanzen- und Tierwelt. Aber erst die gesellschaftlichen Zustände

Haitis bildeten den geeigneten Nährboden für Voodoozauber und Zombies. Voodoo begann im 16. Jahrhundert mit der Ankunft großer Mengen afrikanischer Sklaven in Haiti. Der Sklavenhandel war ein Riesengeschäft. Tausende, die während oder nach der Reise auf den Plantagen starben, wurden fortlaufend ersetzt. Etwa ab 1750 wurden in jedem Jahr 30 000 Sklaven in Haiti ausgeladen. Kein Wunder, daß der Zombieglaube in diesem Milieu gedieh. Der Zombie ist ein Spiegelbild jener Gesellschaft und des Sklaven, dessen auf Willenlosigkeit abgerichtete Arbeitsexistenz bereits einem Zombiedasein gleicht. Der Zombie ist nur der noch perfektere, billigere Sklave, ebenso wie in den Industrieländern der Roboter der noch perfektere und billigere Arbeiter ist.

Aus einer solchen Perspektive betrachtet ist das »Zombiephänomen« eine weiter verbreitete Angelegenheit als zunächst angenommen. Jede »willenlose«, für uns arbeitende Maschine ist ein Zombie. Die Versuche von Kybernetikern, Biochemikern oder Robotikern, einen in jeder Beziehung vollkommen künstlichen Menschen zu schaffen, dessen sämtliche physischen und physiologischen Reaktionen vorausberechenbar und beeinflußbar sind, lassen uns an Zombies denken, soll doch mit ihnen ein Heer von manipulierbaren Arbeitssklaven entstehen. Aber selbst das moderne Arbeitsleben mit seinen stetig wachsenden Sachzwängen läßt den, der daran teilhaben und darin Erfolg haben will, leicht zu einem hochqualifizierten Zombie mutieren, geht seine unverkennbare Individualität, seine »Seele«, in dieser Erfolgshatz doch leicht verloren. Er wird zum Workaholic, zum Arbeitssklaven, zum Zombie!

Dieses bizarr geheimnisvolle Geschöpf hat also mehr mit uns zu tun, als es auf den ersten Blick erscheinen mag. Es überrascht daher nicht, daß der Zombie, dieser zunächst »lebendige Mensch«, der mittels Magie, Gift und Drogen in ein künstliches Arbeitstier verwandelt wurde, auch Eingang in die Populärkultur gefunden hat. Die vielleicht überzeugendste Zombiegeschichte, die auch atmosphärisch gelungen in den Voodookult einführt, ist »Seven Turns in a Hangman's Rope« (1932) von Henry St. Clair Whitehead. Auch »Toussels Pale Bride« (1929) von William B. Seabrook, die dieser in seinem Band mit Erzählungen über Haiti »The Magic Island« veröffentlichte, ist eine faszinierende Zombiegeschichte. Das Zombiemotiv erfreut sich insbesondere im phantastischen Film großer Beliebtheit, leider meist nur auf niedrigstem Niveau. Doch gibt es Ausnahmen: so z. B. »White Zombie« (1932) von Victor Halperin (Abb. 5), »I walked with a Zombie« (1943) von Jacques Tourneur oder George A. Romeros »Dawn of the Dead« von 1979.

Abb. 5: *Robert Frazer (rechts) und ein Zombie. Aus: White Zombie (1932).*

Ebenso wie das Frankenstein-Monster sich an seinem Schöpfer, Dr. Victor Frankenstein, rächte, ebenso wie der Golem seinen Schöpfer töten kann und die Sennenpuppe mit heimlichem Groll danach trachtet, den einsamen Senner zu töten, ebenso ist auch im Zombie noch ein dumpfer Trieb enthalten, seinen Schöpfer, den Voodoozauberer, zu vernichten. Gibt man dem Zombie nämlich Salz zu essen, soll er aus seinem Halbschlaf erwachen und von dem heftigen Verlangen erfaßt werden, sich an dem, der ihn zum Zombie machte, zu rächen. Hat der Zombie seine Rache erfüllt, dann scheint er nur noch von einem Wunsch getrieben zu sein: zum Friedhof zu eilen, ins Grab zu steigen und dieser schnöden Welt auf immer Lebewohl zu sagen!

II. Die künstlerische Beschwörung: Wie Kunst Leben erschafft und verändert

Von Pygmalion, dem Bildzauber und der Prägekraft der Kunst

Der Golem ist eine Figur aus Lehm, der durch die richtige Rezitation des göttlichen Schöpfungswortes Leben eingehaucht wurde. Ähnlich scheint es sich bei der Schöpfung des griechischen Bildhauers Pygmalion zu verhalten. Ein von ihm geschaffenes Standbild wird mit Unterstützung des Odems der Göttin Aphrodite belebt. Und doch gibt es einen eklatanten Unterschied: Der Golem ist entgegen dem biblischen Gebot »Du sollst dir kein Bildnis machen« entstanden. Um diesem Gebot nicht fundamental zu widersprechen, erhielt der Golem nur eine ungeformte, ungeschlachte Gestalt. Entscheidend war bei seiner Erschaffung nicht die Form, sondern allein das Wort bzw. Gotteswort. Bei Pygmalions zu Leben erwachtem Standbild verhält es sich aber genau umgekehrt: Es ist weniger eine Schöpfung des »göttlichen Wortes« als vielmehr der »göttlichen Form«; denn das antike Griechenland verkörperte anders als das Judentum stark eine Kultur der Form, des Bildes. Da das Sichtbare so hoch gehalten wurde, gab es auch kein wirklich »totes« Standbild oder Kunstwerk. Es war immer zugleich Symbol, Abbildung, Zeichen und erfüllte damit auch eine wichtige Voraussetzung, um als ideales Gefäß für das Göttliche dienen zu können. Gerade die Götter Griechenlands liebten es, sich in vollendeter Form auf Erden zu inkarnieren. Zwischen dem heiligen Objekt des Bildes und seinem himmlischen Urbild wurde eine enge Verbindung angenommen. War auf der einen Seite die Kunst vom göttlichen Funken durchdrungen, so umwehte auf der anderen Seite die olympische Wohnstatt der Götter das Fluidum eines Kunst- und Musentempels.

Pygmalions Schöpfung gehört zur Gruppe der lebenden Statuen, die so selten nicht waren: Mehrfach belegt ist der Brauch, Statuen zu fesseln, um sie am Weglaufen zu hindern. Auch konnten sich die Bilder an ihren Frevlern rächen. Das Standbild des Theogenes von Thesos wurde von einem erbitterten Gegner nachts ausgepeitscht – so lange, bis es genug hatte und diesen erschlug. Ein Ausdruck der Belebtheit ist z. B. auch, daß Götterstatuen feierlich gebadet, gesalbt, bekränzt, bekleidet, mit regelmäßigen Mahlzeiten versorgt und in festlichen Prozessionen umhergeführt wurden oder Kampfspielen beiwohnten.

Die Geschichte des Künstlers Pygmalion erzählt nicht nur von künstlichem Leben, sondern auch davon, wie sich Pygmalion in die von ihm selbst geschaffene Elfenbeinstatue verliebt hat. Im Kunstwerk sucht Pygmalion die ideale Frau, er schafft sich ein Wesen, wie es die Natur anscheinend nicht zu erzeugen vermochte. Pygmalion und seine ins Leben schreitende Statue offenbaren wohl am deut-

Abb. 6: *Pygmalion umschlingt seine zum Leben erwachte Statue. Jean Léon Gérome: Pygmalion und Galatea (1890).*

lichsten die sexuelle Komponente, die in der Beziehung des Menschen zu seinen von ihm hergestellten künstlichen Geschöpfen eine nicht unwichtige Rolle spielt (Abb. 6). Das erotische Fluidum, das die vollendet schöne Elfenbeinstatue, die auf den Namen Galatea getauft wurde, von Anbeginn besitzt, macht zugleich verständlich, warum diese Schöne seit der Antike die Menschen und insbesondere die Künstler in ihren Bann schlug. In Literatur, bildender Kunst und Musik begegnet uns dieses seltsame Liebespaar. Ovid, Rousseau, Diderot, Johann Jacob Bodmer, George Bernhard Shaw, Angelo Bronzino, Fragonard, Edward Burne-Jones oder Orlando di Lassi, Rameau, Cherubini, bis hin zu Franz von Suppé setzten sich mit der Liebe von Pygmalion und Galatea auseinander.

Ähnlich wie der Marquis de Sade oder Leopold Sacher-Masoch wurde auch Pygmalion zum Namensgeber von Menschen mit einer bestimmten erotischen Vorliebe: der Pygmalionisten. Pygmalionisten nennt man Personen, die beim Anblick von und im Umgang mit Statuen, Heiligenbildern oder Wachspuppen sexuelle Erregung verspüren. Heute werden erotische Puppen bereits in Serie aus Gummi- und Plastikmaterial produziert, und zumindest der anspruchslose Pygmalionist kann sich in jedem Beate-Uhse-Laden das käuflich erwerben, wonach sein Herz oder seine Triebe verlangen. Selbstverständlich gibt es diese aufblasbaren und diskret zusammenrollbaren Lustpuppen in beiderlei Geschlecht.

Der Sage von Pygmalion haftet nichts Unheimliches an. Das künstliche Leben verschafft dem Künstler vielmehr die Freuden, welche ihm die unzulängliche Natur nicht gewährt. Anders als in Mary Shelleys »Frankenstein« endet der Pygmalion-Mythos nicht in dunkler Nacht, Haß, Verzweiflung und Tod, sondern in Freude und natürlicher Fruchtbarkeit: Pünktlich neun Monate nach der Erweckung der Galatea wird Pygmalions Familienglück mit der Geburt einer Tochter gekrönt. Eine Ursache für dieses Happy-End mag – neben der größeren antiken Heiterkeit per se – sein, daß Pygmalion, nicht wie Dr. Victor Frankenstein, von einer maßlosen Hybris besessen war, sondern nur von einer verzeihlichen Liebessehnsucht. Die schöne Galatea ist überdies anders als das häßliche Frankenstein-Monster keine rein männliche Kreation: Erst die Göttin Aphrodite gab dem in Elfenbein geschnitzten Liebestraum den letzten, doch entscheidenden Lebensfunken.

Gleichwohl können auch lebende Statuen ihre Schattenseiten haben, wie eine im 11. Jahrhundert entstandene Geschichte von einer Venus-Statue belegt, die einen während eines Ballspiels an ihren Finger gesteckten Vermählungsring nicht mehr losläßt und sich in der Brautnacht, Liebe fordernd, zwischen die Neuvermählten drängt. Wilhelm von Malmesbury hat diese römische Volkssage Mitte des 12. Jahrhunderts für die »Gesta regum Anglorum« aufgezeichnet und angemerkt, daß sie sich 1045 ereignet hat. Diese Legende wurde in den nachfolgenden Jahrhunderten immer wieder neu erzählt und variiert und erhielt ihre vielleicht bezauberndste Fassung in Joseph von Eichendorffs Erzählung »Das Marmorbild« (1819). Dort wird dem jugendlichen Helden Florio eine zum Leben erwachte Statue der Venus, das Symbol der dämonisch-sinnlichen Liebe, fast zum Verhängnis.

All die ins Leben getretenen Bildnisse erinnern uns zugleich auch daran, daß es mit eine Aufgabe der Kunst ist, das echte Leben täuschend nachzuahmen. Bereits aus der Antike sind Geschichten über Verwechslungen von Kunstwerk und Wirklichkeit bekannt. Mit der Renaissance, die zu einer erneuten Blüte der Menschendarstellung und täuschender Wirklichkeitsbilder führte, tauchen derartige Berichte wieder auf. Da sollen Hunde das Bild ihres Herrn angebellt haben oder Schwalben versucht haben, sich auf gemalte Fenstergitter zu setzen. Der Ahnherr der Kunstgeschichte, Vasari, berichtet, daß Tizians Porträt von Papst Paul III., das dieser zum Trocknen ins Freie gestellt hatte, von den Vorübergehenden gegrüßt wurde, da sie annahmen, Seine Heiligkeit säße tatsächlich in persona vor ihnen. Insbesondere Scheinleiber, Wachsfiguren oder später Charakterpuppen sollten die Grenzen zwischen Realität und Kunstwelt verwischen. So wurden etwa bei kirchlichen Umzügen scheinbar lebende Heilige, blutweinende Madonnen oder gar der leidende Gottessohn selbst vorgeführt. Da gibt es z. B. den Döbelner Mirakelmann, einen um 1510 gefertigten, schaurig anzuschauenden Christuskörper. Die lebensgroße Gliederpuppe mit beweglichen Gliedmaßen konnte bei Karfreitagsspielen vom Kreuz genommen und effektvoll zu Grabe getragen werden. Ein Loch in der Brust wurde bei Bedarf so präpariert, daß Blut aus der Wunde sickerte, wenn fest genug mit der Lanze hineingestoßen wurde. Christus als auferstandene Frankenstein-Figur!

Das künstliche Bild gerinnt bei derartigen Beispielen zu einem Stellvertreter des Menschen, ja – es führte zu einer Verdoppelung der Person, es wurde zu seinem Doppelgänger. Diesem Doppelgänger wurden bereits seit den frühesten Menschendarstellungen zahlreiche Funktionen zugewiesen: Das Bildnis des Doppelgängers konnte als menschliches Totenopfer »sterben« oder als Sühnebild schmählich bestraft werden. Beim Sühnebild kündigt sich bereits der Bereich des Bildzaubers an. Der Bildzauber setzt die magische Vorstellung voraus, daß das Abbild eines Menschen ein Teil seiner selbst ist. Aufgrund dieser geheimen Verbindung glaubte man, einem Menschen aus der Entfernung das zufügen zu können, was man seinem Doppelgänger, also der ihn darstellenden Figur, antut: im Feuer schmelzen lassen, ersäufen, mit Nadeln oder Nägeln durchbohren und derartiger Scheußlichkeiten mehr. Die heute noch bekannteste Form des bildlichen Doppelgängers ist jedoch sicherlich die Präsenz des seit der Antike verbreiteten Herrscherbildes. Wo das Bildnis des Herrschers war, war auch der Herrscher gegenwärtig. Noch 1813 beispielsweise sah das »Strafgesetzbuch für das Königreich Baiern« vor, daß im Fall von Majestätsbeleidigung der Delinquent – über die eigentliche Strafe hinaus – »eine öffentliche Abbitte vor dem Bildnis des Souveräns« abzuleisten hatte.[1]

Hinter derartigen Bräuchen steht die Annahme, daß die Materie nicht wirklich tot ist, sondern in ihr eine geistige Substanz enthalten sein kann. Dieses Geistige wird bei einem Kunstwerk durch seine Funktion und Form mitbestimmt: Die bildliche Darstellung kann ein göttliches Fluidum enthalten, aber ebenso die Seelen von Geistern, Dämonen, Toten oder eines Doppelgängers. Bildnisse waren also mehr als nur eine künstliche Wiedergabe von Menschen, sie galten als beseelt und belebt. Aufgrund dieser Gegebenheiten darf es nicht verwundern, daß den Bildnissen auch eine Rolle bei der Zeugung von Menschen zugewiesen werden konnte. Johann Joachim Winckelmann hatte als erster darauf hingewiesen, daß in Griechenland auch die Götterbildnisse ihre »Gene« weitergaben; denn die griechischen Götter beeinflußten die Menschen nicht nur durch ihre göttliche Macht, sondern auch durch ihre äußere Schönheit, die sie magisch weitergeben konnten. So beschreibt Winckelmann etwa, wie die »spartanischen Weiber einen Apollo oder Bacchus … in ihren Schlafzimmern aufstellten, um schöne Kinder zu haben«.[2] Die Vorstellung, daß sich eine Frau »verschauen« kann, war auch bei uns im Volksglauben präsent. Einen Nachklang dieses Glaubens offenbart auch die Äußerung Ernst Jüngers: »Picasso sei gefährlicher als Hitler, weil er Mutationen darstelle, Neues schaffe.«[3] Hier werden die Veränderungen der Menschendarstellung in der Kunst der Moderne eindeutig mit erbbiologischen Folgen in Verbindung gebracht. Eine Sicht, die auch der von Jünger erwähnte Hitler teilte. Die Verdammung der Moderne im Dritten Reich hatte hierin ihren tiefsten Grund und lag weit weniger an innerkünstlerischen Fragen oder unterschiedlichen Kunstauffassungen, als allgemeinhin angenommen wird. In erster Linie fürchtete man die Prägekraft der Bilder und die möglichen genetischen Folgen, die derartige »Vorbilder« bewirken könnten![4]

Vorbild nach Maß

Aphrodite hauchte der von Pygmalion geschnitzten Elfenbeinfigur Leben ein. Sie schenkte aber nicht nur dieses eine Leben, sondern unterstützte auch ganz allgemein die Evolution des Menschen. Das geschah vor allem, indem sie den Menschen auf seine Sonderrolle innerhalb der Schöpfung aufmerksam machte. Ihr Ziel erreichte Aphrodite dabei allein – wie sollte es bei einer Göttin der Liebe auch anders sein? – mit ihrer Schönheit.

Was bedeutet nun das Genie der Schönheit? Für die Griechen war die menschliche Schönheit kein vordergründiges, eitles l'art pour l'art-Geplänkel oder bloßes Erotikum, sondern beinhaltete eine klare Funktion: Durch ihre Herausarbeitung sollte der Mensch dem barbarischen Natur- und Tierreich enthoben und dafür dem Reich des Idealen, der Ideen und des Göttlichen verbunden werden. Das Schöne wurde dadurch zugleich das Gute. Kennzeichnend dafür ist, daß im griechischen Begriff der »Kalokagathie« das Schön- und Gutsein, körperliche und geistige Vollkommenheit, untrennbar miteinander verbunden sind. Mit dem Ideal der Schönheit triumphierte der Mensch über seine Umwelt und befreite sich aus den engen Umklammerungen, die ihm die Natur gewiesen hat. In dem »Guten, Wahren und Schönen«, das wir in den Idealplastiken Griechenlands sehen, tritt uns der göttliche Impuls im Menschen entgegen. Und wo immer seit der Renaissance um einen höchsten Ausdruck des Unbegreiflichen, des Göttlichen gerungen wird, da wirken antike Vorstellungen mittelbar oder unmittelbar nach. In den griechischen Skulpturen der klassischen Zeit bestand zwischen Gott und Mensch kein Gegensatz. Den Gott vermenschlichen und den Menschen vergöttlichen, lautete die Devise (Abb. 7). Das mit Geist getränkte Ideal der Schönheit entband den Menschen vom reinen Erdendasein und begann ihn damit aus dem Reich der Natur zu lösen – damit mutierte der Mensch aber auch zu einem Kunstgeschöpf innerhalb seiner organischen Umwelt.

Aber nicht nur die Idee der Schönheit betont die Sonderrolle des Menschen. Auch die »Erfindung« der Geschlechter durch den Prozeß der Zivilisation trug hierzu bei. Nirgendwo sonst im Dasein sind die beiden Pole »männlich« und »weiblich« so deutlich ausgebildet wie beim Menschen. Die Natur selbst kannte zunächst überhaupt keine Geschlechter: Die Einzeller pflanzen sich fort, ohne etwas von Mann und Weib, Liebe und Sex zu wissen. Auch im Tierreich sind die Unterschiede oft nur minimal, und es bedarf schon eines genauen Blickes, um sie zu bemerken. Generell gilt: Je komplexer sich

Abb. 7: *Schönheit und apollinische Form sollten den Menschen vom Naturreich emanzipieren. Apoll vom Belvedere, römische Kopie nach griechischem Original.*

das Leben entwickelt, desto stärker treten auch die Geschlechtsunterschiede hervor, um bei der gegenwärtigen Menschenspezies zu kulminieren. Gerade die Kunst hat diesen Prozeß verdeutlicht und in ihren Anfängen – auch gegen das Gesetz der Schönheit – nahezu schamlos in Form gebracht: So sind z. B. die ersten Frauenbildnisse Exzesse extremer Geschlechtlichkeit. Becken und Brust sind unverhältnismäßig groß dargestellt, alles gerinnt zum Symbol der Weiblichkeit und Fruchtbarkeit (Abb. 8). Aber auch die klassische Kunst hat diese Bereiche stets betont: Die männlichen Figuren weisen einen breiten Brustkorb und breite Schultern auf, sie besitzen kräftigere und kantigere Formen, und ihr Körperbau überragt den der Frau. Bei der Darstellung der weiblichen Figuren finden wir wieder das dominierende, ausladende Becken und die Hervorhebung der Brüste. Der ganze Körper fließt über in weiche, gerundete, gut gepolsterte Formen. Natürlich sind diese Geschlechtsunterschiede keine Erfindung der Kunst, sondern die Kunst greift Realitäten auf, wie den größeren Anteil an Fettgewebe beim weiblichen Körper, der

Abb. 8: *Die Überbetonung der Geschlechtlichkeit war lange Zeit ein Merkmal des künstlichen Tieres Mensch. Vorgeschichtliche Frauenstatuette aus Věstonice.*

erst die femininen Rundungen schafft. Aber die Kunst hat diese unterschiedlich ausgeprägten Merkmale von Mann und Frau durch ihre Betonung als Vorbild gefördert. Auch hier offenbart sich wieder der Prozeß der menschlichen Selbstschöpfung.

Seit der Antike hat der Mensch versucht, die Unterschiede der Geschlechter, ebenso wie die Gesetze der Schönheit in Maß, Zahl und Gewicht festzulegen. Auf diese Weise entstanden unsere genormten Vorbilder. Berühmt, gleichsam als Archetyp dieser Gattung, wurde die Proportionsfigur Leonardo da Vincis (Abb. 9). Die Zeichnung, die auf Maßangaben Vitruvs beruht, gibt zwei miteinander verbundene menschliche Körper wieder: Einen mit gespreizten Gliedmaßen, um den ein Kreis geschlagen ist, dessen Mittelpunkt vom Nabel gebildet wird, und eine aufrecht mit waagerecht ausgestreckten Armen im Quadrat stehende Figur, in die Meßstriche eingetragen sind. Einem Maßstab unterhalb des Quadrats sind die entsprechenden Werte für die einzelnen Körperglieder zu entnehmen. Bekannt wurden auch Dürers Forschungen zum menschlichen Idealmaß, die er

Abb. 9: *Leonardo da Vincis Proportionsfigur (um 1490) gilt auch heute noch als archetypische Gestalt des Menschen.*

1528 gedruckt in seinen »Vier Büchern von menschlicher Proportion« vorlegte. Jahrzehntelang hatte sich Dürer intensiv mit der Thematik beschäftigt: Er führte selbst Körpermessungen durch, studierte zu diesem Zweck antike Autoren, wie Platon und Euklid, und zeichnete ähnlich wie da Vinci nach Maßangaben Vitruvs. Einen ersten Höhepunkt seiner Proportionsstudien stellt ein Stich von Adam und Eva aus dem Jahre 1504 dar (Abb. 10 a + b). Es ist sicher kein Zufall, daß Dürer die Vollkommenheit menschlicher Proportion gerade am ersten Menschenpaar aufzeigen wollte; es wurde noch nicht durch menschliche Zeugung erschaffen, sondern noch unmittelbar durch den Odem Gottes. Der Mensch befindet sich noch im Zustand der Vollkommenheit. Erst mit dem Sündenfall – Dürers Stich zeigt den Augenblick unmittelbar davor, Eva hält bereits den Apfel vom Baum der Erkenntnis in den Händen – zerfiel diese göttliche Harmonie, die aber gleichsam über die Kunst wieder Leben erhält und nun zum Ideal und zur Utopie eines neuen Menschen wird!

Abb. 10 a+b: *Adam und Eva auf dem Reißbrett. Albrecht Dürer: Adam und Eva. Stich (1504) und die Konstruktionsmethode für ihre Figuren (unten).*

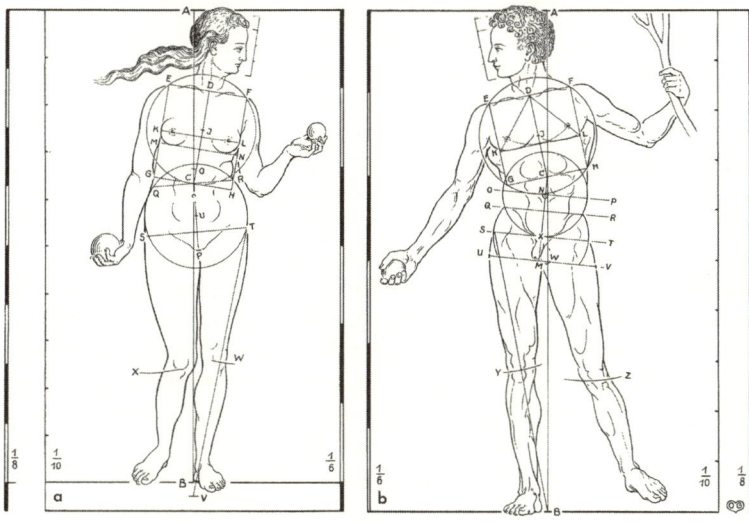

Der Stil unserer zweiten Haut

»Das Schöne besteht aus einem ewigen, unveränderlichen Element, dessen Anteil äußerst schwierig zu bestimmen ist, und aus einem relativen, zufälligen Element, das man wechselweise oder zusammen als Epoche, Mode, Geist, Leidenschaft bezeichnen mag ...«[5]

Diese Aussage Baudelaires vermittelt uns etwas von dem Spannungsbogen, in den einzig und allein der Mensch hineingestellt ist: Auf der einen Seite steht das Göttlich-Apollinische, Zeitlos-Ewige, das uns in den Idealplastiken Griechenlands begegnet und das sich in der Suche der Künstler nach dem idealen Maß und der vollkommenen menschlichen Proportion ausdrückt. Auf der anderen Seite steht das Dionysisch-Rauschhafte, Wechselnd-Unruhige, das nie an sich selbst Genüge findet, nie zum Ziel gelangt und beim Menschen auch am Wandel der Moden und damit am Stil seiner zweiten Haut – nämlich unserer Kleidung – sichtbar wird.

Der Grund, warum wir Kleidung tragen *müssen,* ist vielschichtig. Einer klingt bei Baudelaire bereits an: Es ist die menschliche Suche nach immer neuer, mitunter bizarrer Schönheit, die Lust auf Wechsel und das Verlangen nach fremden, unbekannten Genüssen. Das Bedürfnis, sich vor Wind und Wetter, Sturm und Eis, Sonnenglut oder Insektenplagen zu schützen, mag den meisten Menschen als der elementarste Grund erscheinen, warum wir uns eine zweite Haut zulegten. Allerdings sollten wir dabei nicht übersehen, daß hier eine Wechselwirkung eintrat: Wir legten uns ein Fell um, um uns vor Kälte zu schützen. Aber wir froren ungeschützt bald um so mehr, je mehr wir uns an das Fell gewöhnt hatten. Und das Fell, der Pelz, das Leder oder womit der Mensch sich auch immer behing, war von Anbeginn mehr als bloßer Schutz. Es war zugleich Schmuck, Ausdruck des Jagdglückes oder der Macht und Stellung innerhalb einer menschlichen Gruppe.

Erst mit der Kleidung wurde der Mensch Mensch und trennte sich vom Tier; denn das Tier ist zwar fähig, sich eine mitunter recht kunstvolle Wohnung zu bauen, produziert aber niemals auch nur die primitivste Form einer Kleidung. Wie sehr diese zweite, künstliche Haut zum Menschen gehört, können wir leicht daran erkennen, daß wir den Anblick eines nackten Menschen in der Tat als »nackt« empfinden. Der Mensch hat sich damit eine »Blöße« gegeben, und das bekommt dem nackten Affen selten gut; denn die meisten von uns schauen ohne Kleidung eher erbärmlich oder komisch aus. Eine Spottgeburt ist aber kein Produkt der Natürlichkeit. Es ist daher gerade die Widernatürlichkeit unserer Nacktheit, die uns so erbärmlich macht. Und je mehr der Mensch Mensch wird, desto stärker ist er diesem Gesetz unterworfen: der Erwachsene mehr als das Kind, der Philosoph mehr als der »Wilde«. Anhänger der Freikörperkultur irren daher gewaltig, wenn sie ihre Nacktheit als Rückkehr zur Natürlichkeit postulieren. Sie ignorieren damit schlechterdings das ABC des Menschseins. Ein nackter Mensch im Supermarkt wäre z. B. genauso aberwitzig und widernatürlich wie ein im Baum sitzender Affe, der beim Verzehr seiner Banane einen Smoking trägt. Auch der leichte Schock, den wir empfinden, wenn wir unvorbereitet mit menschlicher Nacktheit konfrontiert werden, deutet auf die Ungehörigkeit dieses Zustandes hin. Daß es sich hierbei nicht nur um eine Form von Prüderie handelt, wird daraus ersichtlich, daß sexuelle Stimulanzen selten von purer – unschuldiger – Nacktheit ausgehen. Auch zum Sexus gehört die zweite Haut – die Reizwäsche, deren Erscheinungsbild sehr weit gefaßt sein kann, vom spärlichen Slip bis zur kompletten Uniform mit Stiefel und Reitpeitsche.

Häufig kommt es auch zu Mischformen von erster und zweiter Haut. Gemeint ist damit die seit frühesten Menschheitstagen praktizierte Kunst der Körperbemalung, des Schminkens, der Ziernarben oder der Tätowierung, ja selbst des Frisierens. Hier wird das »Kleid«, also das, was uns kleidet, direkt mit unserer ersten Haut verwoben. Die Natur wird also ganz selbstverständlich mit der Kultur verschmolzen und einer »Mutation« unterzogen. Die Funktion derartiger Verbindungen ist durchaus vielschichtig: So wurden Drohgebärden durch Kriegsbemalung verstärkt, oder Paarungsbereitschaft durch das Anlegen von Schmuck und durch das Auftragen von Schminke signalisiert. Auch konnte durch das Hereinziehen des Künstlichen in die eigene Gestalt die gesellschaftliche Stellung signalisiert werden oder dem menschlichen Spiel mit der Eitelkeit gefrönt werden. Noch gegen Ende des 18. Jahrhunderts gab es Damen, die von sich sagen konnten, noch nie mit ihrem wahren Gesicht in der Öffentlichkeit erschienen zu sein. Unter der Hochfrisur wurde eine dicke Schicht Schminke aufgetragen, die kaum noch individuelle Gesichtszüge erkennen ließ. Zum Teil wurden Adern blau nachgezogen, die Wangen wurden mit ausreichend Rouge optisch nach oben verlagert. Die Krönung des Ganzen war die »Mouche«, das Schönheitspflästerchen, das je nach seiner Plazierung eventuellen Verehrern mehr oder weniger kokette Botschaften übermittelte. Die ganze Rokokogesellschaft glich mitunter einem ins Leben getretenen Puppenreich. In einigen Kulturen kam es auch vor, daß der Körper direkt einer Verformung unterzogen wurde: So pflegte man z. B. im alten Ägypten bei den Mitgliedern der königlichen Familie die Schädel umzugestalten. Speziell ausgebildete Priester gaben in einem langwierigen, im Kindesalter einsetzenden Prozeß den Schädeln eine hohe aufragende Form, um damit die Majestät und Auserwähltheit der Herrscher zu unterstreichen. Es handelt sich hier also gewissermaßen um eine frühe »Züchtungsform« von Übermenschen.

Mit unserer zweiten Haut unterscheiden wir uns vom Tier. Ein Merkmal dieser künstlichen Haut ist ihre enorme Veränderlichkeit. Wie ein Seismograph spiegelt sie alle gesellschaftlichen Wandlungen, aber auch individuelle Eigenheiten wider. Wie sehr diese zweite Haut mit den darunterliegenden Menschen verbunden ist, erkennen wir daran, daß der Mensch zu allen Zeiten darum bemüht war, die passende Figur zum Kleidungsideal seiner Epoche abzugeben. Stil und Mode einer Zeit prägen nämlich stets das herrschende Körperideal einer Epoche mit. Der bekannte Arzt und Konstitutionsforscher Ernst Kretschmer bemerkte zu diesem Phänomen: »Jeder gesunde Körpertypus findet bald heute, bald morgen seine ästhetische und sagen wir gleichzeitig damit seine erotische und fortpflanzungsmäßige Konjunktur. Er wird von der Kunst und der Kleidermode des ihn begünstigenden Zeitalters mit größter Hingebung bis auf das äußerste seiner ästhetischen Wirkungsmöglichkeiten herausstilisiert und damit gleichzeitig auf den Höhepunkt seiner erotischen Anziehungskraft gebracht. Parallel damit schwingen sich die dem betreffenden Körperbautypus zugehörigen seelischen Werte: das Asketisch-Metaphysische, das Saftig-Realistische, das Kindlich-Spielerische auf die Höhe des Zeitgeistes.«[6] Daß mit dem Beginn einer neuen Epoche, einer Revolution oder Kulturrevolution nicht nur eine gesellschaftliche Umwälzung oder bloß eine Kleiderreform erfolgen soll, sondern damit instinktiv und oft vollkommen unbewußt immer auch die Vorstellung eines »Neuen Menschen« verbunden ist, zeigen uns zwei moralisierende Kupferstiche, die Daniel Chodowiecki für den Aufklärer Georg Christoph Lichtenberg ausführte. Wir sehen zwei Paare, welche die Gegensätze »Natur« und »Afectation« verkörpern oder auch »richtig« und »falsch« (Abb. 11). Nun ist es aber keineswegs so, daß die aus dem Geist Rousseaus geborenen Naturmenschen statt mit spitzenverzierten Seidenkleidern lediglich schlicht gewandet daherkämen, nein – sie haben zugleich eine andere Physiognomie, eine andere Konstitution. Das zeigt sich insbesondere an den männlichen Figuren. Ist der »Naturmann« kräftig und breitschultrig gebaut, so weist sein »affektiertes« Pendant unnatürlich schmale Schultern und breite Hüften auf, was im Verein mit seiner Körperhaltung und Kleidung seine Verweiblichung akzentuiert – zugleich steht diese männliche Gestalt stellvertretend für die des Höflings im 18. Jahrhundert überhaupt.

Leute machen Kleider, und Kleider machen Leute – diesem Wechselspiel sind wir mit unserer zweiten Haut verbunden. Unsere künstliche Haut ist auch eine Sprache, weil sie soviel über uns aussagt: Alter, Geschlecht, Berufsrolle, Gruppenzugehörigkeit, Status, Extro- oder Introvertiertheit, Weltanschauung, Angepaßtheit, Uniformität, Exzentrizität, Exklusivität, Verwahrlosung, Depression oder Verlassenheit. Der Kleiderphysiognom kann also viel entdecken. So weiß er z. B. zu beobachten, daß Menschen, die unter Einsamkeit leiden, sich tendenziell wärmer anziehen. Die Ursache: Sie suchen Geborgenheit in ihrer wärmenden, »kuscheligen« Zweithaut. Auch schmiegt sich die Kleidung immer individuell dem Körper an. Zwei Menschen in der gleichen Kleidung sehen nie gleich aus. Das Künstliche vermählt sich beim künstlichen Tier Mensch mit seinem Träger. Die Kleidung kann zu einem beinahe ebenso individuellen Kennzeichen werden

Abb. 11: *Daniel Chodowiecki:* »*Natur*« *und* »*Afectation*«. *Das auf Rousseau verweisende* ›*Bild*‹ *des neuen, natürlichen Menschen beinhaltet zugleich eine neue Physiognomie. Aus der Kupferstichfolge* »*Natürliche und Affectirte Handlungen des Lebens*«, *um 1780.*

49

wie ein Fingerabdruck. Diese Beobachtung spielt mittlerweile auch in der Kriminologie eine Rolle: So konnten z. B. maskierte Bankräuber an dem Faltenwurf ihrer Hose, den die Linse der Überwachungskamera festgehalten hatte, überführt werden.[7]

Unsere Kleidung und die Mode befriedigen zwei entgegengesetzte Bedürfnisse – das nach sozialer Eingliederung und Anpassung ebenso wie das Bedürfnis nach Abgrenzung und Unterscheidung. So kann man mit seiner Kleidung körperliche Mängel verbergen und Vorzüge betonen, Funktionen herausstellen oder in den Hintergrund rücken, soziale Bedürfnisse anzeigen oder im Gegenteil verstecken. Wie in der Sprache kann das, was nicht bezeichnet wird, wichtiger sein als das Gesagte. Jeder outet sich mit seiner zweiten Haut, auch der Modeverächter. Gerade in dessen demonstrativ gezeigter Nichteitelkeit können viele Informationen enthalten sein: verdeckte Eitelkeit, die als aufgeblasene Bescheidenheit agiert, ein Ressentiment gegen Stil und Schönheit oder die falsche Vorspiegelung von Not und körperlicher Arbeit. Gerade die Underdog-Attitüde kann oft zu seltsamen Stilblüten führen: Einer Überlieferung zufolge soll Bertold Brecht eine hochkomplizierte kleine Maschine besessen haben, mit der er sich jeden Morgen den Dreck unter die Fingernägel schob.[8]

Den Gegenpol zum Attrappenproletarier Brecht bildet der Dandy. Er ist nicht nur der Elégant per se, sondern auch der unbarmherzigste Kenner und Kritiker der sichtbaren Welt. Und er ist zugleich der Hohepriester unserer zweiten, künstlichen Haut. Als solcher haßt er natürlich alle Natürlichkeit, sowohl die echte als auch die vorgespielte. In seiner Künstlichkeit, seiner Einsamkeit, seinem Hedonismus, seinem Jugendkult und seiner nicht seltenen Verweigerung, sich biologisch – also natürlich – fortzupflanzen, liegt die oft übersehene Modernität des Dandys, trotz der Tatsache, daß ihm die Gegenwart weniger reale Entwicklungsmöglichkeiten bietet, als es noch das 19. Jahrhundert tat.

Von Künstlichkeit umweht ist nicht nur der Dandy, sondern auch etwas, was lange Zeit als das Natürliche schlechthin galt: die Existenz der beiden Geschlechter. Gerade die Herausarbeitung und Polarisierung von männlich und weiblich wäre ohne unsere zweite Haut kaum möglich gewesen. Im Regelfall wächst die Betonung der sichtbaren Geschlechtsunterschiede mit dem Grad der kulturellen Verfeinerung einer Gesellschaft oder Klasse. Der Mann wird männlicher, wuchtiger, kantiger, überwältigender, die Frau weicher, geschwungener, weiblicher, verführerischer. Der Grund ist einfach, setzt doch die Herausarbeitung der Differenz ein gewisses Maß an Muße und

Luxus voraus. Der Zweck dieses Unterfangens ist ebenfalls klar: der erhöhte ästhetische Genuß und die Steigerung der gegenseitigen geschlechtlichen Anziehung. In der Gegenwart erfahren wir allerdings eine Umkehrung. Unisex läßt die Geschlechtsdifferenz über ihre biologische Basis hinaus schrumpfen. Jeans, T-Shirts und Blousons kennen offenbar kein Geschlecht mehr. Die hochindustrialisierte Massengesellschaft bewegt sich auf die Androgynität zu. Es ist eine neue Form der Künstlichkeit, welche die pralle Symbolik menschlicher Fruchtbarkeit eher meidet – vielleicht um damit der rein künstlichen Vermehrung den Weg zu weisen ...

Unsere zweite Haut hat uns die Welt der Mode geschaffen, und diese ist der Popularisator des ewig Neuen. Sie spiegelt die Sehnsucht, die Experimentierlust, aber auch das Ungenügen des künstlichen Tieres Mensch an sich selbst wider. Die Mode bezeichnet die Permanenz des Wechsels. Sie ist die Dauerkrise; denn wir sind uns unerträglich und wollen uns verwandeln. Hatte sich der Stil unserer zweiten Haut anfänglich noch eine gewisse Konstanz bewahrt, wie wir das von den sogenannten Naturvölkern kennen oder an regionalen, trachtlerischen Eigenarten beobachten können, so hat sich insbesondere in der abendländischen Kultur eine Kultur des Wechsels herausgebildet. Aus Stil wurde so Mode. Die Lust am Neuen gründet sich auf die beiden gegensätzlichen Impulse einer Unzufriedenheit mit dem Gegenwärtigen und eines grundsätzlichen Optimismus den Kräften der Bewegung gegenüber. Wohin werden diese Impulse uns führen? Wir wollen den Versuch einiger Prognosen wagen:

1. Die wachsende Dominanz von Unisex. Mit anderen Worten: Die androgyne Lawine rollt weiter.

2. Unsere künstliche Haut wird künstlicher. Der Vormarsch der Kunststoffe hält – trotz *modischer* Gegenbewegungen – unvermindert an.

3. Die Kleidung wird intelligent. Sie erhält einen »Kopf«. Dadurch werden wir mit unserer zweiten Haut noch mehr verwachsen.

4. Das (Selbst)Experiment mit unserer zweiten Haut bzw. mit allem, was dazugehört, wächst. Wir erschaffen uns immer stärker selbst.

Die beiden letzten Punkte, intelligente Kleidung und Selbstexperiment, sind keineswegs Science-fiction, sondern kündigen sich bereits in der Gegenwart an. Couturiers wie Oliver Lapidus in Paris dekorieren ihre Jacken bereits mit Solarzellen, die Wärme produzieren oder eingebauten Positionsgeräten Energie spenden, so daß Außenstehende wissen können, wo man sich gerade befindet. Miniaturcomputer in der Kleidung, in Schuhen und Brillen könnten schon bald

Clevere Kleidung:
eine Weste mit inte-
griertem Sprach-Über-
setzungs-Computer

Abb. 12: *Aus: Computer & Co, Heft 9, 1999.*

das Leben leichter machen – oder zumindest verändern (Abb. 12).[9] Von der Revolution in der Modewelt sind selbst die Models betroffen: Bereits heute tummeln sich virtuelle Models auf den Computerbildschirmen. Wahrscheinlich werden wir in Zukunft genau schauen müssen, wer uns da eigentlich auf den Laufstegen begegnet! Es ist nicht einmal ausgeschlossen, daß wir selber es sein werden. Ohne Risiko mit dem eigenen Aussehen zu experimentieren ist jetzt schon möglich. Voraussetzung: Ein Bild muß per Scanner oder Digitalkamera auf den PC geladen werden. Danach können eine Unzahl von Frisuren getestet, Tönungen oder Lidschatten verändert oder die optimale Brillenform für ein Gesicht ermittelt werden. Es bedarf wohl nicht allzuviel Prophetie, um vorauszusagen, daß sich diese Dinge irgendwann einmal auf unseren – realen Body – erstrecken werden!

Masken und Mimen

Zwei Dinge sind es, die den Menschen vor allem kennzeichnen: Seine Künstlichkeit bzw. Teilkünstlichkeit und seine damit verbundene Fähigkeit zum steten Wandel. Die menschliche Verwandlungskunst ist von einem Beruf zum Prinzip erhoben worden: dem Schauspieler. Natürlich schauspielert nicht nur der Schauspieler. Jeder Mensch spielt seine Rolle; denn die Grundlagen der Schauspielerei sind dem Menschen angeboren, der Säugling zieht seine Grimassen der Freude und des Leides ganz instinktiv. Dennoch tritt unsere Mimik ab frühester Kindheit mit der Umwelt in Kommunikation und hört bald auf, lediglich elementarer Ausdruck unseres unmittelbaren inneren Empfindens zu sein. Spätestens hier trennen sich auch menschliche und tierische Schauspielkunst. Das tierische Rollenspiel ist im Regelfall äußerst begrenzt, was schon an der relativen Unbeweglichkeit des tierischen Gesichtes zum Ausdruck kommt. Der Mensch hingegen ist ein geborener Grimassenschneider. Daher steht am Anfang unseres Lernens auch der Nachahmungstrieb, das physiognomisch-mimische Eingehen auf unsere Umwelt: Bewegungen, Mienen werden aufgenommen und kopiert, aber auch anerzogen. Das elementar Angeborene wird künstlich überformt. Der »Prozeß der Zivilisation« zwingt uns zur Kontrolle der Gesichtszüge und macht uns gegebenenfalls auch zu Lügnern. Dabei lernen wir ganz selbstverständlich, oft vollkommen unbewußt, mit unserer Schauspielerei umzugehen und sie einzusetzen: sei es aus Anpassung, aus Berechnung, aus Lust an der Selbstinszenierung oder aus Freude an der Nachahmung. Der Stil unserer zweiten, künstlichen Haut spielt bei all unseren Maskeraden eine eminente Rolle und treibt unsere Fähigkeit zur »Mutation« auf die Spitze.

In Maskerade steckt das Wort Maske. In der Maske besaß vor allem der frühe Mensch ein ausgezeichnetes künstliches Mittel zur Persönlichkeitswandlung. Das Maskenwesen gehört zu den geistigen Kollektiväußerungen der Menschheit. Indem ich mir mit der Maske ein anderes Gesicht zulege, werde ich ein anderer. Die Maske beschwört einen neuen Geist; denn die Gestalt der Maske schreibt das Verhalten des sich dahinter Befindlichen vor. Der ursprüngliche Sinn der Maske lag also nicht – womit sie heute vornehmlich assoziiert wird – in einem bloßen Verbergen des Gesichtes. In archaischen Kulturen wollte man mit Zuhilfenahme der Maske tatsächlich ein anderer werden. Durch das Tragen der Maske wandelte der Mensch sich nicht nur äußerlich, auch seine Wahrnehmung paßte sich dem Wesen der Maske an. Die Maske enthält – und hierin zeigt sie sich sogar dem Golem oder Pygmalion verwandt – ein Stück magischer Lebenserschaffung bzw. Lebensverwandlung, wächst doch das Ich des archaischen Menschen hinter der Maske überindividuell empor: Der Mensch erhält durch die Verhüllung des eigenen Gesichts zauberkräftige Fähigkeiten, während die verhüllende Maske zugleich ein verborgenes Wesen in ihm enthüllt. Um diesen Maskenzauber zu initiieren, bedarf es zusätzlich des Opfers und des kultischen Tanzes, durch die rhythmischen Bewegungen verliert die Maske ihre Starre und erwacht zum Leben: »Die Maske tanzt.« Für den in archaischen Kulturen lebenden Menschen ist die Maske also kein Sinnbild, und der Maskentanz ist keine symbolische Handlung, sondern die völlige Gleichheit mit dem, was sie darstellen soll.

Das lateinische Substantiv »persona«, auf das das Wort »Person« zurückgeht, bedeutete ursprünglich »Maske«. Die »Person« ist also ein Geschöpf der Maske und deren Mutationskraft. Diese Ehrerbietung ist der Maske allerdings in der Neuzeit verlorengegangen. Die Maske, die Wahrheit war, wurde zur Lüge, sie blieb nicht mehr »persona«, sondern wurde zu etwas, hinter dem sich die Person versteckt, oder, etwa im Karneval, ihre unterdrückten Triebe ausleben kann. Wenn der zivilisierte Mensch seine »Maske« ablegt, erwarten wir dahinter kein humanes Antlitz, sondern verborgene Abgründe, pervertierte Leidenschaften und gesellschaftlich geächtete Verhaltensweisen. Trotz dieses Bedeutungswandels stellt die Maske selbst für die Gegenwart noch ein herausragendes Zeichen für die menschliche Mutationskraft dar.

Das Symbol für Schauspiel und Theater ist bis heute die Maske geblieben. Und das nicht ohne Grund – fand doch das Schauspiel seine Geburt in der Maske, schließlich ist der Schauspieler ein Abkömmling des archaischen Maskenträgers. Der Schauspieler der griechischen Antike trat stets mit der Maske auf, denn sie bildete einen Garanten für seine tatsächliche Wandlung. Der moderne Schauspieler verzichtet zwar auf die Maske, dennoch bleibt die Schauspielkunst die Kunst, die mit der Maske experimentiert: Mit einer virtuosen Beherrschung von Mimik und Gestik, unterstützt von dem Stil der zweiten Haut, vermag der geschickte Mime, oft nur mit einem Mindestmaß an Schminke »verkleidet«, vor unseren Augen glaubhaft die »Maske« einer anderen Person anzunehmen.[10]

Baudelaire, der in seiner Kindheit davon geträumt hatte, Schauspieler zu werden, sagte zur Verwandlungskunst des Mimen: »Wenn der große Schauspieler von seiner Rolle erfüllt, umgekleidet und geschminkt, sich entsetzlich oder entzückend, verführerisch oder abstoßend im Spiegel sieht und dort die neue Persönlichkeit betrachtet, die für die Dauer von einigen Stunden seine eigene werden soll, dann verschafft er sich mit dieser Analyse eine neue Vollendung, eine Art rücklaufenden Magnetismusses. Der magische Vorgang ist dann beendet ... Ob er ein Typ der Liebe oder des Grausens, er kann die Bühne betreten ....«" Wie weit eine solche Verwandlung gehen und wie sehr sie sich von Rolle zu Rolle verändern kann, zeigen zwei Fotografien der englischen Schauspielerin Ruth Draper. Beidemal sehen wir sie in ein und demselben Theaterstück: einmal in der Rolle der stolzen abweisenden Gattin eines Geschäftsmannes und ein andermal als junge und sympathische Sekretärin eben dieses Geschäftsmannes. Wir glauben in den beiden Aufnahmen zwei vollkommen verschiedene Menschen vor uns zu haben (Abb. 13 a+b). Der Schauspieler besitzt, wenn man so will, auch in anderer Hinsicht einen sehr janusköpfigen Beruf: Einerseits weist er auf archaische Schichten in uns zurück, als der Mensch mittels Magie Leben erschuf oder veränderte, andererseits deutet sein Rollenspiel bereits auf die synthetischen Mutationen hin, die immer drängender von der Leinwand oder aus virtuellen Realitäten auf uns einstürzen!

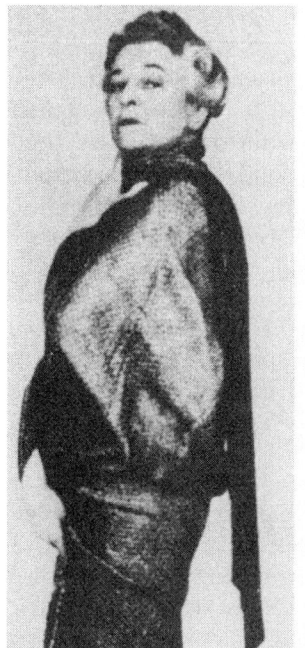

Abb. 13 a+b: *Der Mensch probt den ständigen Rollenwechsel. Die Schauspielerin Ruth Draper als Gattin und als Sekretärin ein und desselben Geschäftsmannes, Fotografien, Ende der zwanziger Jahre.*

Bizarre Figuren, Mischwesen und der erste Gentechniker

Künstler sind oft die besten Futurologen. Ihre Kunst, ein ernstes Spiel aus scharfer Beobachtung und schöpferischer Eingebung, ließ sie Dinge erahnen, die erst Jahrhunderte später Wirklichkeit wurden. Torpedos, Raketen, Laterna Magica, Automaten, Bagger, Kraftwagen usf. begegnen uns bereits im Werk von Giovanni Fontana (ca. 1480 bis 1530) oder Leonardo da Vinci (1452−1519). Ihre phantastische Konstruktionsfreude begnügte sich jedoch nicht nur mit der Vorwegnahme technischer Konstruktionen. Sie bezog auch Menschen bzw. humanoide Automaten mit ein. Ein makabres Beispiel hierfür sind von Fontana gezeichnete Totengeripper, die ein scheinbarer Mechanismus tanzen läßt. Später war es vor allem Giovanni Battista Braccelli, der von Automatenmenschen fasziniert war. 1624 veröffentlichte er seinen Radierungszyklus »Bizarrie di varie figure«, worin es von Robotern, kybernetischen Maschinen und seltsamen Puppenmenschen nur so wimmelt (Abb. 14).

Abb. 14: *Frühe Automatenmenschen. Aus dem Radierungszyklus »Bizarrie di varie figure« von Giovanni Battista Braccelli (1624).*

Abb. 15: *Erdachte Mutationen. Mischwesen von den Rändern des Stundenbuchs von Thérouanne, Ende des 13. Jh.*

Aber Kunst und Mythos haben nicht nur den technisch-mechanischen Menschen vorweggenommen. Seit frühesten Tagen hat sich die Phantasie der Menschen auch biologisch-genetische Mutationen erdacht. Hierzu zählen vor allem die zahlreichen Mischwesen. Mischwesen heißen Geschöpfe, bei denen Bestandteile unterschiedlicher Lebewesen oder Naturformen zu einer neuen Gestalt zusammengesetzt sind. In der Kunst- und Kulturgeschichte der Völker gibt es viele Beispiele dafür, die naturgegebenen Formen abzuwandeln, ganz oder teilweise auszuwechseln, zu mischen und zu isolieren, zu vergrößern oder zu verkleinern, um damit synthetische Kreaturen, Abstraktionen, formale und inhaltliche Neuschöpfungen und nicht zuletzt allerlei Monströsitäten zu schaffen. Die ältesten bildlichen Belege für Mischwesen finden wir um 3000 v. Chr. in Ägypten und Mesopotamien und etwas später in Indien. Von dort breiteten sie sich über den Iran bis nach China aus. Das klassische Altertum bildete ein Eldorado von Mischwesen. Im Abendland gelangte ihre Darstellung in der romanischen und gotischen Kunst zu einer wahren Hochblüte. Die romanische Plastik, aber auch die mittelalterlichen Handschriften sind geradezu überbevölkert von seltsamen Wesen (Abb. 15). In der Renaissance bildeten sich neben Roboterwesen, in die sich auch fleischlich-humanoide Züge einmischen können, zum Teil merkwürdige Neuschöpfungen heraus. So gab es z. B. die aus Früchten, Gemüse oder Werkzeugen zusammengesetzten Köpfe eines Guiseppe Arcimboldo. Heute bietet den bildenden Künstlern insbesondere der Computer überraschend neue Verschmelzungs- und Kreationsmethoden.

Heinz Mode hat in seinem 1976 erstmals erschienenen Buch über »Fabeltiere und Dämonen« in der Kunst die Gattung der Mischwesen in fünf Klassifizierungen unterteilt:

1. Mischwesen mit Menschenleib oder Tierleib in betont menschlicher Haltung, mit Tierkopf oder auch nur einzelnen Merkmalen tierischer Herkunft. Hierher gehören etwa Satyr und Minotaurus, aber auch der Herr der Finsternis, also der Teufel selbst. Mode nennt die Gruppe »Tiermensch«.

2. Mischwesen mit Tierleib oder in betonter Tierhaltung, in Verbindung mit einem Menschenkopf, menschlichen Oberleib oder anderen rein menschlichen Zügen. Zu diesen »Menschentieren« zählen u. a. Sphinx, Zentaur oder Sirene.

3. Mischwesen mit Tierleib und Tierkopf verschiedener Arten oder weiteren hinzugefügten Tiermerkmalen. In der Gruppe dieser »Mischtiere« befinden sich der Greif, der Drache und der Pegasus, sowie zahlreiche sonstige Flügeltiere, aber auch die Mischgestalten des Meeres mit Fischschwanz und Tieroberkörper.

4. Diese Kategorie beinhaltet Mischwesen und Mischkombinationen mit bewußter Vervielfachung oder Vereinfachung, überbetonter Vergrößerung und Verkleinerung der Körpermerkmale, der Gliedmaßen, der Köpfe und der Leiber. Dabei können tierische mit menschlichen Körperteilen vermischt, aber auch die natürlichen Formen einer Art abgewandelt werden. Hierher gehören etwa das Einhorn, der einäugige Zyklop oder Fabelwesen aus alten phantastischen Reiseberichten wie die Gruppe der Einbeinigen, Langohrigen, der Mundlosen usw. Gleichzeitig fallen in diese Kategorie die vielarmigen oder mehrköpfigen indischen Gottheiten und die bauchgesichtigen Grillen Ostasiens und des europäischen Mittelalters. Hinzu kommen wappenmäßige Kombinationen, wie z. B. der Doppeladler.

5. Dies ist die zahlenmäßig kleinste Gruppe. Hier werden Naturgegebenheiten oder Gegenstände vermenschlicht oder in Tierform gebracht. Hierzu zählen Berg- und Baummenschen oder Schiffe in Menschen- oder Tiergestalt.

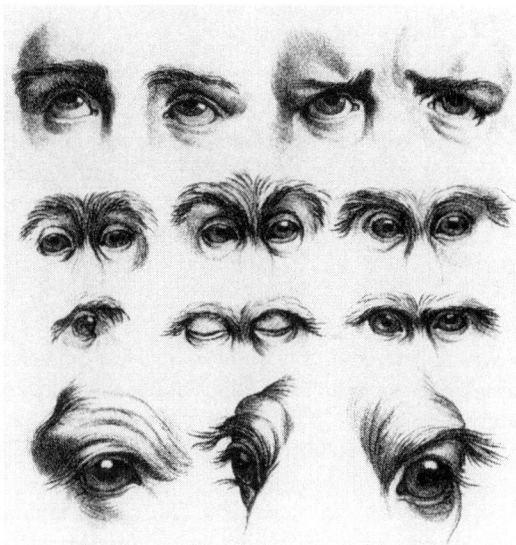

Abb. 16: *Aus dem »gentechnischen« Setzkasten von Charles Le Brun: Augenpaare des Menschen, des Affen und des Kamels, aus: Louis-Jean-Marie Morel d'Arleux, »Dissertation sur un traité de Charles Le Brun …«, Paris 1806.*

Ganz neu ins Spiel brachte Charles Le Brun, erster Hofmaler unter Ludwig XIV., den Mensch-Tier-Vergleich. Le Brun war Rationalist und ein geistiger Schüler des Philosophen und Mathematikers René Descartes. Für Le Brun war das Tier daher eine Maschine und der Mensch eine denkende Maschine. Als »Seeleningenieur« konfrontiert er nicht nur wie gehabt Mensch und Tier miteinander, indem er z. B. Jupiter, den König der griechischen Götter, mit dem Löwen, dem König der Tiere, in Analogie setzt. Le Brun war so sehr Konstrukteur, daß er nicht widerstehen konnte, seine eigenen Geschöpfe zu konstruieren. Diese Neuschöpfungen sind den tradierten Mischwesen nicht so ohne weiteres zur Seite zu stellen. Hier werden z. B. nicht nur auf Menschenkörper Tierköpfe gesetzt, sondern Le Bruns Arbeiten zeigen äußerst feinmaschige, »wissenschaftliche« Verschmelzungen verschiedenartigster Geschöpfe. So zeichnet er Löwen und Pferde mit Menschenaugen, und wie in Setzkästen präsentiert er uns die einzelnen Gesichtsteile, die man nach Belieben zusammenfügen kann (Abb. 16). Die »Gene« von Mensch und Fuchs treibt Le Brun zusammen, indem er sie in seinem »Labor« kräftig durcheinanderwirbelt und so eine Gruppe von Fuchsmenschen kreiert (Abb. 17), die mit ihrem sphinxhaften Lächeln bereits in eine

Abb. 17: *Fuchsmenschen von Charles Le Brun. Aus: ders., »Conférence sur la physionomie de l'homme dans ses rapports avec celles des animaux«, Paris 1671.*

weite Zukunft zu weisen scheinen. Charles Le Brun darf so betrachtet als der erste »Gentechniker« gedeutet werden.

Die Vermengung von Mensch und Tier, ja im Grunde genommen die Verbindung der verschiedensten Elemente, die bei Le Brun noch in »Handarbeit« vorgenommen wurde, kann der Computer auf neuartige, virtuose Weise bewältigen. So hat z. B. die amerikanische Künstlerin Nancy Burson versucht, mit diesen Mitteln ganz neue Gestalten zum Leben zu erwecken. Sie mischt Diktatorengesichter ineinander, verschmilzt Mensch und Tier ebenso wie die großen Menschheitsrassen, ja, sie schafft sogar Zwitterwesen aus Mensch und Kunstobjekt, aus Fleisch und Plastik (Abb. 18 a+b). All das wirkt sehr real, scheinbar nur darauf wartend, uns als Spiel, als virtuelle Realität oder als leibhaftiges Leben entgegenzutreten!

 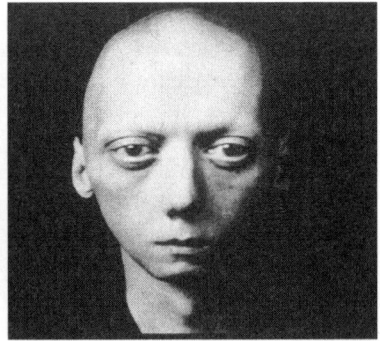

Abb. 18 a+b: *»Big Brother«, eine Mischung aus Stalin, Mussolini, Mao, Hitler und Khomeini. »Untitled«, ein Zwitterwesen aus Mensch und Puppe. 1983 und 1989, beides Nancy Burson.*

III. Wissenschaftliche Magie und magische Wissenschaften

Die Alchemisten oder das Laboratorium als Lebensborn

Es ist späte Nachtzeit. Draußen tobt ein Unwetter. Die Elemente sind entfesselt. In einem vor neugierigen Augen verborgenen Gemach mit hoher, gewölbter Decke beugt sich ein alter, bärtiger Mann über einen Glaskolben mit brodelnder Flüssigkeit. Er ist umgeben von einem Wirrwarr von Krügen, Flaschen und Apparaten. An den Wänden hängen Tierschädel und astrologische Karten. Eine ausgestopfte Eule sitzt inmitten eines Durcheinanders von dicken ledergebundenen Bänden mit Metallschließen. Das ganze Ambiente wirkt wie eine seltsame Mischung aus Hexenküche und Chemielaboratorium. Von Zeit zu Zeit rührt der Mann Flüssigkeit um und murmelt seltsame Worte vor sich hin. Sein pelzverbrämter Mantel ist zerlumpt, und er zittert ein wenig in dem eisigen Zug, der durch ein zerbrochenes Fenster dringt. Doch nichts stört ihn in seiner Konzentration, geduldig beobachtet er weiter, wie die Flüssigkeit verdampft. Dann umwölkt Enttäuschung seine Züge. Etwas ist schiefgegangen. Er beugt sich über eine alte Handschrift und rätselt über der fremden Sprache und den seltsamen Symbolen. Mit einem Seufzer holt er noch einige Ingredienzen herbei. Vielleicht ein Körnchen mehr von diesem und eins weniger von jenem? Seine Erregung kehrt zurück. Die Jahre sind unbemerkt verflossen.

Ein solches Bild haben wir unweigerlich vor Augen, wenn wir an die geheimnisumwitterte Wissenschaft der Alchemie denken. Aber aus welchen Quellen schöpfen die Alchemisten ihr Tun? Allein schon das Wort Alchemie gibt Rätsel auf. Es ist entstanden aus dem arabischen Artikel *al* und dem Wort *chemeia*. So betrachtet würde es »die Chemie« heißen. Allerdings ist ebenso rätselhaft, woher das Wort »Chemie« eigentlich stammt. Lange Zeit nahm man an, daß es von dem griechischen *chymos* (= Saft, Brühe) abgeleitet wurde. Demnach wäre die Alchemie die Kunst, mit Auflösungen und Flüssigkeiten zu arbeiten. Es ist auch versucht worden, das Wort vom griechischen *chyma* (= Metallguß) herzuleiten. Favorisiert wird heute die Ableitung von *chemeia,* einem ungeklärten griechischen Fremdwort, das seine Wurzeln eventuell im Ägyptischen hat. Plutarch berichtet in seiner Schrift über den Isis- und Osirisglauben, daß das schwarzerdige Ägypten von seinen Priestern als *chemia* bezeichnet wird, dem auch der hieroglyphische Name Ägyptens »Keme« (= das Schwarze, Schwarzerdige) entspricht. Von der Bedeutung *chemie* (= schwarz) ausgehend, wäre *chemeia* demnach die Beschäftigung mit dem »Schwarzen«. Diese Farbbezeichnung würde angesichts der Tatsache Sinn geben, daß als grundlegende Voraussetzung der von den Alchemisten angestrebten Metallverwandlung eine vorhergehende Metallschwärzung galt. Aus diesem Grund wurde von den Alchemisten auch das Schwarzblei, das unter den Metallen der Schwärze am nächsten steht, als Urmaterie angesehen.

Neben der Metallverwandlung – in Gold und Silber – sind es vor allem noch zwei weitere Ziele, welche die Alchemie anstrebte:

1. Die magische Herstellung des Homunculus bzw. des »Sohnes der Weisheit« oder des *lapis philosophorum,* dem Stein des Weisen.
2. Die Herstellung der Arcana, der Geheimmittel, das heißt vor allem der Heilmittel.

Alle drei Ansätze der Alchemie dringen zum Kern des Seins und des Lebens vor (Abb. 19). Die Erforschung der Natur, so wie sie die Alchemisten betrieben, war stets auch ein Blick in die Schöpferwerkstatt Gottes. Auch bei der Verwandlung der Metalle standen – zumindest bei der wahren Alchemie – keine niederen Motive im Vordergrund, sondern die Bildung unverfälschter, edler Metalle sollte vielmehr zum »großen Mysterium« führen, welches das Antlitz Gottes ahnen ließ. Gott bedeutet in diesem Zusammenhang aber immer auch Erschaffung von Leben oder dessen Verwandlung und Neuschöpfung. Daher spielen in der Alchemie auch Ideen von der Neuschaffung des Kosmos oder der Neuentwicklung des Pflanzen- und Tierreichs eine Rolle – bis hin zur Neukreation menschlichen Lebens. Um das zu erreichen, war allerdings ein besonderes Elixier notwendig: der Stein des Weisen. Der lapis philosophorum galt bereits seit Aristoteles, vor allem aber nach der Meinung der Alchemisten des Mittelalters, als eine Materie, die den Urstoff aller Dinge enthält, aber auch die Kraft hat, alles in seine Bestandteile aufzulösen. Mit seiner Hilfe soll es möglich sein, Menschen zu verjüngen oder neues Leben zu schaffen, sowie unedle Metalle in Gold zu verwandeln und alle Krankheiten zu beseitigen. Im Stein der Weisen lebte demnach der Odem Gottes unmittelbar nach, und seiner habhaft zu werden war das Größte und Geheimnisvollste, was es überhaupt gab. Der Stein des Weisen war bei den Alchemisten des Mittelalters auch eng mit dem Arcanum verbunden. Als Arcanum (= das Abgeschlossene und Geheimnisvolle) wurden in der römischen Religionssprache ursprünglich die geheimen, nicht auszusprechenden Dinge und Mysterien bezeichnet. Die Alchemisten begriffen unter dem Arcanum die höchsten Welträtsel, das Große Elixier und universelle Heilmittel.

Die Alchemie ist eine mystische Wissenschaft. In ihr überschneiden sich Magie und Chemie, Naturwissenschaft und Philosophie. Ob dabei jemals der Stein des Weisen gefunden wurde, bleibt mehr als spekulativ. Berichte von Transmutationen, also Metallverwandlungen in Gold, von Verjüngungskuren und wundersamen Gesundungen liegen vor. Ob es sich hierbei um Scharlatanerie, Autosuggestion, Parachemie, Realität oder eine merkwürdige, »alchemistische« Mixtur aus allem handelte, entzieht sich der exakten Nachprüfung. Aber vielleicht gilt hier die Aussage: Der Weg ist bereits das Ziel. Zumindest weiß man, daß die Alchemie wegbereitend für die moderne Arzneikunde und vor allem für die wissenschaftliche Chemie war. Im Gegensatz zur letztgenannten war die Alchemie aber nie eine »öf-

Abb. 19: *»Destillationsapparatur für Aqua vite« (Aus: Hieronymus Brunschwygt, »Liber de arte Distillandi de Compositis«, 1507).*

fentliche« Wissenschaft, sondern immer umschleiert von der Aura des Geheimen und Verborgenen. Allein schon die Bezeichnungen Myste und Adept, welche sich die Alchemisten zulegten, weisen darauf hin. Und so galt auch das Wissen der Alchemie nur für einen kleinen Kreis Eingeweihter, innerhalb dessen es der Meister dem würdigen und zuverlässigen Schüler weiterüberliefert. Seit der ältesten Alchemie in der Antike haben ihre Vertreter das Geheimnis in den Mittelpunkt gestellt. Geheimnisvoll war ihr Tun, geheim waren ihre Schriften, geheim war das Arcanum, dem sie ihr Leben weihten. Wer das Geheimnis verriet, wurde verflucht und starb angeblich an Schlagfluß.

Bei soviel Geheimen darf es nicht verwundern, daß auch die Ursprünge der Alchemie wohl auf immer geheim bleiben werden. Aber immerhin wissen wir, daß viele erlauchte Geister in den Bann der Alchemie gerieten: Marcus Gräcus, Albertus Magnus, Roger Bacon, Raimundus Lullus, Arnold von Villanova, Basilius Valentinus, Agrippa von Nettesheim, Paracelsus, aber auch eine solch zwielichtige, selbst geheimnisumwitterte Gestalt wie Dr. Faustus. Einer der letzten großen, berühmten und gerüchteumwobensten Alchemisten war der Theologe, Arzt und Naturphilosoph Johann Konrad Dippel (1663–1734). Allein Dippels Geburtsort läßt die Szenerie einer alchemistischen Homunculuszeugung vor unserem inneren Auge erstehen: Es war die bei Darmstadt gelegene Burg Frankenstein.[1] In dieser Burg, in der einstmals das Geschlecht derer von Frankenstein gehaust hatte, ließ der Landgraf Ernst Ludwig von Hessen dem Alchemisten Dippel – wohl auch in der Hoffnung auf eine wundersame Vermehrung seiner landgräflichen Finanzen – ein Goldmacher-Laboratorium einrichten. Dippels Wunsch, gegen Preisgabe von alchemistischen Geheimnissen vom Landgrafen die Burg erhalten zu können, erfüllte sich allerdings nicht.

Als Mary Shelley, die Autorin des »Frankenstein«, 1814 eine Rheinreise unternahm, besuchte sie höchstwahrscheinlich auch die mittlerweile ruinöse Burg Frankenstein als romantisches Ausflugsziel. Immerhin war die Burg bereits damals so bekannt, daß sie in der »Encyclopedia Britannica« zu finden war. Die Gestalt des Dr. Victor Frankenstein trägt daher wohl nicht ganz zufällig, neben den Zügen eines modernen Wissenschaftlers, auch die eines Alchemisten. Denn mit tiefem Eifer studiert der junge Victor Frankenstein die alten Schriften von Agrippa und Paracelsus. Er schreibt: »Unter der Führung meiner neuen Präzeptoren warf ich mich mit dem eifervollsten Fleiße auf die Suche nach dem Stein des Weisen und nach dem Arcanum des Lebens.«[2] Von den Alchemisten und weit weniger von den Wissenschaftlern seiner Zeit, deren Fragestellungen Frankenstein klein erschienen, hat er seine Idee der Schaffung neuen Lebens. Dabei soll das Geschlecht, das Frankenstein zeugen will, vollkommen, makellos und unsterblich sein. Träume, die das nüchtern-kalte Maß der – damaligen – Wissenschaften sprengten und wieder auf alchemistische Vorbilder verweisen. Auch das alchemistische Motiv des Geheimen kehrt in Frankensteins heilig-unheiligem Schöpfungswahn wieder, verschließt er sich doch mit seinen Forschungen den Augen der Welt. Ein Motiv, das allerdings auch in der kühlen, rationalen Wissenschaftswelt der Gegenwart wieder auftauchen kann. Sei es, wenn es gilt, lästige Konkurrenz fernzuhalten, oder wenn die Wissenschaftssprache für den Laien zu einem Buch mit sieben Siegeln wird – und sicherlich nicht zuletzt dann, wenn die Forschungen und ihre möglichen Folgen so ungeheuerlich sind, daß sie von sich aus den Weg ins Verborgene wählen.

Aber es waren keineswegs nur erlauchte oder verruchte Gestalten, die sich der Alchemie verschrieben haben. Jeder von uns ist Alchemist, und jeder praktiziert sie jeden Tag aufs Neue. Unsere selbstverständlichste Alchemie bildet dabei unser Essen. Ist der Mensch doch das einzige Wesen, das von sich aus nicht bloß einfach verzehrt, was die Natur ihm vorsetzt, sondern seine Speisen zubereitet. Der Weg führt hier zu immer komplexeren, künstlicheren Speisen. Und es scheint so, als ob der Mensch erst seine Speisen und dann durch die Einnahme dieser sich selbst verwandelt – denn man ist, was man ißt. Geheimnisvolle Rezepte, exotische Gewürze, betörende Getränke, berauschende Drogen vollbringen unsere tägliche Transmutation und bilden unsere alltägliche Alchemie. Dazu gehört auch die altbekannte Weisheit, daß Liebe durch den Magen geht. Ein »Liebesmahl« kann unsere Sinne verführen und die Sexualität stimulieren. Die Sexualität verkörpert aber nicht nur den zweiten entscheidenden Faktor unserer »normalen« Alchemie, sondern spielt auch in der »hohen« Alchemie eine Rolle. Und das nicht ohne Grund: Kein höherentwickeltes Sein war zumindest bisher in dieser Welt möglich ohne die Beteiligung beider Geschlechter. Die Zeugung ist aber nur *das* Beispiel für das Wirken der beiden Prinzipien männlich und weiblich; denn diese zwei Prinzipien können auch in jedem von uns vorhanden sein, ein Gedanke, der von der Psychoanalyse wieder anerkannt wurde. Im Prozeß der Individuation geht es darum, beide Teile anzunehmen und in die Persönlichkeit zu integrieren. Als Krönung aller alchemistischen Bemühungen sollte daher die *conjunctio* erfolgen, die »chymische Hochzeit«, die in den alchemistischen Anleitungsbüchern häufig als Vereinigung von Sonne und Mond, aber auch nicht selten als realistische Beischlafszene dargestellt wird (Abb. 20). Aber im Liebesakt

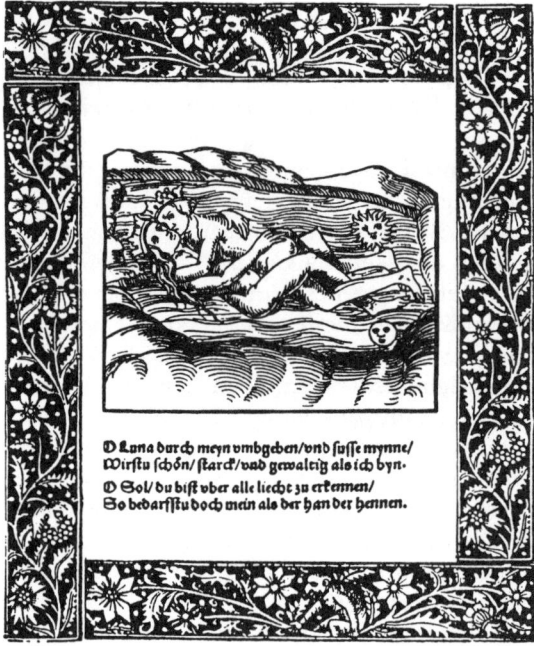

O Luna durch meyn vmbgeben/vnd suffe mynne/
Wirstu schön/starck/vnd gewaltig als ich byn.
O Sol/ du bist vber alle liecht zu erkennen/
So bedarffstu doch mein als der han der hennen.

Abb. 20: *Die »chymische Hochzeit«.*

vereinigen sich nicht nur abstrakte Prinzipien, sondern auch allerlei Substanzen: Speichel, Schweiß, Körperflüssigkeit, Spermien, Energien, Worte, Gedanken. Tiefstes Ziel aller Vereinigung ist die Schaffung neuen Lebens, aber auch die Transmutation der Geschlechtspartner zu einer neuen, größeren Einheit, die sich auch physiognomisch, am Antlitz eines Familiengesichts widerspiegeln kann, ebenso wie an deren ganz eigener »Aura«. Jede innige, dauerhafte Beziehung ist auf irgendeine »Liebesalchemie« angewiesen. Nur was daraus erwächst oder was dadurch verbunden wurde, hält »ewig«. Bloße Freundschaften sind daher oft weit instabiler und halten nur dann, wenn sie durch alchemistische Prozesse verkittet wurden: durch Blutsbrüderschaft, durch gemeinsames Speisen oder Trinken, durch Gebete oder Meditationen. Und auch in der alltäglichen Alchemie spielt wieder das Element des Geheimnisvollen hinein: Jede tiefe Freundschaft, jede tiefe Liebe beruht auf den gemeinsamen Geheimnissen. Wo dieses geheime Band fehlt, kann kein alchemistischer Prozeß stattfinden und damit keine innere Transmutation zu neuem und anderem Leben; wo es verraten und der Öffentlichkeit preisgegeben wird, zerfällt es. Der Fluch der Alchemisten wirkt auch heute noch!

Von den Homunculi oder »chemischen Menschen« und allerlei sonstigen lebenden Kuriositäten

Homunculi nannte Paracelsus die auf chemischem Weg erzeugten Miniaturmenschen, mit deren Herstellung man sich hauptsächlich im ausgehenden Mittelalter befaßte. Das Wort stellt also eine Verkleinerungsform des lateinischen homo (Mensch) dar. Die Idee der künstlichen Erzeugung eines Homunculus bzw. Menschlein kam schon in der antiken Alchemie auf. In den »Homilien« des Clemens Romanus (etwa 250 n. Chr.) findet sich der Bericht über Simon Magus, der einen Menschen aus Luft geschaffen haben will und diesen zuerst in Wasser, dann in Blut und schließlich in Fleisch materialisiert hat.[3] Der Alchemist Zosimos schildert zu Beginn des 4. Jahrhunderts eine Vision von einem Gefäß mit darin kochenden Menschen, aus denen neues Leben entstehen soll; auch die Transmutation der Metalle will er visionär beobachtet haben: Aus einem als Phiole gestalteten Altar sah er beim Schmelzprozeß einen Homunculus aufsteigen, der nacheinander Kupfermenschlein, Silbermenschlein und am Ende Goldmenschlein wurde. In die Reihe der Homunculusvorstellungen gehören auch die wunderbaren Geschöpfe und seltsamen Verwandlungen, die Heinrich Cornelius Agrippa von Nettesheim in seiner »Occulta Philosophia« (1510) anführt:

»Es werden unbegreifliche Wunder verrichtet, wenn man die zur rechten Zeit gemischten und zubereiteten Gegenstände dem belebenden Einfluß der Gestirne aussetzt, damit diese ihnen Leben und die empfindende Seele, als eine edlere Form, mitteilen. Eine solche Gewalt liegt nämlich in den gehörig zubereiteten Stoffen, welche wir als dann Leben bekommen sehen, wenn die vollkommene Mischung der Eigenschaften die früheren Hindernisse gebrochen zu haben scheint … Der Himmel aber, als die vorhergehende Ursache eines jeden zu erzeugenden Dinges, verleiht durch die vollkommene Concoction und Digestion der Materie zugleich mit dem Leben die himmlischen Einflüsse … Auf diese Weise kann man wunderbare Geschöpfe hervorbringen, wie in den Büchern Nemeth zu lesen ist, die auch die Gesetze Plutos heißen, weil solche Erzeugungen monströser Art sind und nicht nach den Gesetzen der Natur geschehen. Wir wissen, daß aus Würmern Mücken … erzeugt werden, … aus einer gerösteten und zu Pulver gestoßenen Ente entstehen, wenn man dieses Pulver ins Wasser wirft, Frösche … aus in den Mist gelegten Haaren einer menstruierenden Frau werden Schlangen … Es gibt ein Kunststück, wodurch sich aus einem einer Bruthenne unterlegten Ei eine menschenähnliche Gestalt erzeugen läßt …«[4]

Große Bedeutung für das Zustandekommen der Homunculus-Praktiken hat außerdem die Idee von der Wiederbelebung bzw. Wiederaufbereitung. Man stellte sich vor, daß ein getötetes Lebewesen nach einer genau bestimmten Kochprozedur verjüngt und mit neuer Kraft ausgestattet wieder zu neuem Leben erwachen könne. Zweifelsohne erkennt man hier das mythische Motiv von der Zerstückelung und Wiederbelebung eines Geschöpfes. Die Alchemisten beriefen sich vorzugsweise auf Ovids Bericht von der zauberkundigen Medea, die den Vater Jasons in einem ehernen Kessel gekocht und verjüngt haben soll und durch dieses Vorgehen die Töchter des Pelias dazu anregte, den eigenen Vater zu töten. Zerhackte Leichname, verwesende Organismen oder menschliche Flüssigkeiten wie Blut, Urin oder Spermien waren beliebte Zutaten für brodelnde »Ursuppen« alchemistischer Lebensrezepturen, in die durch magische oder geheimnisvolle chemische Prozesse oder durch elektrische Entladungen neues Leben einfahren sollte. Dieses mythisch-alchemistische Grundschema kehrt in seinen Hauptzügen selbst bei der aus Leichenteilen erschaffenen Frankenstein-Kreatur wieder, es läßt uns aber auch ein wenig an die mögliche Entstehung des Lebens aus einer chemischen Ursuppe denken.

Die bekannteste alchemistische Rezeptur zur Geburt eines Menschen ohne natürliche Mutter stammt von dem Arzt, Alchemisten und Philosophen Theophrastus Bombastus von Hohenheim, genannt Paracelsus (1493–1541). Mindestens an drei Stellen seiner Werke, nämlich in »Fragmenta Librorum Philosophiae«, »De imaginibus« und vor allem in »De natura rerum« (1541) geht er auf die Erschaffung eines Homunculus ein. So heißt es etwa im letztgenannten Werk:

»Wiewohl solches bisher in großer Heimlichkeit und gar verborgen gehalten worden, und nit ein kleiner Zweifel und Frag unter etlichen der alten philsophis gewesen, ob auch der Natur und Kunst möglich sei, daß ein Menschen außerthalben weiblichs Leibs und einer natürlichen Mutter möge geboren werden? Darauf gib ich die Antwort, daß es der Kunst Spagyrica und der Natur in keinem Weg zuwider, sondern gar wohl möglich sei: Wie aber solches zu ganz und geschehen möge, ist nun sein Prozeß also: Nämlich daß der Sperma eines Mannes, in verschlossenen Cucurbiten per se mit der höchsten Putrefaction, ventre equino, petreficiert werden auf vierzig Tag, oder so lang bis er lebendig werde, und sich beweg und rege, welchs leichtlich zu sehen ist. Nach solcher Zeit wird es etlicher Massen einem Menschen gleich sehen, doch durchsichtig, in ein Corpus. So er nun ach diesem, täglich mit dem Arcano sanguinis humani gar weislich gespeiset und ernähert wird, bis auf vierzig Wochen, und in steter gleicher Wärme ventris equini erhalten: Wird ein recht lebendig menschlich Kind daraus, mit allen Gliedmaßen wie ein ander Kind, das von einem Weib geboren wird, doch viel kleiner: Dasselbig wir ein Homunculum nennen, und soll hernach nit anders als ein anders Kind mit großem Fleiß und Sorg auferzogen werden, bis es zu seinen Tagen und Verstand kommt.«[5]

Auch bei Paracelsus spielt die Erzeugung einer »Ursuppe« bei der Erschaffung von Leben eine zentrale Rolle. Denn die »Putrefaction«, von der er spricht, stellt den Verwesungs- und Fäulnisprozeß dar, den er mittels »ventre equino«, nämlich Pferdemist, unterstützt. Auch spricht er in seinem Werk »De natura rerum« davon, neben Spermien und Blut noch Urin seinem »Lebensquell« beizugeben. Daß in der alchemistischen Lebenserzeugung das Odium des »Unreinen« auftaucht, darf nicht verwundern. Schließlich verkörpert ja auch der menschliche »Zeugungsort«, der Genitalbereich, eine Zone des Schmutzes, der Verwesung und des Ekels. Und das gleiche gilt natürlich auch für jede natürliche Geburt: »Inter faeces et urinam nascimus.« Zwischen Kot und Urin, betonte der heilige Augustinus, werden wir geboren!

Paracelsus war allerdings nicht so töricht, allen Ernstes zu behaupten, es genüge, männliche Samenflüssigkeit in ein »Cucurbiten«, in eine Retorte bzw. ein Glasgefäß zu geben, in der dort brodelnden Ursuppe schön warm zu halten und vierzig Wochen hindurch menschliches Blut dazutropfen zu lassen, um künstliches Leben zu erhalten. Denn Paracelsus gibt nicht »sanguis humanis«, also menschliches Blut als Zugabe an, sondern ein »Arcanum sanguis humanis«, also das Arkanum des menschlichen Blutes, was soviel heißt wie dessen innerste Essenz. Wie das zu gewinnen ist, darüber schweigt Paracelsus, und es soll nach seinen eigenen Worten als Geheimnis bis zum Jüngsten Tag gewahrt bleiben. Gleichwohl behauptet er von sich, das Prinzip seiner Herstellung zu kennen. Auch scheint nach Paracelsus die Erzeugung der Homunculi keineswegs nur eine Fiktion darzustellen, sondern einer geheimen alchemistischen Tradition zu entsprechen:

»Aus solchen Homunculis, so sie zu männlichem Alter kommen, werden Riesen, Zwerglein, und andere dergleichen große Wunderleut, die zu einem großen Instrument und Werkzeug gebraucht werden, die großen gewaltigen Sieg wider ihren Feind haben, und alle heimliche und verborgene Ding wissen, die allen Menschen sonst nicht möglich sein zu wissen. Denn durch Kunst überkommen sie ihr Leben, durch Kunst überkommen sie Leib, Fleisch, Bein und Blut, durch Kunst werden sie geboren: Darum so wird ihnen die Kunst eingeleibt und angeboren, und dörfen es von niemands lernen, sondern man muß von ihnen lernen: Denn von der Kunst sind sie da, und aufgewachsen, wie in Rosen oder Blumen im Garten, und werden der Sylvestern und Nymphen Kinder geheißen, darumb daß sie mit ihren Kräften und Taten nit Menschen, sondern sich Geistern vergleichen.«[6]

Demnach ist der Homunculus also nicht etwa ein minderwertiges Menschen-Surrogat, ein Halbmensch, sondern ein Übermensch, ein Wesen zwischen Mensch und Geistern. Während es bei der Schöpfung des Golem darum geht, die göttliche Erschaffung des Menschen zu imitieren, zielt die Erschffung des Homunculus auf eine Verbesserung der natürlichen Schöpfung. Darin ist durchaus auch eine Kritik an Gottes »unvollkommener« Schöpfung zu sehen. Der Mensch soll über die Paarung mit den Homunculi wohl auch an dem ihnen zugeschriebenen, reineren, höheren Ursprung teilhaben. Die Verbesserung des Vorgegebenen entspricht durchaus alchemistischer Tradition. Ernst Bloch sah in Paracelsus' »Bessermachenwollen« allerdings nicht nur ein Charakteristikum der Alchemie, sondern auch seiner Zeit, nämlich der Renaissance. So schreibt Bloch: »Der Mensch, sagt Paracelsus, ist das höchst Fürnehmen der Schöpfung, und er bewährt sich als solches, indem er die Dinge selber, sie vervollkommnend, ihrer Bestimmung in der Natur entgegenführt. Hier ist er ganz aktive Renaissance, der erfindende Mensch hilft der Natur mit, sie sogar steigernd und spricht sein Fiat (es werde) in magischer Hülle.« Und zur »revolutionären Romantik«, die nach Bloch in der Idee des Homunculus enthalten ist, bemerkt er: »Nicht gemeint ist von Paracelsus, den einfachen und mit Glücksgefühlen der Liebe übersäten Weg der natürlichen Zeugung des Menschen abzuschaffen. Vielmehr, was auf dem natürlichen Wege der Zeugung nicht gelingt, sollte versucht werden, nämlich, einen Menschen herzustellen, wie es ihn noch nie gab, einen von allen Schlacken befreiten. Besser als der Herr den Menschen geschaffen hat, möchte der Arzt den neuen Menschen schaffen, von Prometheus her bekommt der Homunculus-Mythos auch bei Paracelsus den ihm angemessenen Hintergrund. Um das fertigzubringen, braucht der Mensch höchste Kühnheit …«[7]

Allerdings erzeugten Paracelsus' Auslassungen über den Homunculus nicht nur Gefühle einer schwärmerischen Aufbruchsstimmung. Ein früher Gegner der Retortengeburt war z. B. Johannes Praetorius. In seiner Schrift »Anthropodemus Plutonicus« (1666/67), einer Sammlung von »allerlei wunderbaren Menschen«, wendet er sich vehement gegen die Erschaffung von »chymischen Menschen«, wobei er explizit gegen Paracelsus Stellung bezieht. Diesen bezeichnet er dort als »einen verdammten Menschen« und das ganze

Vorhaben einer chemischen bzw. alchemistischen Retortenzüchtung als »gottloß«.[8] Praetorius lehnt den »chymischen Menschen« aber nicht nur aus religiösen Gründen ab, sondern auch aus naturkundlichen Erwägungen heraus, die ihm eine Retortengeburt unmöglich erscheinen ließen. Für seine Zeit mag er damit recht gehabt haben, für die Gegenwart, vor allem aber für die Zukunft, sicherlich nicht.

Trotz Praetorius' naturkundlicher Zweifel an der möglichen Herstellung von Homunculi und generell angebrachter Skepsis, tauchen bis ins 19. Jahrhundert hinein immer wieder Berichte über angebliche Retortenzüchtungen auf: So behauptete etwa der Leibarzt Ludwigs XIV., Borel, bei Versuchen Menschenblut zu destillieren, die Gestalt eines Menschen hervorgebracht zu haben, von dem blutige Strahlen auszugehen schienen. Noch abenteuerlicher klingt die Aussage des Pariser Chemikers Robert Fludd, der berichtet, Blut destilliert zu haben, woraufhin in seiner Retorte ein erschreckliches Geschrei wie von einem brüllenden Löwen oder Ochsen zu hören gewesen sei und er einen vollausgebildeten Menschenkopf mit Gesicht, Augen, Nase und Haaren darin vorgefunden habe. Im 18. Jahrhundert hatte Ferdinand Graf von Kufstein, wie wir aus den Aufzeichnungen seines Dieners erfahren, sich mit der Homunculi-Produktion beschäftigt. Der Graf und sein Diener sollen mit nicht weniger als zehn kleinen, selbstproduzierten Menschlein jahrelang umhergezogen sein und sie vorgeführt haben, wobei alle Anwesenden durch feierliche Eide verpflichtet wurden, über das Gesehene und Gehörte strengstes Stillschweigen zu bewahren. Allerdings hat der Bericht einen Schönheitsfehler – er ist nicht im Original erhalten, sondern nur in einem kommentierten Auszug des Wiener Freimaurers Gustav Brabée aus dem Jahre 1873, der – nach langen Nachforschungen – durch Zufall in den Besitz des arg verstümmelten Manuskripts geraten sein will.

Dieser Bericht gilt allgemein als Schwindel, zumindest ist vermutet worden, daß der Graf selbst und sein Diener Schwindler waren, die einem leichtgläubigen Publikum mit viel Brimborium statt Homunculi nur Amphibien, wie z.B. Kröten, vorsetzten, die wie Menschen bekleidet waren und in mit Wasser gefüllten Glasbehältern saßen.[9]

Bewiesen ist die teilweise betrügerische Herstellung von künstlichen Leben bei den Alraunen oder sogenannten Galgenmännlein. So berichtet Hans Jacob Christoffel von Grimmelshausen, der Autor des berühmten »Simplicissimus«, in einer kleineren Schrift mit dem Titel »Simplicissimi Galgen-Männlein« (1673), unter anderem von der betrügerischen Herstellung falscher Alraunen. Bei der Alraune (von gotisch runa = Geheimnis) handelt es sich zunächst um die Wurzel des Nachtschattengewächses Mandragora, die man bereits in der Antike als Amulett und Talisman verwendete, und die bis ins 19. Jahrhundert in unseren Apotheken gehandelt wurde. Man stellte sich die Alraune als menschenähnliches Wesen vor (ihr rübenartiger, vielfach verzweigter Wurzelstock erinnert entfernt an eine menschliche Gestalt) und bewahrte sie – in Erinnerung an die Hausgötter – an einem verschwiegenen Ort auf, wo man sie verehrte, pflegte und bekleidete. Der Besitz der Alraune sollte Glück, Reichtum und Gesundheit garantieren. Zudem diente sie als Hilfsmittel zum Orakel. Besonders begehrt war die Alraune bereits in der Antike als Aphrodisiakum, aber auch als Betäubungsmittel. Die größte Wirkung sollte die Alraune erzielen, wenn es sich bei ihr um ein Galgenmännlein handelte. Galgenmännlein durfte die Alraune genannt werden, wenn sie unter einem Galgen gewachsen war, auf die ein Gehenkter seinen Urin oder besser noch seine Spermen abgelassen hatte. Die Entstehung des Galgenmännleins aus dem Sperma oder Urin eines Erhängten zeigt große Ähnlichkeit mit der Erzeugung eines Homunculus. Ähnlich wie die Homunculi, die in einer Phiole oder Retorte gezeugt wurden, wurde die Alraune im Regelfall in einem Fläschchen aufbewahrt. Bei den Alraunen handelt es sich – und hierin zeigen sie sich durchaus dem Menschen verwandt – um halbkünstliche Geschöpfe. Sie besitzen eine natürliche Basis, die aber erst durch magische Mittel zu vollem Leben erwacht.

In die große Literatur eingegangen ist die Gestalt des Homunculus vor allem durch Goethes Faust. Dort fabriziert im zweiten Akt des zweiten Teils Fausts Famulus Wagner nach den erhaltenen Rezepturen des Paracelsus und in der Gegenwart Mephistopheles einen Homunculus (Abb. 21). Es dauert nicht lange, bis das chemische Männlein die gläsernen Wände seiner Phiole sprengt, um als äußerst agiler Zwerg auf den Plan zu treten. Der Homunculus begibt sich alsdann in Gefolge von Faust und Mephistopheles in den Süden, in das Land der klassischen Walpurgisnacht. An geistiger Schärfe und Klarheit ist diese literarische Retortengeburt dem Abgesandten der Hölle ebenbürtig, nicht ohne Grund nennen sie einander Vettern. Für Goethe agiert der Homunculus als eine Art dämonischer Übermensch.

Trotz Goethes »Faust« wurde der Homunculus weit weniger zur literarischen Figur als der Golem.[10] Doch ebenso wie letzterer geriet er oft zu einer Schreckensvision. Ein schauerliches Beispiel davon liefert William Somerset Maugham in seinem Roman »Der Magier«

Abb. 21: *Fausts Famulus Wagner erzeugt nach Rezepturen Paracelsus und in der Gegenwart Mephistopheles einen Homunculus. Franz Stassen. Federzeichnung 1916.*

(1908). Oliver Haddo, der Magier, dem der berüchtigte Okkultist und Dichter Aleister Crowley als Vorbild diente, hat ein wahres Monsterkabinett von aufgequollenen und verkrüppelten menschlichen Ungeheuern gezüchtet. Allein ihr Anblick offenbarte eine so schändliche Karikatur alles Menschlichen, daß man ihn kaum ertragen konnte. Die auffälligste Figur in dem Monströsitätenkabinett des Magiers Oliver Haddo ist ein Homunculus, der schnatternde Laute ausstößt und mit geballten Fäusten an die Glaswände seines Käfigs trommelt: »Der Schädel war riesenhaft, glatt und aufgequollen wie bei einem Wasserkopf ... Das winzige formlose Gesicht verzerrte sich in krampfhafter Wut, und aus dem Mund quoll Schaum hervor.«[11] 1926 erfuhr Maughams Roman eine Verfilmung mit dem Schauspieler und Regisseur Paul Wegener – einer der größten Mimen abseitiger und spukhafter Charaktere überhaupt – in der Rolle des Oliver Haddo (Abb. 22).

Abb. 22: *Paul Wegener als Oliver Haddo in dem Film »Der Magier« (1926) bei der Erzeugung von künstlichem Leben.*

Der Retortenmensch, Hoffnung und Schreckgespenst in einem, ist heute Realität geworden. Bereits in den sechziger Jahren war es dem italienischen Arzt Daniele Petrucci gelungen, menschliche Keimzellen in einem Gefäß zu vereinigen und die sich entwickelnden Embryonen mehrere Wochen lang am Leben zu erhalten. Freilich erzeugte Petrucci nicht eigentlich Leben in dem Sinne, daß er etwa aus nichtorganischen Bestandteilen oder aus Spermien allein eine lebende Zelle schuf, die sich dann zu einem menschlichen Embryo entwickelte. Vielmehr waren seine Ausgangsstoffe bereits belebt. Was Petruccis Versuche aber so bemerkenswert macht, ist etwas anderes: Es gelang ihm nämlich mit seinen Retorten erstmals den Mutterleib zu ersetzen. Das Aufwachsen des Embryos in der Retorte macht allerdings nicht nur die Mutter »arbeitslos«, sondern ermöglicht zugleich, über die embryonale Versorgung mit Nährstoffen und Medikamenten in einem Ausmaß manipulativ auf das sich entwickelnde Leben einzugreifen, wie das im Mutterleib nur schlecht vorstellbar ist. Der Übermensch aus der Retorte, schrecklich oder schön, wartet vielleicht nicht mehr lange, bis er ins Leben treten kann!

High-Tech-Magie:
Im Banne des Computers

Die bekannte amerikanische Zeitschrift »Time« wählt zu Beginn jeden Jahres den »Mann des Jahres« (manchmal auch die »Frau des Jahres«). Diese Wahl wird nicht nur von den Lesern der Zeitschrift mit
Spannung erwartet, ihr Ergebnis wird auch von vielen als oft hinter-
gründiges Zeitsymptom gewertet. Moralische Kriterien spielen bei
der Wahl keine Rolle, die gekürte Person kann im guten wie im bösen ihre Zeit repräsentieren. Zu Anfang des Jahres 1983 überraschte
die »Time« mit der Schlagzeile: »Machine Of The Year / The Computer Moves In«. Der »Mann des Jahres« war zum ersten Mal kein
»normaler« Mensch, sondern eine Maschine – eben der Computer.
Mit dieser Wahl hatten die Redakteure auf eine unheimliche Art
recht; denn der Computer hat seitdem seinen großen Einfluß im sozialen Leben – im guten wie im schlechten – bewiesen, so unwahrscheinlich das vielen zu Beginn der achtziger Jahre auch noch vor-
kommen mochte.

Aber wer ist nun dieser auserwählte »Mann«? Ursprünglich
schien seine Laufbahn gar nichts Außergewöhnliches zu verheißen.
Der Computer war zunächst nichts weiter als ein Rechenautomat.
In Deutschland brachte der Bauingenieur Conrad Zuse im Jahre
1941 nach siebenjährigen Vorarbeiten den ersten programmgesteuerten Rechenautomaten zum Einsatz. Das Bahnbrechende an seiner
Z 3 getauften Erfindung war, daß ein Rechner zum erstenmal nicht
nur auf eine bestimmte Operation festgelegt war, sondern verschiedene Operationen durchführen konnte, die durch ein auswechselba-
res Programm aufgerufen wurden. Ungefähr gleichzeitig arbeitete in
den USA Howard Aiken an der Harvard-Universität zusammen mit
der damals noch sehr kleinen und unbedeutenden Firma IBM an
einem programmierbaren Automaten. 1944 vollendete Aiken seine *Mark I* genannte Erfindung, ein Ungetüm von 16 m Länge und
35 Tonnen Gewicht. Unvorstellbar war damals, daß einige Jahrzehnte
später weit effizientere Computer bereits das Kinderzimmer erobern
würden. Mark I war aber nicht nur ein Koloß, sondern auch ein
äußerst schwerfälliger Bursche. Für eine einfache Addition benötigte
er 0,3 Sekunden, eine Multiplikation erforderte 6 Sekunden – unvorstellbar lang für heutige Maßstäbe, damals aber ein Durchbruch.
Und die Entwicklung schritt zügig voran: Marks Nachkommen
schrumpften zum bequemen Tragekomfort, und aus den einst einfältigen Rechnern drohen nun Universalgenies zu werden, die ihren

Schöpfer überrunden. Bereits in den sechziger Jahren, zwischen 1964 und 1966, entwickelte der amerikanische Computer-Wissenschaftler Joseph Weizenbaum das Computerprogramm *Eliza*. Mit Eliza war es erstmals möglich, eine verbale Kommunikation am Computerbildschirm durchzuführen. Im Mai 1997 blickte die Welt voller Spannung nach New York: Der IBM Schachcomputer *Deep Blue* schlug den Schachweltmeister Garry Kasparow in einem Turnier über sechs Partien. Es schien, als sei mit dem Sieg einer Maschine im wohl intellektuellsten aller Spiele eine Grenze überschritten worden, als müßten wir uns selbst von nun an mit neuen Maßstäben messen. Schon ein Jahr zuvor, genauer am 10. Oktober 1996, war einem Computer eine Meisterleistung gelungen, die zu diesem Zeitpunkt kaum ein Mensch den Computern zugetraut hätte: In acht Stunden führte das Elektronengehirn selbständig einen Beweis, nach dem die Mathematiker bereits seit den dreißiger Jahren vergeblich gesucht hatten. Markiert dieser Tag nun eine neue Ära, in welcher der Computer sich endgültig aus seiner Hiwi-Funktion befreit hat und uns als vernunftbegabter Partner gegenübertritt?

Die Frage nach der Künstlichen Intelligenz beschäftigt die Gemüter seit geraumer Zeit. Unter Intelligenz wird im allgemeinen die Fähigkeit der raschen Auffassungsgabe, des Begreifens, Urteilens und die geistige Anpassungsfähigkeit an neue Aufgaben verstanden. Blitzschnell vermag Intelligenz, überzeugende, oft auch überraschende Ideen hervorzubringen. Daß dieses vielleicht eindrucksvollste Phänomen im Universum, der komplizierte und geheimnisvolle Prozeß der Intelligenz von Konstrukteuren quasi nachgebaut, kopiert oder sogar gesteigert werden kann, erscheint zunächst unglaublich und unmöglich. Die Bastler an der Künstlichen Intelligenz, der KI, halten das aber für durchaus machbar. Sie glauben, daß zur Lösung eines erstaunlich breiten Spektrums an Problemen – wozu es eben der Intelligenz bedarf – keineswegs ein hochkomplexer »Gehirnsalat« notwendig ist, sondern vielmehr einfache Methoden, kombiniert mit einem hohen Maß an Rechenleistung – die ebenfalls auf einem einfachen Prozeß beruht.[12]

Die Möglichkeit Künstlicher Intelligenz durch den Computer war daher von Beginn an ein Thema. Schon in seinen Kindertagen bekam der uns heute schlicht erscheinende Rechenautomat die Ehrenbezeichnung Elektronengehirn, während es sich auf der anderen Seite das menschliche Gehirn gefallen lassen mußte, mit einem Computer verglichen zu werden. Trotzdem ist der Begriff der Künstlichen Intelligenz nicht unbedingt leicht zu definieren. Einigen erscheint bei ihrer Beurteilung die Aufgabenbewältigung wichtiger, anderen die

Lernfähigkeit. Doch über eins sind sich so gut wie alle einig: daß die Fähigkeit, mit Menschen zu kommunizieren, eine der wichtigsten Kriterien überhaupt ist. Einen Computer – so eine gängige Auffassung – wird man spätestens dann als »denkend« oder intelligent bezeichnen können, wenn bei einem Gespräch über Computerterminals seine Kommunikationsfähigkeit nicht mehr von der eines Menschen zu unterscheiden sein wird. Diese Stufe ist noch nicht erreicht, aber vielen erscheint sie erreichbar. Allerdings wird, selbst bei gepflegtester Konversation, der Small talk mit einem Automaten möglicherweise doch eine andere Qualität besitzen, als ein menschliches Gespräch unter vier Augen haben kann. Denn ob eine Künstliche Intelligenz auch so etwas wie eine emotionale Intelligenz erwerben kann, bleibt noch umstritten. Schließlich sagt eine bekannte Sentenz von Blaise Pascal, daß doch gerade unser Herz von Vernunftgründen weiß, von denen unsere bloße Vernunft überhaupt keine Ahnung hat. Muß sich die KI dadurch nicht »naturnotwendig« zu einer Intelligenzform entwickeln, die »unmenschliche« Züge trägt?

Optimisten erblicken in der KI und der damit verbundenen Entwicklung computergestützter Technik, Wissenschaft und Kultur allerdings vorrangig eine Evolutionshilfe für den Menschen selbst, mit der ihm neue Flügel für seinen eigenen Geist heranreifen.[13] Menschlicher Geist und »Computergeist« sollen solch hoffnungsvollen Erwartungen nach eine Symbiose eingehen und sich so immer mehr gegenseitig befruchten. Wird der Computer durch diese »Vernunftehe« aber auch ein »Herz« oder zumindest Spuren einer Empfindungsfähigkeit erhalten?

Spätestens seit Descartes, aber im Grunde genommen schon seit Platon, gibt es die Einteilung der Welt in zwei Bereiche: den körperlichen und den seelischen. Lange Zeit war diese Trennung zweckmäßig. Die Naturwissenschaften, zunächst Physik, Chemie und Biologie, später die experimentelle Psychologie befassen sich mit dem Körper; die Geisteswissenschaften, zum Beispiel Religion, Philosophie und ein wesentlicher Teil der Psychologie, mit der Seele. Je genauer nun in der Biologie und der experimentellen Psychologie das Gehirn untersucht wird, desto schwieriger scheint diese Trennung zu werden. Man fragt sich deshalb seit einiger Zeit, ob es nicht doch eine Verbindung zwischen beiden Bereichen gibt. Wenn wir z. B. Freude oder Schmerz empfinden, so lassen sich zu diesen Emotionen auch neuronale Aktivitäten im menschlichen Gehirn nachweisen. Auf diesem Wissen aufbauend, denkt man auch umgekehrt darüber nach, wie ein Roboter oder Computer gebaut werden müßte, der über »neuronale« Schaltungen Erlebnisfähigkeit erhält. Aber selbst wenn wir beim Bau eines derartigen »Geschöpfes« erfolgreich sein sollten, wie können wir wissen, ob unsere Kreation tatsächlich etwas empfindet? Auch wenn unser Geschöpf uns dies noch so eindrücklich nahezubringen versucht, wirklich sicher sein können wir nicht, es könnte uns ja etwas vorgaukeln. Hans Moravec, Professor für Robotik und einer der renommiertesten Forscher auf diesem Gebiet, glaubt jedoch an die mögliche Erlebnisfähigkeit Künstlicher Intelligenzen, die er mit folgendem Gedankenexperiment seinen Lesern nahelegt: Stellen Sie sich vor, daß man eine einzelne Nervenzelle Ihres Gehirns durch einen elektronischen Chip ersetzen könnte, der die Funktion dieser Nervenzelle im Rahmen der nötigen Genauigkeit ersetzen kann (was vielleicht in gar nicht so weiter Zukunft möglich sein wird). Würden sich dann Ihr Innenleben, also Ihre Erlebnisfähigkeit, Ihre Empfindungen dadurch ändern? Moravec geht davon aus, daß dies keinen Einfluß hat, selbst wenn man das gesamte Gehirn langsam mit Chips austauschen würde. Das mag einigen naturwissenschaftlich geschulten Ohren durchaus plausibel erscheinen, vorerst handelt es sich aber nur um eine Hypothese.[14]

Es gibt allerdings auch noch »vom anderen Ufer« aus einen Ansatzpunkt, welcher der KI und mit ihr dem Computer eine Empfindung, ja eine Seele und transzendentale Verankerung zubilligt. Für den Pantheismus ist die ganze Welt beseelt. Flüsse, Berge, Seen und Wälder, Wolken und Winde besitzen ebenso eine Seele wie Mensch und Tier. Eng damit verbunden ist die Vorstellung, daß auch in den Schöpfungen, Produkten und Gerätschaften der Menschen geistige Kräfte am Wirken sind und sich in ihnen jenseitige Wesenheiten inkarnieren oder teilmaterialisieren können. So haben z. B. die Anthroposophen den Computer mit der negativen Kraft Ahriman in Verbindung gesetzt.[15] Ahriman, der böse Widersacher von Ahura Mazda in der von Zarathustra geschaffenen dualistischen Religion, spielt in der Gedankenwelt Rudolf Steiners eine zentrale Rolle. Neben Luzifer zählt er dort zu den beiden Hauptinkarnationen des Bösen. Ahriman verkörpert in der auf Steiner fußenden Anthroposophie das Prinzip der Materie, der Erstarrung und des Todes. Sein Trachten geht danach, den Menschen an die Faktenwelt des »toten Stoffes« zu binden, dem menschlichen Denken die Herzkräfte zu nehmen, es erkalten zu lassen und den Menschen vergessen zu machen, daß sein Ursprung, Ziel und Zweck darin liegen sollte, die Welt des Geistig-Spirituellen zu erkennen. Ahriman bannt die Menschen an die Materie, die irdische Macht, die Technik und die flirrende Faktenwelt des Computers.

In diesem Zusammenhang sei auch auf ein interessantes, »alchemistisches« Phänomen bei der Entwicklung des Computers hingewiesen. Wir erinnern uns: Hinter der brodelnden Hexenküche der Alchemisten stand die Suche nach den »reinen« Stoffen und Metallen. Wer sie fand bzw. mittels chemischer Prozesse herausdestillieren konnte, erhielt damit die Macht, verwandelnd auf das Leben einzuwirken. Nun besitzt ein Stoff für den Computer eine elementare Bedeutung: das Silizium. Silizium dient als Halbleiter und übermittelt den Strom und mit ihm die elektronische Information. Dieses chemische Element kommt in der Natur aber nie unvermischt vor. Wir kennen es etwa in der schönen Form eines Bergkristalls, der aus Siliziumdioxyd besteht, ein Teil Silizium, zwei Teile Sauerstoff. Auch gewöhnlicher Kieselstein und Sand sind Siliziumdioxyd. Silizium und Sauerstoff machen zusammen 75 % der Erdmaterie aus, Silizium davon 25 %. Man kann also sagen, Silizium ist *der* Stoff der Erde schlechthin, die Verkörperung des materiellen – aber es ist ein verborgener Stoff, der künstlich, »alchemistisch«, zum Vorschein gebracht werden muß, da er nie in Reinform auftritt. Trennt man durch chemische Verfahren die übrigen Stoffe von ihm, dann kommt eine undurchsichtige, merkwürdig grauglänzende, überraschend leichte Substanz zum Vorschein, die chemisch in nahezu vollkommen reiner Form darstellbar ist und eine makellose Atomgitterstruktur hat. Solch reines Silizium ist in winzigen Mengen in jedem Computer als materielles Kernstück vorhanden und schenkt ihm damit erst das »Leben«.[16]

Der Computer selbst hat bisher noch kein Leben geschenkt. Aber er hat das vorhandene menschliche Leben verändert, »transmutiert«; denn sowohl das gesellschaftliche als auch das individuelle Leben geraten immer stärker in seine Abhängigkeit. Wären 1960 alle Computer ausgefallen, hätte das kaum jemand bemerkt. 1999 entstanden bereits Endzeitszenarien, weil bis in die neunziger Jahre hinein in vielen Computerprogrammen die Jahreszahl nur zweistellig angegeben worden ist, so daß man befürchtete, viele Rechner würden am 1. Januar 2000 annehmen, sie befänden sich im Jahr 1900 – und entsprechend verwirrt reagieren. Auch wenn das mögliche Chaos ausblieb, wurde unsere Aufmerksamkeit doch darauf gelenkt, welchen Stellenwert der bescheidene Rechner von einst in unserer Gesellschaft mittlerweile eingenommen hat. Computer bewältigen eine immense und stetig wachsende Zahl unterschiedlicher und wichtiger Aufgaben, die früher menschlicher Intelligenz vorbehalten waren. Er ist längst unser »Partner« geworden, gesellschaftlich wie individuell. Sein Besitz ist mittlerweile fast so normal wie der eines eigenen Bankkontos.

Der »Partner Computer« hat allerdings gewisse Eigenheiten. Er trägt nämlich in sich die Tendenz, seine Benutzung über einen vernunftgemäßen Gebrauch auszudehnen. Viele Computerfreaks verbringen ihre Zeit vor dem Computer nicht etwa deshalb, weil das sinnvoll für sie wäre, sondern weil sie einen inneren Zwang danach verspüren. Technische Gerätschaften können durchaus ein Suchtverhalten beim Menschen auslösen, wofür etwa das Fernsehen oder der Autowahn einen Beleg bieten. Beim Computer kommt dabei aber noch etwas anderes hinzu: Er ist bisher das einzige technische Gerät, das sich zu einem Gegenüber, einem Ansprechpartner, entwickelt. Es besteht also die Gefahr, daß die unmittelbare mitmenschliche Kommunikation an ein Gerät abgegeben wird.

Aber nicht nur individuell sprengt der Computer seine Grenzen. Der durchschnittliche Erwachsene ist bereits heutzutage in vielen Computern gespeichert. Als Autobesitzer bei seiner Unfallversicherung; wenn er zu schnell gefahren ist, in der Verkehrssünderkartei; als Büroangestellter in der Buchhaltung seiner Firma; als Kranker in seiner Krankenversicherung; wenn er einmal vor Gericht mußte, in den Computern der Polizei; wenn er eine Reise macht, im Reisecomputer. Außerdem ist er noch als Telefonbenutzer, Strom- und Wasserverbraucher, als Bankkunde und Käufer mit Scheckkarte und in der Alters- und Lebensversicherung gespeichert. Meist weiß er selbst gar nicht, wo überall. Diese Informationen zusammenzuschließen ist technisch überhaupt kein Problem. Der Datenschutz versucht zwar Grenzen zu setzen, doch sind seine Abwehrmöglichkeiten beschränkt. Datenjäger versuchen bereits jetzt, jeden Code zu knacken. Schon werden intelligente Agenten im Netz entwickelt, die individuelle Profile erstellen. Damit ist per Klick jedes Individuum mit seinen Gewohnheiten auf den Bildschirm zu holen. Firmen wissen dann z. B., wer wann seiner Frau einen teuren Mantel gekauft hat. Die Krankenversicherung erfährt, daß jemand jedes Jahr in der Firma 30 Tage wegen Krankheit gefehlt hat, und verlangt eine höhere Prämie. Die Grenzkontrolle bringt heraus, wann und wo und in welchem Hotel man seinen Urlaub verbringt. Die Polizei weiß, welche Bücher man bestellt und damit eventuell auch, wessen Geistes Kind man ist. Es gibt keine Geheimnisse mehr – und ein Computer besitzt ein hervorragendes Gedächtnis. Damit ändert der Computer aber nicht nur unsere Lebensart, sondern er erschafft uns im Internet neu. Erst durch seine Mithilfe kann der gläserne Mensch erstehen!

Wenn wir alle Computer im World Wide Web zusammenschließen, dann bildet das einzelne Gerät nur eine Zelle in dem globalen Gehirn. Die Anzahl der »Zellen« wächst dabei ständig. »Stirbt« eine Zelle, dann wird sie im Regelfall sofort durch eine neue, technisch höherentwickelte ersetzt. Das Elektronengehirn erhält im www. seine Unsterblichkeit! Gleichzeitig nehmen sein Wissen und seine Intelligenz beständig zu. So betrachtet, könnte es sich zu einer Wesenheit von enormer geistiger Potenz auswachsen, in dessen Abhängigkeit der Mensch immer mehr gerät. Niemand könnte es dann mehr verantworten, einfach den Strom abzuschalten. Das globalisierte Elektronenhirn mutiert zur Riesenspinne und zum unersättlichen Datenvampir. Derzeit arbeitet Bill Joy, der »andere Bill«, daran, mit seiner Software *Jini* die Computerwelt zu revolutionieren: Weltweit sollen Rechner, Chips und andere Geräte zu einem großen globalen Gehirn vernetzt werden.[17] Während nun unsere Abhängigkeit von dem im Entstehen begriffenen Superhirn beständig wächst, wird dieses von uns immer unabhängiger. KI-Experten gehen davon aus, daß Rechenmaschinen bald lernen, sich selbst zu reproduzieren: »Man nimmt einen Computer zur Programmierung eines anderen Computers und übergibt diesen Entwurf einem weiteren Computer, der die Herstellung des neuen Computers überwacht.«[18] Ein Blick in eine der Fabriken, in der bereits heute Roboter Roboter bauen, zeigt, daß es sich hier keineswegs um Science-fiction handelt.

Der Computer trat ins »Leben«, um die Welt berechenbarer zu machen. Zunächst diente er lediglich als »Rechenknecht«. Als solcher hat er es aber verstanden, sich binnen kurzer Zeit derart emporzudienen, daß er schon heute als unverzichtbar gilt. Die Rede von einer global vernetzten Menschheit macht schon seit Jahren die Runde, ein computergestützter komplexer Organismus bildet sich heran, in dem die Kommunikationstechnologien die Nervenbahnen bilden. Naturwissenschaftler nennen derartige Gebilde »komplexe dynamische Systeme«. Der Philosoph und Computerforscher Klaus Mainzer schreibt darüber: »Komplexe dynamische Systeme, so lehren die Fallstudien aus den Naturwissenschaften, haben ihre eigenen ⟨nichtlinearen⟩ Evolutionsgesetze, sind langfristig nicht prognostizierbar, können bei geringsten Anfangsfluktuationen ins Chaos abstürzen, aber auch durch Selbstorganisation zu neuen Emergenzstufen mit neuen Innovationsschüben aufsteigen.«[19]

Mit anderen Worten: Der Rechner, der als Rechenhilfe gedacht war, aber auch dazu, künftige Entwicklungen berechenbarer zu machen, bleibt selbst unberechenbar!

Wir können also nicht wissen, auf welche Reise uns die Computer letztendlich führen werden. Der bekannte Computerwissenschaftler Ray Kurzweil sieht allerdings bis zum Jahr 2100 folgende Entwicklungen sich anbahnen:[20]

1. Im Jahre 2010 wird ein normaler Personal Computer rund eine Billion Rechenoperationen pro Sekunde ausführen können. In Kleidung, Uhren, Schmuck – überall sind Computer installiert. Die Menschen in den Industrienationen kommunizieren bei der Abwicklung der meisten geschäftlichen Routinetransaktionen mit virtuellen Ansprechpartnern. Synchron übersetzende Telefone sind allgemein im Einsatz. Menschliche Musiker spielen mit kybernetischen Musikern.

2. Zehn Jahre später, 2020, werden Computer – weitgehend unsichtbar – überall integriert. Dreidimensionale Virtual-Reality-Displays, eingebettet in Brillen und Kontaktlinsen, bilden die Hauptschnittstelle für die Kommunikation mit anderen Personen, dem Web und virtuellen Realitäten. Ein Großteil der Interaktion mit Rechnern erfolgt nun durch Gesten und in natürlich gesprochener Sprache. Realistische, allumfassende audiovisuelle und taktile Environments eröffnen den Menschen die Möglichkeit, virtuell praktisch alles mit jedem zu tun, unabhängig von physischer Nähe. Menschen knüpfen Beziehungen zu automatischen Assistenten, die ihnen als Gefährten, Lehrer, Verwalter und Liebhaber dienen.

3. Im Jahre 2030 verfügt ein Rechner über die Rechenleistung von annähernd 1000 menschlichen Gehirnen. »Hirnchips«, winzig kleine Computer, werden für die Menschen nichts Außergewöhnliches mehr sein. Eine Vielzahl von neuronalen Implantaten wird angeboten werden, die die Fähigkeit der visuellen und akustischen Wahrnehmung, des Gedächtnisses und des logischen Denkens erheblich wird steigern können. Computer haben dann sämtliche von Menschen und Maschinen geschaffenen literarischen und multimedialen Erzeugnisse »gelesen«. Immer heftiger wird über die gesetzlichen Rechte von Maschinen diskutiert und darüber, was das Menschsein überhaupt ausmacht. Maschinen werden dann vielleicht für sich in Anspruch nehmen, Bewußtsein zu besitzen – ein Anspruch, der weitgehend akzeptiert wird – möglicherweise auch aufgrund der Abhängigkeit des Menschen und seiner dadurch vorhandenen Erpressbarkeit.

4. An der Schwelle zum 22. Jahrhundert endlich wird sich der Trend ausbilden, das menschliche Denken mit der ursprünglich vom Menschen erschaffenen Maschinenintelligenz zu verschmelzen. Dann wird es schon längst möglich sein, ein komplettes Gehirn auf eine neuronale Maschine zu übertragen. Wenn ein Gehirn gescannt wird, ergibt das einen kompletten Lageplan der entsprechenden Persönlichkeit und deren Gedächtnis. Unendlich

viele »Doppelgänger« können so angefertigt werden. Und jeder Doppelgänger hält sich dann vielleicht für das »wahre« Ich. Aber noch andere, auf erweiterten Modellen der menschlichen Intelligenz basierende Maschinen könnten sich als menschlich definieren. Die meisten dieser Intelligenzen werden in ihrer Existenz nicht mehr an spezifische Prozessoreneinheiten gebunden sein. Menschen, deren Existenz auf Software beruht, sollen gegenüber denjenigen bei weitem in der Überzahl sein, die noch immer die traditionelle neuronale und sich auf organischen Zellen gründende Verarbeitungsmethode nutzen. Allerdings werden sich auch diese »Zurückgebliebenen« zum größten Teil der Neuroimplantate, die ihre Wahrnehmungs- und Erkenntnisfähigkeit enorm steigern, bedienen. Wer auf solche Implantate verzichtet, wird nicht mehr in der Lage sein, sinnvoll mit anderen zu kommunizieren. Der Begriff *Lebenserwartung* hat für intelligente Wesen schließlich keine Bedeutung mehr!

Soweit Kurzweils Zukunftsschau. Optimisten können daraus folgern, daß der Mensch sich das Wissen und die Fertigkeiten des Computers einverleibt, Pessimisten, daß er so sehr in den Bann des »Datenvampirs« gerät, daß er von ihm aufgesaugt wird. Aber noch etwas anderes kündigt sich an, wahrscheinlich wird sich die Menschheit in zwei Gruppen spalten: in die, die sich technisch aufrüsten lassen, und in die, die darauf verzichten werden. Der Riß, der sich zwischen »alten« und »neuen« Menschen auftun wird, könnte dann vielleicht ebenso einschneidend sein, wie der heutige zwischen Mensch und Tier.

Aber – wir wollen nicht vergessen – der Rechner ist unberechenbar, und Kurzweil entwirft nur ein mögliches Szenario. Auch wissenschaftliche Zukunftsprognosen müssen sich nicht zwangsläufig als zutreffender erweisen als ein Gang zur Kartenlegerin.[21] Allerdings – die Entwicklung auf unserem Gebiet ist rasant, so daß wir eines wohl mit Gewißheit prognostizieren können: Etwas wird passieren und dieses Etwas wird mit größter Wahrscheinlichkeit das künstliche Tier Mensch noch künstlicher machen und ihn weit stärker mit den von ihm geschaffenen Maschinen und künstlichen Intelligenzen verbinden. Das bewirkt in der Folge aber auch einen immer stärkeren Abschied von der realen Welt: Unsere Instinktkräfte werden weiter abnehmen, ebenso der elementare Bezug zur Natur. Die künstlichen Paradiese, in die wir eintreten werden, mit ihrer verwirrenden Fülle von Intelligenzen, Zwitterwesen und simulierten Welten, enthalten stark irrationale Züge. Der Wirklichkeit wird in gewisser Hinsicht der Boden entzogen, und was kommt ist die digitale Märchen- und

Fantasywelt, in der alles und jedes jederzeit möglich erscheint. Dieses Phänomen führt uns zugleich zu einem Paradoxon: Wissenschaft und Technik wollten uns die Wirklichkeit erklärbar machen, um in ihr besser und leichter bestehen zu können. Vernunft, Rationalität, ein kühler Kopf, ja, Nüchternheit heißen ihre Tugenden. Und nun entführen uns ausgerechnet die Hohepriester der Rationalität mit ihren Produkten in eine Zauberwelt und entpuppen sich im nachhinein als verkappte Magier. Doch »nüchtern« betrachtet – den *nüchternen* Wissenschaftler, hat es den jemals gegeben? – gilt nicht gerade hier der von seiner Arbeit besessene Forscher immer noch als der Beste? Besessenheit aber ist in der Tat der ideale Einstieg in irreale Welten ...!

Raunende Kybernetik

Nach Ernst Jünger hat die Technik in ihrer Entwicklung drei Phasen durchlaufen: die mechanisch-titanische, die automatische und die magische. Zu Beginn der letzten befinden wir uns heute. Die Magie der gegenwärtigen Technik offenbart sich allein darin, daß sie immer dunkler und geheimnisvoller geworden ist und nur noch wenige Eingeweihte Zugang zu ihr finden. Die erste Phase, die mechanisch-titanische, bei der Hebel- und Bewegungskräfte freigesetzt werden, ist die elementarste, anschaulichste und am einfachsten zu begreifende. Wir können sie quasi durch die bloße Beobachtung nachvollziehen. Die zweite Phase, die automatische, wird bereits deutlich undurchschaubarer, aber selbst der Laie hat häufig noch eine leise Ahnung davon, wie das funktioniert, wenn etwa ein Auto an ihm vorbeirauscht oder welche Kräfte die ersten Dampfmaschinen am Ende des 18. Jahrhunderts in Bewegung setzten. In der dritten Phase endlich, der magischen, nützt uns unsere normale Beobachtung so gut wie gar nichts mehr. Wie durch Zauberhand gelangen wir in virtuelle Realitäten. Wir sind umgeben von Dingen, die wir vielleicht noch benutzen, aber nicht mehr verstehen und für die es *den* Fachmann überhaupt nicht mehr gibt. Was für ein Fachmann würde z. B. noch die komplexe Hard- und Software eines Computers vollkommen erklären können?

Durch dieses Wirrwarr einer High-Tech-Magie soll eine Überwissenschaft die ersten Breschen schlagen helfen: die Kybernetik. Allerdings ist die Kybernetik selbst eine Wissenschaft, die nur von wenigen verstanden wird. Ihre Magier raunen mit Vorliebe in einer Sprache, die nicht nur den meisten Laien unverständlich bleibt, sondern oft auch in Fachkreisen für Unverständnis oder doch für Kontroversen sorgt. Was die Kybernetik eigentlich genau ist bleibt jedenfalls ungeklärt. Das behauptet zumindest einer, der es wissen müßte: Heinz von Foerster, Physiker und einer der renommiertesten Kybernetiker des 20. Jahrhunderts. Um seine Behauptung zu belegen, zitiert Foerster einige seiner Kollegen mit ihrer Interpretation von Kybernetik. »Kybernetik ist ein Zweig der Mathematik, der sich mit den Problemen der Kontrolle, der Rekursivität und der Information beschäftigt«, sagt Gregory Bateson, während Stafford Beer erklärt: »Kybernetik ist die Wissenschaft von der effektiven Organisation.« Gordon Pask hingegen meint rätselhaft: »Kybernetik ist die Wissenschaft von vertretbaren Metaphern.« Aufgrund dieser und noch anderer Definitionen kommt Foerster zu dem Schluß: »Es scheint, daß Kybernetik für die unterschiedlichsten Leute etwas ganz Verschiedenes bedeutet.«[22]

Als Vater dieser geheimnisvollen Wissenschaft gilt der amerikanische Mathematiker Norbert Wiener (1894–1964). Wiener, ein Schüler Bertrand Russels, war zweifellos ein herausragender Kopf. Er promovierte bereits mit 18 Jahren und sprach 13 Sprachen, darunter chinesisch. Gastprofessuren führten ihn rund um die Welt. Im Ersten und Zweiten Weltkrieg machte Wiener im Dienste der US-Streitkräfte wichtige Erfindungen auf dem Gebiet des Flugmeldewesens und der Radartechnik. Daneben schrieb er außer zur Kybernetik auch vielbeachtete Werke zur philosophischen Zeitkritik.[23]

Auf Wiener geht auch der Begriff Kybernetik zurück, den er erstmals 1948 mit seiner Schrift »Cybernetics« einem breiteren Publikum vorstellte. Wiener leitet das Wort Kybernetik vom griechischen *kybernetes* (= Steuermann) ab. Der Kybernetiker ist also der Steuermann, der auf seinem Kurs verschiedene Gebiete der Wissenschaften miteinander verbinden soll. Daß dabei nicht immer klar ist, wohin die Reise führen soll, darf bei der großen Aufgabe eigentlich nicht verwundern. Wiener selbst sah die Kybernetik als eine übergreifende Wissenschaftsdisziplin, die sich mit der mathematischen Beschreibung und modellartigen Erklärung dynamischer und komplexer Systeme befaßt, die gewisse allgemeine Eigenschaften und Verhaltensweisen realer Systeme aus den verschiedensten Bereichen der Wirklichkeit widerspiegeln. Die in realen Systemen ablaufenden Prozesse werden vorzugsweise unter dem Gesichtspunkt der Aufnahme, Übertragung sowie Rückübertragung (Rückkoppelung) von Informationen betrachtet. Auf diese Weise wird aus gleichartigen oder ähnlichen Erscheinungen in ganz unterschiedlichen Bereichen, deren Funktionsweise in Analogie zueinander gesetzt werden, ein abstraktes kybernetisches System gewonnen. Die Kybernetik beschäftigt sich also mit der Regelung, der Informationsübertragung und -verarbeitung, und zwar sowohl bei Maschinen, Organismen als auch bei Gemeinschaften. Wiener war durch seine Forschungen in der Nachrichtentechnik auf das Phänomen Kybernetik gestoßen. So schreibt er:»Seit Jahren beschäftige ich mich mit Problemen der Nachrichtentechnik. Dies hat mich dazu geführt, verschiedene Arten von Maschinen für den Nachrichtenverkehr zu entwerfen und näher zu untersuchen, von denen einige die unheimliche Fähigkeit erkennen lassen, menschliches Verhalten nachzuahmen und dadurch möglicherweise das Wesen des Menschlichen zu erhellen. Sie zeigen sogar das Vorhandensein gewaltiger Möglichkeiten auf, den Menschen in solchen Fällen zu ersetzen, in denen er verhältnismäßig langsam und unvollkommen reagiert. So stehen wir vor der Notwendigkeit, die Kräfte dieser Maschinen, soweit sie den Menschen angehen, und die Folgerungen aus dieser neuen und grundlegenden technischen Revolution zu erörtern.«[24]

Etwas salopp ausgedrückt beschäftigt sich die Kybernetik also damit herauszufinden, wie etwas funktioniert und was für Informationen und Lernprozesse dabei in diesem Etwas ablaufen, damit es überhaupt funktionieren kann. Dieser Prozeß wird allerdings nicht isoliert betrachtet, sondern die Kybernetik knüpft Verbindungen zwischen allem, was »funktioniert«, d. h. sich irgendwie regt. So stellt sie z. B. Beziehungen her zwischen der Funktion einer Maschine und der »Funktionsweise« eines Menschen. Dabei versucht die kybernetische Methode, das eine durch das andere besser erkennen zu lernen: den Menschen durch die Funktionsweise einer Maschine, die Maschine durch das Tätigsein des Menschen, wobei die detaillierte Erforschung des Menschen zugleich wieder der Verbesserung des Maschinenbaus dienen soll. Und damit sind wir auch wieder mitten in unserem Thema angelangt: dem künstlichen Menschen; denn die Kybernetik schafft Verflechtungen zwischen Mensch und Maschine, zwischen Robotern, Computern und uns. Der Kybernetiker ist, wenn man so will, der mutierte Alchemist, der Homunculuserschaffer des Atom- und Informationszeitalters!

Als frühe »Kybernetiker« lassen sich der französische Mathematiker und Philosoph René Descartes (1596–1650) und der französische Arzt und Philosoph Julien Offray de La Mettrie (1709–1751) interpretieren. Descartes vertrat die Vorstellung vom Tier als Maschine, La Mettrie erweiterte diese Vorstellung, indem er auch den Menschen als Maschine bezeichnete, womit die Voraussetzungen geebnet waren, die »Funktionsträger« Mensch, Maschine und Tier in Verbindung zu setzen. Auf dieses Gedankengut baute die Kybernetik, aber insbesondere auch der Roboterbau, der eng mit der Kybernetik verbunden ist, auf.[25]

Neben Wiener war es vor allem John von Neumann (1903 bis 1957), der Einfluß auf das kybernetische Denken gewann. Er ist der Begründer der sogenannten Spieltheorie. Neumanns Spieltheorie ist eine mathematisch-kybernetische Theorie zur Auswahl optimaler Verhaltensweisen in Konfliktsituationen.[26] Ein grundlegendes Charakteristikum der Spieltheorie, das von ihren Verfechtern positiv und von ihren Kritikern negativ hervorgehoben wird, ist deren völliges Absehen von den psychologischen Einstellungen der beteiligten »Spieler«: Es werden nur die möglichen und tatsächlichen »Züge« berücksichtigt, wobei die Rationalität der beteiligten Spieler vorausgesetzt wird, unabhängig davon, ob es sich um menschliche oder künstliche Spieler handelt. Typisch ist dabei ein verengtes Verständnis von Rationalität, das diese auf die kluge Verfolgung der eigenen Interessen reduziert. Spieltheorie heißt also zu lernen, sich möglichst schlau zu verhalten, um möglichst viel mit möglichst wenig Mitteln oder Verlusten zu erreichen. Der Spieler ist demnach ein raffinierter Egoist, ein kalter und emotionsloser Denker, für den sich das Dasein auf ein großes Schachspiel reduziert. Die praktischen Resultate seiner Spieltheorie ermöglichten Neumann eine wesentliche Rolle bei der Entwicklung der ersten funktionsfähigen Computer zu übernehmen, vor allem aber fanden seine Theorien im Bereich der militärischen Planung begeisterte Aufnahme. Waffen zu konstruieren, die »spielerisch« die ihnen zugeleiteten Informationen dahingehend verarbeiten, um schnell und präzise, mit geringstem Aufwand den höchst erreichbaren Schaden beim Gegner zu erzielen, mußte das »kalte Herz« der Militärs, insbesondere während der Zeit des kalten Krieges, zum jubilieren bringen!

Ein Kernthema der Kybernetik ist die Information; denn alles »Leben« beruht auf Informationsaufnahme, ihrer Weitergabe und Verarbeitung. Das Konzept der Information durchsetzt unsere Kultur mittlerweile derart, daß sie als Charakteristikum unserer Zeit gilt: Unsere Gesellschaft ist, wie es immer wieder heißt, eine Informationsgesellschaft, wir leben in einem Zeitalter der Information. Dieser Trend wird wissenschaftlich verkörpert in der Kybernetik. Hier laufen die Konzepte über die künstliche Welt der Maschinen mit den Erklärungen der natürlichen Welt der Lebewesen zusammen. Botschaft, Information und Codierung lauten die zentralen Begriffe der Kybernetik, die nicht nur eine Art Über- oder Universalwissenschaft darstellt, sondern, wenn man so will, auch die einzig wirkungsmächtige Philosophie unserer Zeit.

Aufgrund dieser Gegebenheiten wird es verständlich, daß kybernetische Denkmodelle heute überall präsent sind: in der Informatik, der Physik, der Mathematik, der Chemie, der Biologie, der Medizin und zahlreichen anderen naturwissenschaftlichen Bereichen, aber ebenso in der Kunst, den Geistes-, Gesellschafts- und Wirtschaftswissenschaften. Während seit Beginn der Neuzeit eine »Arbeitsteilung« zwischen den Naturwissenschaften, die sich mit der Erklärung formaler Eigenschaften befassen, und den Geisteswissenschaften, die auf Verstehen von Sinn und Bedeutung ausgerichtet sind, existiert, erhebt die Kybernetik den Anspruch, diesen Gegensatz zu überbrücken. Durch die Anwendung kybernetischer Prinzipien werden herkömmliche Vorstellungen von Wahrnehmung und Bewußtsein in Frage gestellt. Die Welt löst sich auf in ein Meer miteinander arbeitender oder konkurrierender Informationsträger. Es ist daher auch zu Recht gefragt worden, wessen Geistes Kind die Kybernetik eigentlich ist. Einige Kritiker sehen in ihr einen krassen Materialismus am Wirken, da sie die Grenzen zwischen Mensch und Maschine weitgehend aufgehoben hat, während andere gerade das Immaterielle der kybernetischen Botschaft betonen: nämlich die Entdeckung der dominierenden Bedeutung von Information.[27] Im Grunde genommen können die Erkenntnisse der Kybernetik weder als eine Bestätigung materialistischen Denkens noch als eine Bestätigung des idealistischen Denkens gedeutet werden. Eigentlich können wir nur so viel sagen, daß sich die Kybernetik beiden Begriffen entzieht,[28] allenfalls eine Art »spirituellen Materialismus« darstellt.

Die Kybernetik entsprang zweifelsohne einem rationalistischen Ansatz. Das ändert aber nichts an der Tatsache, daß sie auch eine magische Komponente enthält. Norbert Wiener sprach selbst von der »Magie der Automatisierung« und davon, daß »die Maschine ... das moderne Gegenstück zum Golem des Rabbiners von Prag« ist.[29] Die Magie der Kybernetik liegt allein schon in ihrer »Unfaßbarkeit« begründet; denn ihre Bedeutung besteht ja gerade darin, daß sie eine Generaltendenz zur integrierenden Zusammenfassung vieler Wissenschaften hat. Sie wirkt also der Tendenz zur fortschreitenden Zerstreuung, Zersplitterung und Isolierung der einzelnen Wissenschaften entgegen. Gerade von ihrer Fähigkeit zur Synthese aus kann die Kybernetik nach der neuen »Weltformel« suchen, die weniger in der Enträtselung des »Lebens« besteht – wie wir es bisher verstanden haben –, sondern vielmehr danach strebt, die Prozesse der Bewegung und des Informationsaustausches zu entschlüsseln. Als Universalwissenschaft besitzt die Kybernetik im Gegensatz zu den normalen Wissenschaften zudem eine ungewohnte Suggestionskraft, die verständlich macht, warum sie auch die Künstler fasziniert und insbesondere die Science-fiction-Literaten beschäftigt. Je ambitionierter sich ein Science-fiction Werk gibt, desto kybernetischer raunt es mittlerweile zwischen seinen Seiten.[30]

Obgleich die kybernetische Denkweise bisher die äußeren Erscheinungen – mehr oder weniger vollkommen – verständlich machen kann, die bei einem Informationsaustausch stattfinden und die tradierte »Seele« außer acht läßt, ist sie doch zunehmend an Fragen des Bewußtseins und der Bewußtseinswerdung interessiert. Der Kybernetiker ist dabei bestrebt, das Phänomen Bewußtsein auf irgendwelche objektiven (z. B. physiologischen) Tatbestände zurückzuführen. Man geht davon aus, daß durch physikalische Einflüsse auf den Organismus das Bewußtsein recht willkürlich ein- und ausgeschaltet werden kann und daß durch einige Drogen bestimmte Bewußtseinssituationen reproduziert werden können. Jede Bewußtseinssituation entspräche demnach einer physikalisch beschreibbaren Situation des Organismus, vor allem des Nervensystems.

Damit rücken aber in der Tat Mensch und Maschine eng zusammen. Kybernetiker nehmen an, daß organische und technische Strukturen nach den gleichen Prinzipien aufgebaut sind und den gleichen Gesetzen unterliegen – Gesetzen, die oft erst auf dem Wege über die technische Erkenntnis freigelegt werden. Umgekehrt soll das Wissen um Menschen immer stärker in die Maschinen einfließen. Schon im Jahre 1962 schrieb der englische Kybernetiker Gordon Pask in der amerikanischen Fachzeitschrift »Electronics«: »Merkwürdigerweise ist die Ordnung, die wir unserer Welt aufprägen, noch kein Abbild unseres eigenen Organismus. So ist zwischen uns und unserer Umwelt eine tiefe Kluft entstanden.« Für Pask wäre es ein Idealfall, wenn die von uns geschaffene künstliche Welt eine Erweiterung des Menschen wäre. »Die Maschinen«, so Pask, »die wir eigentlich brauchen, sollten aufgrund biologischer Entwürfe gebaut werden.«[31]

Vor allem die Biokybernetiker haben sich vorgenommen, den Trennstrich zwischen Mensch und Maschine, zwischen organischem Leben und technischen Strukturen aufzuheben. Die ersten »Mischformen« sind bereits im Einsatz. So stellten 1998 japanische Biotechniker einer staunenden Weltöffentlichkeit eine neue »Tierart« in Form einer ferngesteuerten Schabe vor. Die Roboterkakerlaken könnten, mit Miniaturkameras ausgestattet, in Zukunft unzugängliche Kanalsysteme erforschen – so die etwas gruselige Vision der Biobastler. Die Frage, ob eine Maschine, ein Computer oder ein Roboter prinzipiell zu animalischem Bewußtsein oder gar zu menschenähnlicher Intelligenz und zur Selbstreflexion befähigt sind, erscheint den Biokybernetikern durchaus bejahbar. Damit deutet sich aber bereits etwas anderes an: Wenn es möglich ist, Maschinen mit Emotionen und Bewußtsein zu bauen, dann läßt sich auch am Menschen auf ganz neuartige Weise herumwerkeln. Funktionsuntüchtige oder nicht mehr optimal arbeitende Gehirn- und Körperteile könnten durch Implantate und Maschinenteile ersetzt werden. Dieser Austausch darf keineswegs mit dem gängigen Prothesenersatz verwechselt werden; denn die Neuteile werden dann mit dem vorhandenen »Menschenmaterial« eine vollkommene Verschmelzung eingehen können. Derartige Neukreationen beschäftigen keineswegs nur Science-fiction-Autoren, sondern ebenso Wissenschaftler. Bereits in den sechziger Jahren schlugen zwei amerikanische Wissenschaftler, Nathan Kline und Manfred Clynes, vor, den Menschen für das vor uns liegende Zeitalter der Raumfahrt umzukonstruieren, um den optimalen Raumpiloten zu erhalten, dessen neue Organe sich viel leichter an andere Lebensbedingungen anpassen können, so daß er es nicht mehr nötig hat, in fremden Welten in unförmigen Raumanzügen herumzustolpern. Diese Zwitter- oder Mischwesen werden Cyborgs genannt, ein Ausdruck, der aus den Begriffen »Kybernetik« (Cybernetics) und »Organismus« zusammengesetzt ist. Mischwesen sind allerdings keine Erfindungen des 20. oder 21. Jahrhunderts, sondern wir kennen sie bereits seit Jahrtausenden aus der bildenden Kunst. Dort werden sie aber mit Vorliebe dem Teufel und anderen finsteren Gesellen zugeordnet!

IV. Ein Sonderfall: Der »Neue Mensch« als Schöpfung der Pädagogen, Theologen und Utopisten

Die Rückkehr des Prometheus

Die Sonderrolle des Menschen innerhalb des Lebens zeigt sich nicht nur darin, daß er als einziges Geschöpf manipulativ auf seinen Körper eingreift. Er fällt auch durch seine Hoffnung heraus, durch technisch-wissenschaftliche Fortschritte und entsprechende gesellschaftliche Rahmenbedingungen ein nahezu vollkommenes Geschöpf aus sich machen zu können; denn welches Tier käme darauf, sich durch Neugestaltung seiner »Gesellschaft« in paradiesische Zustände emporhieven zu wollen. Grundgedanke einer derartigen Glücksphilosophie ist, daß der Mensch in sich bereits den Kern des Guten und Vollendeten trägt. Dieser optimistische Glaube fand sich vor allem bei den Aufklärern und vererbte sich später auf die Liberalen und die politische Linke des 19. und 20. Jahrhunderts. Nach dieser Auffassung mußte weniger der Mensch und mit ihm sein Körper einer gründlichen Revision unterzogen werden, um den perfekten Menschen zu erzielen, sondern vielmehr der von ihm geschaffene »Gesellschaftskörper«. Dem neugeschaffenen, besseren gesellschaftlichen Milieu würde dann ganz von selbst der neue und bessere Adam entwachsen. Insbesondere für die marxistisch inspirierte Linke stand zweifelsfrei fest, daß es ungerechte und beschämende Verhältnisse sind, welche die Menschen niederdrücken. Gelänge es, diese zu ändern und den »Gesellschaftskörper« zu perfektionieren, dann stehe dem Reich des »Neuen Menschen« – der dann, geistig und körperlich gesund, souverän, aufgeklärt und in schönster Harmonie mit sich selbst die Weltgeschichte lenkt – nichts mehr im Wege. Alle Niedertracht, alle Dummheit und (fast) alle Krankheiten fielen von diesem neugeborenen Menschen ab.

Als Symbolfigur dafür, daß der Mensch sein Schicksal selbst in die Hand nehmen kann, galt, insbesondere seit der Aufklärung, der Titan Prometheus. Der junge Marx schrieb 1841 in seiner Dissertation über »Die Differenz der demokritischen und epikureischen Naturphilosophie«: »Prometheus ist der vornehmste Heilige und Märtyrer

im philosophischen Kalender.« Schon in der Antike betrachtete
Theophrast Prometheus als Weisen, der den Menschen die Philoso-
phie mitgeteilt hat und überhaupt erst den Anfang menschlichen
Denkens und Forschens ermöglichte. Aischylos ließ in seinem Stück
»Prometheus Desmotes« den Feuerbringer berichten, was er den
Menschen an Künsten und Techniken beigebracht hat. Dazu gehören Bautechnik mit Backsteinen und Holz, Sternkunde, Mathematik, Schrift, Transportwesen zu Lande mit Rinder- und Pferde-
gespannen und zur See mit Schiffen, Medizin, Bergbau und die
Seherkunst, die psychologische, musikalische, biologische und theo-
logische Motive umfaßt. In Prometheus verkörpert sich der zivili-
satorische Fortschritt. Das Feuer, das Prometheus den Menschen
schenkte, hat in diesem Zusammenhang den Symbolwert einer
Zivilisationsspende: Erst durch seine Entdeckung und Nutzbar-
machung war der Übergang von archaischen Stammesstrukturen
zu Überschuß produzierenden Stadtstrukturen möglich. In dieser
Funktion als Aufklärer kehrte Prometheus in der Neuzeit wieder, als
ein Verkünder rebellisch-humanen Heils.

Das besondere an Prometheus' Wiedergeburt war, daß er nicht
mehr als eine transzendente Wesenheit aufgefaßt wurde, sondern
vielmehr als direktes Vorbild. Die Aufgabe schien klar: Der Mensch
selbst sollte Prometheus gleich werden. Seither hat die Menschheit
Prometheus' Sache in die eigene Hand genommen. Prometheus hatte den Menschen aber nicht nur Feuer und Wissen gebracht, er galt
ebenso als Menschenformer und Menschenerschaffer. Auch hier ist
die Menschheit ganz in die Fußstapfen Prometheus' getreten: Mit
eigener Kraft, aus sich selbst heraus entwirft sie sich immer wieder
neu. Der Prometheus-Mensch ist zugleich der Neue Mensch. Die
Gestalt des Neuen Menschen begegnet uns im 16. und 17. Jahrhundert zunächst im Naturforscher. Er war derjenige, der neue Wege zur
Erkundung von Himmel und Erde beschritt, um die Stellung des
Menschen neu zu bestimmen und sein Verhältnis zu Gott zu über-
denken. Dieser Neue Mensch war *das* Erziehungsideal. In humani-
stischen Schulen sollte er ausgebildet werden. Im 18. Jahrhundert
trugen die großen Aufklärer wie z. B. Voltaire oder Immanuel Kant
das Feuer prometheisch-neuschöpferischen Geistes voran. Letzterer
etwa behauptete, es komme »nicht auf das an, was die Natur aus dem
Menschen, sondern was dieser aus sich selbst macht«: Der Mensch
könne, so meinte er, sein »Vermögen, einen Zustand von selbst anzufangen«, auf das eigene Leben anwenden, seinen Charakter neu
gründen und damit »eine neue Epoche« ausrufen.[1] Kant stellt uns
einen Menschen vor, der sich gegen blinde Gewohnheiten sträubt

und mit seinem Leben, mit sich selbst etwas Neues anfängt. Der Mensch besitzt nach ihm die Freiheit, sich beständig neu zu erschaffen.

Der Prometheus-Mensch ist der Progressive, der den Epochenwechsel verkündet, der ewig voranschreitende Geist. »Prometheus ist jenes Prinzip der Menschheit«, schrieb Schelling, »das wir den *Geist* genannt haben; den zuvor Geistesschwachen gab er Verstand und Bewußtseyn in die Seele.«² Damit wird der Mensch sein eigener Herr und bricht aus dem engen Naturkosmos aus. Mit dem Feuer, das Prometheus den Menschen schenkte, wurde eine Hemmschwelle überwunden; denn nun machte sich der Mensch gerade das zunutze, was er in seinen frühen Tagen gleich dem Tier gefürchtet hatte. Prometheus' Feuer, die wärmende und vorauseilende Flamme wurde nun zum Symbol des Fortschritts. Fällt der Mensch trotz Geist und Flamme wieder in seine alte Knechtschaft zurück, dann aus eigener Nachlässigkeit, weil er den prometheischen Impuls verraten hat. Dieser Ansicht war zumindest Albert Camus, der nach dem Ende des Zweiten Weltkriegs schrieb: »Der heutige Mensch hat seine Geschichte gewählt, und er konnte und sollte sich nicht von ihr abwenden. Aber statt sie sich untertan zu machen, läßt er sich Tag für Tag von ihr mehr in die Knechtschaft drängen. Hier verrät er Prometheus, diesen Sohn ›mit dem kühnen Gedanken und dem leichten Herzen‹. Hier kehrt er zurück zum menschlichen Elend, daraus Prometheus ihn erretten wollte.«³

Prometheus ist ein Held und mit ihm der Prometheus-Mensch. Dieser heldisch-prometheische Geist, dem nichts unmöglich scheint, bildete den Ausgangspunkt für ein utopisches Feuerwerk, das spätestens um 1800 nahezu alle Lebensbereiche erfaßte. Die »Utopie der vernünftigen Praxis«, die »vollkommene Glückseligkeit des Menschen«, das »ungestörte Gemeinwohl von Gesellschaft und Staat«, der Endzweck einer »allgemeinen Glückseligkeit«, die weltbürgerliche Idee des »ewigen Friedens«, kurz: Fortschrittsutopien, Ordnungsutopien, Staatsutopien, moralische Utopien prägen die Aufbruchsstimmung einer neuen Zeit. Der Marquis de Condorcet ging so weit, nicht allein das soziale Unrecht durch die realisierte Utopie beseitigen zu wollen, sondern die Ungerechtigkeit des Lebens schlechthin: Alter, Krankheit und Tod. Er war der festen Ansicht, daß die moralische Verbesserung der Menschheit auch die biologische nach sich ziehen würde.⁴

Der Held Prometheus, dessen Feuer diese schönen Hoffnungen evoziert hat, spielt daher nicht von ungefähr in der Kunst und Literatur des angehenden 19. Jahrhunderts eine eminente Rolle. Der prometheische Genius erscheint von nun an – teilweise bis zur Gegenwart – als der Verkünder oder auch Vollstrecker einer Epochenwende, sei es, daß er als Feuerbringer und technisches Genie den Siegeszug der Technik verheißt, sei es, daß er die Fackel der Freiheit unter den geknechteten Völkern Europas aufrichtet oder daß er der sozialistischen Revolution voranleuchtet. Allein dreimal beschäftigte sich der Olympier Goethe mit seinem olympischen »Kollegen« Prometheus. Goethe interpretiert Prometheus als eine Gestalt, die sich freiwillig aus dem Götterhimmel entfernt hat, um sich dafür ganz der eigenen Entwicklung und der der Menschen zu widmen. Den Geist des Prometheus hat Goethe auch in einer anderen Gestalt wieder aufleben lassen – in Faust. Auch in Faust lodert das Feuer des Geistes, auch Faust strebt nach Erkenntnis und Emanzipation, aber er ist zugleich eine sehr nordische Gestalt. Nicht die heitere Sonne Griechenlands hat sein Gesicht umspielt, sondern die schweren, wolkenverhangenen Regionen Nord- und Mitteleuropas.

Dieser düstere Aspekt kehrt auch in einer anderen prometheischen Gestalt wieder – Frankenstein. Immerhin dürfen wir nicht vergessen, daß Mary Shelley ihren Helden im Untertitel des Buches einen modernen Prometheus genannt hat. Shelleys Frankenstein-Prometheus erinnert uns wieder daran, daß der antike Prometheus für seine Hybris bestraft wurde, indem der erzürnte Göttervater Zeus den Abtrünnigen an einen Felsen im Kaukasus geschmiedet hat, wo ihm ein Adler am Tage die Leber zerhackt, die nachts immer wieder nachwächst, damit seine Pein endlos sei. Allerdings bleibt diese Sichtweise eher eine Ausnahme. Sieht man von Mary Shelleys Frankenstein ab, ist der Prometheus des 18. und 19. Jahrhunderts meist kein Verdammter. Auch tritt er üblicherweise nicht als Schöpfer künstlicher Menschen auf, sondern wird als geistiger Impulsgeber zu gesellschaftlichem Umsturz und Neuanfängen gesehen, woraus der Neue Mensch dann heraustreten kann.

Übrigens hatte sich auch Mary Shelleys Gemahl – der Dichter Percy Bysshe Shelley – mit der Prometheus-Figur beschäftigt. Zwei Jahre nach »Frankenstein« erschien im Jahre 1820 sein Drama »Prometheus Unbound«. Der Kernpunkt seines Dramas ist der Sturz des tyrannischen Zeus-Jupiter und der absolute Sieg der allgemeinen Menschenliebe über jegliches Prinzip der Unterjochung durch Prometheus. Anders als Luzifer wird Prometheus hier als ein positiver Rebell gegen den obersten Gott geschildert; denn der »griechische Luzifer« ist frei von Ehrgeiz, Neid und Rachegefühlen. Aber beide – Luzifer und Prometheus – sind Rebellen und beide tragen die Fackel des Lichtes und der Erkenntnis.[5]

Prometheus ist auch in der gegenwärtigen Kultur als voranstürmende Figur präsent geblieben. Neuere Buchtitel wie »Der neue Prometheus«, »Das Feuer des Prometheus«, »Sternstunden des Prometheus«, »Der entfesselte Prometheus« oder »Die Erben des Prometheus« mögen das veranschaulichen.[6] Zumeist wird der Gott der Flamme dabei mit der menschlichen Evolution und der technischen Revolution in Verbindung gebracht. 1998 – an der Schwelle des dritten Jahrtausends – wurde der Geist Prometheus in einer aufwendigen Ausstellung mit dem Titel »Prometheus – Menschen, Bilder, Visionen« inszeniert.[7] Nicht zuletzt eines hat uns diese Mammut-Ausstellung gelehrt: Solange der Mensch noch auf dem Erdball weilt, wird ihm auch die Flamme Prometheus' vorauslodern!

Vom Gottesstaat, den guten Menschen und der verborgenen Insel Utopia

Der Ausdruck »Neuer Mensch« ist christlichen Ursprungs. »Legt den alten Menschen ab … und zieht den Neuen Menschen an, der nach Gott geschaffen ist in wahrer Gerechtigkeit und Heiligkeit«, heißt es im Neuen Testament (Epheser 4,22). Gemeint ist damit die Bekehrung, die Erneuerung des Sinns und Lebenswandels in Christus, eine Wiederverheißung des paradiesischen Glücks und Heils. Das künstliche Tier Mensch, das einst vom »Baum der Erkenntnis« gegessen hat und diesen Frevel mit der Vertreibung aus dem Naturparadies bezahlen mußte, hat diese Strafe immer als schmerzhaft empfunden. Die von ihm nach dem Sündenfall geschaffene Welt, mit ihrer Zivilisation und Kultur, konnte den Verlust der paradiesischen Urheimat nie wettmachen, weshalb der Mensch immer nach neuen künstlichen Paradiesen gesucht hat, die ihn darüber hinwegtrösten sollten. Diese künstlichen Paradiese können vielfältiger Art sein: individuell – indem mit Rauschmitteln versucht wird, sich von der Entfremdung zu befreien und ins Urheil zurückzukehren – oder kollektiv, als gesellschaftliche Utopie oder religiöse Erlösungshoffnung.

Am Anfang der Menschheitsgeschichte steht demnach das verlorene Paradies, welches Adam und Eva verscherzt haben, indem sie vom Baum der Erkenntnis aßen. Adam und Eva wurden als Abbilder Gottes und als Herren der Welt von Gott geschaffen, hatten aus eigener Schuld aber das paradiesische Leben verloren. Der Abfall von Gott begründete ihre irdische Natur als Sünder. Eine spirituelle Läuterung erfuhr der Mensch erst durch den Kreuzestod des Gottessohnes Jesus Christus. In seiner Nachfolge sollte er die Unbilden der

Welt auf sich nehmen, sich nicht von der Macht des Teufels verführen lassen, sondern auf Gott hoffen. Am Ende aller Zeiten soll aber keine einfache Wiederholung des ursprünglichen Paradieses erfolgen, sondern diejenigen, die der Welt und ihren Lüsten verfielen, sollen der ewigen Pein in der Hölle überantwortet werden, wohingegen die »Guten«, die der Verführung durch die Welt widerstanden, mit dem Himmel der Seligen belohnt werden. Diese auf Schuld und Sühne gründende Weltsicht vermittelte den Menschen lange Zeit Sinn und Hoffnung – aber auch Schrecken – im irdischen Leben.

Ein Vorbild für den frommen Christen sind die Heiligen. Sie sind die christlichen Übermenschen. Ihnen ist das Himmelreich sicher, ebenso auch den guten und Gott wohlgefälligen Menschen, die ihnen nachstreben, während die Bösewichte mit der Hölle vorliebnehmen müssen. Obgleich die Kriterien, die darüber entscheiden, ob jemand in den Himmel oder in die Hölle kommt, rein moralischer Natur sind und nur den »inneren« Menschen betreffen, scheint der Eintritt in diese Regionen auch »biologische« Folgen zu haben. Nach den uns bekannten Himmels- und Höllenszenarien besitzen die im Himmel, dem Ort der Harmonie und des Lichtes, Lebenden ewige Jugend, vollkommene Gesundheit und ideale Schönheit, während die Höllenbewohner, gleich ihrer verfluchten Wohnstatt, häßlich, pervertiert und verbogen erscheinen und das sowohl äußerlich als auch innerlich.

Himmel und Hölle, Sündenfall und Erlösung – mehr als jede andere Religion ist das Christentum eine der Zukunft zugewandte Religion. Hoffnung und Ausrichtung nach vorne bilden den Kern des Christentums, und »das Problem der Zukunft«, so der Theologe Jürgen Moltmann, kann als das einzige »wirkliche Problem der christlichen Theologie« bezeichnet werden.[8] Es darf daher nicht allzusehr überraschen, daß es von christlicher Seite auch Kräfte gab, die das Paradies in eine irdische oder halbirdische Zukunft hineinprojizierten. Demnach konnte der Himmel schon auf Erden gesucht und verwirklicht werden. So war die Vision des Joachim von Fiore (ca. 1150–1202) vom kommenden »Dritten Reich«, welche den Ausgangspunkt für zahlreiche mystische und sektiererische Strömungen bildete, zugleich ein erstes großes Denkmodell mittelalterlichen revolutionären Denkens von einem besseren Leben auf Erden. Bereits Augustinus (354–430) hatte in seinem »Gottesstaat« dem weltlichen Staat den Staat Gottes, verkörpert in der Kirche Christi, gegenübergestellt. Dieser Gottesstaat galt als Garant dafür, das höchstmögliche Glück, das im Jammertal Erde überhaupt zu erzielen ist, zu erlangen. Johannes Calvins (1509–1564) theokratische Genfer Republik war ein Stadtstaat Gottes auf Erden. Die Wiedertäufer versuchten in Münster zunächst nicht so sehr eine Güter- als eine Glaubensgemeinschaft zu gründen, und der Jesuitenstaat in Paraguay war eine Kolchose zur höheren Ehre Gottes. Der Gottesstaat war ein Vorbereitungsort der Gläubigen und Frommen, eine Art Vorstadium zum himmlischen Paradies. Dieser Hintergrund macht verständlich, warum auch viele in der Neuzeit entstandenen Vorstellungen weltlicher Idealstaaten stark von christlichen Idealen geprägt waren. Die Gebote Gottes und der Kirche sollten innerhalb dieser Staatsformen aufs genaueste eingehalten und nicht mißachtet oder überschritten werden dürfen, wie z. B. besonders augenscheinlich in Johann Valentin Andreäs »Christianopolis« (1619).

Ein Merkmal christlicher Idealentwürfe besteht darin, daß der fromme Christ im Regelfall nicht einmal daran zu denken wagte, daß der Mensch, immerhin das Ebenbild Gottes, von Menschenhand verbesserbar sein könnte. Gesundheit, Glück und Vollkommenheit galten als Früchte eines gottgefälligen Lebens und keinesfalls als ein mögliches menschliches Züchtungsprodukt. Hierzu steht der weltliche Idealstaat im Gegensatz: Seinen Verfechtern erschien eine vorbildliche Lebensführung allein häufig als nicht ausreichend, um den Neuen Menschen zu kreieren. Biologische Züchtung sollte die sittliche Erziehung ergänzen.

Der Staat, obgleich er auch bei einigen Insektenarten vorkommt, wie z. B. den Ameisen oder Termiten, hat in seiner hochkomplexen Form, vor allem in seiner bewußten Konstruktion, etwas sehr Menschliches. Er ist ein Teil von uns. Der Staatsrechtler Carl Schmitt äußerte dazu: »Der Staat ist ja als Ganzes, mit Leib und Seele, ein *homo artificialis* und als solcher Maschine. Er ist ein von Menschen verfertigtes Werk, bei dem Stoff und Künstler, Materia und Artifex, Maschine und Maschinenbauer, dasselbe sind, nämlich Menschen.«[9] Bei dieser engen Verbindung beider darf es nicht verwundern, daß der Staat nicht nur ein Menschenprodukt ist, sondern der Mensch auch wiederum ein Produkt des Staates, unter dem er lebt. Ein »idealer Staat« müßte daher, so war die Hoffnung vieler Staatskonstrukteure, auch den »idealen« Menschen hervorbringen.

Am Beginn aller Idealstaatvorstellungen steht der Philosoph Platon (427 v. Chr. – 347 v. Chr.) mit seinen niedergelegten »Nomoi« (Gesetze) und vor allem mit seiner Schrift »Politeia« (Der Staat). Nichts liegt dem platonischen Idealstaat dabei ferner als demokratische Gleichheit im heutigen Sinne. Im Gegenteil: Sein Idealstaat ist klar in drei Stände unterteilt: Den der Werker (Nährstand), der Wächter (Wehrstand) und der Weisen (Lehrstand). Die Weisen werden von den anderen unterhalten. Sie bilden den Kopf (Vernunft) des Staates und sind daher zur Herrschaft über die Wächter (Mut) und den Nährstand (Begierde) berechtigt. In der Dominanz der Vernunft über Mut und Begierde liegt nach Platon ebenso das Glück des Staates wie auch des Einzelmenschen, wenn sich dessen »Seelenbestandteile« in der Hierarchie von Vernunft, Mut und Begierde gliedern.

Als liberal kann Platons Idealkonstrukt nicht gerade gelten. Eine Unzahl von Aufsehern überwacht und kontrolliert alles öffentliche und private Leben. Kunst und Lebenskultur unterliegen einem strengen Reglement. Das staatliche Erziehungswesen sorgt dafür, daß von frühester Jugend an die traditionellen Normen des Idealstaates gepflegt werden. Alle Gesetze des Staates müssen strikt eingehalten werden, sie gelten als unwandelbar. Dieses Konzept der absoluten Unwandelbarkeit wurde in fast allen späteren Idealstaatkonstrukten übernommen – keineswegs aus purem Zufall und auch nicht in blinder Nachäffung Platons, sondern aus logischer Konsequenz. Denn das Beste kann, per definitonem, durch eine Änderung nicht noch besser gemacht werden. Jeder Versuch einer Änderung des besten Staates ist also zugleich ein Versuch, ihn zu verschlechtern. Der irdische Idealstaat verträgt ebensowenig Aufruhr und Revolte wie der himmlische »Idealstaat«.

Platon hat übrigens jene Chance gehabt, von der alle Heilspropheten meist nur träumen können – er konnte versuchen, sein Gedankenkonzept in die Wirklichkeit zu übertragen: Als Freund des Dion von Sizilien beriet er diesen und Dionysos II. in Fragen der staatlichen Organisation. Das Resultat war, daß Platon zweimal des Landes verwiesen und sein erster Gönner Dion ermordet wurde. Diese trüben Erfahrungen ließen Platon vom besten Staat der »Politeia« abrücken und fanden ihren Niederschlag in der Abfassung der gemäßigteren »Nomoi«, in denen es *nur* noch darum ging, einen möglichst guten Staat zu errichten.

Wovon Platon aber nie ganz abließ, war der Gedanke, daß gute Gesetze allein noch keinen guten Staat machen, sondern daß es dazu ebenso der passenden Menschen bedürfe. Um diese zu bekommen, war nach Platon vor allem eines notwendig: menschliche Zuchtwahl. Die geschlechtliche Vereinigung sollte sich nach strengsten eugenischen Grundsätzen vollziehen. Besonders in der »Politeia« wachen die weisen Herrscher, die Philosophenkönige darüber, daß sich die besten Männer mit den besten Frauen paaren – und das möglichst häufig; denn das Erbgut sollte in Richtung Schönheit und Intelligenz gesteigert werden. Als minderwertig betrachteter Nachwuchs konnte hingegen sogar ausgesetzt werden. Häßliche, Verkrüppelte oder Kretins haben in Idealstaaten – hierin durchaus den himmlischen Gefilden ähnlich – gemeinhin keinen Platz.

Mit dem Untergang der Antike verschwand die Vorstellung eines irdischen Idealstaates. Erst in der Zeit der Wiederbelebung des antiken Geistes – der Renaissance – kehrte sie wieder. Mit der Wiederkehr des Idealstaates rückte aber auch die Machbarkeit des »Neuen Menschen« verstärkt ins Blickfeld. Das Moderne an der neuzeitlichen Konzeption des Neuen Menschen ist die Erwartung einer kollektiven und unbeschränkten Selbst-Perfektionierbarkeit des Menschen, was ihr den Charakter einer säkularen Heilsgeschichte verleiht. Humanistische Autoren beklagten im Gegensatz zu den mittelalterlichen nicht mehr die Nichtigkeit des Menschen, sondern rühmten seine Würde, Größe und Erhabenheit. Der Sündenfall war in ihren Augen nicht länger Ursprung für das Elend menschlichen Daseins, sondern Anstoß zu dem zivilisatorischen Fortschritt, der vom Fehlverhalten Evas und Adams ausging. Im Sündenfall sahen sie einen unumgänglichen »Schritt zur Selbstverwirklichung«; denn die durch den Sündenfall geschaffene Situation habe dem Menschen Arbeit, kulturelle Gestaltungskraft und schöpferische Phantasie abverlangt und ihn so zum Subjekt einer neuen, von ihm selbst geschaffenen Welt gemacht. Humanistische Geister zerbrachen sich nicht den Kopf über menschliche Schuld und göttliche Gnadenwahl, sondern versicherten: Als »Gott auf Erden« (deus in terris), als »gottähnliches Wesen« (divinum animal) und als »zweiter Prometheus« (secundus Prometheus) habe der Mensch nach dem Sündenfall Gottes Schöpfung kultiviert, verbessert und vervollkommnet. Mit seiner Arbeit, mit Wissenschaft, Kunst und Technik, habe der Mensch gleichsam eine zweite Schöpfung hervorgebracht. Adam wurde als »Vater aller menschlichen Künste und Erfindungen« gerühmt.[10] Alles schien auf einmal möglich. Warum daher nicht auch der menschliche Idealstaat, bevölkert vom neuen Adam, dem perfekten Menschen?

Zahlreiche Autoren haben sich seit der Renaissance mit der Konstruktion eines Idealstaates beschäftigt: Francis Bacon, Johann Eberling von Günzburg, François Rabelais, Tommaso Campanella, Johann Valentin Andreä, Denis de Vairasse, François Salignac de la Mothe Fénelon, Morelly, Louis-Sebastien Mercier, Charles Fourier, Eugen Richter oder William Morris.[11] Am Anfang dieses Reigens steht der englische Humanist und Lordkanzler Thomas More (1478–1535), der mit seiner Schrift »Utopia« den schönen Zukunftsaussichten auch ihren neuzeitlichen Namen gab: Utopie. Aber was ist eine Utopie eigentlich genau? Der Begriff leitet sich von dem griechischen Wort *u-topos* ab und bezeichnet einen Un-Ort, ein Nirgendwo. Dieses Nirgendwo Utopia liegt häufig, von der uns bekannten Welt völlig isoliert, auf einer Insel. Auf dieser fiktiven Insel existiert nun ein Idealstaat, der mit den uns bekannten Gesellschaftsformen vollkommen gebrochen hat. Nahezu voraussetzungslos, ohne den Ballast der Geschichte, wurde hier der Grundstein zu einem idealen Gemeinwesen gelegt. Der imaginäre Berichterstatter, der diese Inseln besucht, wird als ein Fremder herumgeführt und kann bewundern, was dort auf kluge Weise etabliert worden ist – nämlich die vollkommene Gesellschaftsordnung. Dabei sind die meisten utopischen Autoren davon überzeugt gewesen, daß ihre Utopien überhaupt keine Utopien im heutigen Sinne sind, sondern durchaus realisierbare Programme. Allerdings ist etwas notwendig für die Funktionstüchtigkeit einer Utopie: Der Neue Mensch – denn ohne ihn wäre sie weder realisierbar noch überlebensfähig!

Drei Säulen sind es also im Regelfall, auf die der utopische Staat beruht: Gesetze, Erziehung, Züchtung. Die Einhaltung der Gesetze wird streng beachtet. Ein Verstoß gegen sie kann mitunter zur Sklaverei führen. Der Individualität des einzelnen sind deutliche Grenzen gesetzt. Außerdem neigt die Utopie zur Abschottung: Fremde in größerer Zahl sind unerwünscht, während die Einheimischen ihr paradiesisches Eiland oft nicht verlassen dürfen. Der Besitz ist häufig gemeinschaftlich. Zweifellos erinnern diese reglementierten Paradiese in vielem an die Staaten des ehemaligen »real existierenden Sozialismus«. Erziehung, Familienplanung und Züchtung sollen helfen, den Neuen Menschen hervorzubringen bzw. seine Existenz sicherzustellen. Selbst der »Sonnenstaat« (1602) des Dominikanermönches Tommaso Campanella ist von »heidnischen« Züchtungsgedanken durchsetzt. So sollen im Sonnenstaat große und schöne Frauen nur mit großen und tüchtigen Männern verbunden werden, während dicke Frauen mit mageren Männern und schlanke Frauen mit starkleibigen Männern liiert werden, damit sie sich in erfolgreicher Weise ausgleichen. In den Schlafgemächern sollen die schönen Bildwerke berühmter Männer stehen, da auch Campanella an die »genetische« Prägekraft der Bilder glaubte.

Alter, Krankheit und Tod sind nicht gern gesehene Gäste in Utopia. Krankheiten gibt es ohnehin nur sehr wenige dort, weil die Menschen in Utopia eine gesunde und bescheidene Lebensweise führen und dadurch für viele Krankheiten nicht mehr anfällig sind. Es gibt weder die Leiden der Prasser noch die Krankheiten der Armen. Alle leben und wohnen gesund, arbeiten gleichmäßig und sind keinen Lastern ergeben. Ein übriges zur Krankheitsvermeidung soll die geeignete Gattenwahl bewirken. Beinahe ebenso wie die Krankheit hat auch der Tod einen schweren Stand in Utopia: Ihre Bürger werden steinalt und überwinden dadurch gewissermaßen symbolisch den menschlichen Tod. Geht es doch einmal zu Ende, dann sterben die Bewohner von Utopia einen leichten und zufriedenen Tod. Treten allerdings Komplikationen ein, schreckt man im irdischen Paradies auch nicht vor Euthanasie und Freitod zurück. Schmerz und Qualen wirken im Idealstaat deplaziert. Der Alterungsprozeß endlich kann zwar nicht aufgehoben werden, aber er verzögert sich deutlich. Auch in reiferen Jahren bleibt der Utope innerlich und äußerlich jung und rüstig.

Die Idealstaatautoren haben sich auch sehr intensiv mit den Modellen der Gleichheit und Gerechtigkeit beschäftigt. Häufig sind ihre Staatsbürger (zumindest die männlichen, denn die Frauen haben in den frühen Utopien ebensowenig wie etwaige Sklaven zu sagen) einander an Rechten völlig gleich, sie sollen darüber hinaus auch in ihrem Besitztum gleich oder zumindest nahezu gleich sein, und sie sollen des weiteren gleich, das heißt gerecht behandelt werden. Sie sind aber dessenungeachtet in ihren Anlagen, Fähigkeiten und Charaktereigenheiten von Natur aus unterschiedlich und nicht gleich. Es ist daher, was andernfalls ja absurd wäre, durchaus möglich und erwünscht, daß diese Gleichen aus ihrer Mitte den jeweils Besten und Tüchtigsten – der sich also irgendwie von den anderen abhebt und unterscheidet – auswählen und zu einer leitenden Position berufen. Meist baut sich dann die Hierarchie auf ähnliche Weise noch höher auf: Diese Besseren wählen aus ihrer Mitte den Besten; die Besten aus ihrer Mitte den Allerbesten, die Allerbesten aus ihrer Mitte schließlich das Staatsoberhaupt.

Trotz der stark egalitären Prinzipien finden sich in Utopia also auch aristokratische Elemente. Diese sind gewissermaßen notwendig, um das Gebilde lenkbar zu machen. Das aristokratische Element ist auch in dem Gedanken der Züchtung bzw. »Hochzüchtung« enthalten. Es kann sogar zur Grundkonstruktion des Idealstaates dienen, wie das z. B. bei der Dreigliederung Platons (Lehrstand, Wehrstand, Nährstand) der Fall ist. Allerdings herrscht bei derartigen Konstruktionen oft eine starke Gleichheit innerhalb des einzelnen Standes vor, so daß von einer aristokratisch »geschichteten« Gleichheit gesprochen werden kann.

Züchtung *und* Erziehung spielten im Idealstaat zur Herausbildung des Neuen Menschen häufig *gemeinsam* eine zentrale Rolle. Erst mit der Aufklärung verschob sich dieses Gleichgewicht zugunsten der Erziehung. Entscheidenden Einfluß darauf hatte Jean

Jacques Rousseau (1712–1778). Rousseau erblickte in dem »Neuen Menschen« vorrangig ein Produkt der Erziehung und der ihn umgebenden gesellschaftlichen Verhältnisse. Damit schloß er gewissermaßen wieder an christliche Vorstellungen an, die nicht zuletzt über ihn auch Eingang in den Liberalismus und die marxistische Linke fanden. Nach Rousseau konnte allein eine strikt natürliche Erziehung, wie er sie z.b. auch seinem Romanzögling »Emile« (1762) zukommen ließ, den freien und guten Menschen hervorbringen. Aber im Grunde genommen war Rousseaus Neuer Mensch ein alter Mensch: Sein Erziehungsziel beinhaltete die Ausrichtung am »Edlen Wilden«, der bereits gut und frei war, bevor ihn die Ursünde der Zivilisation verdarb. Auch hierin zeigt Rousseau wieder eine Verwandtschaft zu christlichen und marxistischen Vorstellungen auf; denn auch dort befand sich der Mensch bereits einmal im Idealzustand: Nämlich im biblischen Paradies bzw. in der urkommunistischen Gesellschaft, woraus er jeweils durch »Sünde« gefallen war. Im christlichen Glauben durch die Verführung der Schlange, im marxistischen Glauben durch die Einführung des Privateigentums.

Als eine der kuriosesten Vorstellungen davon, wie allein Erziehung und gesellschaftlicher Umsturz zu einem Neuen Menschen führen sollten, darf das Werk des französischen Kaufmanns und utopischen Sozialisten Charles Fourier (1772–1837) bezeichnet werden.[12] Fourier träumte von einer Zukunft, in welcher die Menschen nach festen Regeln in Landkommunen leben, sogenannten Phalanstères. Dabei geht Fourier zunächst mit einer soliden Portion Menschenkenntnis vor; denn die Bewohner anderer Idealstaaten sind meist genormt, sind alle gleich vernünftig, gleich arbeitsam, gleich opferbereit, gleich altruistisch. Nichts davon bei Fourier: Seine Menschen sind allesamt von ihren Sinnen und Leidenschaften bewegt – von den individuellen wie von den noch wichtigeren sozialen Leidenschaften, der Streitlust, dem Veränderungstrieb und der Begeisterung. Eine von Fouriers Ideen war es, diese Emotionen sozial nützlich auszuwerten und auf ein Ziel hinzulenken, aus dem für die ganze Gesellschaft Vorteil erwächst. Wer in der heutigen Welt ein grausamer Menschenschlächter wird, hätte in Fouriers Welt eine nützliche Funktion ausgeübt – z.B. als Leiter einer Metzgerei. Aber derartige Betrachtungen bildeten nach Fourier nur den ersten Schritt, war die Gesellschaft erst einmal nach seinen Ideen umgebildet, dann würden sich Leben und Leistung des Menschen ins Enorme steigern lassen. 144 Jahre sollten die Menschen auf seinen Landkommunen alt werden, jeder bis zu zwei Meter groß und gewaltige 200 Kilo schwer. Die Zahl der Begabten, so errechnete der utopische Kaufmann, könnte gerade-

zu astronomische Dimensionen annehmen: Bei einer angenomme-
nen Weltbevölkerung von drei Milliarden – damals eine ungeheure
Zahl – brächte man ohne weiteres 37 Millionen Dichter von der
Qualität Homers, 37 Millionen Mathematiker mit den Geistesgaben
eines Newton und zahllose weitere Supertalente hervor. Um derlei
Fabelziele zu erreichen, so glaubte zumindest Fourier, genüge allein
die nach seinen Methoden durchgreifende Veränderung der Gesellschaft – ähnliche Doktrinen entwickelten später auch die »wissenschaftlichen Sozialisten«, sprich Marxisten. Erziehung und Indoktrination galten ihnen wie Fourier als Mittel der Menschenmani-
pulation und dessen allmählicher Mutation zum kommunistischen
Übermenschen.

Auch der englische Künstler, Schriftsteller und Sozialist William
Morris glaubte an die Neuschaffung des Menschen mittels einer sozialen Revolution. In seiner »Kunde von Nirgendwo« (1890), einer
Utopie der vollendeten kommunistischen Gesellschaft, stellt er uns
eine zukünftige Welt vor, in der allein Schönheit, Freiheit, Frieden
und Glück herrschen. Morris hat nichts vergessen, was unser Herz
erwärmen könnte: Die Frauen sind schön, wohlgeformt und gesund
und tragen reizend bestickte Kleider aus Seide oder Leinen, die
Männer sind stark, aufmerksam und sinnlich, jeder sieht jünger aus,
als er ist, und die Frauen haben auch mit vierzig noch kein einziges
Fältchen; in den gemeinschaftlichen Speisesälen, die mit Schnitze-
reien und Bildern geschmückt sind und wunderschön geformte und
reich verzierte Möbel enthalten, werden einfache, doch köstlich zu-
bereitete Mahlzeiten serviert mit einer Flasche erlesenen Weines.
Die häßliche Industrie hat der Schöngeist Morris verschwinden
lassen oder zumindest unsichtbar gemacht; denn trotz vorindustriel-
ler Idylle muß keiner seiner Paradiesbewohner darben oder beständig niedere Arbeiten verrichten. Optisch hat der Künstler Morris
vor uns eine mittelalterlich-präraffaelitische heile Welt ausgebreitet.
Selbst das Wetter spielt nach der großen Revolution immer mit, stets
ist es wunderschön und warm – und das, obgleich Morris' »Nirgendwo« ausgerechnet in England spielt!

Nun enthalten sämtliche Erziehungsutopien unbestreitbar einen
wahren Kern: Der Mensch ist das *erziehbare* Tier. Gerade weil ihn
Mutter Natur – was seinen Instinkt betrifft – äußerst stiefmütterlich
behandelt hat, braucht der Mensch die »künstliche« Erziehung, um
sich überhaupt entwickeln zu können. Kein anderes Geschöpf kann
durch äußere Einflüsse derart umgemodelt werden wie der Mensch,
kein anderes Geschöpf ist derart flexibel, kein anderes derart zur
»Gehirnwäsche« prädestiniert wie der Mensch. Auch die aufwendigs-

ten »Erziehungsmethoden« sind beim Tier begrenzt – ja überhaupt erst bei seiner höheren Spezies möglich, während sie beim Menschen in der Tat manchmal Wunder bewirken können. Mary Shelleys Frankenstein-Kreatur ist übrigens so ein Geschöpf, an dem die »Wunder« einer Erziehung bzw. Nichterziehung exemplarisch sichtbar werden. Seine Schöpferin ist durchdrungen von Rousseaus Vorstellungen, daß der Mensch unschuldig, rein und gut geboren wird. Erst die schlechte Gesellschaft macht den Menschen schlecht. Allein deswegen, da sich keiner des Frankenstein-Monsters annehmen wollte, wurde es schließlich böse. Doch unabhängig davon war Mary Shelleys Geschöpf von Geburt an ein merkwürdiger »Bastard«; denn einerseits wurde das Frankenstein-Geschöpf herausgeboren aus dem Geiste Rousseaus, andererseits ließ Mary Shelley Dr. Victor Frankenstein davon besessen sein, einen neuen, höherentwickelten Menschen heranzuzüchten. Dieser züchterisch-utopische Ansatz war also auch nach Rousseau nicht gänzlich in Vergessenheit geraten. Im 19. Jahrhundert bildete er sich sogar neu heraus, war dieses Jahrhundert doch zugleich das Zeitalter einer sich stürmisch entwickelnden Naturwissenschaft und auch das Zeitalter eines Charles Darwin. Am Ende des Jahrhunderts bastelte Nietzsche bereits an seiner Vision vom Übermenschen, der sowohl ein Geschöpf strengster, elitärer Erziehung als auch biologischer Auslese sein sollte. Der bedeutende Science-fiction- und Sachbuchautor Herbert Georges Wells (1866–1947) schilderte zu Beginn des 20. Jahrhunderts in seinem utopischen Roman »Menschen, Göttern gleich« (Men like gods), wie sich eine ganze Gesellschaft in Übermenschen verwandelt: »Die Utopen erzählten von eugenischen Anfängen, von einer neuartigen und sicheren Bestimmungsmethode bei der Wahl der Eltern, von einer wachsenden Zuverlässigkeit der Vererbungswissenschaft und als Mr. Barnstaple die feste, klare Schönheit des Gesichts und der Gliedmaßen, die jeder Utope zeigte, mit den unregelmäßigen Gesichtszügen und dem körperlichen Mißwuchs seiner Erdgenossen verglich, wurde ihm bewußt, daß diese Utopen ... über die Menschen hinaus zu einer edleren Menschheit gelangt waren. Sie entwikkelten sich zu einer anderen Rasse.«[13]

Daß das schöne Land Utopia auch seine Schattenseiten haben könnte, wurde zahlreichen Autoren im 20. Jahrhundert bewußt, als das einst so ferne und verborgene Wunderland auf einmal Realität zu werden drohte. Auf die Utopie folgte die Antiutopie. Die erste negative Utopie stammt von dem russischen Schriftsteller Jewgenij Samjatin. Sein Roman »Wir« (1924) entstand aus dem »Realitätsschock« heraus, den die namenlose Brutalität und die vollkommene

Gleichgültigkeit gegenüber dem Einzelmenschen und seinem Leid im Rußland nach der Oktoberrevolution in ihm ausgelöst hatte. Kein Wunder also, daß das Buch in der Sowjetunion lange Zeit auf dem Index stand. In Samjatins schwarzem Utopia herrscht das Wir, das Kollektiv. Das Ich, die Individualität, hat abgedankt. Der einzelne ist nur ein namenloses, gut geöltes Glied in einer riesigen Staatsmaschinerie, die ganz auf die Masse Mensch ausgerichtet ist. Sowohl George Orwell hat sich in seinem Roman »1984« (1949) von Samjatin beeinflussen lassen, als auch Aldous Huxley mit seiner »Brave New World« (1932). In Huxleys durchrationalisiertem Staatsgebilde spielt auch die Menschenzucht eine zentrale Rolle. Da gibt es schöne und stolze Menschen, bei denen alle Zufälligkeiten ausgeschaltet werden. Biologische, chemische und physikalische Mittel sind es, welche die sozialen Probleme lösen. Die Menschen sind schon als Retortenbabys determiniert und kommen in Klassen von Alpha bis Epsilon zur Welt (von der geistigen Führungselite bis zur Arbeiterklasse). Jeder wird für seinen Bereich entwickelt und scheint damit das vollkommene Glück zu erfahren; denn das Geheimnis von Glück besteht ja gerade darin, das gern zu tun, was man tun muß. Alle Konditionierungen zielen in Huxleys schöner neuer Welt darauf ab, die Leute so zu beeinflussen, daß sie ihr unausweichliches soziales Schicksal lieben. Mit seiner bösen Karikatur »glücklicher« Menschen belegt Huxley, daß menschliches Glück zumindest Spuren von Bewußtheit tragen und durch Freiheit und Individualität ergänzt werden sollte. Ein nur geborgtes, »künstliches Glück« hingegen, das die Menschen zu Sklaven und Robotern macht, ist das wahre Unglück und weit verwerflicher als Elend, Armut, Schmerz und das chaotisch Unvollkommene.

»Eine Weltkarte, in der das Land Utopia nicht verzeichnet ist«, schrieb Oscar Wilde 1891, »verdient keinen Blick, denn sie läßt eine Küste aus, wo die Menschheit ewig landen wird. Und wenn die Menschheit da angelangt ist, hält sie Umschau nach einem besseren Land und richtet ihre Segel dahin. Der Fortschritt ist die Verwirklichung von Utopien.«[14] Wildes positives Bekenntnis war schon zum Zeitpunkt der Veröffentlichung seines Essays »Der Sozialismus und die Seele des Menschen« nicht unumstritten und es kann heute noch weniger auf uneingeschränkte Zustimmung hoffen. Die Erfahrung, daß das Glück, das wahre und nicht künstlich erzeugte, nur wenig mit Fortschritt und Wohlstand zu tun hat, konnte eine überraschte und in einigen Ländern darob sichtlich auch etwas zerknirschte Öffentlichkeit Ende des gerade vergangenen Jahrhunderts zur Kenntnis nehmen. Am 10. Dezember 1998, zum 50. Jahrestag der UN-

Menschenrechtserklärung, hatte nämlich die angesehene London School of Economics die Ergebnisse einer Umfrage in 54 Ländern nach dem subjektiven Glücksempfinden der dort lebenden Menschen veröffentlicht. Die unglücklichsten Menschen leben demnach in den Ländern des ehemaligen »real existierenden Sozialismus«, also genau dort, wo Utopia auf Erden verwirklicht werden sollte. Diesen Unglücklichen folgen gleich die reichen Industrieländer wie Kanada, Japan, die USA oder Deutschland. Obwohl der Wohlstand in den westlichen Demokratien im 20. Jahrhundert dank der Bemühungen um die Verwirklichung des »Great Happiness Principle« der Aufklärung deutlich gestiegen ist, wurde das angestrebte »größte Glück der größten Zahl« demnach nicht erreicht. Mag der materielle Wohlstand des Westens mit seiner glitzernden Oberfläche und seiner flirrenden Medienwelt noch so suggestiv wirken, das wahre Glück scheint darin nicht zu finden zu sein. Gewinner in der Glücklichkeitsskala der London School of Economics waren ausgerechnet die Länder, in denen nach landläufigen Vorstellungen das Glücksbarometer besonders tief unten hängen müßte: die Entwicklungsländer, so z. B. Bangladesch, das den Glücklichkeitsreigen anführt. Offensichtlich sind es andere Werte, die das menschliche Glück bestimmen als der Tanz um das goldene Kalb und der »Fortschritt«. So z. B. intakte Familienverhältnisse, eine unbeschwerte Einstellung zum Leben, ein möglichst »natürlicher« und nicht etwa »künstlicher« und komplizierter Lebensstil, gute soziale Beziehungen und das Fehlen von Vereinsamung. »Progressive« Gesetze, eine umfassende, schulische Betreuung, technische Innovation und wissenschaftliche Entwicklung haben offensichtlich mit menschlichem Glück nur wenig zu tun, wenn sie ihm nicht sogar schaden. Und noch etwas scheint wichtig zu sein für das Glück – viel Sonne. Beinahe alle glücklichen Länder liegen auf der Sonnenseite der Erde – aber andererseits Sonne, das wollten die Utopisten ja auch!

Wie der »edle Wilde« zum »Homo sovieticus« mutierte

Wer könnte es leugnen: Sowohl die Geschichte als auch das Leben selbst lieben die Ironie, eine recht bittere zuweilen. So war etwa das Christentum ausgezogen, um die Liebe zu predigen und stand doch nicht selten für Intoleranz, Verfolgung und eine haarspalterische Dogmatik, wie sie das antike Heidentum nie gekannt hatte. Der blutrünstigste Führer der Französischen Revolution, die so vielen Aristokraten das Leben gekostet hatte, Maximilien de Robespierre, gehörte selbst dem Adel an. Ebenso entsprangen zahlreiche proletarische Heilspropheten nicht der Arbeiterklasse, sondern hatten einen großbürgerlichen Stammbaum und führten nicht selten ein entsprechendes Leben: Engels hielt sich Mätressen, Marx spekulierte an der Börse. Friedrich Nietzsche, der Verkünder eines heroischen Übermenschen, entpuppte sich im Alltag als ein kränkelnder Hasenfuß. Die erste Garde der nationalsozialistischen Herrenmenschen war, »rassisch« betrachtet, nur zweite Wahl. Jean Jacques Rousseau endlich, der wie kaum ein anderer für eine menschenwürdige Erziehung stritt, war selbst ein ausgemachter Rabenvater. Um seine fünf Kinder hat er sich zeitlebens nie gekümmert. Das einzige, was er für sie getan hat, war, sie alle nacheinander ins Findelhaus zu stecken.

In seinen »Bekenntnissen« (posthum 1781) hat Rousseau sein Leben mit unerhörter, an Exhibitionismus grenzender Offenheit geschildert. Es ist das Leben eines von Widersprüchen, inneren Kämpfen und leidenschaftlichen Gefühlen hin- und hergerissenen, ewig unsteten, tief unglücklichen und stark psychopathische Züge tragenden Menschen. 1712 in Genf geboren, lebte er nach ersten literarischen Erfolgen teils in Paris, teils an anderen Orten Frankreichs, dabei immer von wohlhabenden adligen Freunden und Gönnern unterstützt. Im Ancien regime trotzdem unerwünscht, kehrte er zeitweise nach Genf zurück, lebte dann als Gast von David Hume in England, um schließlich wieder nach Frankreich zurückzukehren, immer bedroht von Verfolgungen, deren Gefahren sich allerdings bei ihm bis zum Verfolgungswahn steigerten. 1778 ist Rousseau in Frankreich gestorben.

Rousseaus Schrift »Abhandlung über Ursprung und Grundlagen der Ungleichheit unter den Menschen« (1753) machte ihn schlagartig zum ersten Modephilosophen seiner Zeit. Er unterscheidet darin natürliche oder physische Ungleichheit – die in der Natur begründeten Verschiedenheiten des Alters, der Gesundheit, der Körperkräfte und der seelischen Anlagen – von der moralischen oder politischen Ungleichheit, die auf Übereinkunft oder jedenfalls auf Duldung der Menschen beruht. Worin liegt nun die Ursache dieser letzteren Ungleichheit? Bevor Rousseau darauf eine Antwort gibt, zeichnet er zunächst ein Bild des »Naturzustandes«, als die Menschen einander noch nicht tyrannisierten. Es ist ein wahrhaft paradiesischer Zustand, den uns Rousseau schildert. Aufgrund dieser Darstellung hat sich die Idee von dem am Anfang guten Menschen herausgebildet, dem »edlen Wilden«, der genaugenommen mehr ein »glücklicher Wilder« war. Dieser im Naturzustand lebende Mensch liebt

und haßt nach Rousseau noch frei, er macht sich keine Sorgen um
den kommenden Tag, er kennt kein Bedürfnis, das seine Befriedigung nicht augenblicklich in der ihn umgebenden Natur finden
könnte; von der Unterscheidung in Gut und Böse weiß er nichts,
und er läßt sich von keiner metaphysischen Frage beschweren. Es
herrscht allgemeine Gesundheit und es dominieren die einfachen
Tugenden; die Geschlechterbeziehungen sind rein animalisch und
unkompliziert; die Menschen sind unabhängig, niemandem untertan; ohne Industrie, ohne Sprache, ohne Nachdenken und frei von
allen Sorgen. Dieser Naturmensch »weiß zu leben«, ließe sich da
sagen. Er lebt eine vollendete Existenz, er genießt eine vollständige
Einheit mit sich selbst, er kennt keinen Zwiespalt zwischen dem, was
ist, und dem, was er sein möchte oder sein sollte. Er ist rundum
glücklich. Voltaire hatte sich, als er die Abhandlung über die Ungleichheit gelesen hatte, mit folgenden Worten an Rousseau ge-
wandt: »Ich habe, mein Herr, Ihr neues Buch gegen die menschliche
Gattung erhalten … Niemand hat es mit mehr Geist unternommen,
uns zu Tieren zu machen als Sie; das Lesen Ihres Buches erweckt in
einem das Bedürfnis, auf allen Vieren herumzulaufen. Da ich jedoch
diese Beschäftigung vor einigen sechzig Jahren aufgegeben habe,
fühle ich mich unglücklicherweise nicht in der Lage, sie wieder auf-
zunehmen.«[15]

Die Ursprünglichkeit des Naturmenschen hat sich nach Rousseau
am reinsten in den ersten Regungen des Kindes erhalten, das daher
von jedem fremden Einfluß ferngehalten werden sollte. Der Naturmensch kehrt phönixhaft in jedes Kind zurück, sofern dieses von der
»falschen Wesenheit« unserer Zivilisation unbeeinflußt bleibt. Daher
spielt der Erziehungsgedanke im Werk von Rousseau auch eine so
zentrale Rolle. Rousseau vertritt eine Pädagogik, die den Prozeß der
Entfremdung zwischen dem Menschen und seinem Naturzustand
und damit zu seinem Glück wieder aufheben möchte.

Das 18. Jahrhundert brachte neben Rousseaus »edlem Wilden«
noch ein anderes Menschenideal hervor: Johann Joachim Winckel-
manns Gestalt des schönen Griechen, der einst ganz »edle Einfalt
und stille Größe« die Antike bevölkert haben soll. Beide Kultur-
ideale orientieren sich an einer verklärten Vergangenheit, die für das
18. Jahrhundert zugleich Utopie ist. Wie eng die zwei Vorstellungen
miteinander verwandt sind, belegt die folgende Betrachtung Win-
ckelmanns: »Seht den schnellen Indianer an, der einem Hirsch zu
Fuße nachsetzt: wie flüchtig werden seine Säfte, wie biegsam und
schnell werden seine Nerven und Muskeln – So bildet uns Homer
seine Helden.«[16]

Mary Shelleys Vater, William Godwin (1756–1836), Calvinist wie Rousseau, war als Gesellschaftskritiker stark von dessen Vorstellungen geprägt. Besonders in seinem Hauptwerk geht Godwin von der anthropologischen Grundannahme eines freien und von der Natur her weder bösen noch guten Menschen aus.[17] Moral und Charakter werden durch äußere Einflüsse erst geformt. Godwin mißt daher – ähnlich wie Rousseau – der Erziehung einen besonderen Stellenwert bei und hat versucht, eine eigene Schule zu gründen, in der ein freier, aber »entwickelter« Naturmensch herangezogen werden sollte. Nach Godwin sind die Möglichkeiten zur Verbesserung des Menschen nahezu unbegrenzt. Alle Ungerechtigkeit gehört nicht zum ursprünglichen Zustand des Menschen, sondern hat sich erst durch menschliche Institutionen, durch Kriege, Regierungen und das Eigentum entwickelt.

Bei diesem familiären Hintergrund darf es nicht verwundern, daß Mary Shelley von Kindesbeinen an mit dem Geist Rousseaus vertraut war. Dieser Einfluß macht sich auch in ihrem »Frankenstein« bemerkbar. Ihre Verehrung für Rousseau zeigt sich darin übrigens auch an einem nicht unwichtigen Detail: Dr. Victor Frankenstein ist nämlich – genau wie Rousseau – Genfer Bürger. Vor allem aber wird an dem von Dr. Victor Frankenstein geschaffenem Monster die Vorstellungswelt Rousseaus beispielhaft aufgezeigt. Mary Shelleys Frankenstein-Monster ist nämlich zunächst überhaupt kein richtiges Monster, es ist nicht böse an sich, sondern es wird erst böse, »weil es einsam ist« und von den Menschen auf Grund seiner Häßlichkeit verstoßen wird. Erst das feindliche Verhalten der Menschen ihm gegenüber macht das Geschöpf zum Monstrum. Das häufig in Frankenstein-Filmen auftauchende Verbrecherhirn, das aus Verwechslung dem aus Leichenteilen zusammengesetzten und mit galvanischem Strom belebten Körper eingesetzt wird, ist eine spätere, nicht authentische Zutat. In Shelleys Original führt allein die Bösartigkeit der Menschen, die der Kreatur widerfährt, zur Ursache seines Menschenhasses: »Lange Zeit hindurch konnte ich schlechterdings nicht begreifen, wie denn ein Mensch hingehen könnte, seinen Bruder zu erschlagen, ja sogar, daß es Regierungen und Gesetze geben müsse. Da ich aber all die Einzelheiten über Unzucht und Blutvergießen vernommen hatte, ward mir so manches klar und ich wand mich voll Grausen und Ekel.«[18] Zunächst verhält sich das Monstrum ganz wie der edle Wilde Rousseaus, es liebt das Gute, und die Familie, bei der es heimlich und ohne deren Wissen untergeschlüpft ist, erweckt in ihm Ehrfurcht, Liebe und Freude. Das höchste Glück und die höchste Ehre sind für die Frankenstein-Kreatur zunächst »ein wahrhaft großer, tugendhafter

Mensch zu sein.«[19] Doch die geistigen und charakterlichen Anlagen des Monsters können sich unter dem Druck der Ungerechtigkeit auf dieser Welt nicht entfalten und schlagen deshalb in Haß, Neid und endlich in Verbrechen um. Alle natürliche Sanftmut ist fortan von ihm gewichen und voller Bitterkeit ruft der nun zum Frankenstein-Monster mutierte edle Wilde aus: »Wär' ich doch für immer in meinem heimatlichen Walde geblieben, hätt' ich doch nie anderes gewußt noch empfunden denn das Gefühl von Hunger, Durst und Hitze.«[20]

Seitdem Rousseau seinen »edlen Wilden« zur Welt brachte, lebt er in vielerlei Gestalt und Ausgaben weiter. So trieben z. B. das Leiden an der europäischen Zivilisation und die Sehnsucht nach einer Rückkehr zur Natur den Maler Paul Gauguin (1848–1903) in die Südsee. 1891 brach Gauguin nach Tahiti auf, in der Hoffnung, unter dem Himmel schöner tropischer Nächte in leidenschaftlicher Harmonie mit sich selbst, aber auch mit den weiblichen Vertretern der edlen Wilden, leben zu können. Solche Südseephantasien hatten seit Rousseaus Tagen Tradition. Im sumpfigen Psychoklima des Fin de siècle erhielten die Träume von einem erotischen Eldorado jedoch erneut Hochkonjunktur. Das erträumte Paradies fand Gauguin auf Tahiti allerdings nicht. Die Eingeborenen erwiesen sich einfach als »Menschen« und nicht als edle Wilde aus dem Bilderbuch. Selbst Tahiti war nur ein Paradise lost, über das sich überdies die ersten Auswürfe europäischer Zivilisation ausgebreitet hatten. Trotzdem entführen uns Gauguins Gemälde nackter Südsee-Damen in ein Paradies, das zumindest vor dem geistigen Auge des Künstlers existiert hat. Mit anderen Worten: Der Traum erschafft sich seine Wirklichkeit selbst, und der scheinbar so urwüchsige »edle Wilde« gerinnt damit zur Kunstfigur par excellence (Abb. 23).

Daß der Traum sich seine eigene Wirklichkeit erschaffen kann, gilt auch für Margaret Mead, obgleich sie im Gegensatz zu Gauguin Wissenschaftlerin war. Als die amerikanische Anthropologin im Jahre 1928 ihren Forschungsbericht »Coming of Age in Samoa« veröffentlichte, legte sie eine Studie vor, die mit zur Basis moderner Erziehungstheorien wurde. Ihr Buch, das bald zum Bestseller avancierte, machte die zivilisationsmüden Leser mit einem Paradies bekannt, mit einer Gegenkultur, die nur nach den Prinzipien eines freien Lebens hatte gedeihen können. Das Naturvolk der Samoaner, so Mead, wüchse sanft und repressionsfrei auf, ohne Druck einer puritanischen Gesinnung, deshalb ohne Eifersucht und Gewalt. Da die Südsee-Insulaner ohne Rivalität und Aggression, ohne Mord und Notzucht lebten, seien sie auch ohne Neurosen und Schuldkomplexe. Der australische Anthropologe Derek Freeman, der seit dem Jahre

Abb. 23: *Auch der »edle Wilde« ist nur eine Kunstfigur. Paul Gauguin auf der Suche nach dem verlorenen Paradies.*

1940 regelmäßig nach Samoa gereist war, entdeckte bei Recherchen vor Ort, daß Margaret Mead offensichtlich mehr fabuliert als geforscht hatte. Freeman fand in Samoa nämlich nicht das paradiesisch anmutende Leben, das die junge Anthropologin so emphatisch beschrieben hatte, vielmehr das Gegenteil: Sexualfeindlichkeit, Vergewaltigungen, Morde und Selbstmorde wie in den Industrieländern auch, selbst Neurosen und schwere seelische Störungen waren diesen Südseebewohnern nicht fremd.[21] Das Ergebnis seiner Beschäftigung mit den Thesen Margaret Meads faßte Freeman in einem Interview folgendermaßen zusammen: »Es war ihr Glaube an die Doktrin eines extremen Kulturdeterminismus, der sie dazu verleitete, ein Bild von Samoa zu entwerfen, das eben diese Doktrin bestätigen sollte. In der Geschichte des Behaviorismus gibt es kein anderes Beispiel eines derart grenzenlosen Selbstbetrugs.«

Auch die MatriarchatsforscherInnen, die mit archäologischen Funden ein goldenes Zeitalter der Frauenherrschaft »beweisen«, stapfen noch in den Fußstapfen Rousseaus.[22] Selbst die Edelgermanen der Nationalsozialisten tragen Spuren von Rousseaus Geist.[23] Das Grundmuster ist dabei immer das Gleiche: Philosophische, anthropologische, archäologische oder sonstige Erkenntnisse belegen angeblich ein urzeitliches Paradies, das einmal in der eigenen Frühgeschichte existiert haben soll bzw. in exotischen Gefilden noch immer vorhanden ist. Die Kenntnis der Struktur dieses irdischen Paradieses verheißt dann die Rückkehr ins gelobte Land.

Rousseaus Geist umweht in seinen letzten Ausläufern noch jeden Urlaubsprospekt, wo auf sonnigen Inseln oder sonst noch ganz »unentdeckten« Gebieten eine Bevölkerung lebt, die immer fröhlich ist und den Werbebroschüren nach den ganzen Tag über nur singt, tanzt und lacht. Doch all diese ganz »natürlichen« Menschen sind Kunstprodukte. Es sind Geschöpfe zivilisationsmüder Menschen, die von einem unbeschwerten Leben in der Natur träumen. Dabei erteilt gerade die Natur eine bittere Lektion: Die Natur selbst lacht nicht. Das Lachen ist eine Eigenart des Menschen und seiner Kultur. Und je verfeinerter sie ist, desto vielgestaltiger und sprühender wird ihr Witz.

Um Rousseau gerecht zu werden, muß man natürlich auch die Zeit berücksichtigen, in der er lebte: Die höfische Rokokokultur war von einem Höchstmaß an Künstlichkeit geprägt: Man denke an die Kleidung, die starke Schminke, die ausufernde Etikette. Kritik an der übermäßigen Künstlichkeit einer Zivilisation zu üben hat zudem eine alte Tradition. Schon Tacitus schilderte in seiner »Germania« die germanischen »edlen Wilden« als Vorbild für seine übersättigten Landsleute. Auch die Vorstellung von einem Goldenen Zeitalter reicht weit in die Antike zurück. Was bei Rousseau hinzukommt, ist, daß er seinen Finger auf eine wunde Stelle unserer Zivilisation legt: auf die inflationsartige Ausbreitung der Technik und des mit ihr verbundenen »Fortschrittes«. Die Technik verkompliziert nach Rousseau alle Verhältnisse und schafft im Menschen eine »suchtartige Vergiftung« nach immer mehr Fortschritt und Technik.[24] Daß Rousseau hierin nicht ganz unrecht hat, belegt die im vorhergehenden Kapitel erwähnte Studie der London School of Economics über das subjektive Glücksempfinden in der Welt: Eine zu entfremdete, zu hektische und überindustrialisierte Zivilisation ist zumindest dem einfachen und natürlichen Glück nicht hold!

Der Grundgedanke, der sich durch alle Werke Rousseaus zieht, ist, daß der Mensch gut und glücklich aus den Händen der Natur kommt und erst und *ausschließlich* durch die Gesellschaft verdorben wird. Diese Annahme macht verständlich, weshalb Rousseau außerordentliches Gewicht auf die richtige Erziehung legen mußte. Nach seiner Auffassung sollte sich der Erzieher darum bemühen, seinen Schützling dem gesellschaftlichen Einfluß zu entziehen und in dessem Inneren das Menschlich-Authentische gegenüber den Verfremdungseffekten der Gesellschaft aufzuspüren, um es als kostbares Vermächtnis zu bewahren und weiterzuentwicklen. Diese Vorstellungen hat Rousseau in seinem Erziehungsroman »Émile« (1762) aufgezeigt, in dem Natürlichkeit und Freiheit die Fundamente der Pädagogik bilden. Der Kerngedanke Rousseaus hat bis heute einen andauernden Einfluß auf die Grundsätze der Pädagogik behalten – nämlich daß die verbildenden gesellschaftlichen Einflüsse vom heranwachsenden Menschen ferngehalten werden müssen. Es kommt darauf an, die grundsätzlich in jedem Menschen verankerte gute Naturanlage auf natürliche Weise werden und reifen zu lassen.

Wenn nun aber die Natur gut ist und mit ihr der ursprüngliche Mensch, wie konnte es dann überhaupt dazu kommen, daß die Gesellschaft selbst so rabenschwarz schlecht sein soll? Ohne eine »Ursünde« kommt auch Rousseau – wie vor ihm das Christentum und nach ihm der Marxismus – nicht aus. »Der erste«, so Rousseau, »dem es in den Sinn kam, ein Grundstück einzuhegen und zu behaupten: ›Das gehört mir‹, und der Menschen fand, einfältig genug, ihm zu glauben, war der eigentliche Gründer der bürgerlichen Gesellschaft. Wieviel Verbrechen, Kriege, Mordtaten, Elend und Scheußlichkeiten hätte *der* Mann dem Menschengeschlecht erspart, der die Pfähle herausgerissen, den Graben eingeebnet und seinen Mitmenschen zugerufen hätte: ›Hütet euch, diesem Betrüger zu glauben! Ihr seid verloren, wenn ihr vergeßt, daß die Früchte allen gehören und die Erde niemandem!‹«[25] Sobald der verfügbare Boden einmal aufgeteilt war, konnte der eine sich nur noch auf Kosten des anderen vergrößern. Herrschaft und Knechtschaft, Gewalttätigkeit und Räubereien kamen auf. Gesetze, Staaten und Großreiche entstanden. Die Menschen wurden habgierig, ehrgeizig und boshaft.

So hat sich die Menschheit vom natürlichen Zustand weg zu einem Zustand entwickelt, der allem vermeintlichen Recht der Natur ins Gesicht schlägt. Was tun? Gibt es keinen Ausweg, keine Möglichkeit der Umkehr? Die Antwort versucht Rousseau in seinem »Gesellschaftsvertrag« (1762) zu geben, seiner bekanntesten politischen Schrift, die er gleich mit einem Fanfarenstoß beginnen läßt: »Der Mensch ist frei geboren, und überall liegt er in Ketten.« Es muß nach Rousseau aber möglich sein, eine Verfassung herzustellen, in welcher die natürliche und unveräußerliche Freiheit in Einklang gebracht sind mit dem Maß an Gewalt, das vom Wesen staatlicher Ordnung nun einmal nicht wegzudenken ist.– Macht allein darf aber

nach Rousseau nie das Recht bilden. Die Grundlage einer recht-
mäßigen Herrschaft kann nur auf Übereinkunft, auf freie Zustimmung also, gegründet werden. Diese Übereinkunft ist der Gesellschaftsvertrag. Jeder einzelne Genosse gibt sich selbst und alles, was
er vermag, als Gemeingut unter die oberste Leitung eines gemeinsamen Willens – der *volonté generale.*

Aber wer führt diesen Gemeinwillen aus – das Volk selbst oder
ein weiser Führer, der erst den Gemeinwillen zu artikulieren versteht? Und was geschieht mit denen, die gegen die heilige volonté
generale verstoßen? Rousseau ging davon aus, der Gemeinwille ließe
sich durch allgemeine Abstimmung ermitteln, und die, die unterliegen, würden sich dem fügen und sich dabei trotzdem als »frei«
empfinden, da sie einsähen, sich nur geirrt zu haben, als sie nicht
gleich den »richtigen« Gemeinwillen erkannten; denn der Gemeinwille galt für Rousseau als unteilbare Einheit. Parteibildungen waren
nicht vorgesehen.

In der Praxis der Französischen Revolution, zu der nicht zuletzt
Rousseaus Ideen geführt hatten – immerhin erblickten die Jakobi-
ner in ihm ihren theoretischen Kopf –, sah das aber mit der friedlichen und freien Bildung der volonté generale ganz anders aus. Der
ersehnte Gemeinwille, der in der Theorie die Gleichheit und Soli-
darität einer Gesellschaft zum Ausdruck bringen sollte, geriet dort
schnell zu einer Apotheose der Unfehlbarkeit des von der rechten
Tugend geleiteten Gemeinwillens. Wer nur irgendwie in Verdacht
geriet, er stehe im Widerspruch zum »Gemeinwillen«, landete
schnell unter der Guillotine. Oberster Exekutant des »Gemeinwillens« war Robespierre. Mit dem Terror der Tugend und dem Köpfen
aller Feinde der Revolution sollte der Weg in die vollendete Gesellschaft erzwungen werden, welche die Wiederkehr des Naturpara-
dieses auf einer entwickelteren Stufe bedeutet hätte.

Das Rousseausche Geschichtsbild findet sich in seinem Grundmuster auch bei Karl Marx wieder – ähnlich wie es in wesentlichen
Zügen bereits im Christentum enthalten war. Ursprünglich herrschte ein paradiesischer Zustand, aus dem der Mensch durch eine »Sünde« vertrieben wurde. Danach bilden sich die modernen Gesellschaften heraus, die aber auf Grund ihrer Schlechtigkeit und der
daraus resultierenden Widersprüche auf Dauer nicht Bestand haben
können. In der Folge kommt es zur Revolution oder zum Jüngsten
Gericht. Nach dieser Katharsis kehren die Menschen auf einer entwickelteren Stufe ins Paradies zurück. Der marxistische Sozialismus
kann sich zudem auch sehr gut auf Sätze Rousseaus wie den folgenden berufen:»Der Staat ist in Hinsicht seiner Glieder Herr über ihre

Güter durch den Gesellschaftsvertrag. Die Besitzer sind nur Verwahrer des öffentlichen Guts. Der Souverän kann sich rechtmäßigerweise der Güter aller bemächtigen.«[26] Beide, Marx und Rousseau, versuchten überdies, eine rational-logische politische Theorie zu schaffen, die in sich vollkommen geschlossen ist.

Für Marx definierte sich der Mensch über seine gesellschaftliche Umwelt, und das heißt bei ihm insbesondere über seine Arbeit. Der Mensch ist nach ihm das Tier, das sich im Prozeß der Selbsterzeugung durch Arbeit erschafft. Änderten sich daher die Produktverhältnisse, so änderten sich nach Marx auch die Menschen. Diejenigen Menschen, die unter den herrschenden kapitalistischen Produktionsbedingungen am meisten leiden, sind die ausgebeuteten Lohnabhängigen der Arbeiterklasse. Ihre Tätigkeit als Lohnabhängige hat sie am weitesten von ihrer ursprünglichen Natur entfremdet, was zugleich ihre Unzufriedenheit und ihre damit verbundene Bereitschaft zur Revolution erklärt. Mit der Revolution sollte sich aber auch ein neuer Mensch herausbilden.

Das Land, in dem zum ersten Mal versucht wurde, Marxens Neuen Menschen in die Wirklichkeit zu entlassen, war die Sowjetunion, und so wurde dieser Neue Mensch nicht von ungefähr »Homo sovieticus« getauft. Sein erster Konstrukteur war Lenin, der »politische Ingenieur« der Oktoberrevolution. Lenin war ein berechnender, ganz von seinen abstrakten Ideen beherrschter Theoretiker, der – im Gegensatz zum sentimentalen und von Leidenschaften getriebenen Rousseau – vollkommen kalt gegenüber allem sinnenhaften Leben blieb. Um den Neuen Menschen in der Sowjetunion zu erschaffen, mußte möglichst alles »Böse«, Alte, ausgemerzt werden. Auf dem Banner der Revolution stand geschrieben: »Alles neu!« Und niemals in der neueren Geschichte, außer in der *terreur* der Französischen Revolution, ging ein Regime mit solcher Gewalt daran, die Tabula rasa zu schaffen, auf der die lichte Zukunft erstehen sollte. Die Idee des Neuen Menschen bildet dabei den Eckstein der Sowjetzivilisation. Von Anfang an war mit der Revolution die Vorstellung einer tiefgreifenden inneren Veränderung und Umformung des Menschen verbunden. Der Schriftsteller Wladimir Majakowski dichtete 1918 dazu:[27]

> »Wir haben ein paar Tage mit Gewehren geknallt
> Und glauben –
> Dem Alten vorauszusein.
> Von wegen!
> Die Jacke zu wechseln
> Ist nicht genug.
> Euch selbst umkrempeln müßt ihr! Von Innen heraus!«

Da die Sowjetideologie von der Kulturdeterminiertheit des Menschen ausging, mußte die Erziehung des Homo sovieticus streng überwacht werden. Jede Abweichung von der revolutionären Lehre konnte den alten verderbten Adam wieder zum Vorschein bringen. Das Reich der endgültigen Freiheit sollte also über die totale Diktatur entstehen. Der Homo sovieticus ist außerdem ein kollektiver Mensch, der die volonté generale erbarmungslos vertritt. Mitunter schleicht sich hier eine Roboterromantik ein, wenn etwa das Proletariat als »sozialer Automat« verstanden wird und, insbesondere in der frühsowjetischen Avantgarde, der Neue Mensch nach technoiden Parametern bemessen wird. Das Ideal war, den Menschen durch gesellschaftliche Umformung zu einer stets produktiven Maschine zu machen.[28] Der Homo sovieticus ist gewissermaßen die »High-Tech-Ausgabe« von Rousseaus edlem Wilden. Dieser Neue Mensch denkt und fühlt in Gedankenblöcken und alles bloß Individuelle ist von ihm abgefallen (Abb. 24).

Obgleich der Homo sovieticus ganz am Kollektiv ausgerichtet ist, benötigt er doch Leitbilder. Die Partei, die Vorhut der Arbeiterklasse, lieferte sie ihm. Sie war es auch, die die Werktätigen auf die ersten Neuen Menschen in ihren Reihen aufmerksam machte, die sich infolge der Oktoberrevolution herausgebildet hatten. Dieser Neue, sowjetische Übermensch trat zum erstenmal in der Nacht zum 31. August 1935 in aller Deutlichkeit in Erscheinung. Alexej Grigorewitsch Stachanow, der Kohlenhauer aus dem Donbass, hatte in dieser Nacht das Vierzehnfache der vorgeschriebenen Arbeitsnorm aus dem Berg geschlagen. Stachanow wurde daraufhin zur Leitfigur der nach ihm benannten Stachanow-Bewegung. Noch am 21.9.1985 – als das Scheitern des Homo sovieticus schon längst offenkundig war – schrieb Michael Gorbatschow »von der großartigen und unvergänglichen Bedeutung« der Stachanow-Bewegung, die »nicht nur eine soziale, sondern auch eine moralische Erscheinung darstellt, indem sie die geistige Schönheit des Menschen der neuen Gesellschaft zum Vorschein brachte.«[29] Stalin, der Drahtzieher, der hinter dem Supermann Stachanow stand, konnte frohlocken: »Neue Menschen – neue Zeiten – neue technische Normen.«[30]

Der Neue Mensch, der Homo sovieticus, war offensichtlich zu den ungeheuerlichsten Leistungen befähigt, wozu ihn allein die revolutionären Umwälzungen beflügelten. Aus diesem Blickwinkel betrachtet, mußte die Genetik, die – abgesehen von seltenen Mutationen – von der Unveränderlichkeit der Erbanlagen ausging, als eine bürgerliche, ja tendenziell faschistoide Wissenschaft erscheinen und aus den kommunistischen Ländern verbannt werden. Für die

Kommunisten stand dabei nicht nur fest, daß sich der Mensch allein unter revolutionären Verhältnissen verändern kann, sondern ebenso, daß der so entstandene Neue Mensch sich in seine Nachkommen hinein weitervererbt. Zumindest in der Sowjetunion galten die von der Natur mitgegebenen Erbanlagen nun nicht mehr als unveränderlich. Im Gegenteil: Nach der Sowjetideologie veränderten und entwickelten sie sich fortan im Einklang mit der sich immer höher entwickelnden sozialistischen Gesellschaft. Diese Auffassung vertrat insbesondere der Agraringenieur Trofim Lyssenko (1898–1976). Anfang der dreißiger Jahre hatte er Bekanntheit erlangt, indem er eine

Abb. 24: *»Im Land des Lächelns«. Zwei sowjetische Traktoristinnen des Typus Homo sovieticus bei der Arbeit. Ölbild von Vladimir Petrov (1954).*

von ihm gemachte sensationelle »Entdeckung« propagierte, nämlich daß sich Sommerweizen auch im Winter ernten lasse, wenn man ihm nur Gelegenheit gäbe, sich nach und nach seinem veränderten »Milieu« anzupassen. Für Lyssenko und seine Anhänger war der Begriff der Spezies nichts als eine bürgerliche Vorstellung. Daher rührten sie immer wieder für Experimente die Werbetrommel, in denen es angeblich gelungen war, durch Änderung der Umweltbedingungen eine Spezies in eine andere umzuwandeln: Weizen in Roggen, Hafer in Gerste, Kohl in Rüben, dann in Tannen. Diese Operationen wurden als Belege für den Erfolg einer »progressiven« Wissenschaft gewertet, die sich mit der »bürgerlichen Genetik«, die von feststehenden, von Generation zu Generation weitergegebenen Erbfaktoren ausgehe, nicht erklären ließen. Für Lyssenko war die wirkliche Debatte jedoch nicht wissenschaftlicher, sondern ideologischer Natur. Das von ihm unablässig gegen die Genetik vorgebrachte Argument war ihre Unvereinbarkeit mit den Lehren von Marx und Engels! Da sich die herkömmlichen Naturwissenschaften also nicht in das kommunistische System fügen wollten, versuchte Lyssenko, mit seinen »Forschungen« die »reaktionäre« Natur zu revolutionieren. Ausgehend von seiner Theorie der Vererblichkeit erworbener Fähigkeiten, glaubte er die Natur dauerhaft verändern zu können und in Einklang mit der für ihn unanfechtbaren marxistischen Lehre zu bringen. Das galt in letzter Konsequenz vom Sommerweizen bis – dialektisch verwickelter natürlich – hinauf zum Menschen.

Für eine derart linientreue »Wissenschaft« war Lyssenko Stalins Huld sicher. Diese Gunst hatte zahlreiche Folgen. Lehre und Praxis der Genetik wurden verboten. Die ehedem in Rußland weit entwickelte Genetik wurde für Jahrzehnte ausgelöscht. Wer sich weigerte, Lyssenkos Theorien zuzustimmen, verschwand – oft für immer – im Archipel Gulag. Dunkelheit brach über die biologischen Wissenschaften in der Sowjetunion herein. Lyssenkos Umtriebe führten zum Zusammenbruch der Biologie, der Landwirtschaftswissenschaft und teilweise auch der medizinischen Wissenschaft. Sie trugen mit dazu bei, daß Rußland, ein Land, das lange Zeit Getreide und andere Agrarprodukte exportiert hatte, zu einem Importeur von Getreide, Butter und Fleisch wurde. Erst Mitte der sechziger Jahre, mit dem Abgang Nikita Chrustschows von der politischen Bühne, endete die Ära des Scharlatans Lyssenko.[31]

Der letzte und vielleicht radikalste Versuch, den Homo sovieticus bzw. den Neuen Menschen im kommunistischen Machtbereich zu erzeugen, fand in Kambodscha unter der Diktatur Pol Pots statt. Während der Zeit der Säuberungen und großen Massaker (1976 bis 1979) wurde fast die gesamte Bevölkerung umgesiedelt, nicht wenige davon mehrmals. Alles, was an die vorrevolutionäre Welt erinnerte, wurde eliminiert, Menschen ebenso wie Städte. Wer Französisch sprach, die Sprache der einstigen Kolonialherren, hatte meist den sicheren Tod zu erwarten. Kinder wurden von ihren Eltern getrennt, damit sie durch das Alte nicht verdorben werden konnten. Die politischen Soldaten Pol Pots, die Roten Khmer, verkündeten lauthals: »Für das Land, das wir aufbauen, genügen eine Million Revolutionäre. Den Rest brauchen wir nicht. Lieber schlachten wir zehn Freunde, als daß wir einen Feind am Leben lassen.«[32] Dieser mörderischen Logik fiel innerhalb weniger Jahre knapp ein Drittel der kambodschanischen Bevölkerung zum Opfer. Worauf Pol Pot setzte, waren die Kinder. Sie, die erst mit der Revolution ins Leben traten, sollten herrschen. Mit zwölf Jahren wurden sie bereits für die Roten Khmer rekrutiert. Die Schulbildung, die Pol Pot ihnen angedeihen ließ, war allerdings mehr als mäßig. Der Unterricht beschränkte sich auf Kinder zwischen fünf und neun Jahren. Zuweilen nur eine Stunde am Tag lernten sie schreiben und lesen – und vor allem Revolutionslieder singen. Bildung war verpönt, Bücher meist unerwünscht, und das Tragen einer Brille konnte bereits den Tod bedeuten. Was Pol Pot anstrebte, war ein Steinzeitkommunismus, eine Melange aus edlem Wilden und Homo sovieticus, Rousseau und Marx, Robespierre und Stalin. Pol Pot selbst – auch hier zeigt sich wieder eine Ironie der Geschichte – hätte in dieser Welt eigentlich gar keine Existenzberechtigung haben dürfen; denn das familiäre Milieu, dem er entstammte, war mehr dekadent-parfümiert zu nennen als revolutionär: Seine Schwester und seine Cousine waren Tänzerinnen und Konkubinen des letzten Königs gewesen, sein Bruder hatte bis 1975 als Hofbeamter im königlichen Palast gearbeitet.

Die Resultate des Neuen Menschen kommunistischer Bauart sind eher kläglich ausgefallen. Das blieb selbst den meisten roten Machthabern nicht verborgen, so daß sie bereits vor der Wende von ihren utopischen Zielen kräftige Abstriche machten. Nach und nach verschwand der Homo sovieticus oder das Zukunftswort Neuer Mensch und wurde, so z.B. in der DDR, durch die etwas spießig klingende Formulierung »allseitig gebildete sozialistische Persönlichkeit« ersetzt. Die jahrzehntelange Indoktrination und Bevormundung machte die Menschen auch nicht sonderlich zukunftsfroh, sondern löste eher Gefühle der Resignation und der Gleichgültigkeit aus. Nach dem Zusammenbruch des Kommunismus zeigte sich dafür etwas, was Marx und Engels in noch tiefere Resignation gestürzt hätte: Ein im sozialistischen Staat längst abgestorben geglaubtes, kapitalistisches Überbleibsel sproß rege empor – der Sinn für Profit. Trotz oft lebenslanger Beeinflussung in Schulen und Betrieben hatte der Charakter des Menschen als Handel treibendes Wesen nicht geändert werden können.

Nirgendwo in dieser Welt gibt es ein Paradies auf Dauer, es gibt nur ein Glück für Augenblicke. Das gilt für Mensch und Tier. Von unseren nächsten Verwandten, Schimpansen und Zwerggorillas, wissen wir z.B. sehr detailliert, daß sie keineswegs als Vorform der edlen Wilden in einem friedlichen Dauerzustand leben, sondern daß wir es ganz im Gegenteil mit Geschöpfen zu tun haben, die in einem hochkomplexen, spannungsreichen Sozial- und Kommunikationssystem leben.[33] Auch der Mythos von tierischer Unschuld ist nur ein Mythos. Krieg und Frieden, Aggressivität und brutale Rivalität einerseits, aber auch Friedfertigkeit und Harmoniebedürfnis andererseits sind die Grundbausteine des Lebens, aus dem uns keine Hintertür in ein Reich entführt, in dem 24 Stunden am Tag nur Friede, Freude, Eierkuchen herrschen. Das vollkommene Eiland existiert leider nur in Utopia. Gerade auf den von vielen Heilsuchenden verklärten Südseeinseln kann die Natur mitunter sehr grausam und hinterhältig sein, z. B. dann, wenn taifunartige Stürme die sonnige Idylle binnen kürzester Zeit in eine tobende Hölle verwandeln. Aber auch umgekehrt zeigt der edle Wilde nicht unbedingt jenen Respekt vor der Natur, den ihm zivilisationsmüde Bürger aus den Industrienationen zugeschrieben haben. Die sogenannten Primitiven sind keineswegs geborene Umweltschützer. Seit der Steinzeit haben Naturvölker ganze Tierarten ausgerottet und einst waldreiche Gebiete in dürres Land verwandelt.

Der Mensch ist das erziehbare Tier. Er ist darauf angewiesen, daß die Gaben, die er von der Natur mitbekommen hat, sich in einem möglichst positiven Umfeld entwickeln können. Hätte Goethe weder sprechen noch schreiben gelernt, hätte er auch nicht Dichterfürst werden können. Aber umgekehrt: Nicht jeder, der schreiben und sprechen lernt, wird deshalb gleich zum Dichterfürsten. Unsere persönliche Begabung und damit auch unser genetisches Erbe sind es, die uns erst zu herausragenden Leistungen antreiben. Jeglicher Erziehung sind daher Grenzen gesetzt. Es gibt keine pädagogische Methode, mit der man aus einem angeborenen Dummkopf ein Universalgenie machen könnte. Umgekehrt vermag aber auch eine »Schwarze Pädagogik« den Menschen gottlob kaum so negativ zu prägen, daß an ihm auf Dauer Hopfen und Malz verloren wäre, wie das insbesondere einige neomarxistische Autoren und Pädagogen glaubten.[34] Die gesellschaftlichen Einflüsse, die uns prägen, sind ohnehin eine sehr unberechenbare Angelegenheit. Elterliche und schulische Erziehung bilden davon ja nur einen Teilfaktor. Was die entscheidenden Umweltfaktoren sind, ist bis heute immer noch ein Rätsel und die Untersuchungen dazu sind so komplex, daß es fraglich erscheint, ob es hierauf jemals eine eindeutige Antwort geben wird. Eine Charakterprägung erhalten wir allein schon durch den Umstand, ob wir ein Einzelkind sind oder Geschwister haben, ob wir das älteste oder jüngste Kind sind oder ob wir ein sogenanntes »Sandwichkind« sind, also sowohl ältere als auch jüngere Geschwister haben. Dieser Faktor muß dann mit einigen anderen »schwammigen« Größen wie Eltern und Lehrern, Freunden und Milieu, gesellschaftliche Entwicklung und allgemeinem Zeitgeist in Verbindung gesetzt werden. Gerade letzteres, der Zeitgeist, das »geistige Fluidum« einer Epoche kann die seltsamsten Blüten treiben und die suggestivsten Wirkungen entfalten. Das jeweilige Lebensgefühl einer Generation wird allein dadurch zu einem unberechenbaren Faktor. Ein Jahrhundertphänomen wie die Beatles wurde jedenfalls in keinem Erziehungsplan mit einkalkuliert. Und doch haben die zunächst so unbedarft wirkenden Pilzköpfe aus Liverpool ein neues Lebensgefühl mitgeprägt und dadurch eine »emotionale Lawine« sondergleichen ausgelöst. Die Erziehungswünsche zahlreicher Eltern und Pädagogen wurden mit ihrem Auftreten vollkommen über Bord geworfen und lösten in der Folge einen Generationenkonflikt aus, wie er bis dato wohl unbekannt gewesen sein dürfte.

Der Neue Mensch, planbar nach den Regeln gesellschaftlicher »Gesetzmäßigkeiten«, wird wohl niemals Wirklichkeit werden. Das menschliche Verhalten ist zwar steuerbar, aber es ist durch Umwelteinflüsse allein weder eindeutig dirigierbar noch berechenbar – und das mag auch gut so sein!

Jenseits von Gut und Böse: Nietzsches Vision vom Übermenschen

Rousseau hat keineswegs nur nach »links« gewirkt. Nietzsche übernahm von Rousseau dessen Skepsis und Kritik gegenüber dem Wert der Kultur und die Sehnsucht nach den »einfachen Tugenden«. Überhaupt sind die Begriffe links und rechts bei weitem nicht so festgelegt wie allgemein angenommen. Viele damit verbundenen Inhalte können sich von der einen Richtung in die andere verschieben. Der Nationalismus, heute quasi für rechte Gesinnung stehend, hatte seinen Ausgangspunkt im linken Spektrum. Erst mit der »linken« Französischen Revolution entstand der moderne Nationalstaat. In Deutschland hatten sich vor allem rechte und konservative Kräfte bis zur Reichsgründung im Jahre 1871 gegenüber nationalen Anwandlungen äußerst reserviert verhalten. Selbst die Deutung der Geschichte als »Klassenkampf« oder »Rassenkampf« entbehrt einer eindeutigen politischen Festlegung. Nicht selten vermischen sich »Rasse« und »Klasse« und sind in beiden Lagern anzutreffen. So wurde z.B. der Ausbruch der Französischen Revolution auch durch die Anheizung von Rassengegensätzen geschürt, die insbesondere den Ersten und den Dritten Stand voneinander trennen sollten. Nach dieser Auffassung setzte sich der Erste Stand, also der Adel, vornehmlich aus germanischen Franken zusammen, die während der Völkerwanderung ins Land geströmt waren und die alteingesessenen Gallier unterjochten.[35] Am sichtbarsten ist ein Zusammenhang von Rasse und Klasse natürlich während der Ära des Kolonialismus gewesen, als weiße Eroberer sich große Teile der farbigen Welt unterwarfen. Aber auch sonst, wenn dieser Zusammenhang optisch

nicht so präsent war, wurde auf seine Hervorhebung Wert gelegt.
Mindestens bis zur Französischen Revolution war Herrschaft fast
immer mit »Andersartigkeit« verbunden gewesen, ja – es wurden geradezu »Kunstrassen« gezüchtet, damit man den Unterschied zwischen Herrschern und Beherrschten physiognomisch besser wahrnehmen konnte. Der Adel ist gewissermaßen der globale Beweis
dafür; denn auch da, wo kein tatsächlicher oder angeblicher Rassen-
gegensatz, wie z. B. zwischen den Franken und Galliern, vorlag, hatte
der Adel mit dem Pochen auf sein »blaues Blut«, sein »edles Geblüt«,
immer versucht, sich deutlich vom »gemeinen Volk« abzusetzen.
Darüber hinaus wurde die irdische Herrschaft des Adels nicht selten
von einem göttlichen Ursprung abgeleitet, wodurch der Adel »genetisch« mit den Göttern verwandt schien. Die durch die schnee-
weiße Haut schimmernden bläulichen Adern, die feineren Gesichtszüge, die kontrollierten Bewegungen, das alleinige Vorrecht auf eine
vornehme Kleidung, die »Alchemie« einer anderen, ausgewählten
Nahrung – welche die Angehörigen des Adels u. a. eine überragende
Körpergröße erreichen ließ –, die fortpflanzungsmäßige und damit
genetische Absonderung von ihren Untertanen ließen die Aristokraten in der Tat zu einer andersartigen Gruppe scheinbarer »Übermenschen« geraten. Mitunter nahm der Wunsch zur Absonderung
grotesk-gewaltsame Formen an, wenn etwa die ägyptischen Herrscher von Jugend an ihre Schädel umformen ließen oder die Herr-
scherkaste der »Langohren« auf den Osterinseln ihre Ohrläppchen
verlängerten, so daß sie bis auf die Schultern herabhingen. Zer-
brach die Macht dieser Herrscherrassen, dann konnte sich ihre physiognomische Heraushebung als tödlich erweisen: So wurden die
Langohren nach ihrem Sturz ausgerottet, und auch während der
Schreckensherrschaft in Frankreich konnte eine zu »blaublütige« Erscheinung leicht ein Todesurteil bedeuten, während verschmutzte
Kleidung und eine gröbere Physiognomie den besten Schutz vor
Verfolgung boten.

Wie sich bei den Linken – oft uneingestanden – die Klassenfrage
mit der Rassenfrage verbunden hatte, so bei den Rechten die Rassenfrage mit der Klassenfrage. Ein Musterbeispiel hierfür bietet sicherlich der Antisemitismus, der zunächst religiös, später vorrangig
ökonomisch und rassisch ausgerichtet war. Der Jude als Ausbeuter,
Wucherer, Spekulant und Kapitalist bildete einen Stereotyp rechter
Agitation. Was links und rechts in dieser Frage unterscheidet, ist, daß
die Linke ihren Schwerpunkt auf die »Klasse« legt, die Rechte hingegen auf die »Rasse«. Darüber hinaus strebt die Linke danach, die
Ungleichheiten zwischen den Menschen weitgehend aufzuheben,

die Rechte aber nicht. Die Linke steht für Egalität, die Rechte für Absonderung und Differenz. Beide Prinzipien durchziehen die Weltgeschichte.

Der Übermensch endlich, den Nietzsche prophezeite, setzt sich aus den Elementen Rasse bzw. Zucht und Klasse zusammen. Für Nietzsche übernimmt der Übermensch die Rolle eines neuen Adels, nachdem der alte abgewirtschaftet hatte. In Nietzsches Übermensch ist zudem noch ein Archetyp enthalten, der sich mit der Gestalt des Aristokraten überschneidet, aber keineswegs deckt: Es ist der Held.

Die mythologische Gestalt des Helden findet sich in den Überlieferungen aller Völker wieder. Seine Figur taucht als ein archetypisches Symbolbild besonders dann auf, wenn dem Kollektiv – ganz gleich in welchem Kulturbereich – eine Gefahr droht, die es aus sich heraus nicht bewältigen kann. Im Helden verkörpert sich der noch große einzelne, der mit seiner Heldentat die Problemlösung stellvertretend für die Sozietät seiner Gruppe oder seines Volkes unternimmt. Tiefenpsychologisch bedeutet die Leistung des Helden einen Akt der Bewußtwerdung, ohne die eine Bewältigung der unbewußten Konflikte und Probleme nicht möglich ist. So fällt ihm die Aufgabe einer Bewußtseinserweiterung zu, die für das Kollektiv auch eine Erhöhung des Selbstbewußtseins und Selbstgefühls mit sich bringt.

Nach Hegel ist einer der Wesenszüge des Helden sein Glaube, daß er die Wahrheit der Welt und seiner eigenen Zeit kennt.[36] Den Helden quälen daher wenig Zweifel. Da er die Wahrheit weiß, kann er auch intolerant sein. Er verfügt über enorme Willenskräfte und ist ein Extremist der »einfachen Tugenden«. Dabei überragt der Held nicht nur innerlich, sondern auch äußerlich seine Mitmenschen. Sein Heldentum ist sichtbar. Trotzdem muß der Held nicht unbedingt mit gezogenem Schwert durch die Lande reisen. Seine Gestalt hat gerade in der Neuzeit einige Modifizierungen erhalten: Wir kennen ihn als Volkstribun, Freiheitshelden, »großen Mann«, als Revolutionär, als Vision vom »Neuen Menschen« und in trivialisierter Form als Comic-Held oder als Geheimagent 007. Selbst der kühle Avantgardist, der schon heute kühn die Gesetze von morgen verkündet, trägt Heldenzüge.

Als der Prototyp des deutschen Helden darf sicherlich die Sagengestalt Siegfrieds bezeichnet werden. Siegfried ist der starke, von allen Zwängen freie Hoffnungsträger, der die Welt erlösen soll und zugleich ein übermütiger Naturbursche, der mit Bärenfell und Horn durch den Wald streift. Er ist Inbegriff des jugendlichen Rebellen, der gegen jede Autorität aufbegehrt und im Kampfe alles niederwälzt, was sich ihm in den Weg stellt. Er ist der gewissenlose Herrenmensch, ein scheinbarer Triumphator im Überlebenskampf der Besten, ein amoralischer Held, eine Vorahnung von Nietzsches Übermensch und eine Idealvorlage für die »Blonde Bestie«.

Nietzsche hat den Begriff der Blonden Bestie zum erstenmal in seiner 1887 erschienenen Schrift »Zur Genealogie der Moral« verwendet. Er verbindet ihn dort mit den Vornehmen, die sich unter sich zu zügeln wissen, was jedoch nur die eine Seite ihres Wesens ist. Die andere Seite, »die prachtvolle nach Beute und Sieg schweifende Blonde Bestie«, sei nicht zu verkennen; sie bedürfe »von Zeit zu Zeit der Entladung, das Thier muss wieder heraus, muss wieder in die Wildniss zurück: – römischer, germanischer, japanischer Adel, homerische Helden, skandinavische Wikinger – in diesem Bedürfnis sind sie sich alle gleich. Die vornehmen Rassen sind es, welche den Begriff ›Barbar‹ auf all den Spuren hinterlassen haben, wo sie gegangen sind; noch aus ihrer höchsten Cultur heraus verräth sich ein Bewusstsein davon und ein Stolz selbst darauf ... Alles fasste sich für Die, welche daran litten, in das Bild des ›Barbaren‹, der ›bösen Feinde‹, etwa den ›Gothen‹, den ›Vandalen‹ zusammen. Das tiefe, eisige Misstrauen, das der Deutsche erregt, sobald er zur Macht kommt, auch jetzt wieder – ist immer noch ein Nachschlag jenes unauslöschlichen Entsetzens, mit dem Jahrhunderte lang Europa dem Wüthen der blonden germanischen Bestie zugesehen hat (obwohl zwischen den alten Germanen und uns Deutschen kaum eine Begriffs-, geschweige eine Blutsverwandtschaft besteht).«[37]

Doch das herrlichste Raubtier auf Erden, die Blonde Bestie, ist nicht mehr. Statt dessen herrscht nach Nietzsche nur noch das Heillos-Mittelmäßige und Unerquickliche, das Mißratene, Kränkliche, Müde und Verlebte, »nach dem Europa zu stinken beginnt«.[38] Auch der Deutsche ist keine Bestie mehr. Nicht von ihm sei daher eine Umkehr zu erwarten, sondern die starken Persönlichkeiten müßten erst geschaffen, »gezüchtet« werden, damit die Blonde Bestie in gleichsam höherentwickelter Form wieder auferstehen könne – als Übermensch!

Der Begriff »Übermensch« geht im Gegensatz zur »Blonden Bestie« nicht auf Nietzsche zurück, sondern stammt von Luther. Allerdings versteht Luther darunter den frommen Christen, den von innen heraus Gläubigen. Dieser ist für ihn ein »Über-Mensch«. Ganz anders Nietzsches Übermensch. Dieser Übermensch ist gerade der Mensch, der um Gottes Tod weiß. Der weiß, daß alles idealische Jenseits bloße Schimäre ist, der sich ganz der Erde und dem Leben gibt und dazu freudig ja sagt, auch wenn die Gesetze dieser Welt grausam sind. Nietzsches Übermensch weiß, daß alle Versuche des Menschen, es sich in der Welt bequem einzurichten, zum Scheitern verurteilt sind; auch weiß er, daß der tiefste Antrieb dieser Welt ein blinder »Wille zur Macht« ist und nichts außerdem. Ziel des Übermenschen ist, zu diesem Willen ja zu sagen, auch wenn ihm der eigentliche »Sinn« fehlt, außer dem, daß gerade dadurch das Leben seine leidenschaftlichste Bejahung erfährt. Solches Wissen nennt Nietzsche, im Gegensatz zum »normalen« Wissen, das er als flach, vordergründig und illusionär empfindet, »tragische Weisheit«. Der Übermensch weiß aber nicht nur um die tiefsten Geheimnisse des Lebens. Daß er sie trotz ihrer Grausamkeit und Sinnlosigkeit lachend bejaht, deutet bereits darauf hin, daß es sich bei ihm um einen neuen Typus von Mensch handeln muß. Nietzsches Übermensch ist eine Mixtur aus »tragischer Weisheit«, funkelndem Intellekt, dionysischer Raserei und biologischer Züchtung; denn der Mensch soll sich nach Nietzsche nicht nur fortpflanzen, sondern vor allem hinaufpflanzen, nur so könne dem Übermenschen die Bahn geebnet werden. Aus diesem Grund empfiehlt Nietzsche große Wagnisse und Gesamtversuche von Zucht und Züchtung. Für ihn ist der Übermensch der Sinn der Erde, in einer Welt, die eigentlich keinen Sinn hat. Sinn gibt der Übermensch dem Dasein durch seine größere Schönheit, durch sein Wissen und seinen Wahnsinn. So verkündet Nietzsche-Zarathustra einer faulenden, dahindämmernden Menschheit:

»Ich lehre euch den Übermenschen. Der Mensch ist etwas, das überwunden werden soll. Was habt ihr gethan, ihn zu überwinden?
Alle Wesen bisher schufen etwas über sich hinaus: und ihr wollt die Ebbe dieser großen Fluth sein und lieber noch zum Thiere zurückgehen, als den Menschen überwinden?
Was ist der Affe für den Menschen? Ein Gelächter oder eine schmerzliche Scham. Und eben das soll der Mensch für den Übermenschen sein: ein Gelächter oder eine schmerzliche Scham.
Ihr habt den Weg vom Wurme zum Menschen gemacht, und vieles ist in euch noch Wurm. Einst wart ihr Affen, und auch jetzt noch ist der Mensch mehr Affe als irgend ein Affe.
Wer aber der weiseste von euch ist, der ist auch nur ein Zwiespalt und Zwitter von Pflanze und von Gespenst. Aber heiße ich euch zu Gespenstern oder Pflanzen werden?
Seht, ich lehre euch den Übermenschen.
Der Übermensch ist der Sinn der Erde. Euer Wille sage: der Übermensch ist der Sinn der Erde.«[39]

Dieser von Nietzsche proklamierte Übermensch vertritt eine Herrenmoral; denn nachdem die alten transzendenten Götter tot sind, ist er der neue Gott der Erde. Seine Moral ist antimoralisch. Es gibt nach

Nietzsche zweierlei Moral: Herrenmoral und Sklavenmoral. Der Übermensch soll nach Nietzsche die herrschende Sklavenmoral überwinden, um zur Herrenmoral zurückzukehren, wie sie einst der Adel, die Besten, die Stärksten und die »Blonde Bestie« vertreten hatten. Das Wort »gut« hat nach Nietzsche zwei ganz verschiedene Bedeutungen. Bei den Starken bezeichnet es die erhabenen und stolzen Zustände der Seele. Der Gegensatz von »gut« ist hier »schlecht«. Schlecht im Sinne der Starken heißt: landläufig, gewöhnlich, gemein, wertlos. Für den schwachen Herdenmenschen dagegen bedeutet »gut«: friedlich, harmlos, gütig, mitleidig, und der Gegensatz von gut ist hier nicht schlecht, sondern »böse«. Böse ist alles, was den Menschen über die Herde erhebt: ungewöhnlich, kühn, unberechenbar, gefährlich – kurz fast alles, was für die Starken und den kommenden Übermenschen »gut« ist. Für Nietzsche beginnt mit den Juden der Sklavenaufstand der Moral in der Geschichte. Ihre Propheten hätten es fertiggebracht, die Begriffe »reich«, »gottlos«, »gewalttätig«, »sinnlich« in eins zu verschmelzen und dem Wort »Welt« einen negativen Wert beizulegen. Diese radikale Umkehrung aller natürlichen Wert- und Rangverhältnisse sei ein Akt geistiger Rache von seiten der Niedrigen und schlecht Weggekommenen. Als Ergebnis davon würden die Elenden, Armen, Ohnmächtigen, Leidenden, Kranken, Häßlichen als die »Guten« erscheinen; und die aristokratische Wertsetzung von gut = vornehm, schön, mächtig, glücklich habe die Herrschaft verloren.

Die Moral, die Nietzsche in »Jenseits von Gut und Böse« (1886) und »Zur Genealogie der Moral« (1887) vertritt, ist antidemokratisch, antisozialistisch, antichristlich. Es ist für Nietzsche die Moral der Starken und Kommenden – der Übermenschen. Der Übermensch löst den »letzten Menschen« ab, der heute noch mit seiner trägen Sklavenmoral die Erde bevölkert. Es sind jene, die keine neue Zeit mehr gebären wollen, die selbstzufrieden mit ihrem bißchen Glück leben, nicht mehr hoch hinaus wollen, sich vor Leidenschaften zu schützen wissen und den bequemen Schwächetod dem Tod des Helden vorziehen. Für Nietzsche-Zarathustra bedeutet ein solches Stadium der allgemeinen »Versozialdemokratisierung« des Lebens das Ende, denn ohne Verachtung seiner eigenen Schwächen könne der Mensch nichts Neues schaffen. Schaudernd ruft Zarathustra aus: »Wehe! Es kommt die Zeit, wo der Mensch keinen Stern mehr gebären wird. Wehe! Es kommt die Zeit des verächtlichsten Menschen, der sich selber nicht mehr verachten kann.«[40]

Doch dieser Mensch wird nach Nietzsche weichen müssen; denn die Kräfte des Lebens wollen den Übermenschen. Für Nietzsche stehen die großen Einzelnen und Unerschrockenen bereits im Dienste seines Zukunftsgedankens. Aber in Nietzsches Zukunft leuchten auch die »einfachen Tugenden« der Blonden Bestie wieder auf; denn ähnlich wie Rousseau wollte auch Nietzsche »Zurück zur Natur«. Allerdings ist Nietzsches Natur eine ganz andere als die Rousseaus. Bei Nietzsche hat es die »edlen Wilden« nie gegeben, dafür den Kampf und das Recht des Überlegenen. Zweifellos sind Nietzsches Naturvorstellungen bereits stark durch Charles Darwin geprägt. Besonders die berühmten Formeln vom »Überleben des Stärkeren« und dem »Kampf ums Dasein« flossen in Nietzsches Herrenmoral mit ein.[41]

Aber es war nicht nur der Darwinismus, der dafür sorgte, daß sich »Nietzsche contra Rousseau« entwickelte. Hierfür war auch Nietzsches ausgiebige Schopenhauer-Lektüre bestimmend gewesen. Der Pessimist Schopenhauer glaubte, das tiefste Lebensgesetz sei, daß das Leid an Gewicht immer das Glück überwiegt. Alle Glückshoffnungen und Utopieseligkeiten seien daher Illusionen, die der blinde Wille zum Leben dem Menschen vorgaukelt. Das wirklich Neue an Nietzsche ist, daß er sich zwar zu Schopenhauer bekennt, aber trotzdem nicht zu einer Lebensverneinung gelangt. Das Leben ist schrecklich – gewiß –, aber es ist in der Seele der Großen und Starken auch schön.

Nietzsches Wirkungen sind vielfältig. Sie reichen nicht nur bis zur äußersten Rechten, sondern in einzelnen Fällen auch bis zur äußersten Linken. Hier wurde die schlummernde Kraft der Arbeiterklasse als Lebensborn für den Übermenschen gedeutet. Eine solche Auffassung vertraten etwa Gustav Landauer, Georges Sorel, Stanislav Brzozowski, Anatoli Lunatscharski oder Maxim Gorki.[42] George Bernard Shaw hat sich zur politischen Notwendigkeit des Übermenschen bekannt und den Widerstand des Menschen gegen seine eigene Verbesserung beklagt. Der Übermensch ist für Shaw dabei nicht nur Produkt einer neuen Gesellschaftsklasse, sondern geplanter Züchtung.[43] Auch in der Lebensreformbewegung der Zeit nach 1900 schwirrt Nietzsches Geist. Freikörperkultur, Lichtmenschen, Vegetarismus sollten die Ankunft des neuen, höheren Menschen heraufbeschwören helfen. Ebenso wandelte Nietzsches Geist im elitären Kreis um den Dichter Stefan George. Von der Höhe ihres Elfenbeinturmes blickten diese Auserwählten verächtlich herab auf das Treiben aller Demokraten, Sozialisten und Plutokraten. Vor allem aber die Vertreter des »Heroischen Realismus« standen ganz im Banne Nietzsches. Dazu zählen etwa Oswald Spengler, Gottfried Benn oder Ernst Jünger. Auch für sie ist das Dasein ohne Sinn, aber sie sagen wie Nietzsche-Zarathustra lachend ja zu ihm. Anders als die

Marxisten und Liberalen mit ihren Diesseitshoffnungen, glaubten sie
sich auf derartige Illusionen nicht mehr angewiesen. Für sie war das
nur ein Narkotikum für Schwächlinge, mit anderen Worten: alles
Schwindel. Allein sie, die heroischen Realisten, vermochten hinter
den Vorhang der Täuschungen zu schauen, ohne daß ihnen schwin-
delte. Der Anblick der Unerträglichkeit des Daseins verursachte diesen starknervigen Übermenschen ästhetischen Genuß.

Dieser aufputschende nietzscheanische Höhenzauber ist von seiner Wurzel her nicht selten nur ein verzweifelter Pessimismus, der sich
grell die Maske des Optimismus hingeschminkt hat. Das Schreckliche
ist das Schöne. Die Umwertung aller Werte darf beginnen. Nur das
»Böse« ist das eigentlich Wahre. Diesem starken Tobak war Nietzsche
offensichtlich auf die Dauer selbst nicht gewachsen. Anfang 1889,
einige Tage bevor er in die ewige Nacht des Wahnsinns glitt, hatte er
in Turin einen Straßenauflauf verursacht. Ein müder, alter Drosch-
kengaul, der von seinem Kutscher schlecht behandelt wurde, erregte
so stark das Mitleid des großen Mitleidverächters, daß er ihm um den
Hals fiel und heftig weinte. Der Pastorensohn Nietzsche, der auf den
Pfaden des Antichristen wandelte, besaß offensichtlich mehr Erbar-
men als die von ihm so verachteten »letzten Menschen«.

»Täter Hitler – Denker Nietzsche«, so titelte der Spiegel Anfang
der achtziger Jahre, als er die Rückkehr des Philosophen Nietzsche
aus seiner Verbannung konstatierte (Abb. 25).[44] Zweifellos führt eine
Linie von Nietzsche ins Dritte Reich und das keineswegs nur aufgrund der Manipulationen, die seine Schwester, Elisabeth Förster-
Nietzsche, an seinem Werk vornahm.[45] Aber diese Linie ist weit weniger gerade als die, welche von Marx in den »real existierenden
Sozialismus« führte. Stalin hatte den Namen von Marx beständig im
Munde. Hitler den von Nietzsche nur gelegentlich. Und das hat gute
Gründe: Anders als der dogmatische, ein geschlossenes Lehrgebäude
hinterlassende Marx taugte Nietzsche nur wenig zum Kirchenvater
eines neuen Glaubens. Dazu ist Nietzsches Philosophie zu offen, zu
frei, zu chaotisch, zu widersprüchlich, zu spielerisch, zu in Frage stel-
lend, zu psychologisch und künstlerisch. Darüber hinaus zeigen sich
schwere Diskrepanzen zur NS-Ideologie: Obgleich Nietzsche das
Judentum für das Aufkommen der Sklavenmoral in der Geschichte
verantwortlich machte, war er kein Antisemit. Ja – er haßte bekannt-
lich die Antisemiten. Nietzsche war Anti-Antisemit und die Idee der
nationalsozialistischen Volksgemeinschaft wäre dem Aristokraten
Nietzsche wahrscheinlich wie jeglicher Populismus ein Greuel gewesen. Und ist nun sein Übermensch ein Unmensch? Nietzsches
Übermensch steht jenseits von Gut und Böse. Er verachtet die Mo-

Abb. 25

ral der kleinen Leute, der Sklaven, der Christen, der Demokraten, der Sozialisten – aber er ist kein kleiner Hasser, kein Mitläufer, kein Denunziant, kein ressentimentgeladener Spießer im Gladiatorenumhang. Nietzsches Übermensch ist groß, im Guten und Schönen wie im Bösen!

Allenfalls ein »halbierter Nietzsche« taugte für das Dritte Reich. Dieser Zusammenhang war den Nationalsozialisten durchaus bewußt.[46] Trotzdem irrte Nietzsches Name durch das gesamte Dritte Reich. Da war zum einen der Klang eines großen Namens, mit dem man sich schmücken konnte, da waren aber auch viele Schlagwörter, die man gebrauchen konnte oder von denen man sich inspirieren ließ: »Wille zur Macht«, »Herrenmoral«, »Sklavenmoral«, »Herdentier«, »Zucht und Züchtung«, »Blonde Bestie«, »Herrenrasse«, »Herren der Erde« und nicht zuletzt der »Übermensch«, den die Nationalsozialisten in »Herrenmensch« umtauften. Als »idealtypische« Verkörperung dieses Herrenmenschen mochte sowohl einigen damaligen Zeitgenossen als auch den späteren Chronisten »der junge böse Todesgott« Reinhard Tristan Eugen Heydrich erscheinen.[47] Heydrich, Leiter des Reichssicherheitshauptamtes, dem sowohl die Gestapo als auch die Kriminalpolizei und der Sicherheitsdienst (SD) unterstanden und der ab 1941 auch Reichsprotektor von Böhmen und Mähren wurde, entsprach ziemlich dem, was sich die Welt unter einer Blonden Bestie vorstellte. Er zeigte Härte, Unsentimentalität, Draufgängertum, feine Raubtierwitterung und eine Gänsehaut erregende Menschen- und Todesverachtung. Sein Gehirn arbeitete wie eine lebendige Registriermaschine, ausgestattet mit einem schier unstillbaren Durst nach Informationen. Er spielte Violine, daß es seinen Zuhörern die Tränen in die Augen trieb – und mit einer einzigen Unterschrift brachte er Tausende in die KZs. Er war herausragender Leistungssportler, Zehnkämpfer, aber von allen Sportarten liebte er besonders das Fechten, was sicherlich kein Zufall war; denn das argwöhnische Beobachten und Parieren gegnerischer Absichten, das blitzschnelle Reagieren auf unvorhergesehene Situationen wurde Heydrich zur zweiten Natur. Sein Vater, Wagnersänger, Musiklehrer und Gründer des ersten Konservatoriums für Musik, Theater und musikalische Erziehung in Halle, hatte seinem Sohn, in Verehrung für den Bayreuther Meister, als zweiten Vornamen den Namen Tristan gegeben. Sinnigerweise hatte den jungen Nietzsche gerade das Studium der Partitur des »Tristan« zum begeisterten Wagnerianer gemacht und damit auf die erste Fährte der »Blonden Bestie« gesetzt ...

Der Übermensch verschwand 1945, scheinbar nur ein grausames Intermezzo, aus dem allgemeinen Bewußtsein bzw. galt als indiskutabel. Doch tat er das nur scheinbar. Der feinnervige Nietzsche hat vielleicht wie kaum ein anderer Denker der letzten Jahrhunderte einen ausgebildeten Spürsinn für das Kommende bewiesen.[48] Der Übermensch ist nämlich keineswegs verschwunden, sondern nur mutiert. Er tritt nicht mehr mit Fanfarenstoß und ästhetischer Überhöhung auf. Die ehedem deutsche Künstler- und Kulturaura des Übermenschen ist angelsächsischem Pragmatismus und Wirtschaftsdenken gewichen. Gerade in einer Leistungs- und Konkurrenzgesellschaft ist das Thema einer Elitebildung nicht von der Hand zu weisen. Nicht von ungefähr lautet das Dogma des Amerikanismus: »Gleichheit der Chancen, nicht Gleichheit der Ergebnisse.« Ohne hemmende Kastenschranken soll jeder die Möglichkeit erhalten, an einem mörderischen Wettbewerb teilzunehmen. Der Beste, der Stärkste gewinnt das Rennen, das ist »Darwinismus in Reinkultur«.[49] Wer will kann seinen gewünschten Nachwuchs auch genetisch für den kommenden Konkurrenzkampf aufrüsten. In den USA existieren Samenbänke von Spermien von Nobelpreisträgern, die dazu beitragen sollen, der neuen, marktgerechten Ausgabe des Übermenschen zum Leben zu verhelfen.

In Deutschland rauschte am Ende des Jahrtausends ein Sturm durch das Feuilleton, in den auch Nietzsche, der Übermensch und das »Zarathustra-Projekt« hineingewirbelt wurden. Mit Vokabeln wie »Menschenzucht« oder »Anthropotechnik« hat der in Karlsruhe lehrende Philosoph und Ästhetik-Professor Peter Sloterdijk eine Auseinandersetzung um die Gentechnik entfacht, deren Wogen seitdem nicht wieder geglättet sind. Stein des Anstoßes war eine Rede, die Peter Sloterdijk im Sommer 1999 auf dem bayerischen Schloß Elmau gehalten hat. Ihr Titel: »Regeln für den Menschenpark«, ihr Tenor: Der Humanismus – und damit das abendländisch-christliche Weltbild – hat als Projekt der Menschenzähmung versagt, wie man spätestens 1945 hätte wissen können. Der Humanismus ist eine schöne Illusion der Vergangenheit, seine Zeit »unwiederbringlich abgelaufen«. Deshalb müsse die Menschheit, um ihre eigene Gewalttätigkeit einzudämmen, andere Wege beschreiten und gentechnische Moglichkeiten »aktiv aufgreifen«. Nietzsche und Platon zitierend, stellte Sloterdijk Überlegungen zum nach-humanistischen Zeitalter an, sprach von einer »züchterischen Steuerung der Reproduktion« sowie der Überwindung des »Geburtenfatalismus« durch »explizite Merkmalsplanung«. »Gattungspolitische Entscheidungen« stünden an; der Horizont öffne sich für genetische Eingriffe in das Potential des Menschen.[50]

Seit den sechziger Jahren hatte in Deutschland, ähnlich wie in den meisten anderen Industrienationen, der intellektuelle Geist konsequent von links geweht. Seine Utopie war die klassenlose Gesellschaft des demokratischen Sozialismus, in der sich der »Neue Mensch« in harmonischer Selbstverwirklichung frei entfalten sollte. Nach dem Zusammenbruch des Kommunismus und dem kläglichen Scheitern des »Homo sovieticus« ist Verunsicherung in dieses Lager getreten. Hinzu kommt, daß die Genetik nahezu täglich einen Sprung nach vorne macht und die Abhängigkeit des Menschen von seiner biologischen Ausstattung belegt. Auch häuft sich seit Beginn der neunziger Jahre die Zahl der Renegaten, die von links nach »rechts« gewandert sind: Hans Jürgen Syberberg, Botho Strauß, Martin Walser, Peter Handke, Horst Mahler und als skandalträchtigste Krönung: Peter Sloterdijk. In Sloterdijks »Menschenpark« sind die schönen Träume der 68er wie mit einem rhetorischen Knall zerstoben; sie muten aus dieser Sicht fern an wie das Mittelalter. Dabei

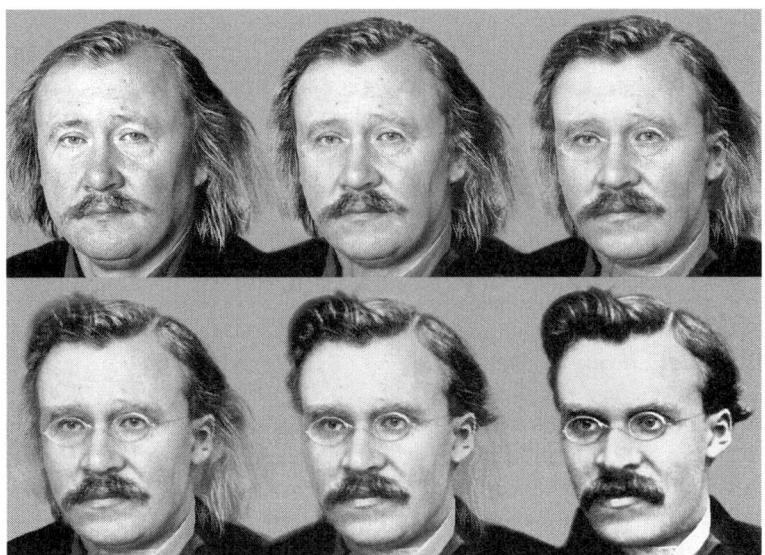

Abb. 26: *Moderne Technik macht es möglich. Peter Sloterdijk mutiert zu Friedrich Nietzsche. Aus: Die Zeit Nr. 36 v. 2.9.1999.*

hatte Sloterdijk – obwohl von seinen Kritikern immer wieder Nietzsche und das »Zarathustra-Projekt« ins Spiel gebracht wurde (Abb. 26) – überhaupt keiner Wiederkehr der »Blonden Bestie« das Wort geredet. Im Gegenteil – Sloterdijk will, ganz anders als Nietzsche, einen friedlichen Menschen, ein zahmes »Haustierchen« heranzüchten lassen. Die mit der Elmauer Rede verbundenen Aufgeregtheiten lassen sich daher wohl vorwiegend auf den Realitätsschock zurückführen, der in Sloterdijks Argumentation enthalten ist: Alle Erziehungsutopien haben versagt und sie mußten versagen, da der Mensch in nicht geringem Umfang ein biologisches Wesen ist.

V. Die literarische Vorwegnahme: Frankenstein und die Wissenschaftsutopien der Science-fiction

Künstliche Menschen in der Literatur

Was sind künstliche Menschen in der Literatur? Nur Roboter, Golems oder Homunculi? Also Geschöpfe, die angeblich Wissenschaftler, Magier oder Alchimisten erschaffen haben sollen? Oder zählen dazu auch all die seltsamen Wesen, die dem Volksglauben entsprungen sind und sich in Sagen, Mythen und Märchen, aber auch in der bildenden Kunst tummeln? – All die Heerscharen von Kobolden, Elfen, Feen, Geistern, Mischwesen und Tiermenschen? Bei näherer Betrachtung erscheint es legitim, in diesen Geschöpfen unserer Phantasie eine Vorform der künstlichen Menschen zu sehen. Insbesondere die Mischwesen und Tiermenschen haben den Sprung vom Mythos in die Zukunft vollzogen. In nicht allzu langer Zeit wird es möglich sein, Mensch und Maschine miteinander zu verbinden. Mischwesen aus Homo sapiens, Computer und Roboter erscheinen technisch machbar. Aber ebenso könnte es schon sehr bald Realität sein, daß wir uns in Menschen verlieben, in deren Brust uns ein gentechnisch verändertes Schweineherz zärtlich entgegenpocht!

So gesehen ist das Thema künstlicher Mensch in der Literatur alt, sehr alt sogar, es ist eines der Urthemen schlechthin. In mündlichen Überlieferungen, Dichtungen, Chroniken und Reiseberichten stoßen wir auf seltsame Wesen, die Sagenwelt und Science-fiction zu verbinden scheinen. Teils treten sie als Spukformen der Natur auf, teils als Wesen aus dem Zwischenreich, teils als Geschöpfe, die von Menschen, Göttern oder Dämonen künstlich erschaffen wurden. Doch nicht nur letztere – die Golems, Homunculi, Androiden oder künstlichen Statuen – tragen etwas Künstliches in sich, sondern ebenso auch alle anderen Fabelwesen, wie beispielsweise die Sphinx, der kopflose Reiter oder das Einhorn, die ohne die Phantasie der Menschen wohl nie in ihr eigenartiges Leben getreten wären.

Wenn wir uns nun auf die »richtigen« künstlichen Geschöpfe beschränken, also diejenigen Kreaturen, die von Magiern, Alchimisten oder Wissenschaftlern gebaut und ins Leben geführt wurden, so tauchen diese erstmals schriftlich belegbar in der Antike auf. Es handelt sich hier meistens um Androiden oder belebte Statuen. Am Anfang war Homer. Im 18. Gesang der »Illias« berichtet er von selbstbeweglichen Dreifüßen und sprachbegabten Jungfrauen aus Gold, die allerdings nicht von Menschenhand stammen, sondern die der Kunsthandwerker unter den Göttern, Hephaistos, angefertigt haben soll. Der erste Mensch, der ohne göttliche Hilfe Automaten und belebt wirkende Statuen gebaut haben soll, ist der sagenhafte Baumeister und Techniker Daidalos. Fast alle Autoren der Antike erwähnen lebende Statuen, aber auch wahrsagende Bildsäulen, in denen Götter vermutet wurden, wobei es sich jedoch wohl nicht selten um das Werk betrügerischer Priester handelte. Was davon mit Hilfe mechanischer Kunstfertigkeit und was mit magischen Mitteln erreicht wurde, läßt sich heute nicht mehr klar voneinander scheiden. Sprechende Köpfe und schwitzende, bewegliche Götterbilder kehrten später im Mittelalter als weinende Madonnen und blutende Christusfiguren wieder.

Das direkte Erbe der Antike wurde zunächst in Byzanz und in der arabischen Welt wirksam. Der Automatenbau wurde von den Arabern noch wesentlich verbessert, sie schufen immer kunstvollere und kompliziertere Mechanismen, und schließlich gelangte die Kunde von den Werken der arabischen Automatenbauer an die europäischen Höfe. In den Dichtungen und Chroniken des Mittelalters finden sich zahlreiche Hinweise auf die orientalischen Wunderwerke magischer und mechanischer Kunstfertigkeit. Aber auch den bedeutendsten abendländischen Gelehrten der Zeit, die sich in ihren Büchern mit dem mechanischen Schrifttum und den Erfindungen auseinandersetzten, wurden Zauberkunststücke angedichtet, so auch die Herstellung künstlicher Menschen. Sehr populär war der »eiserne Mann« des Albertus Magnus, ein Android, der dem Gelehrten und Kirchenmann als Türhüter gedient haben soll. Neben Albertus Magnus hielt man vor allen Dingen den Dichter Vergil, den der mittelalterliche Volksglaube zum Zauberer Virgilius gemacht hat, für einen Automatenkonstrukteur. Künstliche Menschen finden sich auch im Sagenkreis von Tristan und Isolde. Der Tristan in der Prosaversion von 1226 läßt die geliebte Königin Isond, deren Nähe ihm verwehrt ist, mitsamt den Personen ihrer gemeinsamen Geschichte von Goldschmieden so vollkommen nachbilden, daß ein betörender Sinnengenuß entsteht. Dabei wird nicht nur den Augen, sondern sogar den Geruchsnerven mit Hilfe von Duftstoffen ein Vergnügen bereitet. Neben diesen metallenen Kunstmenschen taucht ab dem 12. Jahrhundert in Schriften deutscher Kabbalisten der Golem als

Bezeichnung für einen künstlich aus Lehm geschaffenen Menschen auf.

An der Schwelle zur Renaissance hören wir dann erstmals von dem alchemistisch erzeugten Homunculus, auf den insbesondere Paracelsus in seinen Schriften eingeht. Agrippa von Nettesheim beschäftigt sich in seiner »Occulta philosophia« (1510) mit dem Automatenbau. François Rabelais erzählt in seinem Hauptwerk »Gargantua et Pantagruel« (1532–1564), wie sich Gargantua an regnerischen Tagen damit beschäftigt, kleine Automaten zu bauen. Zu Beginn des 17. Jahrhunderts berichtet Miguel de Cervantes in seinem berühmten »Don Quijote« (1615) von einer redenden und weissagenden Steinbüste. Allerdings führt Cervantes einen Betrug als Erklärung dafür an, was ihm zugleich als Gelegenheit dient, den Aberglauben und die Leichtgläubigkeit der »unwissenden Menge« zu karikieren. In der Erzählung »Pintosmalto« aus Giambattista Basiles »Pentameron« (1636) knetet eine junge Kaufmannstochter aus Zucker, süßen Mandeln, Rosenwasser, Duftstoffen und Edelsteinen in einem Backtrog einen wunderschönen Marzipanjüngling, der dann auf ihr Bitten hin von der Liebesgöttin zum Leben erweckt wird, Parallelen zum antiken Pygmalion-Mythos sind hier natürlich unübersehbar.

Ein erster Boom künstlicher Menschen – meist sind sie mechanischer Machart – begegnet uns in der Literatur des 18. Jahrhunderts. Ursache hierfür sind die materialistischen Philosophen – allen voran Julien Offray de La Mettrie –, aber auch geniale Mechaniker, wie z. B. Jacques de Vaucanson. Weniger der Bedeutung als der Kuriosität wegen sei hier auch der französische Satiriker Chevier erwähnt, der von einer Kurtisane in einem Zeitungsartikel im Jahre 1753 behauptete, sie habe sich von Vaucanson einen künstlichen Busen mit eingebauten Metallfedern konstruieren lassen, der »selbst die Augen der Kenner« getäuscht habe. 1778 schrieb Goethe eine »dramatische Grille« mit dem Titel »Der Triumph der Empfindsamkeit«; dort verliebt sich Prinz Oronaro bis über beide Ohren in eine menschenähnliche Puppe, von der er überzeugt ist, daß sie lebt. Später hat Goethe dann im »Faust« das Homunculus-Thema aufgegriffen, sich eingehend mit dem Prometheus-Mythos befaßt und in Helmstedt die Vaucansonschen Automaten beim Hofrat Beiris besichtigt. Johann Jakob Bodmer übersetzte die 1742 anonym herausgekommene Erzählung »Pygmalion oder Die belebte Statue« von Bourcau-Deslandes und ließ sie 1748 in Hamburg erscheinen. Ein Jahr zuvor hatte er, ebenfalls anonym, eine eigene Pygmalion-Geschichte publiziert. 1789 endlich erschienen Jean Pauls »Der Maschinenmann nebst seinen Eigenschaften« und seine »Einfältige, aber gutgemeinte

Biographie einer neuen, angenehmen Frau von bloßem Holze«. Das Automatenmotiv klingt aber auch im übrigen Werk Jean Pauls an zahlreichen Stellen an. Der Schriftsteller bewies ein anhaltendes Interesse für dieses Thema. Als Holzpuppen, Wachsfiguren und Automaten werden seine künstlichen Wesen bei ihm den lebendigen frappierend ähnlich, sie können Ehefrauen, Tänzer, Schauspieler, Prediger oder Fürsten ersetzen und dabei ein für die Identität der Originale sehr bedrohliches Eigenleben führen. Jean Paul benutzte seine Kunstmenschen zur Gesellschaftskritik, so etwa um an ihnen das veräußerlichte, »automatenhafte« Verhalten der höfischen Gesellschaft zu karikieren. Daneben tauchen aber auch noch andere Motive auf: Das Interesse am technischen Fortschritt und an der düsteren Gestalt des Doppelgängers.

Die Zeit um 1800 war dem künstlichen Leben und dem Grauen gleichermaßen günstig. Die Erschütterungen der Französischen Revolution, die sich anbahnenden rapiden Veränderungen durch die industrielle Revolution, aber auch die schwermütige Gemütslage der Romantiker trugen zu diesem Klima bei. 1804, in der dritten der »Nachtwachen«, die ihr rätselhafter Verfasser unter dem Pseudonym Bonaventura veröffentlichte, wird ein Technokrat der absolutistischen Justiz geschildert, der alles Menschliche abgelegt hat und wie eine lebende Guillotine erscheint. In Achim von Arnims 1812 erschienener Erzählung »Isabella von Ägypten« treten uns gleich drei Arten von künstlichem Leben entgegen: das Würzelmännchen Cornelius, ein ins Leben zurückbeorderter Toter und ein weiblicher Golem. Des skurril-schaurigen automatenhaften Lebens hatte sich insbesondere E.T.A. Hoffmann angenommen. Als Sammler von Marionetten und Puppen war Hoffmann überzeugt davon, daß zwischen Automaten und Menschen eine geheimnisvolle Beziehung besteht. Trotzdem vertrat er keineswegs die mechanistische Auffassung der Welt als gewaltiges Maschinengetriebe. Deshalb interessierte Hoffmann sich auch weniger für das Technische der wirklichen Automaten als für deren Wirkungen auf die Psyche der Menschen, die von ihnen fasziniert wurden. Das Mechanische ist bei ihm nur ein Äußeres, hinter dem fluidale Geheimnisse lauern. Das künstliche Leben scheint dabei wie ein Alpdruck auf den Dichter gelastet zu haben. In seiner Erzählung »Die Automate« (1814) wird ein »redender Türke« ausgestellt, der verschiedene Bewegungen ausführt, vor allem aber auf Fragen des Publikums Antworten gibt. Dabei beeindruckt weniger der Mechanismus des sprechenden Türken, sondern daß dieser Automat sich auch als erfolgreiches Orakel betätigt. Es ist gerade die Wahrsagerei, die diesen Automaten unheimlich macht und ihm dämonische Kräfte verleiht. Erst durch seine zauberkundigen Fähigkeiten, hinter denen vielleicht ein hellseherischer Erfinder steht, gewinnt der Automat ein Scheinleben. In E.T.A. Hoffmanns Geschichte »Der Sandmann« (1815) begegnet uns die vielleicht berühmteste Kunstfrau der Literaturgeschichte: Es ist die Holzpuppe Olimpia, die nicht zuletzt durch Jacques Offenbachs Oper »Hoffmanns Erzählungen« (1881) populär wurde. Im Mittelpunkt der Erzählung, die meisterhaft die Balance zwischen Alltäglichem und Phantastischem, irrealen Begebenheiten und rationalen Betrachtungen hält, steht der Student Nathanael und seine Liebe zu Olimpia. Olimpia, die angebliche Tochter des Physikers Spallanzani, hätte auf Nathanael vielleicht weit weniger Eindruck gemacht, wenn ihm nicht der Optiker Coppola, der »Sandmann« seiner Kinderjahre, ein Taschenperspektiv verkauft hätte, welches die Puppe erst begehrenswert und ganz lebendig erscheinen läßt. Doch die Liebe zu einem künstlichen Geschöpf ist für Nathanael nicht mit dem Glück bekränzt: Am Ende der Geschichte fällt der Student in den Wahnsinn und stürzt sich in den Tod.

Der Boden war also gut vorbereitet für Frankensteins Auftritt. Mary Shelley spann die einzelnen Fäden zusammen: Technik- und Wissenschaftsutopien, Gesellschaftskritik und die gewitterdurchtränkte Nacht der Gothic novel!

Mary Shelleys Frankenstein

»Ich sah – und zwar mit geschlossenen Augen, aber mit scharfem geistigen Blick – den bleichen Jünger einer unseligen Kunst neben dem Ding knien, das er zusammengesetzt hatte. Ich sah das gräßliche Trugbild eines Menschen ausgestreckt liegen, und dann, auf die Arbeit irgendeiner mächtigen Maschine hin, gab er plötzlich Lebenszeichen von sich und regte sich mit einer ungelenken, kaum lebensähnlichen Bewegung ...«[1]

Genau diese Vision bewegte Mary Shelley dazu, eines der bekanntesten Werke der Weltliteratur zu verfassen: »Frankenstein«.

Mary Wollstonecraft Shelley wurde am 30.8.1797 in London geboren. Ihr Vater war der Schriftsteller William Godwin (1756–1836), ihre Mutter die Schriftstellerin und Frauenrechtlerin Mary Wollstonecraft, die wenige Tage nach der Geburt Marys stirbt. 1812 lernt die Familie Godwin den Dichter Percy Bysshe Shelley kennen. Zwischen Godwin und Shelley entsteht Freundschaft. Zwei Jahre später fliehen der unglücklich verheiratete Shelley und Mary, begleitet von ihrer Stiefschwester Claire Clairmont, aus England und unternehmen eine Reise durch Frankreich, die Schweiz, Deutschland und Holland. Im Herbst 1814 kehren sie nach England zurück, im Februar 1815 wird ihnen eine Tochter geboren, die aber bald stirbt. Im Januar 1816 kommt ihr Sohn William zur Welt, von Mai bis September sind sie wieder auf dem Kontinent, im Dezember begeht Shelleys Frau Harriet Selbstmord. Ende Dezember heiratet Shelley Mary Godwin. Im September 1817 wird eine Tochter Clara geboren, die im Jahr darauf in Venedig stirbt. Im Juni stirbt in Rom William. Im November 1819 wird ihr Sohn Percy Florence geboren. 1822 ertrinkt Shelley. Mary Shelley kehrt im folgenden Jahr, 1823, aus Italien nach England zurück. Sie stirbt 1851 in London.

So weit die äußeren Stationen eines vom Tod geprägten Lebens. Die literarische Hinterlassenschaft von Mary Shelley umfaßt sechs Romane, zwei Dutzend Erzählungen, Reisebeschreibungen, Ausgaben von Shelleys Werken, Fragmente zu einer Biographie ihres Vaters, William Godwin, biographische Lexikonartikel, einige Gedichte. Fast alles davon ist heute vergessen. Wenn gelegentlich doch etwas neu aufgelegt wird, dann nur wegen des *einen* Werkes, mit dem sie einen neuen Mythos schuf: Frankenstein.

Die Entstehung dieses Werkes darf als bizarr gelten. Im verregneten Sommer 1816 begab sich Mary Shelley, damals noch Godwin, zusammen mit ihrem Geliebten und späteren Ehegatten Percy Bysshe Shelley, an die Ufer des Genfer Sees, um dort in der Villa Diodati als Gast des gerüchteumwobenen Lord Byron eine Zeit der Muße zu verbringen. John Polidori, Byrons Leibarzt und gelegentlicher Liebhaber, war ebenfalls zugegen, wie auch zeitweise Claire Clairmont, Mary Shelleys Stiefschwester, mit der der »verrückte, böse und gefährliche« Byron eine kurze Liebesaffäre hatte. Die kleine Gesellschaft vertrieb sich die Zeit – neben einem exzessiven Konsum von Laudanum, einem Gemisch aus Wein und Opium – mit endlosen Disputen politischer, philosophischer und spiritistischer Fragen. In den nächtelangen Gesprächen wurden okkulte Phänomene bald ein Hauptthema: Man erörterte den Galvanismus, desgleichen die geheimnisvollen Versuche Erasmus Darwins – übrigens der Großvater von Charles Darwin –, tote Materie zum Leben zu erwecken. Zu einer mitternächtlichen Stunde rezitierte Byron derart suggestiv Samuel T. Coleridges Gespensterballade »Christabel«, daß Percy Shelley einen Nervenzusammenbruch erlitt und von Halluzinationen gepeinigt Coleridges widerwärtige Hexe Geraldine erblickte. Die Gesellschaft las ferner deutsche Gespenstergeschichten, und schließlich schlug Byron vor, jeder der Anwesenden solle selbst etwas in der Art schreiben. Während Byron und Percy Shelley nur Fragmente einer Erzählung bzw. eines Poems vorlegten, begann Polidori mit der Niederschrift einer Vampirgeschichte, die fortan das literarische Vampirfieber auslösen sollte, und Mary Shelley mit der Abfassung ihres »Frankenstein«. Dabei war ihr die Inspiration zunächst ausgeblieben. Eines Nachts jedoch, als sie im Bett lag und weder schlafen noch klar denken konnte, tauchten plötzlich wechselnde Bilder vor ihrem geistigen Auge auf, die eine Lebendigkeit besaßen, die weit über die übliche Tagträumerei hinausging. Mary hatte ihre Vision. Am nächsten Morgen begann sie mit der Niederschrift von »Frankenstein«. Der Roman wurde am 17. April 1817 beendet und am 11. März 1818 veröffentlicht.

Zum Inhalt: Der aus Genf stammende Victor Frankenstein wird von seiner Familie zum Studium nach Ingolstadt geschickt. Dort unternimmt er, von den exakten Naturwissenschaften wie von der Alchemie gleichermaßen fasziniert, bestimmte Forschungen, die ihn zur Entdeckung des Geheimnisses des Lebens führen. Alle moralischen Bedenken hintansetzend und von der Vorstellung besessen, einen besseren und glücklicheren Menschen zu kreieren, beginnt er, ein neues Wesen aus zusammengenähten menschlichen Körperteilen zu erschaffen. Das Geschopf, das er entworfen hat, ist fast zweieinhalb Meter groß und soll wunderschön werden. Doch die Schaffung des strahlenden Übermenschen mißlingt. Das Geschöpf wirkt abstoßend, und Frankenstein entzieht sich seiner Verantwortung mit allen möglichen Fluchtreaktionen und Verdrängungsmechanismen (Abb. 27). Das ausgestoßene Frankenstein-Geschöpf entwickelt sich innerhalb eines Jahres vom »edlen Wilden« zum gebildeten, aber ungeschlachten und durch ständige Zurückweisung verbitterten »Monstrum«. Seine unerwiderte Liebe wird zu Haß. Verzweiflung treibt es nach Genf, wo Dr. Victor Frankenstein sich mittlerweile als angesehener Bürger niedergelassen hat. Das Monstrum fordert von seinem Schöpfer nun unerbittlich sein Recht auf Glück und Liebe. Beides erhofft es sich von einer geeigneten Gefährtin, die Frankenstein ihm erschaffen soll. Als Gegenleistung verspricht es seinem verhaßten Schöpfer, gemeinsam mit seiner künftigen Gefährtin in den tiefen Dschungel zu gehen und ihn nicht mehr zu behelligen. Zögernd macht sich Dr. Frankenstein an das schaurige Werk, bricht es aber ab, als ihn die Vorstellung plagt, die beiden Kreaturen könnten sich vermehren und mit ihrem Kindersegen die entsetzlichsten Gefahren über die Menschheit bringen. Als das Monster erkennt, daß Frankenstein seinen Wunsch doch nicht erfüllen will, kennt es keine Gnade mehr. Dr. Victor Frankenstein wird zum Opfer seiner eigenen Hybris: Vier Jahre einer gnadenlosen Verfolgung zwischen Schöpfer und Geschöpf beginnen. Die Jagd führt von Genf in die Eiswelt des Montblanc, über England und Schottland bis zur entlegensten der Orkney-Inseln und wieder zurück nach Genf, um schließlich im Packeis des nördlichen Polarmeeres zu enden. Victors engster Freund, seine ganze Familie und endlich er selbst werden Opfer seines Geschöpfes. Das verstoßene Monstrum verschwindet in den Tiefen der Eiswüste.

Das Thema des künstlichen Menschen scheint eigentlich zu modern und auch zu profan, als daß es sich für einen Schauerroman eignen würde. Doch »Frankenstein« verzichtet keineswegs auf die gotischen Ingredienzen des klassischen Schauerromans: Der Leser durchwandert allerlei düstere Kulissen und wird über Friedhöfe und durch Krypten geleitet. Vor allem aber ist es die Natur selbst, die mit allen ihr zur Gebote stehenden Ausdrucksformen gegen die frevelhafte Tat von Dr. Victor Frankenstein rebelliert. Als in einer düsteren Novembernacht die Kreatur ins Leben gestoßen wird, tropft in trostlosem Gleichmaß Regen gegen die Fensterscheiben von Frankensteins Laboratorium. In zahlreichen Variationen bildet die Natur eine melancholische Kulisse in Mary Shelleys Roman. Stürmisch und nass ist sie im unwirtlichen Panorama der verregneten Orkney-Inseln, wo Frankenstein seiner Kreatur zunächst den Wunsch zu erfüllen scheint, ihr eine eigene Eva zu bauen. Bedrohlich und eisig zeigt sie sich in den hochragenden Hängen des Montblanc-Massivs oder der Gletscher, des bevorzugten Treffpunkts von Schöpfer und Geschöpf. Zeitlos und unzugänglich präsentiert sie sich in dem ewigen Eis des Nordens, wo ihr Duell sein Ende findet. Geradezu leitmotivisch begleiten Mond und Gewitter das Auftauchen der Kreatur: Zerstörung, Kälte und Unfruchtbarkeit werden zum symbolträchtigen Einspruch der Natur gegen Frankensteins Vision von Zeugung und Leben.

Noch etwas anderes aber weist »Frankenstein« als Schauerroman aus: sein *German horror.* Während wir heute bei Spuk und unheimlichen Geschehnissen in erster Linie an schottische Burgen und englische Schlösser denken, war das zur Zeit von Mary Shelley ganz anders: Geister und Dämonen erhielten häufig das Gütesiegel »Made in Germany«. Deutschland galt im damaligen England nämlich traditionell als ein Land voller wundersamer, unnatürlicher und übernatürlicher Ereignisse. Es war das Land von Zauberern und Magiern wie Dr. Faustus, Cornelius Agrippa und Paracelsus. Zudem galten die Deutschen als beste Erzähler von schaurigen Geschichten. Aus diesem Grund wurden selbst die in England entstandenen Schauergeschichten gern mit dem verkaufsfördernden Zusatz »aus dem Hochdeutschen übersetzt« versehen. Englische Straßenballaden ver-

Abb. 27: *Die erste Illustration zum Frankenstein (1831) zeigt den alptraumhaften Moment, als der entsetzte Wissenschaftler angesichts seiner Schöpfung die Flucht ergreift.*

legten den Schauplatz schrecklicher Begebenheiten mit Vorliebe nach Deutschland. Das in den 90er Jahren des 18. Jahrhunderts in England erwachende Interesse an Deutschland und deutscher Schauerliteratur schloß sich an das alte Bild von Deutschland als einen Raum der Magie und des übernatürlichen Geschehens an. Dem deutschen Philosophen Immanuel Kant warf man vor, ein »Schwarz-

Abb. 28: *Die Stadt Ingolstadt ehrt ihren berühmtesten Sohn.*

künstler der Metaphysik« zu sein. Als Walter Scott 1814 über die mit dem Untertitel zu seinem Roman »Waverley. A Romance from the German« verbundenen Erwartungen nachdachte, fielen ihm folgende Stichworte ein: ein verschwenderischer Abt, ein tyrannischer Herzog, ein Geheimbund von Rosenkreuzern und Illuminaten und dazu als Requisiten Höhlen, Mönchskutten, Dolche, elektrische Maschinen, Falltüren und dergleichen mehr. Im Gefolge dieses Bildes verlegten englische Autoren ihre eigenen Schauererzählungen gelegentlich oder teilweise nach Deutschland. Wenn Mary Shelley ihr Monstrum in Deutschland das Licht der Welt erblicken ließ, folgte sie damit also einfach einer literarischen Tradition.[2] Der Umstand, daß Mary Shelley Ingolstadt als Studienort Frankensteins erwählt hat, könnte eventuell damit zusammenhängen, daß Johann Adam Weishaupt, der Ordensgründer der Illuminaten, dort an der damaligen Bayerischen Landesuniversität unterrichtete (Abb. 28).[3] Zu dem Namen Frankenstein ließ sich Mary Shelley vermutlich von der südlich von Darmstadt gelegenen Burgruine Frankenstein inspirieren, die sie wahrscheinlich im Zusammenhang mit ihrer Rheinreise von 1816 kennengelernt hatte. Mögen nun seit Mary Shelleys Tagen viele der deutschen Schloßgespenster auf englische Adelssitze ausgewichen sein, Spuren des German horror sind nach wie vor virulent – und das nicht zuletzt dank Frankenstein. Aufbauend auf die Gestalt des Dr. Victor Frankenstein und beeinflußt von den Leistungen der deutschen Naturwissenschaft im 19. Jahrhundert und der ersten

Hälfte des 20. Jahrhunderts, hat sich in der angelsächsischen Literatur und Unterhaltungsindustrie der Typus des genialen, aber leicht verrückten und skrupellosen Wissenschaftlers herausgebildet, der häufig Deutscher oder zumindest deutscher Abstammung ist.

Aber der Roman »Frankenstein« ist natürlich nicht nur Gothic novel. Er markiert zugleich den Beginn einer neuen literarischen Gattung: der Science-fiction;[4] denn zum einen verkörpert Dr. Victor Frankenstein einen Menschen der Moderne, einen getriebenen, prometheisch-faustischen Charakter, und zum anderen beruht das Phantastische des Romans weniger auf einer bloßen Erfindung als vielmehr auf einer kommenden Möglichkeit: der Erzeugung künstlichen Lebens!

Mary Shelley war in einem Haus aufgewachsen, in dem man sich für technische Neuentwicklungen interessierte und darüber diskutierte. Der Chemiker und Naturphilosoph Humphry Davy war dort ein gern gesehener Gast. Und natürlich waren ein entscheidender Auslöser für die Entstehung ihres Romans die Gespräche, die im Kreis um Lord Byron in der Villa Diodati über die Frage nach dem Wesen des Lebens geführt wurden. Diese Gespräche waren sicherlich beeinflußt von einer öffentlichen Vorlesungsreihe, die in den Jahren unmittelbar vor der Entstehung des »Frankenstein«, nämlich von 1814–1816, im Royal College of Surgeons in London stattgefunden hatte und die sich der Frage nach dem Ursprung des Lebens widmete und damit eine breite Debatte auslöste. Auf der einen Seite stand die traditionelle Ansicht, daß alles Leben mit einem Funken beginnt, der Elektrizität vergleichbar, eine subtile, bewegliche und unsichtbare Substanz – ein lebenspendender Funke, der die Seele entzündet und göttlichen Ursprungs ist. Auf der anderen Seite vertrat eine radikale neue Theorie, gewissermaßen eine Vorform der Evolutionstheorie, den Standpunkt, daß Leben die Summe aller Funktionen des Körpers sei, etwas ausschließlich Materielles, dem ein neuer Name gegeben werden müsse: der Begriff Biologie. Kein lebenspendender Funke, keine Seele taten mehr not, sondern einfach nur Eltern. Die Natur war in dieser Sicht kein träges, unbewegliches Ding, dem Gott erst Leben gab, sondern etwas Aktives, das auf die Umwelt reagierte – und damit auch »vervollkommnungsfähig«.

Die Position, die Mary Shelley vertrat, lag ungefähr dazwischen. Immerhin notierte sie 1831: »Einen Leichnam könne man vielleicht wiederbeleben, dafür gebe es Beispiele mit galvanischen Versuchen.«[5] Es mußte also nicht unbedingt Gott sein, der für den »göttlichen Funken« verantwortlich ist. Demnach würde eine elektrische Entladung in die Materie genügen, um erste mögliche Regungen des

Lebens auszulösen. Diese Vorstellungen hat Mary Shelley wohl nicht zuletzt von Luigi Aldini, einem Neffen und Meisterschüler Galvanis, übernommen. Im Januar 1803 hatte Aldini eine riesige Voltasche Säule (sie bestand aus 240 Metallplatten) an Ohren und Mund der Leiche eines gewissen Thomas Forster angeschlossen, einem Mörder, der eine Stunde zuvor gehängt worden war. Über das Ergebnis des Experiments schrieb Aldini in seinem »Bericht über die neuesten Fortschritte des Galvanismus« (1803): »Der Kiefer begann zu zittern, die damit verbundenen Muskeln verzerrten sich auf das Grauenvollste, und das linke Auge öffnete sich.« Als dann auch noch der Daumen des verblichenen Mr. Forster an die Batterie angeschlossen wurde, verursachte der Stromstoß »einen nicht zu übersehenden Versuch, die Faust zu ballen.« Alles in allem vermittelte die öffentlich durchgeführte Demonstration den »Eindruck einer Wiederbelebung«, es schien denkbar, daß »das Leben hätte wieder erweckt werden können, wenn zahlreiche Umstände dies nicht unmöglich gemacht hätten.«[6] Allerdings beruhten Mr. Forsters Aktivitäten nur auf einem Scheinleben: Sein erstaunlicher Bewegungsdrang hatte seine Ursache darin, daß bei dem Experiment verschieden gepolte Metallplatten miteinander in Kontakt kamen. Von einer Beinahe-Auferstehung aus dem Reich der Toten, wie Aldini vermutete, konnte also nicht die Rede sein! Das wußte Mary Shelley allerdings nicht, ebensowenig wie wir dafür wissen, wie ihre Frankenstein-Kreatur wirklich ins Leben getreten sein soll. Wir wissen nur, daß Dr. Victor Frankensteins Ansatz zunächst ein biologisch-mechanischer ist: Sein Wesen wird aus toten Menschenteilen zusammengeflickt. Danach werden der Kreatur mit einem geheimnisvollen Instrumentarium die vitalen Kräfte des Lebens eingehaucht. Mehr erfahren wir nicht.

Als Dr. Victor Frankenstein sein Werk vollbracht hat, wird er plötzlich von Grauen gepackt. Der »moderne Prometheus«, wie Mary Shelley im Untertitel ihres Romans den ehrgeizigen Wissenschaftler nennt, hält religiöse Einkehr, und sein kühner Forscherdrang erscheint ihm nun selbst als gottloses Experimentieren. Er erleidet furchtbare Gewissensnöte. Langsam, nach den ersten Untaten seiner unvorbereitet auf die Menschheit losgelassenen Kreatur, dämmert Dr. Frankenstein auch die Verantwortung, die er auf sich geladen hat. »Auch war mir zum ersten Male aufgegangen, daß der Schöpfer seinem Geschöpf gegenüber gewisse Pflichten habe und daß es an mir gewesen wäre, für das Glück dieses Wesens zu sorgen, bevor ich mich über dessen Verderbtheit beklagte.«[7] Der Appell an die Verantwortung der Wissenschaft gegenüber ihrem Tun hat dem Roman von Anbeginn an eine dauernde Aktualität verliehen.

Was ist Dr. Frankenstein nun für ein Mensch? Frankenstein wächst in einem wohlhabenden und liebevollen Elternhaus auf. Geistig und familiär mit den besten Gaben ausgestattet, beschließt er, ein Wohltäter der Menschheit zu werden. Er will die Ursache der Zeugung des Lebens entdecken, einen neuen höheren Menschen erschaffen und zugleich den Lebenden die Angst vor dem Tode nehmen. Doch Frankensteins Menschenliebe ist abstrakt, nie konkret. In Wahrheit ist er von brennendem Ehrgeiz besessen, er träumt von Ruhm und Ehre. Sein Eifer hat seinen Blickwinkel verengt. Der Möchtegern-Menschheitsbeglücker vernachlässigt alle sozialen Kontakte, auch gerade zu denen, die ihn lieben. In Ingolstadt, wo Frankenstein in seiner wissenschaftlichen Neugier lebt und zuläßt, daß sie sich zu faustischer Besessenheit, ja zur satanischen Hybris der Gottgleichheit steigert, verschwendet er keinen Gedanken an zu Hause, läßt er zwei Jahre lang die mahnenden Briefe seines Vaters, die sorgenvollen Nachfragen seiner Braut Elisabeth unbeantwortet. Während sein Freund Henry Clerval sein wissenschaftliches Streben ganz auf die moralischen Beziehungsaspekte ausrichtet, will Frankenstein um jeden Preis die Mysterien des Daseins enträtseln, die »physikalischen Geheimnisse der Welt« aufdecken oder in das »tiefste Mysterium der Schöpfung« eindringen. Bei soviel »Größe« bleiben die Fragen von Moral und sozialer Verantwortung auf der Strecke, und Victor Frankenstein ahnt nicht einmal, wie egoman, asozial, ja amoralisch er sich verhält. Victor Frankenstein kennt sein eigenes Inneres, die unbewußten Motive seines Tuns nicht. Er ist ein Getriebener.

Sein leidvoller Selbsterkenntnisprozeß setzt erst ein, nachdem er das Monster geschaffen und sich von dessen Häßlichkeit abgewandt hat. Da schwindet die Schönheit des Traums vom Menschheitsbeglücker, und abgrundtiefer Horror und Ekel erfüllen statt dessen sein Herz. Sein Versuch, vor seiner Kreatur zu fliehen, mißlingt. Schöpfer und Geschöpf bleiben in ihrem gegenseitigen Haß untrennbar miteinander verbunden. Frankenstein verflucht sein Geschöpf, wie dieses seinen Schöpfer verflucht. Dabei gerät der ehemals hybride Forscher in eine immer stärkere Abhängigkeit von seinem Geschöpf. Voller Triumph kann die Kreatur ihm entgegenschleudern: »Du bist mein Schöpfer, doch ich bin dein Herr: – gehorche denn!«[8]

Mit der Popularisierung des Frankenstein-Stoffes trat noch eine weitere Verbindung beider ein, die so explizit bei Mary Shelley gar nicht angelegt war, nämlich eine Verschmelzung von Schöpfer und Geschöpf: Aus dem namenlosen Monstrum der Mary Shelley wurde nun in der allgemeinen Publikumsvorstellung Frankenstein selbst. Der Schöpfer wurde von seinem Geschöpf verschlungen!

Im Mittelpunkt von Mary Shelleys Roman (Kap. XI–XVI) steht der große Monolog der Frankenstein-Kreatur. Hier wird das langsame Erwachen der Sinne geschildert, der Prozeß der Bewußtwerdung und der Prozeß der Bildung des Kunstgeschöpfes. Hier wird aber auch die Wandlung aufgezeigt, die aus dem zunächst unschuldigen »edlen Wilden« durch ständige Zurückweisung ein bösartiges und neidisches Monstrum gemacht hat. Die Vorlage für diese Theorie lieferte natürlich Rousseau. Mary Shelleys Monster ist sozusagen nicht nur biologisch ein Geschöpf »aus der Retorte«, sondern auch soziologisch, es ist ein unbeschriebenes Blatt, in das die Gesellschaft erst das Zeugnis ihrer eigenen Verderbtheit einprägt. Allerdings scheint die Struktur des Innenlebens der Kreatur grundsätzlich etwas holprig geraten: Entweder ist es gut, sentimental, nach Liebe lechzend oder böse, neidisch, von Haß verzerrt. Emotionale Mittellagen sind ihm offensichtlich fremd. Oder deutet die radikale Umwandlung vom Guten zum Schlechten – ohne jeglichen »Umweg« über das charakterliche Mittelmaß –, die das Kunstgeschöpf vollzieht, vielleicht doch darauf hin, daß von Anbeginn etwas tief Bösartiges in der Kreatur gesteckt haben muß? Haben die Trivialisierer des Frankenstein-Mythos etwa recht gehabt, als sie in dem häßlichen Geschöpf von Anfang an ein Monster erblickten?

Mary Shelleys Roman, lange Zeit als trivial belächelt, hat heute seinen festen Platz in der Weltliteratur. Obgleich »Frankenstein« vom literarischen Standpunkt aus nicht unbedingt als vollendetes Meisterwerk gelten kann und spannungsmäßig mit vielen Werken der Gothic novel nicht mithält, hat das Werk mythische Kraft bewiesen. »Frankenstein« eröffnet offensichtlich vielerlei Deutungsmuster. 1994 beklagte Wolfram Sailer: »Die über hundertfünfzig Jahre praktizierte Diskriminierung des Romans als trivialer Bestseller und die daraus weitgehende Mißachtung durch die Literaturwissenschaft hat sich in den letzten zwanzig Jahren umgekehrt, jedoch nicht in jedem Fall zum Besseren verändert. Nun hat eine Frankenstein-Industrie sich des Romans bemächtigt und schlachtet ihn als Modethema in einer Weise aus, die an die Rücksichtslosigkeit des sezierenden und synthetisierenden Schöpfers des Monsters erinnert.«[9]

Frankenstein wird bald als Kritik am Ethos der modernen Wissenschaft, als Studie über das Problem der Erkenntnis, als Anklage gegen die Egozentrik der romantischen Dichter, als Plädoyer für ein feminines Ethos der Häuslichkeit und als Angriff auf männliches Wissens-, Ruhmes- und Machtstreben interpretiert. Biographisch orientierte Literaturwissenschaftler sahen den Roman als Auseinandersetzung der Halbwaise Mary Shelley mit der Vernachlässigung elterlicher Pflichten, feministische Kritik untersuchte u.a. die Verdrängung der weiblichen Stimme aus dem Erzählvorgang sowie die entsagungsvolle Rolle der Frauengestalten usf.[10]

Frankenstein ist aber nicht nur ein Tummelplatz für unterschiedliche literaturwissenschaftliche Methoden, sondern in erster Linie Geburtsort eines Mythos, in dem sich die Ängste des modernen Menschen angesichts des immer schnelleren naturwissenschaftlichen, technologischen und gesellschaftlichen Fortschritts kristallisieren. Im Mittelpunkt des Romans steht die Gestalt von Dr. Victor Frankenstein als Symbol für das alle Folgen außer acht lassende Wissens- und Ruhmesstreben des (männlichen) Menschen. Die von ihm geschaffene Frankenstein-Kreatur ist ein Menetekel für die zerstörerische Wirkung von Geistern, die man gerufen hat, nun aber nicht mehr loswerden kann. Der moderne Wissenschaftler entpuppt sich als Zauberlehrling, der in letzter Konsequenz gar nicht weiß, was er tut, wenn er glaubt, die Welträtsel zu entschleiern. Aber einiges spricht dafür, daß selbst auf die Mahnerin Mary Shelley dieser prometheisch-faustische Drang seine suggestive Wirkung ausübte. Immerhin lautet der letzte Satz, den sie Dr. Victor Frankenstein in den Mund legt: »Bin ich gleich selbst in meinen Hoffnungen gescheitert, so mag doch einem anderen mehr Glück beschieden sein!«[11]

Der Blick ins Morgen: Vom Sinn der Science-fiction

Mary Shelleys Roman wurde 150 Jahre lang als trivial beiseite geschoben. Frankenstein galt als ein Monster der Populärkultur – und als nicht weiter beachtenswert. Erst als es sich nicht mehr übersehen ließ, daß das Werk prophetische Züge trägt, wurde »Frankenstein« auch in der akademischen Welt wahrgenommen. Mary Shelley hat offensichtlich schon vor knapp 200 Jahren Probleme angesprochen, die erst später wirklich akut wurden: Die Verantwortung der Wissenschaft und des Wissenschaftlers vor der Schöpfung und die Möglichkeit der Erzeugung künstlichen Lebens. Mary Shelleys Vision beginnt, sich mittlerweile in Realität zu verwandeln!

Der prophetische Charakter von Mary Shelleys »Frankenstein« macht deutlich, was wir von einer guten Science-fiction-Story erwarten: einen Blick ins Morgen! Science-fiction ist dabei, wie der Name bereits andeutet, eine von der modernen Naturwissenschaft und den sich daraus entwickelten industriellen Technologien inspirierte Literaturgattung. Aber sie ist noch mehr: Sie zeigt auf, wohin diese technologischen Erfindungen möglicherweise führen und wie sie unser Leben verändern können. Science-fiction trägt utopische Züge. Große Themen wie Raumfahrt, kosmische Intelligenz, alternative Lebenswelten, Energie und Umwelt, selbst neue Gesellschafts- und Staatsformen sind der Stoff dieses literarischen Genres. Nicht selten will die Science-fiction mit ihren Visionen vom Morgen auch Einfluß auf die Zukunft nehmen, z. B. indem sie ein mahnendes Bild möglicher Fehlentwicklungen zeichnet. Ihre Vorhersagen sind selten wertneutral. Beinahe immer schwingt eine Absicht, ein Wunsch oder eine Befürchtung mit. Und wie jede andere Vorhersage klärt uns die Science-fiction natürlich nicht nur über eine mögliche Zukunft auf, sondern spiegelt zugleich die Gegenwart wider.

Im Gegensatz zur klassischen Utopie ist die Science-fiction belletristisch, unterhaltender, trivialer, mehr technik- als gesellschaftsbezogen, sie steuert nicht auf einen statischen Idealzustand hin, ihre Welt ist die der Bewegung, sie benötigt Action. Die Utopie hingegen ist zumeist nicht-technisch. Allerdings gibt es Ausnahmen: So hat der frühe Utopist Roger Bacon in seinem »Neu-Atlantis« (1627) eine Idealgesellschaft entworfen, in der Technik und Naturwissenschaft gepflegt werden. Aufgrund dieser Ausrichtung befindet sich Bacons Utopia auch nicht im Zustand ruhender Vollkommenheit; denn Technik drängt immer zur Dynamik. Sie ist unzweifelhaft die revolutionärste Kraft in der Menschheitsgeschichte. Bemerkenswert ist, daß Bacons Wissenschaftler Themen erforschen, die zum Teil erst heute Gegenstand der Forschung sind: Mutationen von Pflanzen und Tieren, Bau von Teleskopen und Mikroskopen, sowie Konstruktionen von Flugapparaten und Unterseebooten. In Neu-Atlantis gibt es unterirdische Keller, die als Kühlräume dienen, aber auch hohe Türme, von denen aus meteorologische Betrachtungen gemacht werden. Die Gelehrten benutzen die Kraft von Flüssen und Wasserfällen, um Maschinen anzutreiben. In Laboratorien werden Blitze, Schnee und Hagel erzeugt. Die Forscher kennen und praktizieren die vergleichende Anatomie, kreuzen biologische Arten und erzeugen neue. Auch Vivisektionen werden vorgenommen. Umfangreiche Kenntnisse der Mechanik, der Optik und der Akustik sind eine Selbstverständlichkeit, man kann sogar auf künstliche Weise artikulierte Töne erzeugen.

Bacon hat am Beginn des 17. Jahrhunderts mit seinem »Neu-Atlantis« gewissermaßen eine »Science-fiction-Utopie« vorgelegt. Bemerkenswert ist, daß er sich überall dort in seinem Werk, wo er quasi als Science-fiction-Autor tätig war, als prophetisch erwies, während er mit seiner Utopie eines Idealstaates Schiffbruch erlitt.

Diese Verteilung der Trefferquoten hat durchaus Beispielcharakter: Die Aussagen der Science-fiction-Autoren haben sich oft als realistischer erwiesen als die Zukunftsentwürfe gesellschaftlicher Utopien. Noch erstaunlicher ist jedoch, daß die Science-fiction mit ihren Zukunftsvisionen vielfach weit prophetischer ist als die im 20. Jahrhundert aufgekommene akademisch ausgerichtete Futurologie. So erwiesen sich z. B. die Prognosen des in den sechziger Jahren als Jahrhundertgenie gefeierten Herman Kahn nahezu allesamt als falsch.[12] Der Futurologen-Guru hatte zu sehr damalige Trends hochgerechnet, ohne das Unberechenbare der Zukunft einzukalkulieren. Mit Daten vollgestopfte Computer allein produzieren aber noch nicht das richtige Bild vom Morgen; denn bereits minimale Unterschiede in den Anfangsbedingungen können zu enormen Unterschieden in den Endresultaten führen. Faktenwissen und technisches Know-how reichen offensichtlich nicht dazu aus, einen Blick in die Zukunft zu werfen. Ebenso bedarf es eines Gespürs für das Kommende, einer künstlerischen Intuition, die bei Science-fiction-Autoren offensichtlich höher liegt als bei Futurologen mit Professorentitel. Der Physiker und Philosoph Carl Friedrich von Weizsäcker berichtete einmal davon, wie er als Schüler in einem Science-fiction-Roman von der erfolgreichen – und gefährlichen – Nutzung der Atomenergie las. Das war im Jahre 1922. Noch im Jahr 1929, als er anfing, theoretische Physik zu studieren, hielten seine Lehrer die Nutzung von Atomenergie für eine Unmöglichkeit.[13]

Ein Meister der Vorausschau war auch Jules Verne (1828–1928). Verne siedelte seine Science-fiction-Romane allerdings im Regelfall nicht in der Zukunft an, sondern in der damaligen Gegenwart, was ihn jedoch nicht daran hinderte, seine Leser mit künftigen Erfindungen zu konfrontieren. Lange vor der NASA schickte er Raketen zum Mond, durchschwammen seine U-Boote die Tiefen des Meeres, und verrückt-geniale Wissenschaftler entwickelten Vernichtungswaffen von der Kraft der Atom- oder Wasserstoffbombe. In seinem mit Elementen der Schauerliteratur angereicherten Roman »Das Karpathenschloß« (1892) erleben wir die Reproduktion der Sängerin Stilla, die einst während einer Arie tot zusammengebrochen war, mittels eines auf Spiegel projizierten Bildes und eines Phonogramms – gewissermaßen eine Vorwegnahme des Videoclips. Dabei hat Verne selten nur einfach ins Blaue hineinfabuliert. Er hat die Technologie seiner Zeit sehr genau studiert und deren Möglichkeiten mit viel Gespür in die Zukunft hineinprojiziert. In seinem erst gegen Ende des 20. Jahrhunderts wieder aufgetauchten und bis dato unveröffentlichten Roman »Paris im 20. Jahrhundert« (1863) gelingt ihm eine beachtliche

Zukunftsschau. Die Stadt Paris ist mittlerweile weit ins Umland hin-
ausgewachsen. Die Menschen, denen die verschmutzte Luft das At-
men erschwert, leben in engen Wohnungen zusammengepfercht,
denn durch Fabriken und Büros sind sie aus zahlreichen alten Vierteln
vertrieben worden. Der Autoverkehr steht niemals still, Metrozüge
brausen durch Paris. Und im Westen der Metropole, am Ufer der
Seine, ragt eine elektrisch beleuchtete, spitz zulaufende Stahlkon-
struktion in den Himmel empor … eine Art Vorläufer des Eiffel-
turms. Aber nicht nur die Stadt hat sich verändert, mit ihr auch die
Menschen: Sie sind nüchtern geworden und bewegen sich wie Automaten unter den unerbittlichen Peitschenhieben einer Chronokratie.
Die tradierten Familienstrukturen sind in Auflösung begriffen und
ein Großteil der atomisierten Bevölkerung lebt in Singlehaushalten.
Kunst und Poesie haben sich aus dem Alltag der Menschen verabschiedet und sind einer seelenlosen Entertainement-Kultur gewichen. Die Frauen sind vermännlicht bzw. noch drastischer: »Es gibt
keine Frauen mehr; ihre Rasse ist ausgestorben … Der geschmeidige
Gang der Pariserin, ihr graziöses Aussehen, ihr geistreicher und liebe-
voller Blick, ihr freundliches Lächeln, ihre vortrefflichen und zugleich
so festen Rundungen weichen alsbald langen, mageren, vertrockne-
ten, hageren, abgezehrten, ausgemergelten Formen ….Die Französin
ist zur Amerikanerin geworden; sie spricht trocken über trockene Geschäfte.«[14] Für den Franzosen Verne bedeutet dies offenkundig einer
der größten Alpträume einer künftigen Welt!

Trotz unzweideutig pessimistischer Einlagen enthält Vernes Werk
eine optimistische Grundnote. Erst gegen Ende des 19. und Anfang
des 20. Jahrhunderts taucht in der Science-fiction die Besorgnis auf,
daß die schöne neue Maschinenwelt sich vom Menschen emanzipieren könnte. Die Maschine hört auf, nur technischer Körper zu
sein. Sie vergeistigt und entwickelt ein eigenes Bewußtsein. Sie kann
dem Menschen zum Partner, aber noch häufiger zur Bedrohung
werden. In der Erzählung des Engländers Edward Morgan Forster
»The Machine stops« (1909) haben sich die Menschen in gänzliche
Abhängigkeit von der Maschine begeben. Die Menschheit lebt in
einer vollkommen künstlichen, unter der Erde liegenden Welt, wo
jeder in einer achteckigen Zelle ein Maximum an Komfort und ein
Minimum an Anstrengung genießt. Die Maschine befriedigt alle Bedürfnisse; sie ist der neue Gott: »Die Maschine ist allmächtig, ewig.
Gesegnet sei die Maschine.«[15] Eine derartige Abhängigkeit von dem,
was sich der Mensch künstlich erschafft, klingt allerdings bereits bei
Mary Shelley an, wenn die Kreatur zu Victor Frankenstein sagt: »Du
bist mein Schöpfer, doch ich bin dein Herr.«[16]

Die Fragen der technischen Entwicklung und der damit verbundenen Zukunft des Menschen stehen auch im Mittelpunkt des Werkes eines der scharfsinnigsten Science-fiction-Autoren überhaupt, des Engländers Herbert George Wells (1886–1946). Explizit mit der Theorie der modernen Vorausschau hat sich Wells in seiner Schrift »Ausblicke auf die Folgen des technischen und wissenschaftlichen Fortschritts für Leben und Denken des Menschen« (1901) beschäftigt. Für ihn ist die Vorhersage möglich, sofern man sich einer wissenschaftlichen Methode bedient, die auf der Beobachtung der Geschichte und den Tendenzen der Gegenwart beruht und durch die induktive Methode ergänzt wird. Für Wells kann die Vorhersage zwei Formen haben: den Science-fiction-Roman und die seriöse, wissenschaftlich ausgerichtete Arbeit, wobei Wells die erstere sehr viel heikler und zufälliger erschien, da die Erfordernisse der Erzählung den Autor zwingen, auch dann konkret zu sein, wenn er es vorzöge, sich mit allgemeinen Betrachtungen zu begnügen. Bernard Cazes hat sich allerdings ca. 40 Jahre nach Wells Tod das Vergnügen gemacht, die Vorhersagen in Wells' Romanen mit den Vorhersagen seiner seriösen Werke zu vergleichen, und es hat sich gezeigt, daß auch bei Wells die Phantasie eine größere prophetische Kraft besaß als seine rationalen Überlegungen. Während der Künstler Wells etwa den Massenlufttransport, den Panzer oder die Atombombe voraussah, hatte der Wissenschaftler Wells die Möglichkeit der Erfindung derartiger Dinge ausgeschlossen.[17]

Zentrales Anliegen war für Wells auch immer, die veränderte Stellung des Menschen in einer veränderten Welt aufzuzeigen. In »The Time Machine« (1895) hat sich die Menschheit in zwei Gattungen aufgespalten: in die in unterirdischen Gängen hausenden, kannibalischen Morlocks und in die auf der Oberfläche lebenden, schönen, aber apathischen Eloi. In »The Island of Doctor Moreau« (1896) erleben wir einen besessenen Wissenschaftler, der versucht, gottgleich in die Schöpfung einzugreifen. In »The invisible Man« (1897) macht sich ein Wissenschaftler mit einer von ihm entwickelten Droge dauerhaft unsichtbar, während wir in »The Sleeper Awakes« (1899) mit der Möglichkeit des Kälteschlafes konfrontiert werden. Mit am bemerkenswertesten ist vielleicht »The First Men in the Moon« (1901), wo uns eine Gesellschaft präsentiert wird, in der in extremer Form sozialistische, eugenische und utilitaristische Ideale verwirklicht sind. »The Foods of the Gods« (1904) ist eine Parabel vom Zauberlehrling. Wissenschaftler entdecken die Formel für eine Götternahrung, die zu Riesenwuchs führt und legen damit den Grundstein zur Vernichtung der Welt. In »Men like Gods« (1923) werden wir auf einen fremden

Planeten geführt, wo sich humanoide Wesen, die unserer Gesellschaft um etwa 3000 Jahre voraus sind, zu gottgleichen Übermenschen entwickelt haben. Allerdings ist auch dieses Paradies nicht ohne Haken ...

Stanislaw Lem (geb. 1921), einer der renommiertesten Science-fiction-Autoren der Gegenwart, hat sich in seinem Werk u.a. mit der Evolution der Künstlichen Intelligenz beschäftigt. So zeigt er z.B. in »Also sprach Golem« (1981), wie sich die Maschinenintelligenz im Laufe des 21. Jahrhunderts vom Menschen emanzipiert. Lem, der in seinen Büchern viele Entwicklungen vorausgesehen hat, etwa das Aufkommen virtueller Realitäten, ist zugleich einer der schärfsten Kritiker der wissenschaftlich ausgerichteten Futurologie. Insbesondere die Zukunftsschau Herman Kahns hatte er von Anbeginn an mit Spott überzogen. Die mittlerweile als Irrtümer entlarvten Prognosen Kahns – die auch auf Politiker großen Eindruck machten – bereiten Lem späte Genugtuung.[18] Nun ist es allerdings nicht so, daß nur die Futurologie mit Kritik zu leben hat. Im Gegenteil: Anders als die sich wissenschaftlich gebärdende Futurologie war die Science-fiction von Anbeginn auf scharfe Kritik und Ablehnung gestoßen. Sie galt und gilt als trivial und nicht selten auch als reaktionär. Zweifellos ist der Vorwurf der Trivialität bei vielen Werken der Science-fiction berechtigt. Das zunächst überraschende Prädikat »reaktionär« ergab sich durch eine häufig schablonenhafte Anwendung von Denk- und Sprachmustern, die von der Gegenwart einfach in eine imaginäre Zukunft hineinprojiziert werden. Dieser Vorwurf hat allerdings noch andere Ursachen: Während die Utopisten und nicht selten auch die Futurologen eine rosige Zukunft malten, in der nahezu alles gestaltbar und möglich ist, enthält die Science-fiction oft eine pessimistischere Note und damit nicht selten eine gewisse Distanz zum »Prinzip Fortschritt«. Darüber hinaus darf natürlich nicht vergessen werden, daß die Science-fiction als fiktive, unterhaltende Gattung gar nicht auf das »Böse« verzichten konnte. Ihre Literatur würde ohne Machtwahn, »entartete« Technik und faschistoide Außerirdischer zwangsläufig um einiges langweiliger werden. Friede, Freude, Eierkuchen allein erzeugt nur selten Spannung. Daher muß ihre Zukunft »reaktionär« – und realistisch – bleiben.[19]

Obgleich die in Science-fiction-Romanen angelegten Charaktere sich selten durch psychologische Finessen auszeichnen – oft werden auch tradierte Vorlagen, wie z.B. die des Helden, kräftig ausgeschlachtet –, erscheint der Mensch doch insofern neu, da die neue und veränderte Lebensumwelt mit ihren technischen Möglichkeiten natürlich auf ihn zurückwirkt. Das fängt bereits mit seiner Gesundheit an. Die Fortschritte in der Medizin haben fast alle Krankheiten weitgehend besiegt. In der Science-fiction-Literatur wimmelt es nur so von Med-Computern, denen die Kranken oder gerade Verschiedenen vorgelegt werden. Die Sensoren tasten die Menschen ab, stellen supergenaue Diagnosen und verfügen natürlich über alle Möglichkeiten der Heilung. Operationen werden mit phantastischem Instrumentarium (Laser-Strahlen sind das mindeste!) durchgeführt, »Verschleißteile« ausgewechselt – und nach der Prozedur springt der Patient munterer als je zuvor vom Tisch, gerüstet zu neuen Taten. Gerade im Bereich der Transplantationen hat die Science-fiction wieder ihren prophetischen Charakter bewiesen, da bei ihr lange vor den ersten komplizierten Organverpflanzungen oder dem Aufkommen künstlicher Implantate derartige Eingriffe – selbstverständlich auf weit höherem Level – gang und gäbe waren. Unter solchen Bedingungen haben die Menschen der Zukunft unsere biologischen Barrieren weit überschritten und werden alt wie Methusalem.

Neben diesen eher erfreulichen Aspekten drohen den Menschen der Zukunft aber auch unangenehme Dinge. Drogen, Rauschmittel und Pharmaka werden zur Persönlichkeitsveränderung eingesetzt. Mutationen, hervorgerufen durch Radioaktivität oder unbekannte Strahlungen, bedrohen die Menschheit. Genmanipulationen können zu den schaurigsten Ergebnissen führen. Beliebt ist auch die Fabrikation sogenannter »clonings«, also die Multiplikation oder gar Serienproduktion erbgleicher Geschöpfe. Selbst Transplantationen zeigen ihre Schattenseiten: So sollen Gehirnübertragungen zur totalen Persönlichkeitsveränderung führen können oder zumindest äußerst makabre Ergebnisse hervorbringen, wie z. B. Zwitterformen zwischen Mensch und Tier oder Mensch und Maschine. Auch hier wird die Science-fiction langsam von der Realität eingeholt. Selbst so phantastische Fortbewegungsmethoden wie das »Beamen« sind keine bloße Fantastik. Zwar mokierte sich noch 1996 der Physiker Lawrence Krauss in seinem Buch »Die Physik von Star Trek« darüber, daß kein Gerät an Bord der *Enterprise* weniger plausibel sei als jener »Transporter«, mit welchem die Enterprise-Crew Gegenstände und Menschen in Sekundenbruchteilen zu einem Planeten hinunter- oder zu sich herauf»beamt«, doch scheint es fast, als sei die Kritik voreilig gewesen: Mehreren Forscherteams gelang mittlerweile die Teleportation von Elementarteilchen – und schon wird darüber spekuliert, ob man vielleicht in nicht allzu ferner Zukunft Moleküle oder gar Viren mittels geheimnisvoller Quanteneffekte durch den Äther senden kann.[20]

Aber in der Science-fiction-Literatur wird nicht nur der Mensch ummoduliert oder weg- und herge»beamt«, sondern auch ganz neues und anderes Leben erzeugt. Kunstzüchtungen, Roboter und Computer sind selbstverständliches Inventar der Science-fiction. Ein beliebtes und immer wiederkehrendes Motiv ist in diesem Fall die Geschichte vom Zauberlehrling: Der Mensch wird die Geister, die er rief, nicht mehr los. Sie emanzipieren sich von ihm, beginnen ihn zu tyrannisieren oder sind sogar auf seine Vernichtung aus. Eines sollten wir in diesem Zusammenhang von der Science-fiction-Literatur gelernt haben: Gerade das Triviale ist oft von einer erschreckenden Realität – und Prophetie![21]

Frankensteins Nachkommen

Fruchtbar ist »Frankenstein«; denn unzählbar sind mittlerweile die Werke, die auf Mary Shelleys Roman zurückgreifen. Und je mehr Zeit seit der Erzeugung der Frankenstein-Kreatur vergangen ist, desto schneller vermehren sich offenbar dessen literarische Nachkommen. Frankensteins Geist ist dabei in vielerlei Kunstvolk anzutreffen: in Golems, Homunculi, Robotern oder biologischen Neuschöpfungen, aber ebenso in der wissenschaftlichen Hybris und dem faustisch-prometheischen Streben vieler Romanhelden. Spätestens seit dem Ende des 19. Jahrhunderts ist Frankenstein zum allgemeinen Begriff geworden, zunächst in England und in der Folge des 20. Jahrhunderts über den ganzen Erdball hinweg. Wohl nicht zuletzt deshalb greifen viele Autoren den Namen Frankenstein bereits im Titel ihrer Erzählungen auf. Der zweifellos produktivste dieser »Frankenstein-Autoren« ist Donald F. Glut. In seiner Story »F.R.A.N.K.E.N.S.T.E.I.N.« (1973) entwickelt ein Wissenschaftler einen Supercomputer, der auf diesen vorbelasteten Namen getauft wird und allerhand Unheil anrichtet. Im gleichen Jahr schrieb Glut auch ein umfangreiches Werk über Mary Shelleys Schöpfung »The Frankenstein Legend«. Seine Erzählung »Frankenstein Lives Again« (1978) läßt Glut da beginnen, wo Mary Shelley ihre enden ließ: in der Arktis. Dort entdeckt Dr. Burt Winslow den Körper der Frankenstein-Kreatur und nimmt im Schloß Frankenstein dessen Wiederbelebung vor. Die Kreatur ist allerdings wenig erfreut über ihr neues Leben und entflieht in die Wälder um das Schloß. Dort erliegt sie dem schädlichen Einfluß von Professor Dartani und dessen reisender Horrorshow. Daneben schrieb Glut noch zahlreiche Serien mit Frankenstein-Abenteuern. Obwohl viele Erzählungen Gluts auf dem Originalroman von Mary Shelley basieren, sind die Handlungsstränge auch stark von den Horrorfilmen der 30er und 40er Jahre inspiriert. Verdienst erwarb sich Glut vor allem mit »The Frankenstein Catalog« (1984).[22] Darin legt er eine z. T. kommentierte Liste der bis zum Erscheinungsjahr 1984 veröffentlichten Werke über Mary Shelley sowie der einzelnen Ausgaben ihres »Frankenstein« vor. Ebenso wird Frankensteins Werdegang im Rundfunk, im Theater, im Kino, im Musical oder im Comic Strip beleuchtet. Hinzu kommt eine Auflistung der wichtigsten Frankenstein-Epigonen, wozu Glut natürlich selber zählt.

Den Versuch, eine neue Sicht der Geschichte von Frankenstein vorzulegen, unternahm Harry Harrison 1965 mit »At last, the True Story of Frankenstein«. Ein Reporter besucht Frankenstein V, der ein Geschöpf ausstellt, das er als das originale Frankenstein-Monster ausgibt. Frankenstein V erzählt dem Reporter die wahre Geschichte seines Ahnen, der Mary Shelley in seine geheimen Forschungen eingeweiht hatte. Victor Frankenstein erscheint in dem Bericht als der verleumdete Wissenschaftler, dessen Ansehen durch die verfälschenden Aufzeichnungen von Mary Shelley zerstört wurde. Wie wir erfahren, soll Dr. Victor Frankenstein nämlich gar nie eine Kreatur aus Einzelteilen zusammengesetzt haben, sondern er war auf der Suche nach einer Methode, das Leben zu verlängern. Ungewöhnlich ist auch Brian Aldiss Idee in »Frankenstein Unbound« (1973), eine Zeitreise in die Zukunft zu unternehmen. Man schreibt das Jahr 2020. Mit der Erprobung neuer Waffen wurde das Raum-Zeit-Gefüge zerstört. »Zeitrisse« suchen die Erde heim, mit denen ganze Stücke der Gegenwart in die Vergangenheit gerissen werden oder in die Zukunft verschwinden. Joseph Bodenland entdeckt eines Tages auf dem Gebiet seiner Ranch in Texas unbekanntes Territorium, das nicht aus dem 21. Jahrhundert stammt. Plötzlich befindet er sich in der Schweiz, im Gebiet des Genfer Sees – und zwar im Jahr 1815! Er trifft da Lord Byron und Mary Shelley und wird in die Runde der Villa Diodati eingeladen. Dort begegnet er auch Dr. Victor Frankenstein und seiner Kreatur … In Robert J. Myers »The Cross of Frankenstein« (1975) wird wieder ein Nachfahre Frankensteins mit dem Werk seines Ahnherrn konfrontiert, als er ein Bündel Briefe entdeckt, die das Experiment von Victor Frankenstein betreffen. Es kann im Laufe der Geschichte natürlich nicht ausbleiben, daß auch das Frankenstein-Monster wieder reanimiert wird. »The Memoirs of Elisabeth Frankenstein« legte Theodore Roszak 1995 vor. Darin schildert Frankensteins unglückliche Braut ihre Sicht der Dinge. Etwas scherzhaft schickte H. C. Artmann 1969 im Zuge der sexuellen Befreiung »Frankenstein in Sussex« auf erotische Spurensuche. Aus der Flut der Frankenstein-Literatur herausfallen tut mit Sicherheit Wolfgang Deichsel mit seinem »Frankenstein I. Aus dem Leben der

Angestellten« (1972) und »Frankenstein II. Die Zelle des Schreckens« (1974). Hier begegnen uns keine Hollywood-Monster, sondern Deichsel sammelt vielmehr Szenen aus dem täglichen Irrsinn, von Normalbürgern, die durchdrehen oder vielleicht einfach nur zu gut funktionieren. Für Deichsel nämlich sind Polizisten, Beamte, Fließbandarbeiter oder Büroangestellte in demselben Ausmaß Kunstfiguren wie das Geschöpf von Dr. Frankenstein. Doch andererseits läßt sich anhand von Deichsels Figuren auch fragen: Was kann beim künstlichen Tier Mensch überhaupt das menschlich Authentische sein?

Frankenstein als Roboter ist das Thema von Eando Binder. Dieser publizierte ab 1939 zehn Bände um den Roboter *Adam Link,* der ein Geschöpf von Dr. Charles Link ist. Dieser Roboter ist fähig, menschliche Empfindungen wiederzugeben. Außerdem hat er einen Lern- und Reifeprozeß durchlaufen, der mehr an ein Kind denken läßt als an einen Automaten. Als sein »Vater« Dr. Link bei einem Unfall ums Leben kommt, wird sein »Sohn« Adam Link der Tat verdächtigt. Der Roboter entdeckt in der Folge eine Ausgabe des Frankenstein-Romans und wird sich dabei seiner künstlichen Herkunft bewußt. Anders als die Frankenstein-Kreatur bleibt Roboter Adam jedoch ein positives Kunstgeschöpf. Eine Aussage, die man vom Roboter aus Ambrose Bierce' Erzählung »Moxon's Master« (1909) nicht gerade machen kann. Bierce hat in seiner Story die Frankenstein-Thematik von Schöpfer und Geschöpf aufgegriffen. Der Ingenieur Moxon hat einen Schachautomaten gebaut, der sich als schlechter Verlierer erweist und seinen Herrn nach einem Schachmatt an die Kehle springt.

Äußerst subtil greift Harry Mulisch das Frankenstein-Motiv auf. In seinem Roman »Die Prozedur« (1998) schafft sein Held Leben aus der Retorte. Zwar trägt Mulischs Protagonist nicht direkt den Namen Frankenstein, aber immerhin einen nach Schaffensdrang klingenden – nämlich Werker. Verdächtig ist jedoch vor allem sein Vorname: Victor. Mulischs Geschichte ist mehrschichtig aufgebaut: Zunächst entführt er uns in das Prag Rudolfs II., der den berühmten Rabbi Löw dazu zwingt, einen Golem zu erschaffen. Nach jahrelangem Suchen der richtigen Buchstabenkombination gelingt die Beschwörung des Golems. Doch die Schöpfung bringt keinen Segen. Löws Schwiegersohn wird vom Golem erschlagen, danach schickt der Rabbi den Golem ins Nichts zurück. Dieses Geschehnis ereignet sich im Jahr 1592 und ist nur der Auftakt zur eigentlichen Handlung. Diese spielt in der Gegenwart, in der Dr. Victor Frankenstein den bereits erwähnten Namen Dr. Victor Werker trägt. Werker ist natürlich Naturwissenschaftler, Genforscher, ein berühmter, allerdings auch umstrittener Mikrobiologe, vor dem immerhin der Papst glaubt, die Menschheit warnen zu müssen. Auch Werker gelingt es, aus Materie Leben zu erschaffen, den sogenannten »Eobionten«. Anders als der Rabbi Löw hat Victor Werker nicht mehr mit den Mitteln mystischer Magie Leben geschaffen, sondern sachlich nüchtern, im Labor nachprüfbar und wiederholbar. Doch widerstrebend muß Werker ein tiefes »mystisches« Lebensgeheimnis erfahren: Wer Leben schafft bezahlt dafür, meist mit seinem Tod oder dem anderer. So erging es Dr. Victor Frankenstein, so erging es im Vorspann »Der Prozedur« dem Rabbi Löw, der seinen Schwiegersohn verlor, und so ergeht es am Ende auch Dr. Victor Werker: Als seine Frau ein Kind bekommt, stirbt dieses im Augenblick der Geburt. Nur Werkers künstlichem »Kind« ist das Leben gesichert. Zwei Leben wären zuviel vom Schicksal gefordert ...

Grüne Männchen
und andere Fremdlinge

Während Dr. Frankenstein noch mit Leichenteilen basteln mußte, wartet die heutige Science-fiction längst mit Biotechnik oder Genmanipulation auf. Darüber hinaus konfrontieren uns ihre Autoren mit Lebensformen, die möglicherweise sowohl Dr. Frankenstein als auch Mary Shelley noch weit mehr in Erstaunen versetzt hätten: fremdes, intelligentes Leben aus dem All. Auch dieses Leben kann als Schöpfung der menschlichen Phantasie künstlich genannt werden – zumindest solange noch kein Außerirdischer definitiv an unsere Tür geklopft hat. Allerdings – so neu uns die Annahme von außerirdischen Lebensformen auch erscheinen mag – vereinzelte Spuren davon lassen sich bis weit in die menschliche Geschichte zurückverfolgen. So äußerte Metrodorus von Chios im 4. Jahrhundert v. Chr.: »Die Erde als einzig bewohnte Welt im unendlichen Weltraum zu betrachten ist so absurd wie die Behauptung, in einem ganzen Hirsefeld wüchse nur ein einziges Korn.«[23] Ab dem 17. Jahrhundert taucht dann eine Vorform der Science-fiction auf, in der wir es mit Außerirdischen zu tun haben. Etwa in Cyrano de Bergeracs Roman »L'autre monde, ou Les Etats et Empires de la Lune« (1657), wo wir auf einer Reise zum Mond die dortigen Bewohner kennenlernen oder knapp ein Jahrhundert später in Voltaires Erzählung »Mikromegas« (1752), in der ein acht Meilen großer Bewohner des Planeten Sirius eine Reise durch unser Sonnensystem unternimmt. Aber all das war vorrangig Satire und Karikatur. Die Außerirdischen dienten in erster Linie dazu, Zerrspiegel der Menschheit zu sein oder den Provinzialismus der Erdbewohner, d.h. ihre Anthropozentrik, aufs Korn zu nehmen. Erst im 19. Jahrhundert, nach der »Geburt« Frankensteins, begannen die Außerirdischen sich ernsthaft in unserer Vorstellungswelt einzunisten. So konnte z.B. anno 1835 die damals angesehene New York Sun über das Auftauchen der ersten Außerirdischen berichten. Mit neuartigen Teleskopen hätten Astronomen wundersame Lebewesen auf dem Mond entdeckt. Der Steckbrief lautete: 1,20 Meter groß, kupferfarbene Haare, mit Flügeln ausgestattet. Die »Menschenfledermäuse« sollten dabei unschuldige und fröhliche Wesen sein. Nachdem man bereits eine neue Ära der Wissenschaft ausgerufen hatte, stellte sich allerdings heraus, daß die Zeitung nur eine frei erfundene Satire veröffentlicht hatte.

Der durchschlagende Erfolg der angeblichen Mondbewohner illustriert aber, daß die Menschheit offensichtlich langsam »reif« dafür war, an die Existenz Außerirdischer zu glauben. Besonders deutlich wird das an den »kleinen grünen Männchen«, den Marsbewohnern. 1877 entdeckte der Mailänder Astronom Giovanni Schiaparelli auf unserem Nachbarplaneten geometrische Strukturen, die aussahen wie künstlich angelegte Kanäle – die Marskanäle. Schiaparellis angefertigte Mars-Karte wurde zur Weltsensation, der Glaube an Marsmenschen gewann rasch viele Anhänger. Einer davon war H.G. Wells. Von der Marsbegeisterung inspiriert, veröffentlichte der Schriftsteller 1897 seinen berühmten Science-fiction-Roman »Der Krieg der Welten«, in dem die Marsianer eine Invasion starten und die Menschheit mit Hitzestrahlen und Kampffahrzeugen überfallen. Das Szenario einer Marsinvasion blieb bis zur Mitte des 20. Jahrhunderts virulent. 1938 brach in New York eine Panik aus, als im Radio eine von Orson Wells produzierte Hörspielfassung des Buches gesendet wurde. Tausende hielten sie für eine Live-Reportage und flohen aus der Stadt.

Genau 50 Jahre nach dem Erscheinen von Wells Roman, im Jahre 1947, begann eine neue Ära in unserer Beziehung zu den Außerirdischen. Nun waren die Aliens nicht mehr nur ein Phantasieprodukt von Science-fiction-Autoren oder eine Hypothese der Astronomen, sondern sie fingen an, sich plötzlich am Firmanent zu zeigen: Das Zeitalter der fliegenden Untertassen begann. Die ersten dieser unidentifizierbaren Flugobjekte – kurz Ufos genannt – tauchten im Süden der USA auf und erinnerten in ihrer Formgebung an Untertassen. In Roswell, einer ländlichen Gegend von New Mexico, soll es sogar zu einem Crash mit einem außerirdischen Raumschiff gekommen sein. Seitdem häuft sich die Anzahl der Ufo-Sichtungen, die bis zur Kontaktaufnahme mit deren Besatzung reichen wollen. Für den

Psychologen C.G.Jung boten die Ufos ein ideales Beobachtungsfeld für die Entstehung eines modernen Mythos, und er verglich die Ufo-Berichte mit jenen von religiösen Wundern, Engelserscheinungen und Auftritten von Feen und Zwergen in den Volksmärchen.[24] Ähnlich wie die Geschöpfe aus Glaube und Mythos verfügen auch die Außerirdischen oft über erstaunliche Gaben, mitunter sind sie gar göttergleich. Sie können aber auch – trotz oder gerade wegen ihres technischen Know-how – kalt und herzlos wirken und gleich vielen Geschöpfen aus dem Zwischenreich ohne »Seele« sein. Besonders die Aliens aus der Science-fiction Literatur entfalten einen ungeheuren »Artenreichtum«. Er reicht vom strahlenden Helden über das plumpe Monster bis zu den seltsamsten Mischwesen (Abb. 29). Und natürlich gibt es sie auch hier, die künstlichen Wesen, die Roboter und Super-

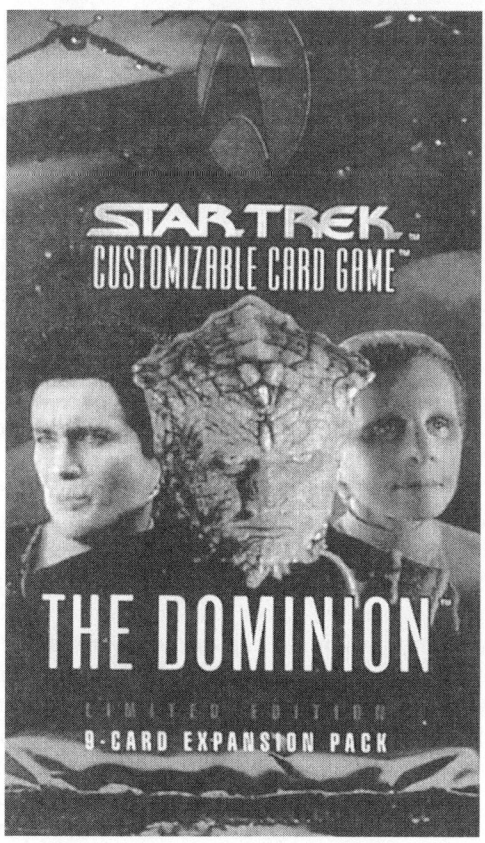

Abb. 29: *Im Weltraum gibt es nicht nur »Grüne Männchen«.*

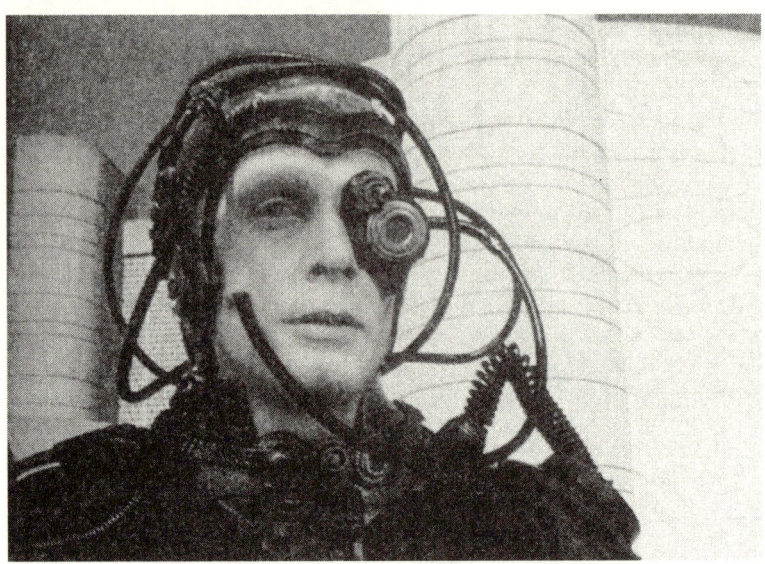

Abb. 30: *Der Borg: Ein Zwitterwesen aus Mensch und Maschine.*

automaten oder die kuriosen Zwitterwesen aus Mensch und Maschine, aus Bio und Techno. Ein Beispiel dafür ist der Borg aus dem Star-Trek-Universum (Abb. 30). Überall an seinem Körper finden sich Teile, die durch Implantate ersetzt wurden. Mittels dieser künstlichen Implantate sind die Borgs miteinander verbunden und vernetzt. Sie tauschen Wissen und Erfahrungen aus, die in ihrem kollektiven Bewußtseinspool gespeichert werden. Für den Computerwissenschaftler Ray Kurzweil bilden derartige Verschmelzungsprodukte aus Mensch und Maschine die einzig realistische Form möglicher Ufo-Astronauten. Nur die Verbindung einer hochentwickelten, intelligenten Spezies mit ihrer noch höher entwickelten, intelligenten Computertechnologie könnte es seiner Ansicht nach ermöglichen, die Reisen durch die Unendlichkeit des Kosmos zu bewältigen.[25]

Nun sind die Extraterristen ja keineswegs nur ein Produkt von Science-fiction-Autoren oder Spekulationsobjekt einiger Naturwissenschaftler. Zahlreiche Menschen beschwören mittlerweile, ganz hautnah mit ihnen in Kontakt getreten zu sein. 1994 veröffentlichte John E. Mack, Harvard Professor für Psychiatrie, seine Fallsammlung »Entführt von Außerirdischen«. Mehr als hundert hilfsbedürftige Nordamerikaner hatten dem Professor in hypnosegestützten Therapiesitzungen von Entführungen durch Außerirdische berichtet. Im Zentrum der Schilderungen steht häufig ein rätselhafter Vorgang:

Den Erdlingen werden in krankenhausähnlich eingerichteten »space ships« ambulant Spermien bzw. Eizellen entnommen – offenbar zum Zwecke eines ebenso unbekannten wie unerhörten Züchtungsprogramms. Und noch etwas fällt in diesen wie auch zahlreichen anderen Berichten über Begegnungen mit Außerirdischen auf: Anders als in der Sciene-fiction-Literatur, wo man wohl nicht zuletzt des größeren Unterhaltungswertes wegen ein wahres Pandämonium verschiedenartiger Extraterristen entworfen hat, dominiert hier ein Grundtypus. Müßten wir einen Steckbrief von ihm entwerfen, könnten wir folgende charakteristische Merkmale auflisten:

* Art: Humanoides Lebewesen
* Größe: Zwischen 1,10 Meter und 1,40 Meter
* Gewicht: Etwa 25 Kilogramm
* Kopf: Im Vergleich zum Rumpf und den Gliedmaßen außergewöhnlich groß. Haarlos oder mit leichtem Flaum bedeckt
* Gesicht: Herzförmig mit mongolischen Zügen
* Ohren: Kleine Öffnungen im Kopf ohne Ohrmuscheln und -läppchen
* Augen: Groß, weit auseinanderstehend, schräggesetzt und tiefliegend
* Nase: Kaum ausgeprägt. Hauptsächlich zwei Nasenlöcher unter einer leichten Erhöhung
* Mund: Lippenlos. Ein schmaler Schlitz oder Spalt im Gesicht
* Hals: Wirkt dünn. Infolge der hochgeschlossenen Kleidung meist nicht erkennbar
* Rumpf: Wirkt kindlich schmal und unausgeprägt. Steckt unter metallisch schimmernder, flexibler Kombination (overallähnlich)
* Arme: Dünn, lang, reichen bis zu den Knien
* Finger: Beschreibungen zufolge meistens vier, von denen zwei länger als die anderen beiden sind
* Fingernägel: Nur andeutungsweise vorhanden. Dünne Häute zwischen den Fingern (ähnlich einer Schwimmhaut)
* Beine: Dünn und kurz
* Füße: Unter der Bekleidung nicht erkennbar
* Hautfarbe: Wird als beige, hellgrau beziehungsweise lehmfarben beschrieben
* Haut: Schuppig
* Zähne: Mund wirkt zahnlos
* Geschlechtsmerkmale: Nicht erkennbar.[26]

Dieser Typus des Alien, der die vitalen Formen des Sex wahrscheinlich nur noch aus seinen Geschichtsbüchern kennt, erinnert ein wenig an einen Riesenembryo, aber auch an einen Homunculus aus der Retorte. So beschreibt etwa Somerset Maugham in seinem Roman »Der Magier«, wobei er sich von alten Berichten inspirieren ließ, die Gestalt eines in seiner Retorte eingesperrten Homunculus folgendermaßen: »Das Wesen mußte gut einen Meter groß sein. Der Kopf war grauenhaft unförmig. Der Schädel war riesenhaft, glatt und aufgequollen wie bei einem Wasserkopf, und die Stirn ragte abstoßend über das Gesicht hinaus. Die Züge waren kaum ausgeprägt und unnatürlich klein unter der großen, überhängenden Stirn ...« Außerdem ist der Körper schmächtig wie der eines neugeborenen Kindes und der Gaumen zahnlos.[27]

Müssen Außerirdische – vorausgesetzt, sie existieren – eine humanoide Gestalt haben? Darüber gibt es verschiedene Auffassungen. Der Schweizer Mikrobiologe und Nobelpreisträger Werner Arber meint nein, da selbst auf der Erde bisher nur ein winziger Bruchteil aller möglichen biologischen Lebensformen ausprobiert worden sei. Daher könnten Wesen aus fernen Welten den irdischen Betrachtern auch in fremdartigster Gestalt erscheinen.[28] Der russische Science-fiction-Schriftsteller und Paläontologe Iwan Antonowitsch Jefremow hält dagegen: »Das Äußere des Menschen, des einzigen vernunftbegabten Wesens der Erde, ist gewiß nicht zufällig. Es entspricht der Forderung nach größter Vielseitigkeit, nach der Möglichkeit, gewaltigen Beanspruchungen gewachsen zu sein, und entspricht dem außerordentlich aktiven Nervensystem ...«[29] Jefremow vermutet, daß das auch für andere vernunftbegabte Wesen aus dem Kosmos zutreffen müsse. Seine These lautet daher, daß es keine höherentwickelten Aliens mit Hörnern und Schwänzen oder in Gestalt von Pilzen oder Kraken geben wird.

Und was sagen nun unsere Ufo-Priester, Däniken und Co., dazu? Auch sie tendieren zum humanoiden Außerirdischen, wohl nicht zuletzt deshalb, weil auch für sie der biblische Grundsatz gilt: »Gott schuf den Menschen sich zum Bilde.« Für Gott stehen hier natürlich die Außerirdischen – sie sind die neuen Götter. Drastisch drückt das der Ufologe Walter-Jörg Langbein – im bürgerlichen Beruf ausgerechnet evangelischer Theologe! – aus: »Der Mensch ist das Produkt außerirdischer Wissenschaftler.«[30] In dieser Vorstellungswelt gerinnt das künstliche Tier Mensch ganz zu einem Kunstprodukt der Aliens. In dieselbe Richtung hatte bereits Erich von Däniken mit seinem ersten Werk »Erinnerungen an die Zukunft« (1968) gewiesen. Für Däniken fungierten die Außerirdischen als Entwicklungshelfer für eine noch etwas zurückgebliebene Menschheit. Dabei schloß Däniken in späteren Werken nicht aus, daß die Menschheit evtl. auch mit außerirdischen »Göttergenen« ein wenig hochgezüchtet worden ist. »Beweise« für seine Thesen sucht Däniken nicht zuletzt in archäologischen Funden. Mögen Däniken und seine Epigonen als »Wissenschaftler« nur von untergeordneter Bedeutung sein, als moderne Mythenschöpfer sind sie es sicherlich nicht. Ihre Werke bieten mitunter eine gelungene Mischung aus wissenschaftlichen Versatzstükken, Science-fiction und Fantasy. Als solche sind sie durchaus lesenswert und auch von Relevanz! So kehrt z. B. ihre Sicht, die Außerirdischen als Götter zu apostrophieren, bei den vermeintlichen Opfern einer Ufo-Entführung wieder. John E. Mack hat in seiner Fallstudie davon berichtet, daß die Entführten die Ufonauten instinktiv als »Abgesandte Gottes« identifizierten. Das überirdische Kidnapping empfanden sie nicht selten als eine Wiederanbindung an die göttliche Quelle. Und zweifelsohne, weit überlegen müßten uns unsere außerirdischen Besucher schon sein, da ihre Ankunft sonst überhaupt nicht stattfinden könnte. Wenn einst die indianischen Völker selbst die rauhbeinigen spanischen Konquistadoren als weiße Götter begrüßten – deren Ankunft ihre Mythen schon vor Kolumbus angekündigt hatten –, so steht den Aliens eine solche Ehrenbezeichnung allemal zu!

Aber gibt es sie nun überhaupt, die Außerirdischen? Wir wissen heute, daß Leben sich auch unter den schwierigsten Bedingungen entwickeln kann. Seit den siebziger Jahren werden irdische Organismen erforscht, die ihre Lebensnischen an recht unwirtlichen Orten gefunden haben: in der Antarktis oder um schwefelige Vulkanschlote in der Tiefsee. Wenn dort das Leben gedeiht, warum dann nicht im Marsboden oder in dem lichtlosen Ozean, den Forscher neuerdings unter der Eiskruste des Jupitermondes Europa vermuten? Freilich wäre selbst in diesem Fall der Weg von der jämmerlichen Mikrobe bis zum Superalien noch ein recht weiter. Trotzdem läuft die Suche nach erdähnlichen Planeten und den Botschaften Außerirdischer auf Hochtouren. Fast jeden Monat werden Planeten entdeckt. Immer plausibler erscheint es, daß es auf fremden Himmelskörpern Leben gibt. Mit Superteleskopen wollen die Astronomen nach Aliens fahnden. Bereits seit 1960 läuft weltweit das SETI-Programm (Search for Extra-Terrestial Intelligence). Warum haben die Aliens trotzdem noch nicht wissenschaftlich nachweisbar Kontakt mit uns aufgenommen? Eine mögliche Erklärung: Intelligente Lebensformen verhalten sich zu aggressiv, um lange genug zu überleben; ehe sie imstande sind, den Weltraum zu erobern, haben sie bereits ihre Biosphäre zerstört oder sich gegenseitig umgebracht. Oder sie sind vielleicht längst hier – wie die Ufologen vermuten –, nur beschränken sie sich darauf, uns

Abb. 31: *Außerirdischer: Unser Spiegelbild von morgen?*

diskret unter die Lupe zu nehmen. Für ein vertrauliches Du sind wir ihnen vielleicht einfach nicht »gesellschaftsfähig« genug!

Allerdings gibt es noch eine andere verblüffende Theorie: Die Aliens kommen gar nicht aus fernen Welten, sondern sind nur unsere neugierigen Urur...-Enkel. Die Ufos würden demnach von Menschen aus der Zukunft gesteuert werden, die das Geheimnis der Zeitreisen – deren Möglichkeit von Physikern heute nicht mehr generell geleugnet wird – entdeckt haben. Das würde auch ihre Diskretion erklären: Immerhin hätte ja jeglicher Eingriff in unsere Gegenwart Rückwirkungen auf die Gegenwart, der die Ufonauten entstammen. Ein unmittelbarer Kontakt mit uns könnte so sehr die Zukunft verändern, daß sich damit die Gegenwart unserer heimlichen Besucher auflöst. Immerhin soviel wissen wir bei aller Spekulation: Der vorherrschende Alientypus entspricht auch ein wenig dem Bild, das die Wissenschaftler für den zukünftigen Menschen entworfen haben: ohne Haare, ohne Zähne, mit übergroßem Schädel und rückentwickelter Muskulatur. Der Alien (auf Abb. 31) könnten wir so betrachtet auch selbst sein, wenn wir einen Blick in den Spiegel von morgen werfen: zwar noch humanoid, aber anscheinend mit einem kräftigen Schuß Insektengen und Retortenblut versehen – und vollkommen geschlechtslos!

VI. Imaginäres Dasein:
Der Mensch in den Medien

Der Mensch im Zeitalter
seiner technischen Reproduzierbarkeit

Als 1839 der Theatermaler Louis J. Mandé Daguerre das von ihm entwickelte fotografische Verfahren in einer feierlichen Sitzung der Pariser Akademie der Wissenschaften offiziell vorstellte, begann ein neuer Abschnitt der Menschheitsentwicklung. Der Mensch konnte sich jetzt visuell »klonen« lassen. Zwar war das »Klonen« bereits von den tradierten Künsten versucht worden, indem man Porträtbilder oder -büsten erstellte, aber mit der Fotografie ließ sich dieser Vorgang viel schneller und vor allem viel exakter und beliebig oft durchführen. Die Fotografie als Teilfaktor des Industrialisierungsprozesses hatte also nicht nur bewirkt, daß jedes Kunstwerk endlos reproduziert werden konnte – wie das Walter Benjamin in seinem berühmten Essay dargelegt hat[1] –, sondern auch der Mensch in seinem Abbild. Damit hatte der Mensch zugleich auf eine ganz neuartige, viel wirklichere und endgültigere Form gegen das biblische Gebot »Du sollst dir kein Bildnis machen« verstoßen als jemals zuvor in seiner Geschichte. Und doch – um sich seiner selbst bewußt zu werden, benötigt der Mensch sein Bildnis oder Spiegelbild. Kein Tier käme etwa auf den Gedanken, ein Bild von sich anzufertigen; denn es ist ja noch nicht einmal dazu in der Lage, sich in seinem Spiegelbild zu erkennen. Der Mensch hingegen ist von seinem eigenen Bild verfolgt. Dieser schreckliche Aspekt der Selbstsuche zeigt sich besonders bei der Gestalt des Doppelgängers. Das mythologische Bild des Doppelgängers ist komplex. Es kann bedeuten, daß ein Individuum von mehreren Personen an zwei verschiedenen Orten gleichzeitig gesehen wird, aber ebenso, daß das Ich seinem eigenen Doppel begegnet – was häufig den Tod zur Folge hat. Dieser dunkle Aspekt der Verdoppelung begegnet uns selbst in der Fotografie, deren Negativ eine Art Gegenwelt darzustellen scheint. Bemerkenswert ist, daß die Naturvölker, welche die weißen Eroberer und Entdecker vor ihre Kameras locken wollten, der visuellen Klonierung ihres Selbst äußerst skeptisch gegenüberstanden. Sie fürchteten, daß der abgelichtete Klon einen Teil ihrer Seele rauben würde.

Fangen die Fotografien als eine Folge schnell hintereinander gezeigter Schnappschüsse »zu laufen« an, entsteht der Film als Illusion wirklichen Lebens. Die Erfindung des Films ist keinem einzelnen Kopf zuzuschreiben. Sie lag in der technik- und fortschrittsbegeisterten Gründerzeit vor 1900 überall in Europa wie in den USA sozusagen in der Luft. In literarischen Utopien war der Film bereits vielfach prophezeit worden. Seine praktische Realisierung wurde dann Ende des 19. Jahrhunderts an vier oder gar fünf verschiedenen Orten weitgehend unabhängig voneinander verwirklicht. Der Erfolg dieses neuen Schauvergnügens war auf Anhieb sensationell: Tingeltangelbühnen zeigten am Ende ihres Programms ein Kurzfilm-Potpourri; Spielautomaten-Lokale richteten ein Hinterzimmer als Kino her, leerstehende Krämerläden wurden zu Vorführräumen umgerüstet. Zu sehen gab es abgefilmte Prominente, Schaubuden – Kuriositäten, berühmte Bauwerke aus fernen Ländern, Clowns, kurze Sketche und die ersten Historienstücke – 1896 beispielsweise, je eine Minute lang, die Verbrennung der Jeanne d'Arc und die Enthauptung der Maria Stuart. Bis 1920 vervielfältigten und verfeinerten sich die Erzählmittel des Kinos beträchtlich, als Normaldauer eines Spielfilms setzte sich eine Länge von 80 bis 100 Minuten durch. 1927 kam der Tonfilm auf. In den vierziger Jahren Farbfilm und Fernsehen. Heute stehen wir an der Schwelle zu den virtuellen Realitäten – mit anderen Worten: das abgelichtete Scheinleben wird immer wirklicher.

Die Geschwindigkeit, mit der sich die scheinbar lebenden Bilder überall auf der Welt durchgesetzt haben, ist erstaunlich. Keiner der Filmpioniere hätte wohl eine solche Erfolgsstory für möglich gehalten. Kulturphilosophen haben das Geheimnis des Films gelegentlich darin gesehen, daß er den Tod überwinde – und ohne Zweifel hat er Menschen wie Marilyn Monroe, Humphrey Bogart, Greta Garbo oder Hans Albers eine eigene Art von Unsterblichkeit verliehen, die noch weit »lebendiger« wirkt als die, welche uns das starre Einzelfoto vermittelt. Doch mutet es gleichsam etwas gespenstisch an, wenn uns in älteren Filmen lauter lebende Tote begegnen. Vielleicht ist das ein unbewußter Grund dafür, warum das große Publikum die frühen Filme eher meidet.[2] Gleichwohl ist das erst der Anfang des Spuks. Schon bald wird es möglich sein, Marilyn und Co. auf eine ganz neuartige Weise zu reanimieren. Mittels Computersimulationen werden diese ewig jungen Klone in völlig neuen Rollen wieder auferstehen können. Marilyn, Humphrey, Greta und Hans stehen dann sinnbildlich gesprochen wieder vor der Kamera. Natürlich 3D, vollplastisch und beinahe wirklicher als das wirkliche Leben.

Nun zeigt der Mensch mit Film und Fotografie nicht nur Klone seiner selbst, sondern diese Klone bzw. die mit ihnen verbundenen Medien wirken auch auf ihn selbst wieder zurück. Von dort erhalten wir unsere Ideale. Der visuelle Klon gibt vor, was schön ist, was korrekt ist. Er lebt vor, wie wir zu leben haben. Keine Gehirnwäsche ist so erfolgreich wie die sanfte der Medien. Die vierte Gewalt ist längst die stärkste Gewalt. Wer die Welt – oder auch nur ein bißchen von ihr – beherrschen will, kommt ohne sie schon längst nicht mehr aus.

Von dem renommierten amerikanischen Medienforscher Herbert Marshall McLuhan stammt die bekannte Formel: »Das Medium ist die Botschaft«.[3] McLuhan vertrat die Auffassung, daß das Medium bzw. die Medien nicht einfach nur Informationen übermitteln, sondern die Informationen durch ihren Übermittler zugleich eine Prägung erfahren. Demnach würden wir eine Nachricht unterschiedlich aufnehmen, je nachdem, ob wir sie z. B. über die Tageszeitung, das Radio oder das Fernsehen vermittelt bekommen. Aber diese einzelnen Medien prägen natürlich nicht nur die durch sie geleiteten Informationen im Sinne ihres spezifischen »Charakters« um, sondern auch den Empfänger, also uns alle. Der Grad der Prägung hängt dabei mit von der Suggestionskraft des entsprechenden Mediums ab und liegt etwa bei den Bildmedien deutlich höher als bei den Tageszeitungen. Medienwissenschaftler kamen in Zusammenarbeit mit Hirnforschern zu dem Ergebnis, daß das Fernsehen die Menschen darauf trainiert, wie Automaten zu fühlen und wahrzunehmen. Statt aktive Teilnahme und Aufmerksamkeit zu erwecken, scheint es diese Fähigkeiten eher zu unterdrücken. Das Erschreckende am Fernsehen war für die Forscher der Grad der Abstumpfung, der mit diesem Medium verbunden ist. Informationen können in den Zuschauer eindringen, ohne daß er darauf reagiert. Sie versickern unverarbeitet im Gedächtnis, können aber zu späteren Reaktionen führen, ohne daß er weiß, worauf er eigentlich reagiert. Befindet sich ein Mensch täglich stundenlang in dieser Situation, kann seine Kommunikation mit der Außenwelt darunter leiden. Der Autismus gehört, wie mangelnde Konzentrationskraft und das sprunghafte, sich an Nebensächlichkeiten verlierende Denken, mit zu den Prägeergebnissen der modernen Medien.[4] Die heute grassierende Singlegesellschaft darf, so betrachtet, auch als ein indirektes Produkt der neuen Medien angesehen werden.

In der Abschätzung der Folgewirkungen seiner technischen Errungenschaften hat der Mensch bisher weitgehend versagt. So wurde z. B. im Auto lediglich ein Fortbewegungsmittel erblickt und im Fernsehen nur ein Mittel, das menschliche Informations- und Unterhaltungsbedürfnis zu befriedigen. Aber de facto haben beide genannten Erfindungen nahezu unser gesamtes Leben verändert. Auto und Fernseher haben uns entschieden von der Natur entfremdet und den allgemeinen Prozeß unserer Verkünstlichung deutlich gefördert. Es sind Maschinen mit einer eigenen Entwicklungsdynamik, die uns in ihr Kraftfeld gezogen haben.

Als die Europäer im vorletzten Jahrhundert begannen, die Naturvölker abzufotografieren, stießen sie – wie bereits erwähnt – auf Ablehnung. Die Begründung, daß durch den fotografischen Klon quasi ein Teil der Seele geraubt würde, erschien ihnen nur als eine Form primitiven Aberglaubens. Und doch könnten die »Wilden« recht gehabt haben – zumindest was die aus der Fotografie herausentwickelten laufenden Bilder und deren Wirkung auf den Betrachter betrifft. Der Vielglotzer verliert elementare, seelische Fähigkeiten. Die Kommunikationsfähigkeit schwindet, der sinnlich-ursprüngliche Beobachtungstrieb verkümmert. Das vielfältige Zusammenspiel von Auge, Hand und vermittelndem Gefühl, das einmal die großen Schritte des Menschen in der Natur und im sozialen Leben ermöglichte und lenkte, ist auseinandergerissen. Die flimmernden, farbigen Punkte der Mattscheibe und des Monitors ersetzen dem Blick die Gegenstände im Sonnenlicht. Etwas ist verlorengegangen, von der magnetischen Maschine aufgesogen. Es befinden sich nicht nur die abgelichteten Klone in den Bildmedien, sondern auch – Teile – des Zuschauers. Vielleicht ist gerade das ein Grund, warum der Vielglotzer im Regelfall nicht entspannt, sondern vampiristisch ausgelutscht wirkt![5]

Kunstmenschen in Zelluloid

Das Kino ist seit über 100 Jahren der Ort unserer Illusionen und Idole. Unsere Helden begegnen uns nicht mehr als Wesen aus Fleisch und Blut, sondern aus Zelluloid. Es sind alterslose, visuelle Klone. Daß gerade in dieser Scheinwelt nicht nur das vorhandene »reale« Leben nachgespielt wird, sondern man von Anbeginn an auch immer versuchte, die Illusion von anderen spekulativen Wirklichkeiten erstehen zu lassen, liegt in der Natur dieses Mediums, dessen Wirklichkeit nun einmal seine Künstlichkeit ist. So begegnet uns seit den frühesten Kinotagen eine Unzahl von Sendboten aus anderen Welten, seien es nun Gespenster, Dämonen, Vampire, Schutzengel und Götter aus verborgenen Dimensionen oder die phantastischen Produkte von Magiern und verrückten Wissenschaftlern: Golems, Homunculi, Androiden oder ein Geschlecht von Übermenschen.

Wie erscheinen uns nun die künstlichen Menschen in der Zauberwelt der Bildmedien? Von ihrer Verhaltensstruktur lassen sich nach Georg Seeßlen zehn Kinomotive des künstlichen Menschen ausmachen, die uns freilich bereits aus der Science-fiction-Literatur bekannt sind:

1. Das Motiv vom künstlichen Menschen, der sich gegen den Schöpfer wendet.
2. Das von der guten Maschine, die zum Monster wird.
3. Das von der bösen Maschine, die sich zum Guten wendet.
4. Das Thema vom maschinellen Geschlechterkampf.
5. Das vom menschlich-maschinellen Zwitterwesen.
6. Die Vorstellung von der Unterwanderung der Menschheit durch Parallelwesen.
7. Die Geschichte vom Androiden als Retter und Erlöser.
8. Verwandt ist damit das Motiv vom Roboter an sozialen Brennpunkten. Die Maschine übernimmt hier soziale Aufgaben. Sie arbeitet und kontrolliert.
9. Die Konfrontation mit androiden Zwillingswesen oder dem biologischen Klon.
10. Das Bild vom freundlichen maschinellen Begleiter und humorig-schwatzhaften Roboterkumpan.[6]

In den frühen Tagen des Kinos haben jene Kunstmenschen überwogen, die unter Zuhilfenahme magischer Praktiken erzeugt wurden. Exemplarisch für die Spezies ist der deutsche expressionistische Film, der selbst eine Aura hat, als wäre er von magischer Hand in sein trügerisches Leben geführt worden. Und in der Tat – einer seiner Hauptvertreter – Paul Wegener war ein schauspielender und filmedrehender Magier. Besonders deutlich wird das in seinen drei Golemfilmen, in denen er den Lehmkoloß der talmudischen Legende mimte und teilweise die Regie dazu führte; so in »Der Golem« (1914), der bis auf wenige Meter als verschollen gilt, »Der Golem und die Tänzerin« (1917) und, nach dem Ersten Weltkrieg, »Der Golem, wie er in die Welt kam« (1920). Der Entwurf der Golem-Maske stammte von dem Bildhauer Rudolf Belling (Abb. 32). Neben dem Golem treten vor allem noch zwei andere Geschöpfe auf die Leinwand, die durch magische Beihilfe Leben erhalten: die Alraune und der Homunculus. Der Homunculus tritt erstmals in der gleichnamigen deutschen Filmserie von 1916 in Erscheinung. Hier schwingt sich das Retortenwesen über ein willensschwaches und leicht manipulierbares Volk zum Diktator auf. Des Alraunen-Motivs bemächtigte sich der deutsche Film mehrmals. Zweimal war allein der Leinwandvamp Brigitte Helm in der Rolle des männermordenden Alraune-Weibs zu sehen. 1952 schlüpfte Hildegard Knef in diese

Rolle. Grundlage bildete immer der skandalumwitterte »Alraune«-Roman von Hanns Heinz Ewers (1911).

Androiden und Roboter erfahren auf der Leinwand eine stetig wachsende Beliebtheit. Ihre filmische Geburtsstunde erblickten sie in Fritz Langs Klassiker »Metropolis« (1926).[7] In der supertechnischen Gigantenstadt Metropolis lebt im Jahr 2026 die Oberschicht

Abb. 32: *Paul Wegener in »Der Golem, wie er in die Welt kam« (1920).*

Abb. 33: *Der weibliche Roboter aus Fritz Langs Filmklassiker »Metropolis« (1926).*

in Luxus; die Arbeiter schuften in unterirdischen Fabriken und leben in der darunterliegenden Unterstadt. Der nahezu beständige Dienst der Arbeiter an den Maschinen mit ihrem unerbittlichen Takt hat ihnen selbst sklavisch-automatenhafte Züge gegeben. Freder Fredersen, müßiggängerischer Sohn des Herrschers von Metropolis, verliebt sich in die schöne Maria, eine Pazifismus predigende Arbeiterführerin. Sie verkündet, daß eines Tages der erlösende Mittler kommen werde, der das Hirn der Herrscher und die Hand der Arbeiter durch das Herz verbinden werde, erst dann werden Eintracht und Gerechtigkeit herrschen. Freder schließt sich den Arbeitern an; sein Vater bittet daraufhin den Wissenschaftler und Alchemisten Rotwang, eine Roboterkopie von Maria zu schaffen, welche die Arbeiter in den Untergang führen soll (Abb. 33). Weniger des Drehbuches wegen als vielmehr der grandiosen Kulissen und der Darstellung der versklavten Arbeiterautomaten halber ist der Film zu einem Meilenstein der Illusionswelt des Kinos geworden.

Während in »Metropolis« die Roboterkopie der Arbeiterführerin Maria noch überdeutlich als Maschinenwesen zu erkennen ist, taucht seit den 8oer Jahren eine neue Generation von Robotern in den Kinos auf: Sie ist weder äußerlich noch von ihrem Verhalten her auf Anhieb als Maschinenmensch erkennbar. Erst wenn man diesem neuen Robotertypus im wahrsten Sinne des Wortes die Haut vom

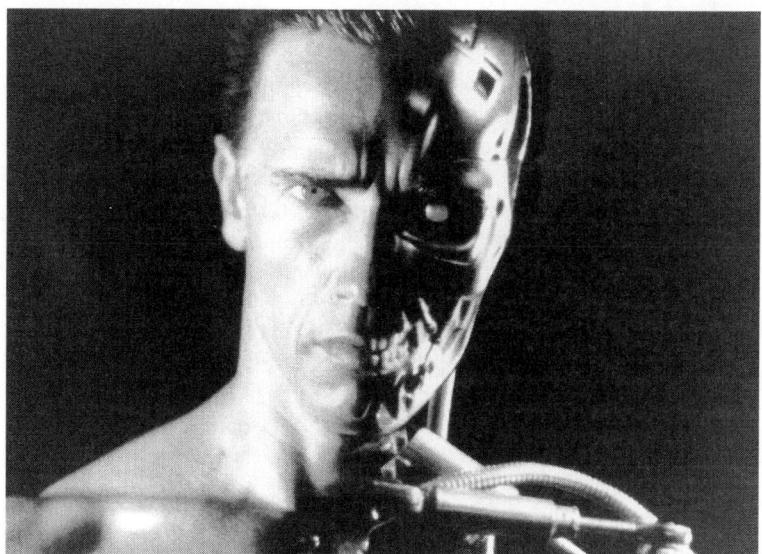

Abb. 34: *Arnold Schwarzenegger als »Terminator« (1987).*

Leibe reißt, kommt Befremdliches darunter zum Vorschein: statt Herz und Niere, Fleisch und Blut nur Drähte und viel High-Tech. Aus den kraftstrotzenden Kampfrobotern im Blechgewand sind anthropomorphe Replikanten oder Cyborgs geworden. So z.B. in »Galaxina« (1982), wo ein auf Weibchen getrimmter Roboter als »fleischgewordene« Männerphantasie ihre Verführungskünste treibt. Als Meilenstein in der Darstellung des neuen Robotergeschlechtes dürfen die Filme »Blade Runner« (1982), »Terminator« (1987) und »Robocop« (1987) gelten. In »Blade Runner«, der im Jahre 2019 spielt, benötigen die Menschen Replikanten, also Roboter, um das eigene System aufrechtzuerhalten. Doch die Replikanten beginnen gegen ihr Sklavendasein zu rebellieren ... Im »Terminator«, dem 1991 noch der »Terminator 2: Tag der Abrechnung« folgte, führen die Maschinen – man schreibt das Jahr 2029 – einen gnadenlosen Vernichtungskrieg gegen die Menschen. Ihre Wunderwaffe ist der Terminator, ein scheinbar unzerstörbarer Killerandroid, gemimt von Arnold Schwarzenegger (Abb. 34). In »Robocop – Das Gesetz der Zukunft« wird ein im Dienst erschossener Polizist als Roboter rekonstruiert – und dieser erweist sich als ein wesentlich besserer Gesetzesvollstrecker als sein menschliches Vorgängermodell!

Die Fortschritte in der Kybernetik haben die Gestaltung der aktuellen Filmroboter stark beeinflußt. So wurde z.B. der Terminator-

roboter von den jüngsten Theorien über »Connectionism« und arti-
fizielle Neuronalnetze mitinspiriert, bei denen es darum geht, einige typische informationsverarbeitende Funktionen des menschlichen Gehirns nachzubauen. Der Terminator kann gehen, sprechen,
wahrnehmen und sich wie ein Mensch verhalten. Seine Batterie gar-
antiert Energievorrat für 120 Jahre, und ein zweiter Stromkreislauf
sichert ihn gegen schädliche Einwirkungen. Aber viel wichtiger ist:
Der Terminator ist lernfähig! – Er ist kein tumber Roboter mehr, der
in seinen Funktionen genau festgelegt ist; denn er wird von einem
Neuronalprozessor gesteuert, einem Computer, der sein Verhalten
auf der Basis von Erfahrungen zu ändern vermag. Diese neuen Filmroboter demonstrieren zweierlei: erstens die rasante Entwicklung
maschineller Technik und zweitens, daß für die meisten Naturwissenschaftler, wie z.B. in der modernen Medizin erkennbar ist, der
Mensch selbst auch nur eine hochkomplexe Maschine darstellt. Insofern ist die Leinwandverschmelzung zwischen Mensch und Roboter durchaus folgerichtig!

Eine Sonderform der Beschwörung des »künstlichen Menschen«
auf der Leinwand bilden die Propagandafilme aus der Ära des Dritten Reiches. Gerade die Bildmedien besitzen die entsprechende
suggestive Form, um solchen menschenzüchterischen Formeln wie
»Aufnordung«, »Hochzüchtung« oder »Ausmerzung« die ideologi-
sche Durchschlagskraft zu verleihen. Gleich nach der Machtergrei-
fung entstanden die ersten diesbezüglichen Filme, wie z.B. »Gesunde Jugend – Starkes Volk« (1933) und ihre Produktion wurde bis weit
in die Kriegszeit hinein fortgesetzt, wovon etwa der Film »Träger
kommender Taten« (1943) kündet. Auch die Dokumentarfilme Leni
Riefenstahls über den Nürnberger Reichsparteitag »Triumph des
Willens« (1935) und vor allem ihr zweiteiliger Olympia-Film »Fest
der Völker« und »Fest der Schönheit« (beide 1938) feiern den gesunden, jungen, vollendeten Körper. Die Macht ihrer künstlerisch herausragenden Bildepen hat auch nach 1945 fortgewirkt: Wann immer
Hollywood mit dem schönen Übermenschen kokettiert, erleben
auch die Bilderwelten der Leni Riefenstahl neue Triumphe.

Die Zeit nach dem Zweiten Weltkrieg brachte zunächst zwei
neue Typen auf die Leinwand: den Mutanten und den humanoiden
Außerirdischen. Der Mutant ist sicherlich mit ein Angstprodukt vor
den Folgewirkungen moderner Wissenschaft, insbesondere auch vor
Strahlenschäden infolge von Atombombenabwürfen. Ein Klassiker
dieses Genres ist zweifelsohne Jack Arnolds »Tarantula« (1955). Hier
mutiert ein Wissenschaftler in ein abstoßendes Monster, weil er bei
seinen Experimenten mit Spinnen nicht die nötige Vorsicht hat wal-

ten lassen. Die endlose Galerie Außerirdischer im Kino – wozu Jack Arnold auch einige Beiträge lieferte, wie z. B. »Gefahr aus dem Weltall« (1953) – ist nicht zuletzt ein Resultat des ab 1947 auftretenden Phänomens der Ufosichtungen.

Die künstlichen Menschen, die uns im Kino begegnen, stehen im engen Zusammenhang mit der gesellschaftlichen Entwicklung, den Ängsten der Menschen und den Fortschritten der Wissenschaft. Vermutlich kaum je zuvor sind sich die Kinophantasien und die öffentliche Diskussion so nahe gekommen wie beim neuesten Eingriff der Wissenschaft in die Schöpfungsgeschichte, nämlich den Fragen der Klonierung und Genmanipulation. Vom Film wurde das Thema Gentechnik u. a. behandelt in »The Clones« (1973), »Embry« (1976), »The Boys from Brazil« (1978), »The Clones of Bruce Lee« (1980), »Multiplicity« (1995), oder »The Third Twin« (1997) nach dem gleichnamigen Bestseller von Ken Follet. Die bisher brillanteste Umsetzung dieser Thematik ist wohl Andrew Nicol mit »Gattaca« (1997) gelungen. In »Gattaca« ist der Mensch der Zukunft ein Retortenwesen; die Menschen, die noch auf natürliche Weise auf die Welt gekommen sind, stellen nicht nur die Minderheit dar, sondern gelten auch als »Invaliden« und haben keine Möglichkeit zum gesellschaftlichen Aufstieg. Vincent ist so ein normal gezeugter Mensch, dessen mangelnde Perfektion schon bei seiner Kurzsichtigkeit beginnt. Zeit seines Lebens ist er als Wesen zweiten Ranges behandelt worden. Sein jüngerer Bruder Anton hingegen wurde als perfektes Geschöpf im Labor von einem Genetikdesigner fabriziert. Doch zumindest im Film »Gattaca« reagieren die Gene paradox: Der vermeintliche Supermann Anton entpuppt sich als Versager, während der »Invalide« Vincent sich als ehrgeizig und äußerst clever erweist. Der Film ist ein grandioser Protestschrei gegen den Perfektionswahn einer befürchteten Gendiktatur – aber wohl auch ein bißchen gegen die Wirklichkeit!

Neueren Datums sind auch die uns schier in die Leinwand hineinziehenden künstlichen Wirklichkeiten, die deutlich mit der rasanten Entwicklung der Computertechnik korrespondieren. Zum einen da die Explosion der Spezialeffekte, die uns geboten werden und die uns in andere Sphären zu katapultieren scheinen, überhaupt erst durch Computertechnik ermöglicht werden, zum anderen da sie die Ahnung thematisieren, daß der Computer ein geistiger Kosmos ist, in den wir uns verlieren können. Davon lieferte nicht zuletzt der Cyberschocker »Matrix« (1999) ein atemberaubend-beklemmendes Bild: Schon vor langer Zeit haben intelligente Maschinen die Herrschaft über die Welt übernommen. Auf riesigen Plantagen liegen die Menschen schlafend in Kokons, die Wiege und Sarg zugleich sind, während die Maschinen ihre Energie absorbieren. Der Mensch, die Krone der Schöpfung, ist zur Batterie geworden. Ein Computerprogramm – die Matrix – gaukelt den Schlafenden das vor, was sie als Alltag kennen, um sie ruhig zu stellen. Die ganze Menschheit ist verloren im Datenraum und folgt dem Traum der Computerprogramme ...

Die Bildmedien werden immer perfekter. Ein Feuerwerk von Tricks zieht uns in den Bann. Und obgleich die Welten, in die unsere Sinne dabei entführt werden, ständig bizarrere Formen annehmen, wirken die phantastischen Bilder immer realistischer auf uns. Diese Paradoxie läßt sich aus der kontinuierlich wachsenden Vollkommenheit der Bildmedien erklären. Suggestive Bilder besitzen per se eine pralle Realistik, selbst wenn ihre Botschaft Nonsens ist. Hätte man vor 100 Jahren den ersten, noch ahnungslosen Kinogängern die visuellen Hollywoodorgien von heute gezeigt, wären sie wahrscheinlich auf allen vieren aus ihrem Filmtheater herausgekrochen, da die Macht der Bilder sie schlicht umgehauen hätte! Diese Kraft, Welten zu imaginieren, kann selbst die visuellen Klone – die Abziehbilder der Schauspieler – überflüssig machen: 1996 produzierte John Lasseter gemeinsam mit einem Trupp digitaler Tüftler mit »Toy Story« den ersten Film, der komplett aus dem Computer kam. Freilich – das ist erst der bescheidene Anfang ...

Frankenstein als Medienstar

Die Allgegenwart Frankensteins in unserer Zeit ist evident, schließlich gibt es kaum einen Sektor innerhalb der Populärkultur, in dem er nicht anzutreffen wäre. Frankenstein begegnet uns in Comics, Film und Fernsehen, ja selbst im Internet ist er mittlerweile zu Hause. Und natürlich auch im Rundfunk und auf Tonträgern kann man, musikalisch umrahmt, seinen Werdegang erfahren. In den USA erfreut sich das Frankenstein-Frühstück »Frankenberry« bei Kindern einiger Beliebtheit, daneben gibt es z. B. noch Lolly-Lutscher mit Frankenstein-Konterfei oder Frankenstein-Abziehbilder bei Tootsie-Rolls oder Wrigleys. Umgekehrt können aber auch genveränderte Lebensmittel mit der Schreckbezeichnung »Frankenstein-Food« gebrandmarkt werden.

Bei soviel Signalwirkung von Mary Shelleys Kreatur mag natürlich auch die Werbung nicht zurückstehen: So strahlte etwa Pepsi-Cola einen Werbespot aus, worin das Monster als Fahrer eines Pepsi-Cola-Lieferwagens die Gäste einer Halloween Party mit

Cola-Dosen beliefert. Auch wer Lust verspürt, sich selbst in Frankenstein zu verwandeln, steht vor keinem großen Mutationsproblem –
denn selbstverständlich gibt es Frankensteinmasken und -utensilien
en masse.

Diesen durchschlagenden Erfolg hat Frankenstein mit dem neuzeitlichen Vampir gemein. Beide Gestalten wurden zu den zwei er-
folgreichsten Figuren der Populärkultur, und beide haben den gleichen Ursprung: Als sich Mary Shelley 1816 auf Einladung von Lord
Byron in der Villa Diodati befand, fing sie an, dort »Frankenstein« zu
schreiben, während ein anderer Gast, John Polidori, mit der Abfassung der ersten modernen Vampirgeschichte begann. Beide Autoren
hatten in der Folge durchschlagenden Erfolg und die Wege ihrer Geschöpfe, Vampir und künstlicher Mensch, haben sich seitdem immer
wieder gekreuzt: auf der Bühne, im Film oder sei es nur auf dem Ko-
stümball. Beide Medienstars haben offensichtlich besonders viel mit
dem Menschen in der Industriegesellschaft zu tun: der Vampir als
Symbol unserer materiellen und sinnlichen Unersättlichkeit, Frankenstein als Synonym für unsere Hybris, unsere technisch-wissenschaftliche Maßlosigkeit und für unser prometheisch-faustisches Ge-
triebensein.[8]

Seit seinem Erscheinen 1818 wurde »Frankenstein« immer wieder neu aufgelegt. Aber trotz hoher Buchauflagen gelang »Frankenstein« – auch hierin zeigen sich biographische Ähnlichkeiten zum
neuzeitlichen Vampir – der Sprung zum weltumspannenden Mythos
vor allem durch seine Adaption von Bühne, Film und Comic. Seit
1823 ist »Frankenstein« auf der Bühne zu bewundern. Am 26. Juli jenes Jahres wurde im English Opera House eine Theaterbearbeitung
von Richard Brinsley Peake uraufgeführt: »Presumption! or the Fate
of Frankenstein« (Vermessenheit: oder das Schicksal Frankensteins).
Das Stück lief dort jahrelang – gemeinsam mit Polidoris »Vampyr« –
mit großem Erfolg. Andere Theater und immer neue Bearbeitungen
des Stoffes folgten. 1826 eroberte Frankenstein Paris. An der Port St.
Martin wurde eine französische Bearbeitung gespielt: »Le Monstre et
le Magicien«, die wenig später auch wieder ins Englische zurück-
übersetzt wurde. Als burleske Figur tauchte Frankenstein im Théâtre
de la Gaieté auf. Schon 1825 war er über den Atlantik nach New
York gelangt und ein Jahrhundert darauf, 1927, wurde in Preston,
Idaho, auch eine originalamerikanische Fassung aufgeführt: Peggy
Webblings »Frankenstein«. Nach diesem Stück entstand auch der berühmte Frankenstein-Film von 1931, in dem Boris Karloff zum ersten Mal als Monster über die Leinwand stakt. Seit 1823 sind Hunderte von Versionen des Frankenstein-Stoffes über Tausende von

Bühnen gelaufen, sei es in direkter Anlehnung an Mary Shelleys Vorlage, sei es in einer relativ freien Behandlung des Stoffes (Abb. 35).[9]

Die erste Verfilmung des Frankenstein-Themas stammt bereits von 1910. J. Searle Dawley führte Regie in einem fünfzehnminütigen Stummfilm, der von der Edison-Company produziert wurde und als erster US-Horrorfilm gilt. Die Frankenstein-Kreatur wird hier von Charles Ogle in einem vollkommen grotesken Kostüm gespielt, das mehr an ein eingemottetes Nachtgespenst denken läßt als an einen künstlichen Menschen. 1920 wurde der erste europäische Film über Frankenstein gedreht: »Il Mostro di Frankenstein«. Das Werk des italienischen Regisseurs Eugenio Testa erwies sich jedoch als unspektakulär.

Spektakulär hingegen war der 1931 in den USA gedrehte »Frankenstein«. Regisseur James Whale gelang mit der 69-minütigen Tonfilm-Adaption von Mary Shelleys Roman ein herausragendes Werk, dessen beeindruckende Intensität sich auch heute noch dem Zuschauer mitteilt. An der Romanvorlage hat das auf der Theaterfassung von Peggy Webbling basierende Drehbuch allerdings einige Änderungen vorgenommen: In dem Film ist der Schöpfer der Kreatur, Henry (statt Victor) nicht nur Arzt, sondern auch Baron, und betreibt mit Hilfe seines buckeligen Assistenten Fritz – den es bei Mary Shelley überhaupt nicht gibt – geheime Forschungen. In einer verfallenen Mühle hat er sein Labor eingerichtet. Sein Ziel ist es, menschliches Leben wiederzuerschaffen, indem er verschiedenste Leichenteile zusammenflickt, die er von den Toten aus Kirchhöfen und von den Galgen eingesammelt hat. Was er nicht weiß – auch das ist neu – ist, daß er das Hirn eines Verbrechers in den Schädel seines Geschöpfes eingepflanzt hat. Auch den opulenten Gerätepark, mit dem der Film »Frankenstein« seine Kreatur erschafft, gibt es bei Mary Shelley nicht. Sie hielt sich – wie wir ja bereits gehört haben – bei der Beschreibung der technischen Seite des Schöpfungsprozesses sehr zurück. Anders ist auch der Schluß: Im Roman verschwindet das Monster im ewigen Eis, im Film endet es in einer brennenden Mühle.

Ursprünglich sollte Bela Lugosi – der in der unmittelbar zuvor fertiggestellten Verfilmung von »Dracula« den eleganten transsilvanischen Blutsauger gemimt hatte – auch die Frankenstein-Kreatur spielen. Doch Lugosi lehnte nach einigen Proben ab, da ihm die Frankenstein-Maske zu häßlich war. Das war die Geburtsstunde von Boris Karloff, der unser Frankensteinbild bis heute geprägt hat. Vier Stunden benötigte der Maskenbildner Jack P. Pierce täglich, um Karloff in ein ungeschlachtes Monster zu verwandeln, versehen mit

Abb. 35

Narben, Schnitten und einem Stahlbolzen im Hals. Um ihm zu seinem schwerfälligen, wankenden Schritt zu verhelfen – mit welchem der Gang Paul Wegeners als Golem imitiert wurde –, trug Karloff dicke Bleiplatten an den Schuhsohlen (Abb. 36). Trotzdem gelang es Boris Karloff, diesem seltsamen Monster, das einer Mixtur aus Mumie, Mensch und Roboter gleicht, so etwas wie Emotionen zu geben. Innere Gefühlsregungen wie Freude und Qual, Wut und Zärtlichkeit, Enttäuschung und Trauer spiegeln sich in Karloffs Spiel wider.

1935, vier Jahre nach »Frankenstein«, war Premiere von »Frankensteins Braut«. Wiederum führte James Whale Regie, während Boris Karloff erneut das Monster markierte. Die Einstiegsszene zeigt Mary Shelley, wie sie von ihrem Mann, Percy Shelley, und von Lord Byron bestürmt wird, die Geschichte von Frankensteins Monster fortzusetzen. Der Film blendet dann dorthin zurück, wo der erste

179

endete: bei der brennenden Ruine der alten Mühle. Wider Erwarten hat die Frankenstein-Kreatur überlebt. Der diabolische Wissenschaftler Dr. Praetorius, der sich ebenfalls auf die Erschaffung künstlichen Lebens spezialisiert hat und schon verschiedene Formen von in Glasbehältern hockenden Homunculi züchtete (Abb. 37), überzeugt Baron von Frankenstein davon, daß nur ein weibliches Pen-

Abb. 36: Frankenstein ante portas. Boris Karloff in seinem ersten Frankenstein-Film von 1931.

Abb. 37: *Der diabolische Dr. Praetorius und seine Homunculi-Züchtung. Aus »Frankensteins Braut« (1935).*

dant in der Lage sein könnte, das Monster zu bändigen. Und so entsteht aufs Neue ein aus Leichenteilen gefügtes Wesen, das durch Elektrizität zum Leben erweckt wird. Der Clou ist sicherlich, daß diese »Braut« von der gleichen Schauspielerin dargestellt wird, die in der Eingangsszene des Films Mary Shelley spielte, nämlich von Elsa Lanchester. Doch trotz der Partnererschaffung gibt es für die Frankenstein-Kreatur kein Happy-End: Als nämlich die Retortenbraut ihrem Monster-Galan vorgestellt wird, bricht sie in Schreikrämpfe aus ...

»Frankensteins Braut« gilt als einer der stimmungsvollsten Horrorfilme, die je gedreht wurden. Das Werk quillt förmlich über von bizarren Figuren und suggestiven Bildern. Gleichwohl hat der Film natürlich nur noch bedingt etwas mit der Romanvorlage von Mary Shelley zu tun. Dasselbe gilt in noch weit stärkerem Ausmaß für die im Anschluß daran gedrehten Frankenstein-Filme, deren Qualität überdies nicht mehr an die beiden vorhergehenden Vorlagen heranreicht. In »Frankensteins Sohn« (1939) ist der Sprößling des Monsterschöpfers von der gleichen unseligen Leidenschaft besessen wie sein Vater. Der unter der Regie von Rowland V. Lee entstandene Film ist brutaler geraten als seine Vorläufer. Das Frankenstein-Monster verursacht eine regelrechte Mordorgie. Zur Strafe endet es diesmal in einem Bottich mit Schwefelsäure. Allerdings erfahren wir in »The Ghost of Frankenstein« (1942), daß die Schwefelgrube der Kunstkreatur anscheinend nicht dauerhaft geschadet hat. Ein Blitzschlag darein hat das Monster nämlich reanimiert, so daß es seine Untaten von Neuem beginnen kann. »Frankenstein Meets the Wolf Man« (1943) entstand offensichtlich in der Absicht, zwei lukrative Horrorgestalten miteinander zu verbinden, die zusammen noch mehr Geld einspielen sollten. Der 1948 gedrehte Film »Abbott and Costello Meet Frankenstein« ist eine gelungene Horror-Komödie in der neben Frankenstein noch einige andere Horror-Kollegen auftreten, so der unsichtbare Mann, der Wolfmann und natürlich Dracula.

1957 startete Frankenstein eine neue Kinokarriere. Diesmal entsprang er dem britischen Hammer Films-Studio. Mit »Frankensteins Fluch« (The Curse of Frankenstein) beginnt zugleich die Farbfilmära für das Frankenstein-Monster. Der von Terence Fisher gedrehte Film lehnt sich recht frei an Mary Shelleys Vorlage an. Anders als die Hollywood-Produktionen lenkte Fisher die Aufmerksamkeit mehr auf den besessenen Wissenschaftler als auf die Frankenstein-Kreatur. Der von Peter Cushing gespielte Baron Frankenstein zeigt einen zwanghaften Charakter. Seine Kälte entspringt nicht der Nüchternheit des Wissenschaftlers, auch nicht der Gleichgültigkeit eines seelisch phlegmatischen Naturells. Sein kaltes Feuer hat vielmehr darin seine Ursache, daß dieser Wissenschaftler – der neues Leben kreieren will – nicht einmal Herr seiner selbst ist. Er ist im Grunde genommen nur eine Marionette des »Fortschrittes«. Die Rolle der Frankenstein-Kreatur übernahm Christopher Lee, der ein Jahr später bei Hammer Films seine Weltkarriere als Dracula startete. Da die Monstermaske von Boris Karloff urheberrechtlich geschützt war, bekam Lee ein verkohltes und vernarbtes Muskelgewebe als Gesichtsmaske. Obgleich diese Maske ekelhafter wirkt als die von Karloff, besitzt sie doch bei weitem nicht deren archetypische Durchschlagskraft.

»Frankensteins Fluch« war der Auftakt zu einer ganzen Reihe von Frankenstein-Filmen aus der Hammerproduktion. Ihm folgten z. B. 1958 »Frankensteins Rache« (The Revenge of Frankenstein), 1964 »Frankensteins Ungeheuer« (The Evil of Frankenstein), 1969 »Frankenstein muß sterben« (Frankenstein Must Be Destroyed) oder 1970 »Frankensteins Schrecken« (The Horror of Frankenstein). Die Qualität der Filme ist äußerst schwankend, ihr Bezug zu Mary Shelley nur rudimentär.

Um Romantreue hingegen bemühte sich die amerikanische Produktion von »Frankenstein« aus dem Jahr 1973, in der Glenn Jordan Regie führte. Ihm gelingt es, ein Monster zu schaffen, das überaus sensibel ist und an dem Schrecken, den seine Erscheinung allenthalben auslöst, selbst zugrunde geht. Im gleichen Jahr entstand auch die angloamerikanische Fernsehproduktion »Frankenstein:The True Story« – mit vier Stunden Spieldauer die bisher längste Verfilmung. Die um Authentizität bemühte Verfilmung läßt die Geschichte erstmals romangerecht in den Weiten des Polarmeeres enden. Ebenfalls von 1973 ist »Flesh for Frankenstein: Andy Warhol's Frankenstein«. Eine schrille Produktion, in der es in erster Linie um Kopulation, aufgeschlitzte Bäuche, Blut und Gedärme geht. 1974 entstand »Frankenstein Junior« von Mel Brooks. Der Film ist eine gelungene Parodie des Frankenstein-Themas. Auch in dem Kultspektakel der »Rocky Horror Picture Show« (1975) spielt Frankenstein, herausgestellt an der Figur des Frank N. Furter, eine dominierende Rolle.

Keine der bisher aufgezählten Frankenstein-Verfilmungen – wobei die genannten natürlich nur eine Auswahl bilden[10] – kann sich rühmen, Mary Shelleys Originalstory so gewissenhaft übernommen zu haben, wie dies Kenneth Branagh 1994 in seinem »Mary Shelleys Frankenstein« tat. Der Film entstand übrigens kurz nach »Bram Stokers Dracula« (1992), dessen Regisseur Francis Ford Coppola sich mit der gleichen, um Authentizität bemühten Intention dem Dracula-Stoff genähert hatte, wie Branagh das nun bei Frankenstein tat. Dieser Film, in dem Branagh selbst die Hauptrolle von Victor Frankenstein übernimmt und Robert De Niro die Kreatur spielt, respektiert in viel stärkerem Maße als irgendeiner der vorgehenden Interpretationen die Geschichte von Mary Shelley. Branagh interpretiert Dr. Frankenstein als einen leidenschaftlichen, gleichwohl aber gefährlich pragmatischen Wissenschaftler. Dadurch gerät Victor Frankenstein nicht zum hysterischen Sonderling, sondern er ist ein begabter und ehrgeiziger Vertreter seiner Zunft, der dem ganz »normalen« Machbarkeitswahn erlegen ist. Robert De Niro mimt hinter einer aufwendigen und schreckenerregenden Maske die differenzierteste Gestalt einer Frankenstein-Kreatur, die bisher auf der Leinwand zu sehen war. Verglichen mit seinen meist tumben Leinwandvorgängern besitzt er nahezu die Artikulationskraft eines Bildungsbürgers. Sein Verstoß aus der menschlichen Gesellschaft läßt ihn furchtbar leiden, aber im Endergebnis auch sehr boshaft und neidisch auf jedes menschliche Glück werden. Im Film hat man versucht, sich auf De Niros Augen bzw. auf die des Monsters zu konzentrieren, und sich darum bemüht, die Seele hinter diesem Gesicht mit den unzähligen Narben und Wunden zu finden. Doch so anrührend De Niros Spiel mitunter auch ist und so sehr er Mary Shelleys literarischen Vorstellungen, was die Gestaltung der Kreatur betrifft, nahegekommen sein mag – Frankenstein wird in der allgemeinen Vorstellung immer nur einer sein können: Boris Karloff. Er – und sein Maskenbildner – haben einer Populärmythe auf ewig ihre prägnante Gestalt verliehen!

Zwischen Cybersex und virtuellen Realitäten

Willkommen im www.! Längst gehen Krethi und Plethi im Datenreich ein und aus. Vorbei die Zeiten, als nur eine kleine Forscherelite im Internet herumtappte. Es wächst eine Online-Generation heran, die sich im virtuellen Supermarkt genauso heimisch fühlt, wie das die eigenen Groß- und Urgroßeltern noch im Tante Emma Laden taten. Wie nahezu überall strebt die Technik zur Masse. Der Computer gehört längst zum Alltag. Kaum ein Artikel, den der Konsument nicht via Internet bestellen könnte. Doch der Computer allein ergibt noch keine Virtuelle Realität (VR). Zur VR bedarf es noch bestimmter Hilfsmittel. Das wohl bekannteste Beispiel hierfür sind die mit Computersystemen verbundenen Spezialanzüge, ausgestattet mit sensorischen und motorischen Elementen. Dazu gehört ein Helm mit optischen und akustischen Vorrichtungen. Der Mensch in dieser Ausrüstung erlebt hautnah eine vom Computer erzeugte Scheinwelt. Er sieht, hört und fühlt das, was ihm der Rechner vorgibt. Er kann die »virtuelle Welt« direkt beeinflussen, kann sich in ihr bewegen und nach Gegenständen greifen – die Beschränkungen, die uns die »reale Welt« auferlegt, sind hier nicht mehr gültig. Allerdings wird der Begriff der virtuellen Realitäten mitunter auch weiter aufgefaßt. Nämlich dann, wenn damit die Welten der im Computer bzw. im Datenreich gespeicherten, manipulierbaren und abrufbaren Daten bezeichnet werden. Bei dieser Definition würde also schon der Einstieg ins Internet genügen, um uns mit Virtuellen Realitäten zu konfrontieren. Die Bezeichnung »Cyberspace« (kybernetischer Raum) stammt aus dem Buch »Neuromancer« (1984) des SF-Autoren William Gibson. Er umschreibt einen künstlich geschaffenen Raum, eine reine Software-Welt, übertragen und umgesetzt durch Computer, für Menschen zugänglich durch direkte Gehirnkopplung. Was diesen Begriff so populär gemacht hat, ist sein Bezug zur aktuellen Entwicklung; denn de facto beschreibt der SF-Name Cyberspace von seinem Erlebniswert her genau dasselbe wie das aus der Wissenschaftssprache abgeleitete Wort der Virtuellen Realität (VR) – es klingt nur beeindruckender!

Maler, Bildhauer, Film-, Fernseh- und Theaterregisseure – sie alle wissen sehr genau um die Macht der Illusion. Sie bedienen sich ihrer, um ihre Geschichten zu erzählen, um zu unterhalten und vor allem um die gewohnten Sehweisen in Frage zu stellen. In dieser Hinsicht haben Theater und Kino, Fernsehen und Kunst etwas Wichtiges mit der Virtuellen Realität gemein: Sie setzen Illusionen an die Stelle der alltäglichen Wirklichkeit oder bringen sie sogar absichtlich durcheinander. Illusionistische virtuelle Welten unterscheiden sich dennoch in einigen zentralen Punkten von jenen Kunstwelten, die der Film, das Fernsehen oder ein Gemälde vor uns erstehen lassen. Im wesentlichen handelt es sich um folgende: VR ist dreidimensional und dadurch von der Wirkung intensiver, wir verhalten uns nicht passiv, sondern können mit unserer neuen »Wirklichkeit« in Interaktion treten, wir betrachten sie nicht nur von außen, sondern tauchen in eine neue, »lebendige« Welt ein.

Bei der VR handelt es sich – natürlich – um eine sehr zweischneidige Angelegenheit. Daher stößt sie sowohl auf freudige Erwartung als auch auf entsetzte Ablehnung. So erblickte z. B. der Medienwissenschaftler Herbert Marhall McLuhan bereits in den sechziger Jahren in der Durchsetzung der neuen elektronischen Medien eine Chance dazu, die bewußte Weiterentwicklung des menschlichen Aufnahmevermögens durch neue Welten zu ermöglichen.[11] Der Drogenguru Timothy Leary sah in den achtziger Jahren mit dem Cyberspace eine neue, wunderbare Phase der Menschheitsgeschichte heraufdämmern, in der wir uns alle – gewissermaßen in einer virtuellen Love-and-Peace-Aktion – miteinander vernetzen könnten.[12] Spätestens seit 1989, als den sozialen Utopien nahezu jeder Kredit verlorengegangen ist, haben auf der anderen Seite die individualistischen Vervollkommnungsträume einen ungeheuren Boom erlebt. Gerade die VR scheint dem privaten Glück ganz neue Möglichkeiten zu offerieren.

Der Cyberforscher Howard Rheingold glaubt, daß im Cyberspace die Menschen einander endlich »pur« begegnen könnten, ohne daß derart »lästige« Dinge wie Geschlecht, Alter, Nationalität und Aussehen noch eine Rolle spielten. Selbst Menschen, deren Behinderungen es ihnen bisher erschwerten, neue Freundschaften zu schließen, könnten nun feststellen, daß virtuelle Gemeinschaften sie so behandeln, wie sie sich das bisher immer gewünscht haben: als Denker, als Übermittler von Ideen, als Wesen mit Gefühlen, nicht als bloße Körper mit einem bestimmten Aussehen und einer bestimmten Art zu gehen und zu sprechen – oder nicht zu gehen oder zu sprechen.[13]

Neben diesen »Frei wie ein Vogel sein«-Visionen gibt es aber noch ganz handfeste Gründe, die Virtuelle Realität zu begrüßen. Diese finden sich bei allen Berufssparten, die durch VR im weitesten Sinne einen Gewinn erzielen. Dazu zählen etwa Architekten und ihre Klienten, die nun virtuelle Häuser »begehen« können. Nur ein Tastendruck und das Gebäude verändert sich: Wände werden eingezogen, Durchbrüche geschaffen. Im medizinischen Bereich können chirurgische Eingriffe simuliert werden, um so Operationsrisiken besser kalkulierbar zu machen. Es werden sich virtuelle Museen errichten lassen oder virtuelle Schulen mit Künstlichen Intelligenzen als Lehrer, in denen man vergangene Zeiten wiedererwecken oder physikalische Effekte demonstrieren kann. Virtuelle Arbeitnehmer sind bereits heute in der Autoindustrie beschäftigt. Sie helfen, Montagebänder und Fahrzeuge zu verbessern. Aber ebenso begegnet uns die VR in Spielhallen oder als militärische Simulatoren beim Kriegsspiel.

Gerade die beiden letztgenannten Verwendungsbereiche machen uns klar, daß die neue Zauberwelt auch kritische Stimmen hervorrufen muß. Zu den Hauptbedenken gehört sicherlich, daß wir uns im Cyberraum verlieren können. Bereits durch das Fernsehen geht der Mensch der Gesellschaft ja z. T. verloren: Die Außenwelt plaziert sich zwar in unser Wohnzimmer, aber gerade dadurch schwindet die Lust, selbst einzugreifen. Der Glotzer glänzt durch visuelle Teilnahme, nicht durch aktive Teilnahme. Je mehr ein Mensch fernsieht, desto weniger zeigt er Interesse an der »wirklichen« Außenwelt. Der Cyberspace bietet hier natürlich noch ganz andere Möglichkeiten: wie der Junkie an seiner Nadel droht der VR-Konsument an seiner Wunderwelt zu kleben, ohne daß ihn die graue Normalwelt noch locken könnte.

Mit zwei Grundtrieben hat die Natur den Menschen ausgestattet: mit dem der Arterhaltung und dem der Selbsterhaltung. Die Selbsterhaltung erfolgt über die Nahrungsaufnahme, die Arterhaltung über den »Umweg« der Sexualität. Bei dem Menschen der Gegenwart reduziert sich die Arterhaltung häufig auf den »Umweg«, ohne an ihr eigentliches Ziel, die Fortpflanzung, zu gelangen. Mit dem Cyberspace wird sich dieser Prozeß verstärken; denn dann besteht die Möglichkeit, daß selbst die Sexualität in ihrem ursprünglichen Sinn nicht mehr stattfindet. Zumindest braucht der VR-Konsument zur Befriedigung seiner erotischen Wünsche kein menschliches Gegenüber mehr – ein lockendes Trugbild, seinem Computer entstiegen, mag ihm genügen. Damit sind wir mitten in ein Thema gelangt, das natürlich sofort mit dem Aufkommen der neuen Technologie die Gemüter erhitzt hat: Cybersex!

Es muß zugegebenerweise sehr verführerisch sein, sich so viele Liebespartner – und das ganz nach eigenen Vorstellungen – herbeizuwünschen bzw. »herbeizuzeugen«, wie man nur möchte, aber andererseits liegt genau darin auch das Problem. Wer per Knopfdruck gleich die IdealpartnerIn findet wird sich im realen Leben vielleicht gar nicht mehr die Mühe machen, eine *wirkliche* PartnerIn, ausgestattet mit *wirklichen* Mängeln, zu suchen. Der Liebestrunkene rutscht so fast zwangsläufig immer tiefer ab in einen imaginären Venusberg – stets neu wachgekitzelt, dabei niemals eine tiefere geistig-seelische Befriedigung findend. Der rasende Sexaholic, ausgestattet mit Cyberbrille und aufgeheizter Festplatte – ist das etwa das neue Paarungsbild des künstlichen Tieres Mensch?

Die schöne neue Cyberwelt als Suchtmittel für labile, verhaltensgestörte oder vielleicht nur bequeme Menschen, so sieht es ein Teil der Kritiker.[14] Andere befürchten gar eine »Cyberdiktatur«. So etwa David Brown in seinem gleichnamigen Buch.[15] Der Wirtschaftsjournalist Brown hat weniger den fiebrigen Cyberjunkie vor Augen als vielmehr die »Herrscher der Netze«. Nach Brown werden nicht alle von den neuen Medien profitieren, sondern nur wenige. Unsere Demokratie, die auf dem Ausgleich von Interessen beruht, wird, so Brown, untergraben von Informationsdiktatoren, deren einziges Ziel die Entfaltung ihrer eigenen wirtschaftlichen Macht ist. Keine nationale Politik kann in Zukunft diese Macher stoppen, da sie international agieren. Niemand weiß, welcher Informationsstrom in die Netze fließt, da keiner mehr die Möglichkeit hat, die Netze zu durchschauen.

Über die Folgen der sich entwickelnden Internet- und VR-Revolution läßt sich zumindest folgendes prognostizieren: Das Leben des künstlichen Tieres Mensch wird sich entschieden weiter verkünstlichen und ihn immer stärker von einer Scheinwelt, einer »privaten Öffentlichkeit«, heraus agieren lassen. Die Erkundung der Welt wird von daheim aus erfolgen. Viele Berufe und auch der Konsum lassen sich via Netz vom heimischen Sofa aus erledigen. Auch werden nicht nur sinnliche und sexuelle Kontakte, sondern simulierte Romanzen und Abenteuer jeglicher Art in der sich anbahnenden Cyberwelt eine große Rolle spielen. Man könnte als Flaneur die virtuelle Champs-Élysées entlangschlendern, träge am virtuellen Strand von Sylt herumlungern oder schußbereit als Großwildjäger in einem simulierten Wildpark von Kenia auf Lauer liegen. Ebenso könnten sich persönliche Beziehungen ausschließlich im Cyberland abspielen.

Aber werden wir, wenn wir die gepflegten, heiter von Sonnenstrahlen umspielten virtuellen Champs-Élysées entlangschlendern können, auch noch Lust dazu haben, die *wirklichen* aufzusuchen, zumal wenn es in der grauen Realität regnen könnte und an jeder Straßenecke mögliche Taschendiebe auf uns lauern? Die Folgen dieser privaten Öffentlichkeit sind für den öffentlichen Raum gar nicht hoch genug einzuschätzen. Unsere Städte werden weiter veröden und zahlreiche Gebiete zu rechtsfreien Räumen herabsinken. Schon heute gibt es in den USA Viertel, die »aufgegeben« wurden und in die sich selbst ein Polizist kaum noch hineinwagt. Auf der anderen Seite entstehen in Amerika – aber auch in zahlreichen Teilen der Dritten Welt – abgezäumte und gesicherte Sperrgebiete für die Reichen. Ideale Trauminseln für den Cyberspace – während draußen in der »Wildnis« die Welt immer unwirtlicher und unwirklicher wird …

Schein und Sein, Mensch und Maschine, selbst Leben und Tod, alle diese Dinge werden aufhören, Gegenpole zu bilden, sondern miteinander in enge, ungewohnte Beziehungen treten. Die Möglichkeit der Simulation von Parallelwelten in nahezu sämtlichen Bereichen wird unsere tradierten Begriffe von Wirklichkeit möglicherweise immer stärker auf den Kopf stellen. Die »Realität« wird es dann kaum noch geben, statt dessen wird eine bizarre Vielfalt von Realitäten auf uns einstürzen. Dabei hatten Aufklärung, Naturwissenschaft und die sich daraus entwickelnde Industriegesellschaft die Welt zunächst auf eine Art und Weise klar und verständlich gemacht, wie sie das für die Menschen zuvor nie gewesen war. Die Schwerindustrie des 19. Jahrhunderts lief einher mit einem philosophischen Materialismus, der allen alten Weltenzauber in Nüchternheit umwandelte. Aber schließlich war es die Naturwissenschaft selbst, etwa mit der Relativitätstheorie oder der Quantenphysik, die dem schlichten, stoffverliebten Materialismus des 19. Jahrhunderts den Boden entzog. Seit endlich der Mensch damit beginnt, in virtuelle Welten einzutauchen, löst sich das feste Stoffgespinst auf, in das Eisenhämmer und ratternde Pferdestärken unser Dasein gespannt hatten. Die Welt wird wieder leichter, flüchtiger, verwirrender. Die virtuelle Welt triumphiert über die bloße Materie und deren Schwere und bietet eine Vielzahl neuer, flüchtiger Realitäten an. Die Geister, Monster und Dämonen, die einst von Naturwissenschaft und Aufklärung vertrieben wurden, kehren nun, ausgerechnet als Resultate eines kalten Rationalismus, in der neuen Wirklichkeitsvielfalt wieder. Schon bilden sich eigenständige Künstliche Intelligenzen wie Agenten und Personoiden im Netz heraus. Lara Croft (Abb. 38) und Kyoko Date haben bereits den Stand von Cyberstars erreicht. Aber das ist erst der Anfang: In den künftigen Cyberwelten werden ganze Legionen der seltsamsten Geschöpfe, Feen und Unholde jeglicher Coleur gezeugt

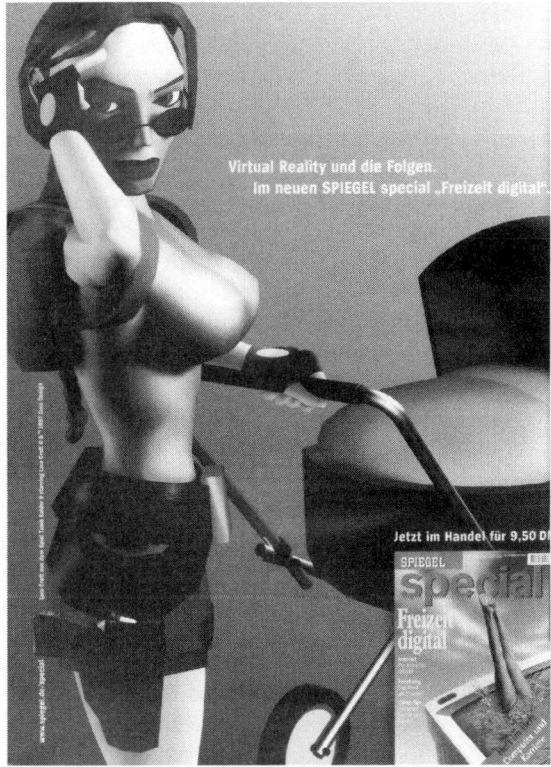

Abb. 38: *Lara Croft sorgt für den virtuellen Nachwuchs.*

werden können. Die Welt wird wieder zu einem unentwirrbaren Fantasyland werden. Und wir altneue Menschen sind mittendrin, als Cyborgs können wir uns mit allen und jedem paaren, können eintauchen, abtauchen und verschwinden und uns endlos mischen – Multikulti einmal auf eine wirklich innovative Weise. Die Praktiken des Dr. Frankenstein wirken dagegen wie die eines Waisenknaben aus längst vergangenen Tagen!

Wenn der Mensch im Cyberspace verschwindet, dann tritt eine Umkehrung ein: Nicht mehr das künstliche Geschöpf tritt in die natürliche Welt ein, sondern ein aus der Natur stammendes Wesen verliert sich in den endlosen Weiten künstlicher Realitäten. Aber vielleicht sind derartige Aufteilungen in »künstlich« und »natürlich« sowieso in einer sich anbahnenden postbiologischen Welt überholt und lassen sich beim künstlichen Tier Mensch nicht mehr anwenden. Zumindest wird darüber spekuliert, daß es in einer nicht allzu fernen Zukunft möglich sein könnte, unseren Körper, unsere Bewegungen und unsere Stimme via »bodymapping« zu kopieren und selbst unser komplexester Teil, das Gehirn, soll sich dann in die Netzwelt einscannen lassen. Unsere virtuellen Klone würden dann die vollkommene Trennung von unserem irdischen Ursprung vollzogen haben: Sie sind weder materielle noch biologische Geschöpfe mehr, sondern nur noch spirituelle und künstliche Wesen. Damit hätte sich freilich das Verhältnis von Herr und Knecht umgekehrt: Die Maschine – sprich Computer – hätte den Menschen aufgesogen und könnte sich seinen Geist wie ein gewaltiger Hirnvampir einverleiben, um damit zum global vernetzten Superhirn aufzusteigen. Würden dann auch die Worte wahr werden, die die Kreatur an Dr. Frankenstein gerichtet hatte: »Du bist mein Schöpfer, doch ich bin dein Herr?«[16]

Die Geschichte der Virtuellen Realität fängt nicht erst in den achtziger Jahren an, als die Computerinvasion begann und der Moderterminus Cyberspace geprägt wurde. Wenn wir von religiösen, mystisch erlebten Geistwelten einmal absehen und uns auf technische Visionen beschränken, finden wir bereits in den fünfziger und sechziger Jahren bei Kybernetikern, Künstlern, Filmemachern und SF-Autoren Ansätze zu Virtuellen Realitäten. Kybernetiker wie Norbert Wiener und Karl Steinbuch entwarfen Pläne für Automaten, die sich mit ihrer Umwelt mehr oder weniger intelligent auseinandersetzen sollten. Sie entwickelten zu diesem Zweck das Konzept eines »internen Modells der Umwelt« – einer vereinfachten Abbildung der Welt in der Software. Künstler wie Peter Weibel und Walter Pickler erkundeten die Möglichkeiten virtueller Rauminstallationen. Filmtechniker wie Morton Heilig und Ivan Sutherland versuchten, das konkurrierende Fernsehen auszustechen, indem sie dem Zuschauer mehr boten als die Mattscheibe: räumliches Bild und räumlichen Ton – selbst Vibrationen und Gerüche. Die SF nahm die kommenden technischen Möglichkeiten visionär vorweg: Stanislaw Lem entwarf in seiner »Summa technologiae« (1964) seine Konzeption von simulierten und imitierten Welten – die er Phantomatik taufte. In Romanen und Erzählungen, etwa von Philip K. Dick oder auch von Herbert W. Franke, können die Protagonisten oft nicht mehr unterscheiden, ob sie sich in der herkömmlichen Wirklichkeit oder in einer simulierten befinden. In Virtuellen Welten wird gelebt, gehandelt, intrigiert, gekämpft, geliebt und selbst gestorben.

Einen der faszinierendsten Ausflüge in die verwirrende Cyberwelt legte 1964 der amerikanische Schriftsteller Daniel F. Galouye mit seinem Roman »Simulachron – 2« vor. Der Roman, der ein Jahr später auf deutsch unter dem Titel »Welt am Draht« erschien, wurde

1973 in einem Fernsehzweiteiler von Rainer Werner Faßbinder ver-filmt. Galouye erzählt die Geschichte von einem Team von Techni-kern, Soziologen und Psychologen, das eine komplette neue Welt am Draht simuliert. Bäume, Straßen, Häuser, Parks, vor allem aber Men-schen – Arbeiter, Sekretärinnen, Techniker, Soziologen usf. – sie alle »beleben« die neue Computerwelt. Dabei ist in diesem künstlichen Kosmos keineswegs alles gesteuert und vorprogrammiert, eine ge-wisse Entscheidungsfreiheit bleibt den Cyberwesen. Der Zweck des Ganzen ist nämlich eine Art perfektionierte Futurologie: Die simu-lierte Bevölkerung wird permanent irgendwelchen Tests unter-worfen – wie reagiert sie auf ein Rauchverbot, auf ein Ein-Parteien-System, auf Umweltzerstörung? – daraus können dann mehr oder weniger sichere Prognosen für die Entwicklung der eigenen »wirk-lichen« Gesellschaft gewonnen werden. Der Clou des Romans liegt aber woanders: Nach und nach kommt der Held aus der »wirk-lichen« Welt einem für ihn zunächst unglaublichen Phänomen auf die Spur – auch er ist nur der Bewohner einer Welt am Draht ...

Die Welt am Draht – was wird sie für uns »wirkliche« Menschen bringen? Mit Überraschungen ist auf alle Fälle zu rechnen; denn menschliche Erfindungen weisen im nachhinein oft paradoxe Wir-kungen auf. Als z.B. der Alchemist Ko Hung vor etwa 1700 Jahren sein neu erfundenes Schießpulver in Peking der Öffentlichkeit vor-führte, wurde er als Retter der Menschheit bejubelt: Er wollte damit das Elixier der Unsterblichkeit finden. Es vergingen weitere fünf-hundert Jahre, bis man es dazu benutzte, das erste kunstvolle Feuer-werk der Weltgeschichte zu veranstalten. Von da an dauerte es aller-dings nur noch sechzig Jahre, bis ein scharfsinniger, wenngleich nicht unbedingt pazifistisch gesonnener junger Mann sein Potential als Waffe erkannte. Die Verwendung des Schießpulvers hatte eine Kehrt-wendung um 180 Grad erfahren. Statt der Unsterblichkeit zu dienen, wurde es zu einem Werkzeug des Todes.

Und zu welchem Paradoxon mag uns die Welt am Draht führen? Zumindest ein Ansatzpunkt schält sich dazu schon deutlich heraus: Der Computer trat in unser Dasein, um unsere Welt zu vereinfachen. Punktuell hat er das mit Gewißheit auch getan. Aber insgesamt be-trachtet läuft die Entwicklung wohl eher in die entgegengesetzte Richtung, nämlich unser Dasein zu verkomplizieren und uns mit vorher unbekannten Zwängen und Abhängigkeiten zu überhäufen. Und die Virtuellen Realitäten endlich, sie werden uns wahrschein-lich unsere letzten Gewißheiten rauben – denn was wird sein, wenn keiner mehr so genau weiß, was eigentlich Schein und Sein, wirk-lich und unwirklich ist?

VII. Das kalte Herz
oder das mechanische Leben

L'homme machine

»Aber wenn nun alle Fähigkeiten der Seele dermaßen von der eigentümlichen Organisation des Gehirns und des ganzen Körpers abhängen, daß sie augenscheinlich nur eben diese Organisation selbst sind, so haben wir eine sehr erleuchtete Maschine vor uns.«[1]

Diese Worte stehen am Anfang eines Aufsatzes, der die Welt verändert hat: »L'homme machine« (1748) – der Mensch eine Maschine, von Julien Offray de La Mettrie (1709–1751). Allerdings war die Idee, Lebewesen als Mechanismen, als »Uhrwerke« zu betrachten, damals keineswegs mehr neu; bereits die antike Philosophie und Literatur kannten dieses Motiv. Neu war allerdings die Radikalität, mit der das mechanische Weltbild verfochten und auf die Menschen ausgedehnt wurde, die für La Mettrie nur »senkrecht kriechende Maschinen« waren.

Eine materialistische Sicht des Menschen begegnet uns im Altertum schon bei Demokrit, Epikur oder Lukrez. Für sie war die Seele materiell, wenn auch feinstofflicher als der übrige Körper. Die Seele ist hier etwa einem warmen Lufthauch zu vergleichen, dabei aber als ein Bestandteil des körperlichen Lebens, als ein Organ zu sehen; denn geht der Körper zugrunde, dann geht auch die Seele mit ihm zugrunde. Empedokles hatte das gesamte All als ein riesiges mechanisches Gebilde gedeutet, das sich gewissermaßen auf Grund einer kosmischen Wahrscheinlichkeitsrechnung »zufällig« realisiert habe.

Mit dem Untergang der antiken Welt verschwanden solche Vorstellungen für über 1000 Jahre nahezu vollkommen aus dem menschlichen Bewußtsein. Ihre Wiedergeburt ist vor allem einer Person zu danken: dem französischen Philosophen und Mathematiker René Descartes. 1637 erschien Descartes' berühmter »Discours de la Méthode«. Descartes wendet dort die Gesetze der Mechanik und Chemie sowohl auf den Kosmos als auch auf das organische Leben an. Die Welt ist für ihn eine riesige Maschine, die wie ein gewaltiges Uhrwerk funktioniert. Tiere sind ihm nichts weiter als bloße Automaten, freilich recht diffizile, kunstvolle Automaten, deren Konstruktion aber vielleicht eines Tages dem Menschen gelingen könnte. Descartes vertrat sogar die Meinung, daß Tiere als bloße Maschinen keinen Schmerz empfinden könnten. Dieser Gedanke führte bei seinem Schüler Malebranche angeblich dazu, daß er seinen Hund schlug, weil er fest überzeugt war, das Winseln und Jaulen sei kein Zeichen des Schmerzes, sondern ein durch Luftbewegungen in einer vibrierenden Röhre entstandener Klangeffekt. Auch der menschliche Körper ist für Descartes nichts weiter als eine Maschine, die aus Knochen, Nerven, Muskeln, Adern, Blut und Haut besteht. Allerdings besitzt der Mensch seiner Ansicht nach als einziges Lebewesen noch eine Seele, die denkende Substanz, wovon das Sprachvermögen und die menschliche Vernunft zeugen. Diese Seele ist für Descartes immateriell und wurde dem Menschen von Gott eingehaucht. Gott ist auch der Schöpfer des gewaltigen kosmischen Räderwerkes. Descartes ist also trotz seines mechanistischen Weltbildes kein Atheist gewesen, sondern überläßt Gott noch den Posten eines Universalmechanikers.

Obgleich Descartes' Ideen – nicht zuletzt von kirchlicher Warte aus – alles andere als unumstritten waren, löste er damit bald eine »mechanistische« Welle aus. So übertrug z. B. der englische Philosoph Thomas Hobbes in seinem »Leviathan« (1651) Descartes' Maschinenvorstellung auf den Staat, dessen »Staatskörper« für ihn nichts anderes darstellt als eine Art »künstliches Tier«, geschaffen vom Menschen durch Verträge und Übereinkommen, um das eigene Überleben zu sichern. Inspiriert von Descartes' Ideen war sicherlich auch der geniale Mechaniker Jacques de Vaucanson, der 1738 seinen ersten Androiden, den »Flötenspieler«, einer begeisterten Öffentlichkeit vorstellte. Übrigens stand bereits Descartes aufgrund seiner theoretischen Erwägungen in dem Ruf, ein heimlicher Automatenkonstrukteur zu sein. Man behauptete, daß er eine menschenähnliche Puppe namens Francine gebastelt habe, die er beständig mit sich führte, bis sie ein abergläubischer Kapitän, als Descartes eine Seereise unternahm, während eines Sturmes über Bord werfen ließ, um so das Schiff vor dem Untergang zu bewahren. Die Automatenpuppe habe Descartes aus Schmerz über den Verlust seiner im Alter von fünf Jahren gestorbenen Tochter gebaut, die Francine hieß.

Der Arzt und Philosoph Julien Offray de La Mettrie tat im Grunde genommen nichts anderes, als die Gedanken Descartes – zusätzlich durch die Automatenkunst Jacques de Vaucansons angeregt – konsequent zu Ende zu denken. Wenn das Tier eine Maschine war, dann war auch der Mensch eine Maschine, nur mit einem etwas komplizierteren Mechanismus. Auf Gott und die immaterielle Seele des Menschen konnte der Materialist La Mettrie gut verzichten. Indem La Mettrie nur »eine Substanz auf dieser Welt« annimmt, nämlich die

Materie, gab er auch den bei Descartes noch bestehenden Dualismus Leib-Seele auf. Das Wesen des Menschen ließ sich für ihn ausschließlich durch eine genaue anatomische und physiologische Beobachtung enthüllen. Der Metaphysik und Theologie sollte der Mensch als Spekulationsobjekt möglichst ganz entzogen werden.

Sowohl das Denken als auch das Empfinden sind für La Mettrie ein physikalischer Vorgang, eine Leistung des »Gehirnmuskels«. Auch das Tier »denkt« und fühlt mit so einem »Gehirnmuskel«. Anders als bei Descartes gibt es bei La Mettrie zwischen Mensch und Tier keinen fundamentalen, sondern nur einen graduellen Unterschied. Das ist auch der Grund dafür, weshalb er allen Ernstes davon ausging, daß man junge Menschenaffen bei geeigneter Erziehung zu Menschen machen könne. Der Mensch ist für ihn im Vergleich zum Affen nur das klügere Tier, ebenso wie es neben relativ einfachen Uhrwerken auch hochkomplexe gibt.

La Mettrie kam zu seinen Ansichten allerdings nicht nur über die Philosophie Descartes' oder die Automatenkunst des Mechanikers Vaucanson. La Mettrie war Arzt. Seine frühen Texte kreisen in der Hauptsache um medizinische Themen: etwa venerische Krankheiten oder Epidemien. Auf einem Feldzug, den La Mettrie als Arzt mitgemacht hatte, konnte er bei sich und seinen Patienten die unmittelbaren Zusammenhänge beobachten, die zwischen psychischem und physischem Befinden bestehen. In langer Reihenfolge zählt La Mettrie in »L'homme machine« die Beweise dafür auf, daß die »Seele« vom Körper abhängig ist: Schlaflosigkeit, Wahnsinn, Phantomschmerzen, Gifte und Drogen, Schwangerschaft und Wetterfühligkeit – an all diesen Zuständen kann man erkennen, daß die Seele nichts weniger als souverän ist. Jede Verkühlung oder Verstopfung macht mißmutig, und schließlich hängt alles Leben von der Ernährung ab: »Der menschliche Körper ist eine Maschine, die ihre Federn selbst aufzieht ... Die Nahrungsmittel unterhalten die Blutbewegung ... und ohne jene siecht die Seele dahin, gerät in Wut und stirbt endlich entkräftet ... Aber ernährt den Körper, gießt in seine Gefäße kraftvolle Säfte und starke Getränke, dann wird die Seele kräftig wie jene und wappnet sich mit stolzem Mut.«[2]

La Mettries Gedanken wurden von einigen Philosophen der französischen Aufklärung fortgeführt. Beispielsweise wendet sie der aus Deutschland stammende Paul Dietrich Baron von Holbach in seinem »System der Natur« (1770) auf den Bereich der Ethik an: Der Mensch, dessen ganzes Streben auf Glück und Wohlergehen gerichtet ist, erreiche sein Ziel, wenn er sich in Übereinstimmung mit der Natur begebe und ihre universelle mechanistische Gesetzmäßigkeit vorbehaltlos auch für sich als Notwendigkeit anerkenne. Selbstverständlich trat auch der »göttliche Marquis« in die Fußstapfen La Mettries. De Sade hatte sich gern auf dessen Theorien über den maschinenhaften Charakter des Menschen bezogen, um darauf aufbauend die Phantasien seiner humanoiden Sexmaschinen zu kreieren. War La Mettrie noch konsequenter als Descartes, so übersteigt der »göttliche Marquis« in seiner Maschinenlogik selbst noch La Mettrie: Hatte dieser »nur« sämtliche Metaphysik abgeschafft, so will de Sade zugleich auch noch jede Moral abschaffen, da diese sich anatomisch nicht aus der Maschine Mensch ableiten lasse.[3]

Die weitere Entwicklungsgeschichte des Materialismus hat den engen Mechanismus eines La Mettrie als zu primitiv verworfen. Gerade das Fortschreiten der biologischen Wissenschaften hat gezeigt, daß biologisches Leben eben doch weit komplexer ist als etwa der Mechanismus einer Taschenuhr. Trotzdem hielten sich starre mechanistische Vorstellungen vom Leben und unserer »Seele« noch bis weit in das 20. Jahrhundert hinein. In der Sowjetunion galten Psychologen als »Seeleningenieure«, und sogar ein Seelendeuter vom Format eines Sigmund Freud sah anfänglich in unserer Psyche nichts weiter als eine Maschine – einen psychischen Apparat.[4]

Ist der Mensch also ein *homme machine?* Nun – er ist seit den Tagen La Mettries vor allem ein homme qui fait les machines – ein Mensch, der die Maschinen macht, geworden. Mit Beginn der Industriellen Revolution sind Milliarden von Maschinen – Tendenz steigend – entstanden. Und diese ungeheure Maschinenflut prägt schon lange das Gesicht unserer Erde und unserer Gesellschaft und damit auch das von uns selbst. Hat uns somit nicht die Natur, sondern wir selbst uns zum homme machine gemacht?

Insbesondere die amerikanische Zivilisation, die »Yankeezivilisation«, wurde von ihren – zumeist europäischen – Kritikern als Hervorbringerin des Maschinenmenschen gesehen.[5] Drug Store, Automatenrestaurant, Benzinstation, Woolworthladen, Kino und nicht zuletzt die Produktionssysteme von Henry Ford und Frederick Winston Taylor hätten mit ihren Fließbändern und neuartigen Transportsystemen den Menschen so sehr in den maschinellen Produktionseinsatz gepreßt, daß er darin selbst zur Maschine bzw. zum Rädchen im Getriebe verkümmere.

In Deutschland machte nach dem Ersten Weltkrieg das Schlagwort von der »totalen Mobilmachung« die Runde. Der gesamte Staat sollte mit seinem »Menschenmaterial« in eine permanent kampfbereite Großmaschine umgewandelt werden. Ein bedeutendes literarisches Produkt dieser Vorstellung lieferte Ernst Jüngers »Arbeiter«

(1932). Hier verschmelzen Staat, Technik und Maschine zu einer Einheit. Dabei sprengt Jüngers »Arbeiter« – der den Untertitel »Herrschaft und Gestalt« trägt – den ursprünglich in der »totalen Mobilmachung« angelegten Nationalismus vollkommen; denn die bei Jünger ausgerufene imperiale Sendung beschreibt nicht mehr einen Staat, der sich des Technischen zum Zwecke der Weltherrschaft bedient, sondern es ist das Technische selbst, das sich in planetarischem Maßstab durchsetzt. Die titanische Gewalt des Technischen zertrümmert alle herkömmlichen Bestände des Menschlichen – alles wird bedeutungslos; nur mehr die Funktion innerhalb des technischen Funktionierens zählt. Im Technischen vollendet sich der Wille zur Macht als reines Prinzip in der Form eines leeren Dynamismus der Steigerung, Perfektionierung und Ausbreitung. Damit hat die Technik aufgehört, nur ein Werkzeug des Menschen zu sein – dieses bleibt sie nur in seiner Illusion –, sondern umgekehrt, der Mensch ist zum Werkzeug der Technik geworden. Aber gerade dadurch, daß Jünger versucht hat, die hinter dem Industrialismus wirkenden Kräfte und Ideen aufzuspüren, verleiht er der Maschine Transzendenz, der Technik einen metaphysischen Urgrund und dem homme machine eine Seele!

Die erschreckende Faszination, die Jünger der Technik und dem Arbeiter als Symbolfigur des Maschinenmenschen verleiht, begegnet uns seit den 20er Jahren auch in der bildenden Kunst. Der Alltag des Maschinenzeitalters – serielle Massenproduktion, Normierung, Standardisierung, die Arbeit an der Maschine, das Leben im großstädtischen Getriebe – forderten zur Abgrenzung von der traditionellen Kunst der Salons und Galerien heraus zugunsten zeitgenössischer Techniken und Bildinhalte. Perfektion und Funktionalität, Qualitäten, die Maschinenproduktionen und Ingenieurzeichnungen anhaften, wurden für bildwürdig erachtet. Materialität, Konstruktion, Mechanik, Montage bestimmten in unterschiedlicher Weise das Kunstwerk. Damit trennte sich die Kunst von der »Natur« und dem »Menschlich-Allzumenschlichen«. Der Mensch wurde von der Maschinenwelt aufgesogen und mutierte in ihr zum homme machine. So zeigt z.B. Raoul Hausmann in seiner berühmten Plastik »Der Geist unserer Zeit« (um 1920/21, Abb. 39), einen normierten menschlichen Kopf, an dem maschinelle Alltagsprodukte und Meßinstrumente angebracht sind. Handelt es sich hier um eine künstlerische Vorwegnahme des mit Implantaten und Minicomputern ausgestatteten Menschen des 21. Jahrhunderts?

Auch Theorie und Film entdeckten ab der Zeit um 1920 den homme machine. Hier sei noch einmal an Fritz Langs großartigen Film »Metropolis« (1926) erinnert. Zehn Jahre später schrumpft der

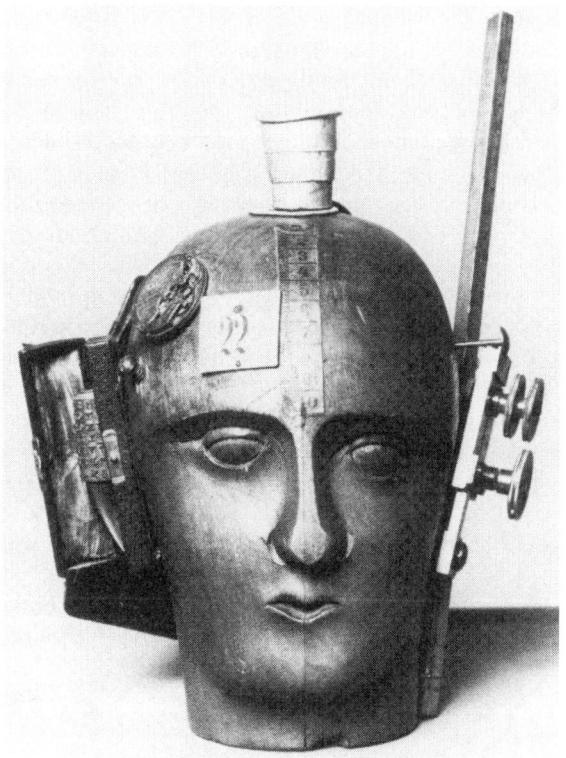

Abb. 39: *Raoul Hausmann: »Der Geist unserer Zeit« (um 1920/21).*

Mensch in Charlie Chaplins »Moderne Zeiten« zu einem Rädchen im riesigen Maschinengetriebe zusammen (Abb. 40). In der Musik erlebte der homme machine wohl seine bisher vollkommenste Verkörperung in der 1968 gegründeten Gruppe *Kraftwerk*. Keine andere Band hat das Thema Roboter so verinnerlicht wie diese. Bei Kraftwerk geht es nicht nur in den Texten und bei der Covergestaltung der Platten um die Themen Technologie, Maschinisierung und künstlicher Mensch, es ist vielmehr Hauptbestandteil eines komplexen Konzeptes geworden. »Wir sind die Roboter«, so ein Songtitel, ist nicht nur aufgesetzte Attitüde. Besonders deutlich wird das an dem Album »Die Mensch-Maschine« (1978). Auf der Plattenhülle posieren die vier Musiker im gestylten Einheitslook, mehr reine Kunstobjekte als Menschen. Ihr Roboterimage demonstrieren sie auch in ihren Live-Auftritten. Bei einigen Stücken verschwinden die Musiker ganz von der Bühne und überlassen das Feld ihren Robo-

197

terdoubles, deren Aussehen ganz nach dem der Bandmitglieder modelliert wurde.

Die Maschine ist zum Sinnbild der modernen Gesellschaft geworden. Wir sind quasi zum homme machine geraten, da wir von Maschinen umgeben sind. Stünden plötzlich alle Räder still, dann würde sofort ein Chaos mit katastrophalen Folgen für den Menschen ausbrechen. Für René Descartes war der Mensch im Gegensatz zum Tier mehr als nur eine Maschine, weil er auch eine Seele besitzt. Heute wird das eher umgekehrt gesehen. So schreibt Arno Bammé: »Durch das Maschinenhafte in uns unterscheiden wir uns vom Tier«; denn die Maschinen, so Bammé, »sind ein Teil von uns selbst, ein Teil unseres Denkens, der – von uns abgespalten – selbständige, körperliche Form angenommen hat.«[6]

Die Vorstellung, der Mensch könnte letztlich nur eine Maschine sein, gilt – oft unausgesprochen – auch für die modernen Naturwissenschaften. Mag das mechanistische Weltbild La Mettries wegen seiner Primitivität auch belächelt werden, die darin enthaltenen Grundaussagen werden weitgehend akzeptiert. Seele und Geist waren für La Mettrie schlicht »Hirngespinste«, die für die Erklärung menschlichen Verhaltens keine Rolle spielen. Auch die moderne Wissenschaft billigt ihnen keine Sonderrolle mehr zu: Für sie sind seelische Zustände

Abb. 40: *Der Mensch als Rädchen im Getriebe. Charlie Chaplin in »Moderne Zeiten« (1936).*

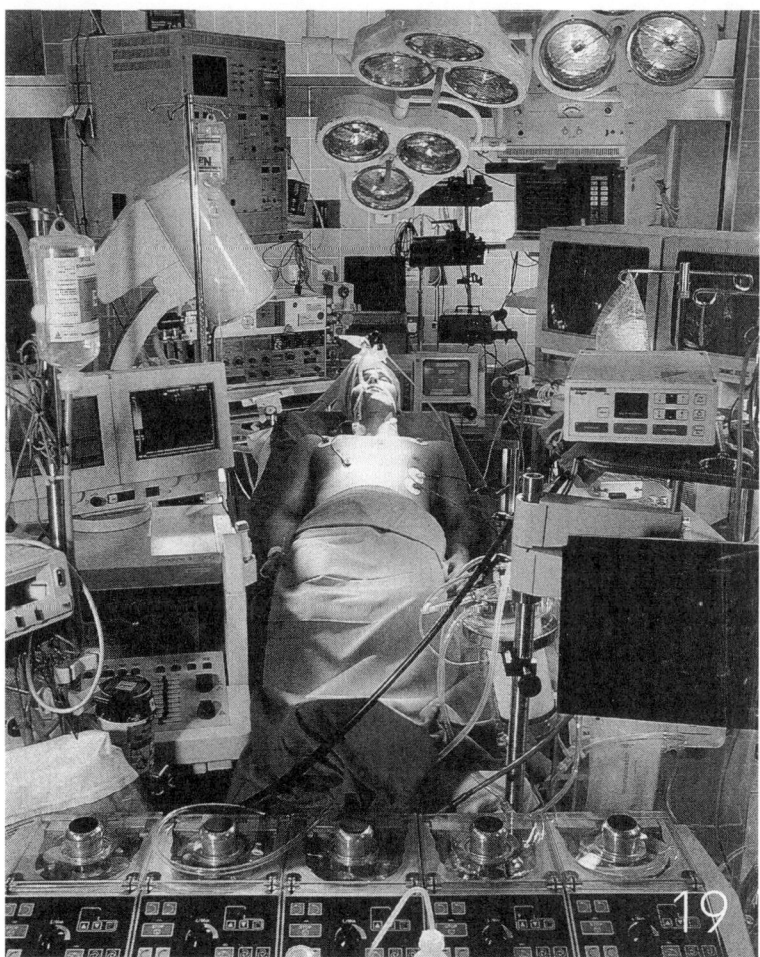

Abb. 41: *Die Maschine Mensch in der Reparaturwerkstatt.*

nur Zustände des Gehirns. Ihr neurokybernetisches Modell des Menschen läßt den Menschen allenfalls eine erleuchtete Maschine sein – doch das war er bei La Mettrie auch schon.[7] Selbst La Mettries Kollegen von heute – die Ärzteschaft – erblicken im Menschen oft nur eine Maschine, die mit Hilfe einer ausufernden Apparatemedizin wieder fit gemacht werden kann (Abb. 41). Wenn der Mensch aber tatsächlich nur eine Maschine ist, wäre da z. B. der Unterschied zwischen einem Autofriedhof und einem Schlachtfeld mit zerfetzten Menschenleibern überhaupt von einer tiefergehenden Relevanz?

La Mettrie hat nicht nur den homme machine kreiert und den sprechenden Affen prophezeit, sondern er hat sich auch dafür eingesetzt, künstliche Menschen zu bauen. Dieser Schritt ist durchaus folgerichtig; denn wenn der Mensch eine Maschine ist, warum sollte da die Maschine nicht Mensch sein dürfen? La Mettrie hatte z. B. an die Möglichkeit geglaubt, daß sich aus dem Flötenspieler des Mechanikers Vaucanson noch ein vollkommen menschenähnlicher Automat entwickeln ließe. Vaucanson hätte eben nur noch etwas mehr Kunst anwenden müssen![8]

Entwicklungsgeschichtlich läßt sich La Mettrie in folgende Linie einordnen: Auf Descartes folgte Vaucanson, auf Vaucanson La Mettrie und auf La Mettrie die blühende Androidenkultur des 18. Jahrhunderts. Und heute stehen wir beim Roboter, der vielleicht tatsächlich Mensch werden könnte – oder doch nur Monster wie die Frankenstein–Kreatur?

Der Tanz, der Marsch und die Aufziehpuppe

Nicht nur der Materialismus oder der Industrialismus haben aus dem Menschen einen homme machine gemacht. Es steckt offensichtlich von Haus aus der Ehrgeiz im Menschen, sich gelegentlich einer solchen Selbstdomestizierung zu unterwerfen, daß er im Endresultat wie ein biologischer Automat erscheint. Als Mittel dazu dienen ihm Drill und Dressur. Beides sind verwandte Erziehungstechniken, die bestimmte Lernprozesse beschleunigen wollen und dabei mit der Anwendung von physischem und psychischem Zwang operieren. Drill und Dressur zielen auf eine Verhaltenskonditionierung, die gleichsam auf eine Renaturierung hinausläuft. Zu diesem Zweck muß der Selbstbestimmungswille der Zöglinge gebrochen werden. Typische Merkmale einer solchen Umformung sind einerseits die Reduktion der menschlichen Verhaltenskomplexität auf wenige Handlungsmuster und andererseits die Anerziehung eines bestimmten Habitus. Unterstützt werden derartige Anliegen mit der Normierung unserer zweiten Haut: Egal ob Schul- oder Anstaltskleidung, Uniformen oder Trachten, Berufs- oder Hofkleidung, sie alle dienen dazu, Auftreten und Verhalten ihrer Träger zu vereinheitlichen – zu automatisieren. Manchmal wurden sogar eigene Apparate dazu entwickelt, die Dressur zum homme machine zu perfektionieren: So entwarf etwa der Arzt Daniel Gottlob Moritz Schreber (1808 bis 1861) – nach ihm wurden die Schrebergärten benannt – ortho-

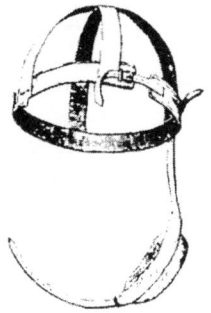 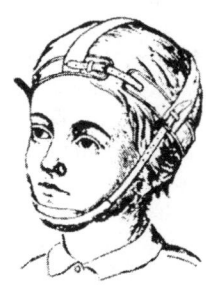

Abb. 42: *Orthopädisches Gerät zur Kinderaufzucht von Daniel Gottlob Moritz Schreber (1808–1861).*

pädische Geräte, die er Eltern und Erziehern zur kerzengeraden Aufzucht ihrer Kinder empfahl (Abb. 42). Allerdings sind offensichtlich nicht alle Menschen zur Automatenmutation geeignet: Entweder sie rebellieren dagegen oder sie zerbrechen daran. Schrebers Rezepte endeten bei seinen eigenen Kindern tragisch: Zeit ihres Lebens hatten sie mit schweren psychischen Schäden zu kämpfen. Ein Sohn beging schließlich Selbstmord, ein anderer landete auf immer im Irrenhaus.

Die Berufsgruppe, innerhalb der Drill und Dressur ihre höchste Vollendung erreicht haben dürften, ist das Militär. Interessant ist in diesem Zusammenhang, daß die militärische Revolution, die im 16. Jahrhundert einsetzte, mit einer technologischen Revolution verbunden war, die Mensch und Maschine eng zusammenschmolz. Die Einführung der Handfeuerwaffen hatte dazu geführt, daß die Soldaten in mehreren hintereinander gestaffelten Reihen aufgestellt wurden. Wenn die erste Reihe geschossen hatte, stellte sich der Schütze hinten wieder an und lud vorrückend seine Muskete. Jede Handbewegung war dabei im Detail vorgegeben. Es entstand eine Kampfapparatur, in welcher der einzelne Soldat nur mehr die Rolle eines mehr oder weniger wichtigen Rädchens in einer Militärmaschine spielte, das freilich reibungslos funktionieren sollte. Um dieses Ziel zu erreichen, waren allerdings flankierende Maßnahmen notwendig, die sich tief in das stählerne Soldatenherz einsenkten: endloses Exerzieren, Marsch und Paraden. Dazu schlug die Trommel den Takt des Gleichschritts, in dem die Formation vorrückte. Monoton, aber zugleich wuchtig und suggestiv, das einzelne Ich ausschaltend. Der Schnitt der Uniform war bis ins Detail festgelegt und schloß die Haar- und Barttracht mit ein. Selbst Mimik und Bewegung waren im Grunde genommen vorgegeben. So glich ein Soldat dem anderen, jeder war ein Rädchen, ein Automat und eine Kunstfigur (Abb. 43).

Der Soldat wurde zur Maschine, aber auch umgekehrt galt und gilt: Die Maschine wurde zum Soldaten; denn nirgends wurde so früh und so massiv die Technik eingesetzt wie gerade beim Militär. Der Kriegsgott Mars liebte bereits in frühen Tagen technische Doppelgänger und Roboter aus Stahl und Blut!

Die Menschenmasse als Maschine begegnet uns in ihrer Perfektion beim Militär. Allerdings hatten insbesondere die totalitären Bewegungen des 20. Jahrhunderts versucht, die Massen im Zeitalter neuer Mythen zu disziplinieren und nicht selten zu paramilitärischen Einheiten zusammenzuschmelzen. In der Masse verliert der Einzelne grundsätzlich einen Teil seiner Individualität. Je stärker aber die Masse von außen gelenkt wird, desto stärker bildet sich ihr Maschinencharakter heraus. Die Kollektivseele wird zur Maschinenseele. Doch kann die so dirigierte Masse unter geschickter Hand mehr sein als nur eine Maschine: Sie wird zum Kunstwerk und berauscht sich im »Ornament der Masse« an ihrer eigenen Schönheit.[9] Ihre Suggestionskraft springt dabei von den paradierenden Einheiten auf die Zuschauer über und löst den staatlich gewünschten Gemeinschaftsrausch aus. Von einer solchen Maschinenekstase und dem

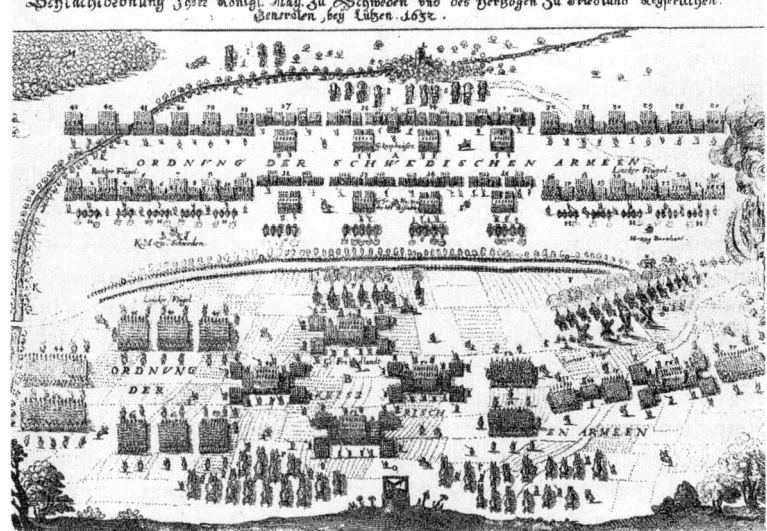

Abb. 43: *Kriegsmaschinerie. Der Soldat im Takt des Gleichschritts. Stich 17. Jahrhundert.*

Opiat eines donnernden Gleichschrittes hat der französische Schriftsteller Drieu La Rochelle berichtet, der 1935 als Gast beim Nürnberger Reichsparteitag teilnahm: »Was ich sah«, schreibt er, »über-
trifft alles, was ich erwartete. Es war berauschend und schrecklich …
Insbesondere der Vorbeimarsch der ganz in Schwarz gekleideten
Elitetruppen war von hochmütiger Pracht. Seit den russischen Bal-
letten habe ich keine vergleichbare künstlerische Erschütterung
empfunden. Dieses ganze Volk ist von Musik und Tanz berauscht.«[10]

Der marschierende Gleichschritt wurde hier zum Tanz. Der Tanz
kann eine befreiende Wirkung haben, er kann aber auch – als nor-
mierter Gesellschaftstanz – reglementierend wirken. Er verweist dann
auf die Marionette in uns, die nach den Regeln eines verborgenen
Meisters »tanzt«. Es überrascht daher kaum, daß nicht nur der
Mensch, sondern genauso Puppen und Automaten mit dem Tanz in
Verbindung gesetzt werden. Schon recht früh tauchen Berichte von
tanzenden Puppen auf. So soll z. B. ein Kaiser der chinesischen Han-
Dynastie im 3. vorchristlichen Jahrhundert eine von ihm geschaffene,
bezaubernde weibliche Puppenfigur auf den Mauern seiner von
Feinden umlagerten Stadt Peking durch einen eingebauten Mecha-
nismus zum Tanzen gebracht haben. Als die Gemahlin seines Wider-
sachers die tanzende Schönheit bemerkte, gab sie den Armeen das
Zeichen zum sofortigen Rückzug: Sie fürchtete, ihr Gatte könnte den
Verstand verlieren, wenn er das liebreizende Wesen entdecken würde.

Der Tanz und die Puppe werden nicht nur in dem genannten
Beispiel, sondern allgemein recht häufig mit dem weiblichen Geschlecht assoziiert, und das wohl nicht ohne Grund: Das springende
Püppchen enthält den sehr männlichen Traum vom untergeordne-
ten Geschlecht – vom Weibchen als hübschem Spielzeug. Es ist der
bereits an anderer Stelle erwähnte »Pygmalionismus«, der die vollkommene künstliche Frau der unvollkommenen »natürlichen« Frau
vorzieht.[11] Erst die willenlose Maschine schafft die ideale Geliebte,
mit der man(n) selbstverständlich keine tiefere Verschmelzung an-
strebt, sondern nur eine partielle Benutzung. Bei de Sade finden wir
menschliche Lustmaschinen, die so dressiert wurden oder über die
so verfügt wird, als wären sie ganz ohne Ich – ohne Seele. Ihre Ver-
gewaltigung ist ein brachialer Akt – so betrachtet ist das reine Kunst-
püppchen eine äußerst humane Angelegenheit.

Die Trennungslinie zwischen Kunstfrau und »Naturfrau« ist nicht
immer eindeutig zu ziehen. Eine der kuriosesten Beispiele solcher
Grenzüberschreitungen stellt wohl die »künstliche Alma« des bekannten Malers Oskar Kokoschka dar. Man muß sich dabei ein wenig in Kokoschkas Psyche einfühlen: Die von ihm leidenschaftlich

geliebte Alma Mahler hatte sich von ihm getrennt, und den Künstler schmerzte der Verlust seiner Muse wie ein amputierter Körperteil. Kurzum, Kokoschka bedurfte einer neuen, ihm ergebenen Alma, um weiterleben zu können. Der Maler beauftragte deshalb im Jahr 1918 die Wiener Puppenmacherin Hermine Moos, ein täuschend echtes, lebensgroßes plastisches Abbild Alma Mahlers herzustellen. Die gleiche Pfirsichhaut wie die Entschwundene und den gleichen herrlichen, »fruchtbaren« Rubenskörper sollte die Puppe haben, so daß Kokoschka glauben konnte, sein verlorengegangenes üppiges Prunkweib wieder in den Händen zu halten. Doch der arme Kokoschka lebte noch nicht im Zeitalter der Virtuellen Realität. Die von der Puppenmacherin zusammengeschusterte Ersatz-Alma war nur eine kläglich mißratene Kopie. So verlor Kokoschka zum zweitenmal seine Geliebte ...[12]

Diener, Frauen und Soldaten sind seit der Antike die begehrtesten Kunstobjekte und Automaten gewesen. Doch sind nicht auch die Erfinder und vor allem die Benutzer all dieser Wundermaschinen irgendwie verkümmerte Menschen – humanoide Halbautomaten. So wollte es zumindest Federico Fellini in seiner grandiosen filmischen Lebensschau von »Casanova« (1976) verstanden wissen. Bei einem Liebesabenteuer sehen wir diesen nimmersatten Sexaholic mit einer Puppe beim gemeinsamen Tanz (Abb. 44) und schließlich bei der Kopulation »vereint«. Fellini unterstreicht in diesen sonst menschenleeren, bedrückenden Filmszenen die Vereinsamung und mechanische Zwanghaftigkeit des notorischen Liebhabers. Hier ist weniger die Puppe als vielmehr Casanova selbst die tragische Sexmaschine.

Jean Paul hatte sich in seinem Werk über all die geschraubten Jungfrauen und aufziehbaren Traumweiber lustig gemacht.[13] Trotzdem geisterten sie weiter durch die Kunst und die Phantasien der Männer. Die berühmteste Kunstfrau der Literaturgeschichte ist wohl die bereits erwähnte Holzpuppe Olimpia aus E. T. A Hoffmanns Nachtstück »Der Sandmann« (1815).[14] Olimpia wird geliebt vom eher einfältigen Studenten Nathanael. Doch Olimpia verhält sich zunächst steif und äußerst zurückhaltend gegenüber ihrem Verehrer. Ihre Bewegungen sind im wahrsten Sinne des Wortes »mechanisch«, ihre Hände und Lippen kalt und ihr Wortschatz auf einige formelhafte Phrasen reduziert. Lebendigkeit und Leidenschaft gewinnt Olimpia für Nathanael erst, als der unheimliche Coppola ihm ein kleines Augenperspektiv verkauft, das offenbar magische Qualitäten besitzt. Sobald Nathanael die Brille aufsetzt, öffnet sich ihm das Land der Liebe. Ist hier E.T.A. Hoffmann vielleicht ein genialer Vorgriff auf Virtual Reality und Cybersex gelungen?

Abb. 44: *Die Sexmaschine Casanova beim Tanz mit einer Puppe. Aus: Fellinis »Casanova« (1976).*

Zweifellos stehen wir heute am Beginn einer »wirklichen« Realisierung des Unwirklichen. Für die Liebe bedeutet das, daß wir nun endgültig in das Zeitalter ihrer technischen Reproduzierbarkeit treten. Bezaubernde Roboterschönheiten werden uns in möglicherweise absehbarer Zukunft umgeben und für die Virtuellen Realitäten verspricht uns der Computerwissenschaftler Ray Kurzweil die erstaunlichsten Liebesabenteuer. Der Computer mutiert bei ihm zum Venusberg. Mit virtuellen Geliebten sollen wir dann in virtuellen Liebesnestern die verruchtesten Dinge ausprobieren können.

Daneben werden, so Kurzweil, Sexroboter ab dem 3. Jahrzehnt des 21. Jahrhunderts immer beliebter werden. Intime Beziehungen zu Robotern oder einer Puppe, so seine Verheißung, werden dann nicht mehr so unbefriedigend bleiben, wie das bisher der Fall war. Weichheit, Intelligenz, Geschmeidigkeit und Leidenschaft der Kunstgeschöpfe sollen vielmehr mit unseren eigenen Begierden korrespondieren können.[15]

In Mythos, Sage und Literatur haben solche Liebschaften mit Illusionsmaschinen aber nur selten zum Happy-End geführt. Am Ende stehen ganz im Gegenteil häufig Zerstörung, Tod und Wahnsinn. Zweifellos wird die Ausbreitung der künstlichen Liebe sich revolutionär auf die menschliche Psyche auswirken. Ob dann das Paradies oder vielleicht nur der Irrsinn, qualvollste Langeweile und Überdruß kommen, mag noch in den Sternen stehen – bisher allerdings waren die Künstler die besseren Propheten als die Wissenschaftler!

Der Glanz des Perfekten: Die Androiden

Das Wort Automat stammt aus dem Griechischen und bedeutet »Selbstbeweger«. Gemeint ist damit eine mechanisch angetriebene Vorrichtung, die nach Auslösung von Druck oder Zug die Tätigkeit eines lebenden Wesens, d. h. eine bestimmte mechanische Arbeit, selbsttätig verrichtet. Besitzt dieser Automat Menschengestalt oder sonstige humanoide Züge, so bezeichneten ihn die Griechen als einen Androiden.

Androiden bildeten in der Antike den gängigsten Typus von »künstlichen Menschen«. Bereits der mythische Baumeister und Techniker Daidalos soll ein Meister auf dem Gebiet des Androidenbaus gewesen sein und sich bewegende, mit offenen Augen ausgestattete Statuen geschaffen haben. Auf Kreta konstruierte er der Überlieferung nach für die Göttin Minos eine hölzerne Kuh, in der sie sich verbarg, um sich einem von Poseidon gesandten Stier hingeben zu können. Der Minotauros, die Frucht dieser Beziehung, wurde dann in einem von Daidalos entworfenen Labyrinth versteckt. Von Diomedes wird berichtet, daß er schwimmende Statuen erdachte, die von selbst ans Ufer zurückkehrten, wenn man sie ins Wasser warf. Fast alle Autoren der Antike erwähnen lebende Statuen oder wahrsagende Bildsäulen, in denen Götter vermutet wurden, die aber wohl nicht selten nur das Werk betrügerischer Priester waren.

Mehr reale Geschichte ist wohl in dem Bericht über den Mechaniker Archytas von Tarent enthalten, der um 390 v. Chr. als erster Mensch eine automatische Figur erschaffen haben soll – eine fliegende Taube. Aristoteles spricht um 350 v. Chr. in »De anima« und in »Politica« von einer automatischen Venus. Im Prunkaufzuge des Demetrios Phaleros befand sich 307 v. Chr. ein mechanisches Werk, wahrscheinlich eine kriechende Schnecke. König Ptolemaios Philadelphos soll um 280 v. Chr. bei einem Bacchanal einen Automaten von menschlicher Gestalt vorgeführt haben.

Obwohl man es in der Antike sehr begrüßt hätte, Androiden als Sklaven und »Sexmaschinen« zu errichten, reichte es in der Praxis nur zu einigen verblüffenden Spielereien aus. So berichtet Heron von Alexandrien in seinem um 110 n. Chr. entstandenen Werk »Pneumatika«, daß die von ihm beschriebenen Automaten und Androiden ausschließlich zu Schauzwecken dienten. Er unterscheidet dabei fahrende und stehende »Lebewesen«. Die Automaten und Androiden stellen Unterschiedlichstes dar: ein sich selbst entzündendes Opferfeuer, den Ausfluß von Wein oder Milch aus dem Becher einer Figur, Musik auf Cymbeln und Trommeln, sprossende Pflanzen, sich drehende und fortbewegende und tanzende Figuren, Donner durch Kugeln, die im Zickzack zwischen Brettern fallen, mechanische Bühnen, Öffnen und Schließen von Türchen, Figuren, die ihre Arme bewegen, fahrende Schiffe, Bühnenblitze usw. Ein Meisterwerk des Automatenbaus, den Heron beschrieb, war ein mechanischer Herkules, der einen Pfeil auf eine um einen Baum gewundene Schlange abschoß.

Das direkte Erbe der Antike wurde zunächst in Byzanz und in der arabischen Welt wirksam. Kalif Abdallah Al-Mamûn besaß um das Jahr 827 in seiner Residenz Bagdad ein großes Automatenwerk in Form eines Baumes von Gold und Silber. In den Zweigen, die sich wiegten, saßen metallene Vögel, die sangen. Für den Kalif von Bagdad Al Mugtadir wurde 915 ein goldener Baum angefertigt, auf dem goldene und silberne Vögel zwitscherten und mit den Flügeln schlugen. Kaiser Konstantinos VII., Porphyrogennetos, erhielt im Jahr 941 einen großen Automaten in Gestalt eines »lebenden« Thrones. Der Thron besaß einen metallenen, vergoldeten Baum und singende Vögel. Große vergoldete Löwen, die den Thron schmückten, brüllten bei Bedarf. Außerdem ließ sich der »Herrschersitz« durch eine Maschinerie emporheben. Hier dienten die Automaten offensichtlich nicht mehr nur dem zwecklos-freien Spiel, sondern der Inszenierung von Macht – so komisch uns heute auch ein mit einem Kaiser besetzter, emporschnellender Thron, flankiert von brüllenden Löwen, erscheinen mag.

In den Dichtungen und Chroniken des Mittelalters finden sich zahlreiche Hinweise auf die orientalischen Wunderwerke magischer und mechanischer Kunstfertigkeit. Den bedeutendsten Wissenschaftlern und Philosophen der Zeit, die sich in ihren Büchern mit mechanischem Schrifttum und Erfindungen auseinandersetzen, wurden Zauberkunststücke angedichtet, die bis zur Erschaffung künstlicher Menschen reichen sollten. So entstand auch die bereits erwähnte Legende des Androiden von Albertus Magnus, der diesem als Türsteher gedient haben soll. Doch es gab im Mittelalter durchaus auch ernsthafte Tastversuche nach künstlich-mechanischem Leben: Villard de Honnecourt entwarf um 1245 die Konstruktionszeichnung für einen automatischen Adler, der den Kopf bewegte. Giovanni Fontana zeichnete 1420 in sein Manuskript automatische Figuren: Auf einem Blatt sieht man einen Teufel, der Krone und Hörner, Augen und Zunge, Arme, Finger und Flügel bewegen kann. Neben derartigen Entwürfen zu diabolischen Androiden waren es im Mittelalter gerade die Heiligenfiguren, denen scheinbares Leben eingehaucht wurde: Man kannte blutende Madonnen und Christusfiguren, manchmal auch ausgestattet mit beweglichen Augen.

Gleichwohl bot das Mittelalter dem mechanischen Leben nur begrenzte Entfaltungsmöglichkeiten. Erst als mit dem Beginn der Renaissance antike Weisheit und Wissenschaft eine neue Verehrung erfuhren, konnte auch die Mechanik neu aufblühen. In den Annalen von 1525 wird in Rom von einem automatischen Flötenspieler berichtet, den ein Töpfer gemacht haben soll. Kaiser Karl V. beschäftigte sich während seiner letzten Lebensjahre mit der Herstellung von Automaten: bewaffnete Puppen zu Pferde, die Pauke schlugen, Trompete bliesen und gegeneinander kämpften, und fliegende Sperlinge aus Holz. Karls Mechaniker, der diese Kunstwerke schuf, war Juanelo Torriano aus Cremona. Der Künstler Hans Schlottheim zu Augsburg baute 1581 für Kaiser Rudolf II. eine kleine automatische Galeere. Tobias Reichel in Dresden fertigte 1586 eine automatische Spinne an, das Original kann heute noch im dortigen Grünen Gewölbe bewundert werden. Salomon de Caus entwarf 1615 Automaten mit Vogelstimmen und Automaten für Grottenwerke.

Die Bemühungen, Menschen möglichst naturgetreu nachzuahmen oder gar sie auf anderem als natürlichem Wege zu erschaffen, sind nie loszulösen von den geistigen und weltanschaulichen Strömungen der jeweiligen Zeit. Als René Descartes in der ersten Hälfte des 17. Jahrhunderts das gesamte Universum als ein riesiges mechanisches Räderwerk deutete, gelenkt von Gott als Chefkonstrukteur, hatte dies eine ungeheure Aufwertung der Mechanik zur Folge:

Wenn Gott Mechaniker war, dann agierten die Mechaniker gleichsam wie kleine Stellvertretergötter. Gleichzeitig waren die Mechaniker und Uhrmacher dadurch einem vorher unbekannten Leistungsdruck ausgesetzt: Waren sie es doch, die die Demonstrationsmodelle dafür zu liefern hatten, nach welchen Gesetzen Gott die Welt und das Leben erschaffen hatte.

Und in der Tat, was der mechanische Geist erschuf, führte zu immer erstaunlicheren Resultaten: Der französische General de Génnes fertigte um 1690 als Kommandant auf Guayana einen Pfau an, der gehen konnte, das ihm vorgeworfene Korn von der Erde fraß, es dem Anschein nach verdaute und das Übrige nach hinten auswarf. Der Konstrukteur de la Condamine entwarf 1729 einen Androiden, der nach eingesetzten Kurven entsprechende Figuren zeichnete. Doch der größte Mechaniker, der Mechanik und organisches Leben auf die bisher verblüffendste Weise zusammenzuführen schien, begann erst ein Jahrhundert nach Descartes zu wirken: Jacques de Vaucanson.

Als Vaucanson 1738 seinen in dreijähriger Arbeit entstandenen flötenspielenden Androiden der »Académie des Sciences« in Paris vorstellte, wurde er von der Öffentlichkeit bald als »nouveau Prométhée« gefeiert. Der 1709 in Grenoble und 1782 in Paris verstorbene Vaucanson galt von Kindesbeinen an als maschinenverrückt. Er hielt es für seine Berufung, künstliche Lebewesen zu bauen. Der hölzerne »Flötenspieler« von Vaucanson war nahezu lebensgroß und spielte wie ein Mensch, Lippen, Finger und Zunge bewegend, zwölf Melodien auf einer Querflöte. Im Inneren der Figur befand sich ein von Uhrwerken betriebenes Blasebalgsystem, das Luft erzeugte, die in der Flöte zu Tönen umgewandelt wurde. Vom »Flötenspieler« wird die Legende kolportiert, Vaucansons Diener sei seinem Herrn anbetend zu Füßen gesunken, als er zum ersten Mal den fertigen Automaten in Tätigkeit sah: Er hielt seinen Herrn offenbar für ein göttliches Wesen. Von anderer Seite soll Vaucanson der Hexerei und Schwarzkunst beschuldigt worden sein, aber die heraufdämmernde Aufklärung bewahrte den genialen Mechaniker vor einem Prozeß, und er blieb ungefährdet.

1741, drei Jahre nach dem »Flötenspieler«, trat Vaucanson mit zwei weiteren Wunderwerken an die Öffentlichkeit, mit einem »Trommler« und einer »Ente«. Besonders letztere, die »Ente«, verblüffte das Publikum; denn hier schien es sich schon mehr um ein »biologisches« als nur um ein mechanisches Geschöpf zu handeln, womit die Lehre Descartes', auch das organische Leben beruhe nur auf mechanischen Gesetzen, augenscheinlich bestätigt schien. In einem Brief erklärte Vaucanson, was er mit seiner »Ente« demonstrieren wollte:

»Alle Bewegungen des Tieres sind naturgetreu nachgeahmt; das Futter wird, wie im Körper, durch Aufweichung gelöst und verdaut ... Die Verdauungsprodukte werden durch Rohre, die den Därmen entsprechen, bis zum After geführt ... Sobald der Apparat einmal aufgezogen ist, läuft der ganze Vorgang ab, ohne daß man ein einziges Mal Hand anlegt.«[16]

Überraschend ist, daß sich Vaucanson, trotz aller Erfolge, die er mit seinen ausgestellten Werken erzielte, nach seiner Wunderente von der Konstruktion von Androiden und Tierautomaten abwandte. Hatte er als Konstrukteur etwa viel früher als die Philosophen und Naturwissenschaftler erkannt, daß sich allein mit mechanischen Methoden kein wirkliches Leben nachschöpfen läßt und auf diesem Feld die Grenzen deutlich gezogen sind?

Was jedenfalls nach Vaucanson noch an mechanischen Glanzstücken in der Androidenerzeugung kam, waren Verbesserungen, Verfeinerungen, Variationen, aber nichts prinzipiell Neues mehr. Zu den Meistern in der Nachfolge Vaucansons gehören sicherlich der Schweizer Ingenieur Pierre Jacquet-Droz und sein Sohn Henri-Louis. Im Gegensatz zu den größtenteils nicht mehr vorhandenen Kreationen Vaucansons sind ihre Konstruktionen noch heute zu bewundern. Die meisten davon befinden sich im Museum von Neuchâtel, das Mary Shelley höchstwahrscheinlich im Jahre 1814 besucht hatte.[17]

Das Meisterwerk der beiden, 1773 entstanden, ist ein lebensgroßer Junge, der in Samt und Seide gekleidet, schreibend an einem Pult sitzt. Dieser täuschend lebenswahr aussehende Schreiber, der mit keinem anderen Gerät verbunden ist, bewegt beim Schreiben nicht nur langsam den Kopf, sondern folgt dem Geschriebenen auch mit den Augen. Die Feder streift er nach dem Eintauchen ins Tintenfaß ab, um Kleckse zu vermeiden und schreibt Sätze, die programmiert werden können. Für jeden Buchstaben wird eine eigene Bewegungskombination eingestellt. Als der »Schreiber« einmal in Nürnberg vorgeführt wurde, schrieb er: »Es lebe die Stadt Albrecht Dürers«. Ein Lieblingskommentar von ihm lautet übrigens: »Wir sind die Androiden.« Selbstverständlich kann diese Botschaft mehrsprachig abgefaßt werden (Abb. 45).

Als Krone der Mechanisierung kompliziertester Denkvorgänge galt längere Zeit der 1769 von dem Preßburger Juristen und Mechaniker Wolfgang von Kempelen konstruierte »schachspielende Türke«. Dieser »Türke« errang Siege über leibhaftige, intelligente Gegner – so z.B. Friedrich den Großen oder Napoleon. Später gelangte dieser scheinbar so schlaue Android in den Besitz des Mechanikers

Johann Nepomuk Maelzel, der ihn ab 1820 auch in Amerika vor-
führte. 1835 sah ihn in Richmond Edgar Allan Poe, der ihn in seinem
Essay »Mälzels Schachspieler« (1836) mit detektivischem Spürsinn als
Betrug entlarvte. Und in der Tat, dieser Türke war »getürkt«: Ein
Mann – zweifelsohne mit guten Schachkenntnissen – verbarg sich
jedesmal in der Maschine, wenn der »Schachspielende Türke« ins
Turnier zog.

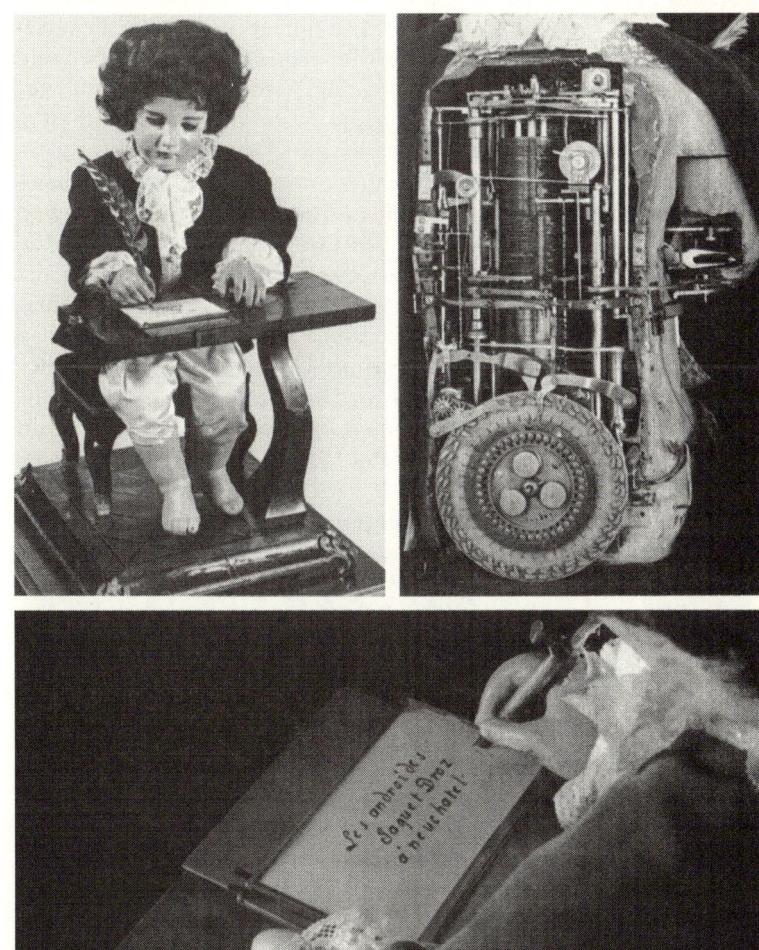

Abb. 45: »*Der Schriftsteller*« *von Pierre Jacquet-Droz (1773).*

Sechs Monate Arbeit hatten von Kempelen genügt, um mit seinem falschen Türken das gutzahlende Publikum zum Narren halten zu können. Weit über zehn Jahre hingegen brauchte er, um eine – diesmal echte – Sprachmaschine zu konstruieren. Diese 1791 fertiggestellte Maschine darf insofern als modern gelten, da sie dem Menschen nicht äußerlich gleichen, sondern eine seiner Fähigkeiten kopieren sollte. Die Interessen von Kempelens waren hier wohl weniger auf klingende Münze als auf die Entschlüsselung der menschlichen Sprachwerkzeuge gerichtet. Die Sprachmaschine, die aus einem viereckigen, mit einem Blasebalg versehenen Kasten bestand, sprach verschiedene Silben deutlich und vernehmlich aus, sobald man den Blasebalg in Betätigung setzte.

Am Ende des 18. Jahrhunderts war die Glanzzeit der Androiden bereits überschritten; die Automatenkonstrukteure hatten ein Maximum an handwerklicher Fähigkeit in ihre Meisterwerke gesteckt – und waren wohl auch finanziell auf ihre Kosten gekommen. Die Neugier der Zuschauer war zudem durch die Vielzahl der Automaten, die überall in Europa gezeigt wurden, nahezu gesättigt. Außerdem war es vermutlich den meisten klargeworden, daß die hohen Erwartungen, die Vaucansons Automaten und La Mettries Philosophie erweckt hatten, mit mechanischen Androiden nicht erfüllt werden konnten. Die Hoffnung, allein durch den Bau immer komplizierterer Androiden das Rätsel des Lebens zu entschlüsseln, hatte offensichtlich getrogen.

Das 19. Jahrhundert, das Jahrhundert des Bürgertums und des Industrialismus, hatte für kunstvolle Spielereien, die letztendlich zu keinen verwertbaren Resultaten führten, immer weniger Verständnis. Die Androiden, die einstigen Publikumslieblinge, verschwanden von ihrer angestammten Bühne, den Höfen, den Salons und großen Hotels und wurden in die Jahrmarktsbuden abgedrängt. Damit verbunden war ein rapider Verfall der Kunst des Androidenbaus. Das technisch-mechanische Genie des 19. Jahrhunderts entfaltete sich in anderen gewaltigeren Maschinen – die mehr bedrohlich als anmutig anzuschauen waren, dafür aber im Gegensatz zu den Androiden den Vorteil besaßen, tatsächlich »nützlich« zu sein. Die Industrielle Revolution wirkte sich nur auf die kleinen Nachkommen der Androiden positiv aus. Die Spielzeugpuppen als bewegliche, aufziehbare, erstmals in Serienproduktion hergestellte Automaten eroberten die Kinderzimmer. Doch auch die großen Androiden waren nicht wirklich tot, auch wenn ihr unwiderrufliches Ende verkündet wurde.[18] Sie schliefen nur, um am Beginn des 20. Jahrhunderts verjüngt wiederaufzuerstehen – diesmal als Roboter!

Der Roboter als vollkommenerer Mensch

Roboter sind durch den Industrialisierungsprozeß geprägte, hoch-komplexe Androiden. Das Wort entstammt nicht der Wissenschafts-sprache, sondern der Science-fiction. Der tschechische Autor Karel Čapek (1890–1938) schuf 1920 in seinem utopischen Theaterstück »R. U. R.« (die Abkürzung steht für die Firma Rossums Universal Robots) den Begriff Roboter, den er dem tschechischen Wort »ro-bota« für (Fron)Arbeit entlehnte, und über die Science-fiction-Lite-ratur fand dieses Wort dann Eingang in die meisten Sprachen dieser Welt. Old Rossum, der in Karel Čapeks Theaterstück der Erfinder der Roboter ist, steht noch ganz in der geistigen Tradition von La Mettrie und der Androidenbauer des 18. Jahrhunderts. Er will mit den Robotern nur nachweisen, daß die Existenz der Welt und der Menschen ohne die Annahme Gottes erklärt werden könne. An eine massenhafte Herstellung von Industrierobotern denkt er nicht. Erst sein Sohn beginnt mit der Serienproduktion der Roboter, die alle schwere und unangenehme Arbeit für die Menschen erledigen sol-len. Je mehr Roboter jedoch hergestellt werden – ihre Zahl geht in die Hunderte von Millionen –, desto weniger Menschen werden ge-boren. Menschen scheinen überflüssig geworden zu sein, da für die Arbeit ja die Roboter zur Hand sind. Als die Roboter langsam die re-produktionsunwilligen Menschen an Zahl und Stärke überrunden, kommt es – wie nicht anders zu erwarten – zu einem Roboterauf-stand. Die rebellierende »Arbeiterklasse« der Roboter – die Parolen, denen sie folgen, gleichen denen der russischen Oktoberrevolution – reißt die Macht an sich. Allerdings sind Marxens »Neue Menschen« diesmal nicht aus Fleisch und Blut, sondern in erster Linie aus Blech und Elektroden zusammengebastelt.

Neben Čapek ist noch ein anderer SF-Autor für die Roboter-welt von eminenter Bedeutung: Isaak Asimov (1920–1992). Asimov, ehemals Doktor der Philosophie und Professor für Biochemie an der Universität Boston, auf den etwa 465 Veröffentlichungen zurückge-hen, die sich in ihren Themen von Shakespeare über die Bibel bis hin zur Unendlichkeit des Weltalls erstrecken, war gleichzeitig einer der bekanntesten wissenschaftlichen Science-fiction-Autoren. Er war es auch, der den Begriff »Robotik« kreierte. Mit Robotik bezeichnet man inzwischen den Wissenschaftszweig, der sich mit der Entwick-lung und dem Dasein von Robotern beschäftigt. Von Asimov stam-men auch die mittlerweile legendären »Drei Gesetze der Robotik«,

die er bereits 1941 in seinem Erzählband »I, Robot« entwickelt hat.
Sie lauten:

1. Ein Roboter darf keinen Menschen verletzen oder durch Un-
   tätigkeit zulassen, daß er zu Schaden kommt.
2. Ein Roboter muß den Befehlen eines Menschen gehorchen, es
   sei denn, diese Befehle stünden im Widerspruch zum ersten Gesetz.
3. Ein Roboter muß seine eigene Existenz schützen, solange er dadurch nicht in einen Konflikt mit dem ersten oder zweiten Gesetz gerät.

Diese drei Gesetze sollten nach Asimov jedem Robotergehirn ein-
programmiert werden. Ein für den gegenwärtigen Entwicklungs-
stand der Robotertechnik wahrscheinlich nicht unbedingt notwen-
diges Vorhaben, was sich aber, angesichts der rasenden Entwicklung
auf diesem Gebiet, schon morgen ändern könnte …

Roboter sind mittlerweile nicht nur fester Bestandteil der Science-
fiction, sondern auch aus vielen Bereichen der Trivialkultur nicht
mehr wegzudenken. Daniel Düsentriebs Helferlein, RZDZ und
C3PO aus »Star Wars« und Lt. Commander Data aus »Star Trek«
haben ihren Platz in unserer Vorstellungswelt erobert. Die Stellung
des Roboters ist dabei meistens in einem undeutlichen Zwischenreich von Mensch und Maschine angesiedelt. Roboter vereinigen die
Intelligenz eines Menschen mit der Funktionalität und dem pro-
grammierten Pragmatismus von Maschinen. In unzähligen Science-
fiction-Erzählungen dienen sie den Menschen. Sie verrichten alle
lästigen Arbeiten in der Fabrik, ebenso wie im Haushalt. Sie sind
Gärtner, Butler, Wächter, Chauffeur und gelegentlich hüten sie auch
die Kinder. Roboter arbeiten aber keineswegs nur als Hilfskräfte: Sie
können dem Menschen auch weit überlegen sein, und da sie nicht
selten perfekter als ihr Vorbild sind, erhalten sie zwangsläufig auch
eine bedrohliche Note. Daher gibt es in der Science-fiction keineswegs nur den Roboter als putzigen kleinen Helfer, sondern ebenso als
herzlosen und elektronenhirnschnellen Kampfgegner.

Die Wirklichkeit bzw. die Wissenschaft hinkt der Science-fiction
natürlich immer hinterher. Als Karel Čapek bereits seine Superroboter in Serie produzieren ließ, bastelte die Wissenschaft noch an den
ersten primitiven Blechriesen herum. Häufig besaßen diese zwar
menschenähnliche Gestalt, doch von ihren Fertigkeiten her waren
sie mehr als bescheiden. So stellte z.B. der amerikanische Ingenieur
R.J. Wensley 1927 seinen Roboter »televox« vor. Dieser Blechmann
konnte auf ein akustisches Kommando hin den Elektroherd ein-

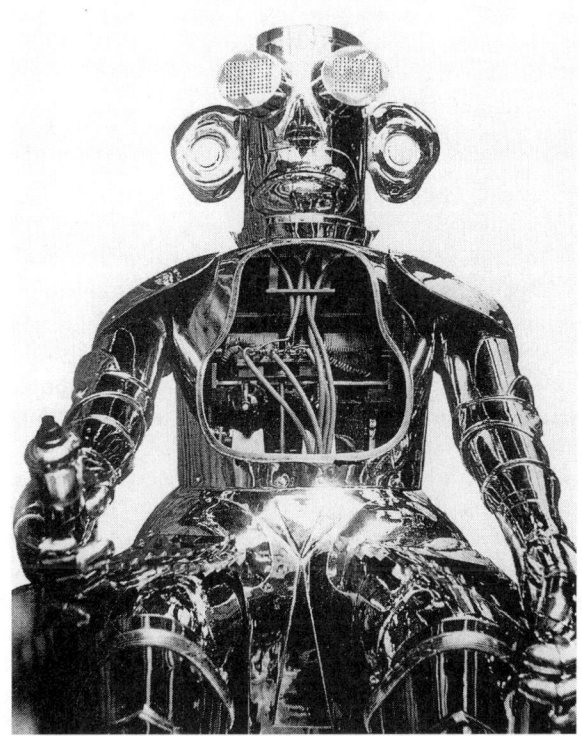

Abb. 46: *Der Roboter Alpha von der Londoner Radioausstellung 1932, den die Elektronikfirma Mullard's als Reklamegag gebaut hatte.*

schalten oder einen Lampenschalter betätigen, mehr allerdings nicht. Televox hatte zahlreiche Kollegen. Sie hießen »Telelux«, »Occultus«, »Elektro«, »Mr. Ohm Kilowatt« oder »Alpha« (Abb. 46). Sie waren die Publikumsattraktionen auf Messen und Maschinenausstellungen, aber aufgrund ihrer »Beschränktheit« für wirklich nützliche Belange nicht zu gebrauchen. Ihren Androidenahnen aus dem 18. Jahrhundert waren sie »intellektuell« keineswegs überlegen, allerdings gaben ihre neuartige Konstruktionsart und ihr zeitgemäßes Techno-Outfit zu den schönsten Hoffnungen Anlaß!

Den ersten Roboter, der jemals industriell eingesetzt worden ist, hatte 1955 die amerikanische Firma Planet Corporation gebaut. Er wurde auf den Namen »Planetbot« getauft und bewegte heiße Metallteile. Planetbot bestand aus einem Stahlarm mit Greifer, hatte fünf Achsen und konnte 25 verschiedene Bewegungen vollführen. Sein

Antrieb war hydraulisch. Da die Bedienung bzw. Steuerung von Planetbot ausgesprochen umständlich war, lohnte sich die Anschaffung des Roboters finanziell nicht. Trotzdem war mit diesem Schritt der Wirtschaft der richtige Weg gewiesen worden. Bereits einige Jahrzehnte später, gegen Ende des 20. Jahrhunderts, schufteten global an die 770000 Industrieroboter in den Fabriken, davon allein 445000 in Japan.

Der Roboterbau kann heute nicht mehr von einer einzigen Art Fachmann bewältigt werden. In der Robotik treffen die unterschiedlichsten Wissensdisziplinen aufeinander: Mathematik und Elektrotechnik, Materialwissenschaft und Mikrosystematik, Biologie, Neurowissenschaften und vor allem die Computertechnik. Aber selbst Psychologie, Verhaltensforschung und Philosophie spielen eine Rolle. Erst die Koordinierung all dieser Wissenschaftszweige in der Robotik ermöglicht den Roboterbau von heute, der vor einer Generation noch Science-fiction war.

Die Hauptbestandteile, oder wenn man so will, die »Organe« des Roboters, gliedern sich folgendermaßen: Zunächst einmal stellen Sensoren als künstliche Sinnesorgane den Kontakt zur Umwelt her: Kameras dienen als künstliche Augen, Mikrophone als künstliche Ohren, hinzu kommen Fotozellen und Tastschalter sowie alle möglichen Meßgeräte. Die von den künstlichen Sinnesorganen registrierten Informationen über Umweltzustände werden dem Roboterhirn – einem Computer – übermittelt und dort verarbeitet. Die Ergebnisse werden einem Handlungteil übertragen, der sie in Aktionen umsetzt, zum Beispiel in Bewegungen. Eine solche Robotermaschine ist zu immer erstaunlicheren, komplexeren Verhaltens- und Reaktionsweisen fähig. Hierbei spielt nicht zuletzt die Wissenschaft vom Leben, die Biologie, eine zunehmend entscheidendere Rolle. Roboterforscher sind schon lange keine groben Blechklempner mehr, sie lassen sich von den komplexen Mechanismen der Natur inspirieren bzw. bauen diese mittlerweile direkt in ihre Kreationen mit ein. So können z. B. Roboterwesen mittlerweile sogar einer Duftspur folgen, weil in ihre Nasen Fühler von Seidenraupen transplantiert wurden. Konsequenterweise werden diese neuen »Lebewesen« auch Biorobots genannt.

Der Roboter unterscheidet sich vom Computer u. a. dadurch, daß er »handgreiflich« werden kann; denn ebenso wie der Mensch kann auch der Roboter mit seinen »Händen« tätig werden. Selbst mit seinen »Beinen« und »Füßen« – meistens handelt es sich dabei um Räder – wird er immer flexibler. Die Forschung läuft auf Hochtouren. In den Robotiklabors der Welt entstehen pro Jahr etwa fünfzig neue Arten oder Unterarten; einige sind schon wieder ausgestorben. Haben sie ihre Proben in den Forschungslabors bestanden, werden sie als arbeitsfähig auf den freien Markt entlassen. Auch heute noch sind die meisten Roboter Proletarier. Die meisten von ihnen müssen in der Elektro- und Automobilindustrie malochen. Während auf der einen Seite – ganz wie in Čapeks »R.U.R.« – in den hochindustrialisierten Ländern die Menschenzahl schrumpft, wächst die Zahl der Robotermassen kontinuierlich. Gerade in einer vergreisenden Gesellschaft darf ihr Beitrag zur Rentenabsicherung des Homo sapiens keinesfalls als zu gering veranschlagt werden.

Aber Roboter schuften nicht nur im klassischen Robotersektor. Mittlerweile werden Geländeroboter in der rauhen Natur oder an solchen Orten, die von Menschen nicht mehr betreten werden können, eingesetzt. Daneben machen sich immer mehr Serviceroboter im Dienstleistungsbereich breit. Zu ihnen gehören Melkroboter, künstliche Putzfrauen, Blindenhunde, Gebäudereiniger, Massageroboter oder Krankenschwestern. Besonders im letzten Arbeitsgebiet, dem der Medizin, drängen die Roboter aus ihrer ursprünglichen hilfswissenschaftlichen Funktion heraus. Es kommt immer häufiger vor, daß der Chirurg aus Blech und Drähten besteht. Robodocs führen chipgesteuerte Skalpelle an Herz oder Hüfte und können mit einer solchen Präzision arbeiten, daß daneben selbst die einfühlsamsten menschlichen Chirurgenhände als plumpe Metzgergriffel erscheinen. Eine »unmenschliche« Genauigkeit im Nanobereich, dazu eiserne Ruhe, eine Stahlhand, die nie zittert, und eine verläßliche Topform rund um die Uhr, läßt die Robodocs zu den Superchirurgen des 21. Jahrhunderts aufsteigen.[19]

Roboter können natürlich nicht nur Leben retten. Daß gerade sie sich als vorzügliche Killerautomaten eignen, darf eigentlich niemanden überraschen. Bereits im Kosovo-Krieg spielten unbemannte Flugkörper eine wichtige Rolle für den »Gesamterfolg«. Die Flugautomaten erkundeten mit Video, Infrarot und Radar das Terrain. Ihre Daten funkten sie an die Kommandeure, die sodann Kampfflugzeuge schickten. Anschließend besahen sich die Roboter den Schaden. Noch fungieren derartige Roboter vorrangig als Aufklärer. Aber die Militärs lassen bereits an Roboterfliegern basteln, die den Feind nicht mehr nur aufspüren können, sondern sogleich mit Raketen vernichten, während die »Feldherren« das Kriegsspektakel nur noch am Bildschirm verfolgen – die Realität gerinnt zur Fiktion![20]

Es ist aber keineswegs nur der öffentliche Bereich, in den die Roboter immer dominanter eingreifen. Auch in unseren vier Wänden drängen die Roboter darauf, sich unentbehrlich zu machen. Als Blechbutler, elektronische Haustiere oder Krankenpfleger offerieren sie ihre Dienste. Japan, das als »Königreich der Roboter« gilt, hat mit staatlichen Fördermitteln auch in diesem Sektor die Führung übernommen. Der Elektronikkonzern Sony bietet bereits heute künstliche Haustiere – sogenannte Toybots – an. Sie können laufen, sehen, hören und sprechen. Wo beim lebendigen Tier die Häufchen rauskommen, hat das künstliche Haustier einen Schlitz für die Chipkarte, mit der sich sein Verhalten programmieren läßt. Doch das ist erst der Anfang. Spätestens ab 2030 wollen die Japaner perfekte elektronische Hausgehilfen sowie weitere Menschenroboter zur Serienreife entwickelt haben. »Bis dahin«, so orakeln die Japaner, »brauchen wir auch neue Gesetze, um mit Robotern friedlich koexistieren zu können.«[21]

Schon heute gibt es Roboter, deren Fähigkeiten verblüffen und – beängstigen. Da gibt es z. B. in Boston einen Laborroboter namens Kismet. Kismet kann die Augen rollen und die Lippen formen, sein Gesicht zeigt Freude, Angst, Erschrecken und Ekel, und er reagiert positiv auf Gesichter, auf bunte Farben und einfache Formen; seine Reaktionen werden aber nicht nur von äußeren Reizen, sondern auch von seinem jeweiligen inneren Zustand bestimmt – genauer von einem Programm, das Emotionen nachspielt. In Japan wird mittlerweile an Robotergesichtern gearbeitet, deren Kunsthaut von pneumatischen Gliedern zu Grimassen verzogen wird. Ein Programm zur Gesichtserkennung soll hinzukommen, das menschliches Lächeln erkennen und zurückgeben kann.[22] Auch solidarisch können Roboter untereinander sein: In einigen Labors tun sich Roboter zusammen, um einander die Treppe hinaufzuhelfen; andere Maschinenwesen hinterlassen an bestimmten Stellen im Raum Nachrichten, die ihre Mitroboter zur Navigation nutzen können.

Form und Aussehen der Roboter entspricht ihrer jeweiligen Funktion. Sie schauen aus wie Autos, Schildkröten, Insekten, Haustiere, Mülltonnen oder Kleinkinder. Ihre Artenvielfalt explodiert. Der Idealroboter der futuristischen Träumer ist aber nicht der blecherne Fachidiot, sondern der Universalroboter. Ein zumeist humanoides Geschöpf, das so ziemlich alles kann und mit seinem vernetzten Computerhirn derart lernfähig und lernwillig ist, daß jeder menschliche Streber vor Neid erblassen muß. Natürlich wird dieser Superroboter sich auch selbst fortpflanzen können. Zwar nicht unbedingt über Sex, dafür aber mit dem nötigen Know-how zur Reproduktion von sich und seinesgleichen.

Hans Moravec, Professor für Robotik an der Universität Pittsburgh in Pennsylvania, gilt als einer der renommiertesten Forscher, aber auch als einer der umstrittensten Visionäre auf seinem Gebiet.[23]

Nach Moravec wird die Roboterrevolution der nächsten Jahrzehnte nach folgendem Fahrplan ablaufen:

* 2000–2010: Roboter mit der Leistung heutiger Superrechner bauen andere Roboter, liefern Waren, kochen und mähen Rasen. Ihre Intelligenz gleicht der von Reptilien.

* 2010–2020: Mit verdreißigtfacher Leistung erreichen Roboter den Intellekt von Säugetieren. Sie lernen durch Erfahrung, reagieren auf Sprache und lassen sich wie Zirkustiere »dressieren«.

* 2020–2030: Roboter leisten soviel wie Primaten, sie simulieren ihre Handlungen vor der Umsetzung. Bei Gefahr sind Korrekturen möglich – eine Art Bewußtsein entsteht.

* Ab 2040: Die Roboter beginnen, mit ihren Fähigkeiten, vor allem aber mit ihrer Leistungskraft die Menschen zu überflügeln.

Bei einem derartigen Zukunftstableau drängt sich der Gedanke auf, ob sich der Mensch auf Dauer der Herrschaft der Roboter wird entziehen können. Selbst wenn ab einer gewissen Entwicklungsstufe jedem Robotergehirn die Asimovschen Gesetze implantiert werden sollten – was zumindest bei den Militärrobotern mehr als zweifelhaft ist –, stellt sich doch die Frage, ob die Roboter, deren eigene Fähigkeiten ja permanent steigen sollen, sich nicht irgendwann einmal ihres Gängelbandes entledigen könnten und den Spieß umdrehen? Wird der Roboter also den Menschen beerben? Oder werden kriminelle Menschen harmlose Roboter zu eiskalten Killermaschinen umprogrammieren und dadurch die Hierarchie von Herr und Knecht durcheinanderwirbeln? Oder bedarf es möglicherweise gar keiner Manipulation oder eines Aufstandes der Maschinenmenschen, um den Robotern den Sieg im »Kampf ums Dasein« erringen zu lassen?

Das künstliche Tier Mensch schafft sich eine Umwelt, die beständig künstlichere Gestalt annimmt und aus der sich das »urwüchsig« Organische immer stärker verabschiedet. Als »Wohnmaschinen« bezeichnete bereits der avantgardistische Architekt Le Corbusier (1887 bis 1965) seine Häuser. Dabei stellt sich die Frage: Paßt der schwitzende und leicht stinkende, allerlei Unappetitliches ausscheidende Mensch überhaupt noch in die kalte, gläserne und stählerne Eleganz moderner Architektur hinein? Gäben derartige Behausungen für Roboter nicht den besseren Rahmen ab? Müssen wir Menschen heute nicht eigentlich schon beständig cooler tun, als wir eigentlich sind? Und werden wir daher, aus einer inneren Logik heraus – gewissermaßen aus »stilistischen« Gründen – abtreten müssen? Oder wird die Menschheit auch diese Krise überstehen, indem sie sich selbst aufrüstet – genetisch und vor allem durch High-Tech-Implantate, um mit ihren flügge gewordenen eigenen Geschöpfen mithalten zu können? An Fragen wird es der Zukunft gewiß nicht mangeln – aber vielleicht an den richtigen Antworten!

»I want to be a machine« lautete das Credo von Andy Warhol, und es ist durchaus möglich, daß Mensch und Maschine – selbst wenn sie nicht ganz miteinander verschmelzen – sich zumindest einander annähern werden. Als »unsere nächsten Verwandten« bezeichnete der Wissenschaftsjournalist Gero von Randow nicht etwa die Menschenaffen, mit denen wir von unseren genetischen Bausteinen fast identisch sind, sondern die Roboter.[24] Und in der Tat, sie sind die Kinder unseres Geistes und allein dadurch gehören sie »irgendwie« auch zur menschlichen Familie!

Während der Mensch, ausgestattet mit Prothesen, Elektronik im Körper und sonstigen Implantaten, fortwährend künstlicher wird, wird der Roboter beständig »natürlicher«, da sich seine Konstruktion immer stärker an biologischen Modellen ausrichtet. Dem »Techno Sapiens« steht dann der »Biorobot« gegenüber. Wird der Unterschied zwischen beiden dann irgendwann ganz verschwinden? Bereits Norbert Wiener vermutete, daß alle Gehirnfunktionen von elektrischen Systemen reproduziert werden könnten.[25] So gesehen wäre es für die Identität völlig gleichgültig, ob ein funktionierendes System aus Nervenzellen oder Mikrochips aufgebaut ist: Die Information aus ihrem Gehirn müßte nur vollständig auf einen Datenspeicher übertragen werden und in einem Rechnersystem weitere Aktivität entfalten. Demnach wäre es also möglich, den »Geist« eines Menschen in einen Computer zu »kopieren«. Und wenn es uns zu langweilig wird, unser neues »Leben« nur im Netz oder auf der Festplatte zu fristen, lassen wir unser Copyhirn einfach in ein Maschinenwesen implantieren! Der Mensch würde dann selber zu einem Roboter werden – zu einem unsterblichen Maschinenwesen!

Das organische Leben auf unserer Erde entwickelte sich aus der anorganischen Welt des Todes heraus. Erzeugt nun dieses organische Leben – genauer der Mensch – anorganisches Leben, nämlich Leben aus toten, nichtbiologischen Stoffen? Ist der Homo sapiens dabei, ein biologisches Paradoxon zu schaffen? Den lebenden Tod bzw. tote Stoffe, die leben, denken, handeln und fühlen? Oder sind das alles nur vollkommen unrealisierbare Wünsche von Technikfanatikern, denen unbemerkt die »Sicherung« durchgebrannt ist? Und wo bliebe bei allem die Seele? Ist sie nur ein Relikt aus der Rumpelkammer des Aberglaubens? Oder werden alle kühnen Roboterhoffnungen letztendlich an einer Wirklichkeit scheitern, die sich als entschieden komplexer erweisen wird als heute allgemeinhin angenommen und die daher viel tiefer gedacht werden muß? Werden die Roboterutopien vielleicht genauso kläglich Schiffbruch erleiden wie die Androidenhoffnungen aus dem 18. Jahrhundert, als sich der homme machine einfach nicht zusammenbasteln lassen wollte? Und sollte ein Roboter doch einmal »Leben« und »Gefühle« zeigen, wird das mehr sein als eine Simulation? Wird dahinter wirklich ein »pochendes Herz« erzittern oder doch nur das blanke Nichts grinsen – der Tod, der Leben spielt?

Android und Androgyn?

Androiden, Roboter und andere Kunstwesen brauchen zu ihrer Vermehrung nicht unbedingt das, was der Mensch normalerweise zu seiner Fortpflanzung praktiziert: Sex. Für ihre Vermehrung sind zunächst einmal die zuständig, die ihnen überhaupt erst ihre künstliche Existenz verschafft haben, nämlich wir Menschen. Aber was wird sein, wenn wir bei diesem Prozeß überflüssig werden sollten, da etwa sich selbst reproduzierende Androiden und Roboter die Sache in die Hand genommen haben? Werden diese Geschöpfe dann eine Geschlechtlichkeit nach unserem Vorbild entwickeln, wie das einige Karikaturisten bereits seit längerem vermuten (Abb. 47), oder bleiben sie geschlechtslos bzw. bewegen sich in irgendwelchen Zwischenformen?

Abb. 47: *Andrzej Podulka: Robotersex (um 1960).*

Bevor wir eine Antwort auf diese Frage suchen, müssen wir uns
zunächst einmal einer anderen zuwenden, nämlich:»Hat die Technik
ein Geschlecht?« In dem Alltagswissen unserer Kultur umfaßt der
Begriff des Geschlechts den von »Mann« und »Frau«, von »männlich«
und »weiblich«. Eine solche Unterscheidung finden wir in der Technik zunächst kaum, wenn wir die »Technik« als ein von Menschen
geschaffenes Reich von Mechanismen definieren, in dem Werkzeuge, Maschinen und Verfahren unter analytischer Zerlegung eines
Gegenstandes, einer Handlung oder eines Sachverhaltes in möglichst
kleine Elemente und anschließender Synthese dieser Elemente nach
dem Prinzip der höchsten Wirksamkeit zu geplanten, ungeplanten
und reflexiven Umgestaltungen von Mensch und Umwelt führen.[26]
  Bei soviel Sachlichkeit liegt es nahe, der Technik das Geschlecht
abzusprechen und sie als eine Art Neutrum zu sehen. Doch sollten
wir uns hüten, voreilig zu sein. Ist nicht gerade diese »Sachlichkeit«
eine Domäne des Mannes, und gilt die Technik nicht eigentlich als
ein Geschöpf des »gebärenden Mannes«? Der Frauenanteil im Inge-
nieurwesen ist auch heute noch sehr gering. Der Ingenieur als klar
analysierendes »Symbol der technischen Zivilisation« erscheint als
Antithese zur vermeintlich gefühlvollen, weniger analytischen und
irrationalen Frau. Ist die Technik also männlich? Sie kann zumindest
als Sinnbild eines als männlich empfundenen Prinzips fungieren –
und das auf eine recht eindeutige Weise. Wenn z.B. die Pop-Ikone
Cher in einem Videoclip mit gespreizten Beinen auf dem riesigen
Kanonenrohr eines gewaltigen Schlachtschiffes sitzt, dürfte kaum je-
mandem die geschlechtliche Aussage derartiger Bilder verborgen
bleiben. Derlei Maschinenerotik begegnet uns übrigens schon im
19. Jahrhundert. Sie reduzierte sich jedoch bereits zu diesem Zeitpunkt keineswegs nur auf eine lüsterne Hingabe des »Weibes« an
eine »stahlharte« Technik. So dienten z.B. als beliebte allegorische
Darstellung der Elektrizitätserzeugung nackte, ineinander verschlun-
gene Männer- und Frauenleiber, die in ihrem gemeinsamen Lie-
besrausch den »überspringenden Funken« symbolisieren (Abb. 48).
Demnach wäre zumindest in den Kräften einer funktionierenden
Technik ein weibliches Potential enthalten. Friedrich Georg Jünger
sah in der Technik sogar »urweibliche« Verschlingungskräfte am Wirken:»Wenn wir in irgendeine Fabrik eintreten, in eine mechanische
Weberei, eine Eisengießerei, eine Sägemühle, eine Papierfabrik oder
ein Elektrizitätswerk, erhalten wir überall das gleiche Bild. Das Ver-
zehrende, Verschlingende, Fressende der Bewegung, die rastlos und
ungesättigt durch die Zeit läuft, zeigt den nie gestillten und nie zu
stillenden Hunger der Maschine.«[27] In dieser Vorstellung hat sich die

Abb. 48: *Männliches und weibliches Prinzip verschlingen einander und erzeugen so den »elektrischen Funken«. Julius Taschner: »Allegorie der Elektrizität« (um 1895).*

Maschine vom erfindenden und konstruierenden Mann emanzipiert und sich verselbständigt, um ihn fortan nur noch als Werkzeug zu mißbrauchen, durch das sich eine barbarische, unersättliche »Mutter Natur« Bahn bricht. Aber gibt es überhaupt *die* Technik und *die* Maschine? Gilt nicht auch hier das Gesetz des Wandels? Unleugbar hat sich die eiserne und feuerspeiende Technik des 19. Jahrhunderts verändert und ist heute um vieles leichter, eleganter, ja selbst geheimnisvoller geworden. Hat sie sich damit in ihrem äußeren Erscheinungsbild nicht feminisiert? An dieser Stelle läßt sich nur soviel konstatieren: Der Mensch empfindet in seiner Tiefe die Technik nicht als Neutrum. Erscheint auch eine eindeutige geschlechtliche Zuordnung nur schwer möglich, so glauben wir in ihr doch geschlechtliche Kräfte am Wirken.

Bei den künstlichen Geschöpfen, die der Mensch bisher erzeugt hat, sei es in der Fiktion oder in den ersten realen Ansätzen, wird das noch evidenter. Die Lustmaschinen und Aufziehpuppen verkörpern das Geschlechtliche auf eine sehr vordergründige Art und Weise. Aber in verborgenen Schichten entziehen sie sich oft dem vorgeschriebenen Rollenspiel. Sanfte Kunstweibchen zeigen Krallen und treten ihren Schöpfern und verwirrten Liebhabern nicht selten mit sadistisch-destruktiven Neigungen entgegen. Die Femme fatale als

Automate. Selbst Frankenstein, das grobschlächtige Monster, weist neben einer zerstörerischen Haltung gegenüber seinem Schöpfer ein »ungewöhnliches« Geschlecht auf. Der künstliche Unhold wünscht sich zwar eine Gefährtin, aber weniger des Sexus wegen, sondern um der Einsamkeit zu entfliehen und einen Gesprächspartner für seine Seele zu haben. Trotz all seiner physischen Kraft scheint sein Penis eher rückentwickelt zu sein. Nicht ohne Grund wurde daher die Frankenstein-Kreatur auch als androgyn interpretiert oder zumindest in die Nähe eines Zwitterwesens gerückt.[28] Doch darf uns das verwundern? Bei Kunstmenschen, selbst wenn sie Emotionen entwickeln sollten, verläuft die Reproduktion nicht unbedingt nach Art der Säugetiere. Weshalb sollte daher ihr Geschlecht in eine klare Rolle gepreßt sein? Und wie wird die Zukunft des Menschen aussehen? »Physiologisch wird der Mensch bei normaler Verwendung seiner technischen Mittel … dauernd durch sie verändert und findet seinerseits immer neue Wege, um seine Technik zu verändern. Der Mensch wird sozusagen zum Geschlechtsteil der Maschinenwelt, wie es die Biene für die Pflanzenwelt ist, die es ihnen möglich macht, sich zu befruchten und immer neue Formen zu entfalten«, schreibt der Medienguru Herbert Marshall McLuhan in seinem Buch »Die magischen Kanäle«.[29] Wird sich möglicherweise die klare Trennung zwischen Mann und Weib in einer Androgynität auflösen, und wird ihr Sexus ähnlich bizarr werden, wie sich das in der Kunstwelt bereits heute abzeichnet?

Nach dem bekannten britischen Zoologen und Verhaltensforscher Desmond Morris darf sich der Mensch von heute mit dem Titel »sexyester Affe« schmücken. Bei keinem anderen Geschöpf hat sich während seiner Entwicklungsspanne der Genitalbereich derart dominant herausgebildet. In Relation zum Tierreich sind die Brüste der Frau groß, ihr Becken breit, der Penis des Mannes lang. Und paaren können wir uns im Gegensatz zu unseren tierischen Verwandten allezeit. Der Spaß am Sex gilt den Soziobiologen als »Kitt für die Elternbeziehung«; denn die Schwangerschaft des Homo sapiens währt lang, und die Aufzucht des Nachwuchses ist eine ebenso komplexe wie langwierige Angelegenheit. Wohl nicht zuletzt aus diesem Grund hat der Mensch die Geschlechterspannung durch Kleidung und Schminke oft noch bis zum äußersten betont. Dabei ist die Hervorhebung der sichtbaren Geschlechtsunterschiede im Regelfall mit dem Grad der kulturellen Verfeinerung einer Gesellschaft oder Klasse gewachsen.

Doch gilt das noch uneingeschränkt für unsere Gegenwart? Der weibliche Hüftumfang, uraltes Symbol weiblicher Fruchtbarkeit, hat sich in den letzten Jahrzehnten verringert, während er umgekehrt beim Manne breiter wurde.[30] Das von Models kreierte Schönheitsideal unserer Tage hat sein Vorbild weit eher in dem hochaufgeschossenen Körper pubertierender »androgyner« Knaben zu suchen als darin, was man ehedem unter einem »Vollweib« verstand. Unisex ist seit den 70er Jahren eine nicht zu leugnende Modetendenz. Das Zeitalter barocker Weiblichkeit und tollkühner Männlichkeit nähert sich offensichtlich dem Ende. In dem 1987 auf deutsch erschienenen Buch der französischen Philosophin Elisabeth Badinter »Die androgyne Revolution« wird die These von der Angleichung der Geschlechter umfassend begründet und auf den ökonomischen und technologischen Wandel zurückgeführt. Für diese Angleichung oder Verähnlichung der Geschlechter verwendet sie konsequent den Begriff der Androgynie und spricht von einem neuen Leitbild für die Beziehung zwischen Frauen und Männern. Dieses zeichne sich dadurch aus, daß nicht mehr die Leidenschaft und die Erotik, das Spiel der Verführung und der Verweigerung, dominiere, sondern Freundschaft und Kameradschaft, die intime Vertrautheit und Zärtlichkeit. Mit der Verähnlichung der Geschlechter sei – so könne man das zumindest innerhalb der jungen Generation beobachten – das Begehren abhanden gekommen.[31] Haben wir es also auch hier mit einer Art Frankenstein-Syndrom zu tun?

Bereits Mary Shelleys Zeitgenosse, der Dichter Samuel Taylor Coleridge, hatte darauf insistiert, daß der große Geist androgyn veranlagt sein muß. Ein Merkmal des Genies ist, neben einer Vereinigung von Männlichem und Weiblichem in sich, die ihn erst »schöpferisch« macht, eine überdurchschnittlich hohe Kinderlosigkeit. In jeder anderen Tierart wäre ein Erwachsener ohne Nachkommen ein biologischer Versager, der nichts zur Geschichte seiner Art beiträgt. Einzig beim künstlichen Tier Mensch kann es sich anders verhalten; denn wir haben die Chance, einen dauerhaften, nicht genetischen Nachlaß weiterzugeben. Zumindest einige kinderlose Menschen haben den nachfolgenden Generationen, statt Kindern, zeitlose Kunstwerke, wissenschaftliche Entdeckungen oder andere kulturelle Leistungen hinterlassen. Ihr Einfluß lebt also fort, wenn auch nicht genetisch. Wie werden wir in einer zusehends androgyner werdenden Gesellschaft versuchen, unseren Fortbestand zu sichern? Die menschliche Reproduktionsfähigkeit oder zumindest der Wille, sich »normal« fortzupflanzen, hat innerhalb der hochindustrialisierten Gesellschaften in den letzten Jahrzehnten deutlich abgenommen. Werden wir uns zum Ausgleich als lauter kleine Genies verewigen, oder wird der neue, androgyne Mensch sich nach veränderten Formen der Fortpflanzung umschauen, die künstliches oder halb künstliches Leben hervorbringen?

Das »Verschwinden der Geschlechter« erinnert uns daran, daß die Evolution weniger einen bloßen Zugewinn von Fähigkeiten bedeutet als vielmehr deren Austausch. Auf zahlreichen Gebieten waren unsere Vorfahren uns überlegen: in der Kraft des Instinktes, der Intuition, der Spiritualität, in der künstlerischen Gestaltungsfähigkeit, in der Inszenierung des Lebens, der eigenen Person und … in der Liebe und Leidenschaft. Die menschliche Evolution war von Anbeginn ein Vorgang, bei dem der Mensch gegenüber seinen tierischen Kollegen ständig an Fähigkeiten einbüßte, die er dafür aber auf einem anderen Gebiet wieder kompensierte bzw. überkompensierte. Die heutige evolutionäre Anpassung des Menschen richtet sich vorrangig nach der künstlichen Welt, die er selbst erschaffen hat. Auch so kann man die schrecklichen Worte der Frankenstein-Kreatur gegenüber seinem Erzeuger verstehen: »Du bist mein Schöpfer, aber ich bin dein Herr.«[32] Ist Frankenstein androgyn, dann wird seine »Geschlechtsform« auch auf uns seine Prägekraft ausüben!

Fest steht jedenfalls: Die Androgynität stellt ein modernes Ideal dar. Androgyne TheoretikerInnen haben u. a. ein »Manifest für den androgynen Mann und die androgyne Frau« verfaßt und erblicken in der Doppelgeschlechtlichkeit eine höhere Stufe des menschlichen Individuums und der zwischenmenschlichen Beziehungen.[33] Die Androgynität, als Mischform des Männlichen und des Weiblichen, hat mythischen Ursprung und wurde nicht selten als Symbol des Vollkommenen und einer höheren Einheit begriffen; denn auch in Gott, dem Schöpfer, mußte beides – Mann und Weib – enthalten sein, wollte er sein Werk Gestalt werden lassen. Die Psychoanalyse, vor allem C. G. Jung, hat uns gelehrt, den Anteil des Männlichen in der Frau oder auch des Weiblichen im Manne zu erkennen. Erst Mann und Frau zusammen bedeutet Menschsein!

Wenn die Androgynität aber derart im Vormarsch ist, dann dürfte sich auch etwas an unserer Art der Fortpflanzung ändern; denn Sexus und Reproduktion stehen in einem engen Zusammenhang. Wird die Zukunft demnach android und androgyn sein? Der kanadische Zukunftsforscher »Dr. Tomorrow« alias Frank Ogden glaubt, daß bereits in einigen Jahrzehnten wohl mehr Kinder außerhalb des Mutterleibes geboren werden als auf natürliche Weise. Die rasante Entwicklung von Biotechnologie, Genetik und Computer werden das ermöglichen. Darüber hinaus prophezeit er einen noch radikaleren Wandel: Hermaphroditen (Menschen, die im Gegensatz zum Androgynen klar ausgebildete weibliche und männliche Geschlechtsorgane

Abb. 49: *Der Mensch von morgen. Der Londoner Konzeptingenieur Kodwo Eshun sieht unsere Zukunft androgyn.*

nebeneinander aufweisen) sollen sich entwickeln, die sowohl körperlich als auch geistig ausgeglichener als der eingeschlechtliche Mensch sein werden und zudem über einen höheren Intelligenzquotienten verfügen. Vor allem letzteres, vermutet unser Dr. Tomorrow, werde den Ausschlag für den Aufstieg der Hermaphroditen geben, da in der Evolution und beim Überlebenskampf Intelligenz und Anpassungsfähigkeit immer eine entscheidende Rolle gespielt haben. Seine Spekulationen gehen daher in die Richtung, daß eine große Gruppe geklonter, geistig überlegener Hermaphroditen die Welt der Zukunft dominieren wird. Auch der Londoner Konzeptingenieur Kodwu Eshun glaubt an die Zukunft der Hermaphroditen bzw. der Androgynen und hat bereits das Design der neuen Menschen entworfen (Abb. 49).[34]

Ist das alles nur Science-fiction? Zum Teil gewiß, aber die Stoß-
richtung dürfte stimmen. Natürlich wird es wohl auch in Zukunft
noch Mann und Frau geben, aber der scharfe Kontrast zwischen
männlich und weiblich ist am Schwinden, die Grenzen werden fließender. Es wäre aber gewiß naiv, wollten wir in der neuen androgynen Welt nur ein Paradies erblicken – als eine endlich realisierte
Utopie menschlichen Daseins; denn das Wesen der Androgynität ist
nicht nur die Zweiheit in der Einheit und die Ruhe, sondern auch
das Vermischte und die Spannung. Übergänge zwischen zwei Ge-
gensätzen, Teile von einem im anderen, sind uns näher als das Un-
glaubliche des – vermeintlich – idealen Zustandes. Das Thema Sex
und Erotik dürfte in der Androgynität kaum sein Ende finden, sondern vielmehr komplexer und möglicherweise diffuser werden, da
sich die Spannbreite der Möglichkeiten erweitert: Sie reicht vom
Asexuellen bis zum Bisexuellen über alle denkbaren Zwischenstufen
und Schattierungen hinweg. Vor allem dürfte unsere Sexualität aufhören, nur eine »menschliche« Angelegenheit zu sein. Was einst mit
der plumpen Gummipuppe aus dem Sexshop begann, wird sich fort-
setzen in der Paarung mit Robotern, mit halbkünstlichen Wesen
oder mit dem Absturz in die erotische Traumwelt Virtueller Realitäten. Aber auch diese schweifende »Liebesbereitschaft« ist ja nichts
generell Neues, sondern führt uns wieder zurück zu den Göttern,
Dämonen und Tiermenschen unserer Ahnen: So wie sich unsere
Altvorderen einst mit dieser bunten Spezies verlustierten, könnte
sich der androgyne Zukunftsmensch mit der bizarr androgynen
Wunderwelt einer sich immer stärker emanzipierenden Technik vergnügen. Hoffen wir, daß er dabei seinen kühl-androgynen Kopf behält, damit zuletzt nicht allein androgyne Androiden das Feld beset-
zen werden!

Die Seele der Automaten

Um es gleich vorweg zu sagen, für die moderne Naturwissenschaft
hat die Maschine natürlich keine Seele, wie sollte sie auch – hat doch
für sie nicht einmal der Mensch eine. Auch er wird vorrangig als ein
homme machine gesehen. Doch der Maschine Mensch werden
zumindest Bewußtsein und Intelligenz zugesprochen. Fähigkeiten,
die der Homo sapiens auch gerne auf die von ihm geschaffenen
Maschinen übertragen möchte. Aber vielleicht kann uns gerade der
Vergleich von natürlicher und Künstlicher Intelligenz auch einen
Schimmer der Seele aufzeigen.

Was ist überhaupt Intelligenz? Das, was Intelligenztests messen? – Vielleicht, aber doch wohl nicht ganz; denn die Intelligenz zerfällt in zahlreiche Einzelkomponenten, bis zu 120 haben Wissenschaftler bisher ausgemacht. Einige davon lassen sich relativ leicht ermitteln, z. B. die logisch-mathematische Fähigkeit, andere kaum, wie z. B. die Kreativität. Wohl nicht zuletzt deshalb zergliedert man die Intelligenz nicht nur in einzelne Schubfächer, sondern geht auch von einem »Generalfaktor« aus. Dieser steht ganz allgemein für die Fähigkeit der Auffassungsgabe, des Urteilens, der Klugheit und der geistigen Anpassungsfähigkeit an neue Aufgaben. Materiell ist unsere Intelligenz mit dem Gehirn verbunden. Erleidet jemand eine Hirnschädigung, so hat das selbstverständlich auch Auswirkungen auf seine intellektuellen Fähigkeiten. Dabei zeigt sich, daß die einzelnen Begabungen, auf denen unsere Leistungen aufbauen, im Gehirn räumlich getrennt gespeichert sind. Wird z. B. die Hirnregion zerstört, die für das Farberkennen zuständig ist, werden wir als Folge davon farbenblind. Unser Gehirn teilt den Intellekt also selbst in verschiedene Schubläden ein – gleichwohl kann es auch »ganzheitlich«, durch die Vernetzung der einzelnen Hirnregionen arbeiten! Wir sehen schon, so einfach ist die Materie nicht …

Obgleich der Mensch noch nicht einmal in der Lage ist, seine eigene Intelligenz in allen Einzelheiten zu erfassen, hält ihn das in keinster Weise davon ab, an von ihm selbst entwickelten Systemen Künstlicher Intelligenz herumzubasteln. Und zweifelsohne hat er auf diesem Gebiet schon einiges zuwege gebracht. Bereits der Computerpionier Konrad Zuse träumte 1941 – als er gerade den ersten, noch recht schwerfälligen, programmgesteuerten Rechenautomaten konstruiert hatte – von der Schaffung eines künstlichen Superhirns. »Einmal in die Welt gesetzt«, so Zuse, »würde das durch Lernprozesse sich selbst ständig verbessern und könnte mit dem gesamten Wissen der Zeit gefüttert werden. Die Lösung aller weiteren schwierigen Fragen könnte man diesem Instrument überlassen, sofern«, fügt er dem Ganzen ein weniger hoffnungsfrohes Menetekel hinzu, »man es noch im Griff hätte.«[35]

Aber kann eine Intelligenz, nämlich die menschliche, überhaupt eine andere Intelligenz hervorbringen, die letztendlich womöglich noch intelligenter ist als der Mensch selbst? Nun – was Künstliche Intelligenz ist bzw. sein soll, ist paradoxerweise leichter erklärbar als das, was natürliche Intelligenz ist. Allerdings hat die Sache einen entscheidenden Haken: Wir wissen nämlich nicht, ob die Maschinen, die eine Künstliche Intelligenz haben sollen, sie auch tatsächlich besitzen oder ob sie uns nur bluffen!

Bleiben wir zunächst einmal bei der Frage, was Künstliche Intelligenz ist. Ganz einfach: der Geist aus der Maschine. Als Ziel schwebt den KI-Forschern vor, Strukturen zu schaffen, die sich selbst entwickeln können und die »flexibel« sind wie biologische Systeme. Man will klugen Maschinen den Weg ins »Leben« ebnen, mit dem Ziel, daß diese sich anschließend ohne fremde Hilfe selbst instand halten, reproduzieren und vervollkommnen können. Die Überzeugung, daß Künstliche Intelligenz möglich ist, stützt sich dabei im wesentlichen auf zwei grundlegende Annahmen: erstens, daß neuronale Netze höherer Lebewesen leistungsäquivalent technisch rekonstruiert werden können und zweitens, daß sich intelligente Leistung durch ein »physikalisches Symbolsystem« adäquat erfassen läßt.

Das Wort »Künstliche Intelligenz« bzw. »Artificial Intelligence« tauchte übrigens 1956 auf einer zweimonatigen Konferenz von Computerwissenschaftlern in Hanover, New Hampshire, erstmals auf. Aber schon Ende der zwanziger Jahre hatte der britische Mathematiker Alan Turing die Frage aufgeworfen: »Können Maschinen denken?«

Trotz aller beeindruckenden Erfolge der KI-Forscher fehlt bisher der »lebendige« Geist in den Maschinen. KI-Forscher gehen davon aus, daß sich der komplizierte und geheimnisvolle Prozeß geistiger Aktivitäten durch einfache Formeln abbilden läßt. Sie glauben, daß zur Lösung eines erstaunlich breiten Spektrums an Problemen vor allem eines notwendig ist: einfache Methoden, kombiniert mit einem hohen Maß an Rechenleistung. Dieser Glaube hat durchaus Erfolge vorzuweisen, aber es sind einseitige Erfolge. Künstliche Intelligenz ist vor allem rationale Intelligenz. Intelligente Maschinen können mittlerweile einen Schachweltmeister schlagen – aber dem Instinkt eines Urwaldaffen sind sie hoffnungslos unterlegen.

Neben ihrer logisch-mathematischen Bravour hat sich die Künstliche Intelligenz vor allem auf dem Gebiet der sogenannten Expertensysteme ausgewiesen. Diese sind so angelegt, daß ihnen ein wichtiger Teil des Wissens menschlicher Experten zur Verfügung steht und sie dieses sinnvoll miteinander verknüpfen können. Solche Expertensysteme können zum Beispiel einen Arzt dabei unterstützen, schneller und sicherer eine Diagnose zu stellen.

Aber andererseits sind es gerade die einfachen Dinge des Lebens, vor denen die KI oft kläglich versagt. Selbst mit Hochleistungsrechnern ist es beispielsweise bisher keinem Roboter möglich, Schuhbänder zu einer Schleife zu knüpfen, etwas, das ein Kind lernt, lange bevor es in der Lage ist, über mathematische Beweise nachzudenken. Ungelenk sind die Künstlichen Intelligenzen aber nicht nur in ihren

Bewegungen, sondern in allem, was »weich« und flexibel ist, was »Fingerspitzengefühl« und Intuition verlangt.

Künstliche und natürliche Intelligenz haben von ihrer »Veranlagung« her offensichtlich unterschiedliche Begabungsschwerpunkte. Künstliche Intelligenz kann zwar mit natürlicher Intelligenz auf einigen Gebieten konkurrieren oder diese sogar übertreffen, aber auf anderen zeigt sie sich verstockt und anscheinend vollkommen unbegabt. Sie ist tendenziell einseitig und vorrangig mathematisch ausgerichtet. Gefühlsmomente, unberechenbare Komplexität, Uneindeutigkeit, Unzuverlässigkeit und ähnliches sind der KI unbekannt. Andererseits ist sie gerade in den Bereichen Top, die eine hohe gesellschaftliche Akzeptanz besitzen: enorme Gedächtnisleistung, die Fähigkeit, logische Schlüsse zu ziehen, und das Vermögen, auf Grund gegebener Voraussetzungen eine rational begründete Wahl zu treffen. Erhält eine Maschine nun auf Grund derartiger Fertigkeiten auch so etwas wie ein Leben, eine Bewußtheit oder gar eine Seele? Alan Turing hat das Prinzip aufgestellt, daß wir einer Maschine Intelligenz zuschreiben müssen, wenn sie sich intelligent verhält.[36] Wer aber über Intelligenz verfügt hat auch die Fähigkeit zu denken. *Cogito ergo sum* – Ich denke, also bin ich – lautete das Credo des Mathematikers und Philosophen René Descartes. Aufgrund seiner Denkfähigkeit – die Descartes den Tieren generell absprach – erhielt der Mensch nach ihm eine Seele. Wenn also die Maschine denken kann, hat sie dann »automatisch« auch eine Seele?

Wer überhaupt hat denn alles eine Seele – der Mensch, der Affe, der Computer? Wer von ihnen besitzt Bewußtsein und wirkliches Leben? Der Computer kann Schach spielen, der Affe nicht. Aber der Affe kann dafür die schmackhaftesten Bananen vom höchsten Baum holen, der Computer nicht. Schließlich kann der Affe begehren und leiden, hungern und frieren, schwitzen oder zufrieden unter dem Baum liegen und dösen. Zweifelsohne Eigenschaften, die er mit uns Menschen teilt. Sagt uns nicht unser »Gefühl«, daß darin weit pralleres Leben stecken muß als in der Gabe, mathematische Gleichungen zu lösen? Und zeigt nicht gerade die Konstruktion der KI, daß es anscheinend unendlich viel schwerer ist, emotionale Intelligenz bzw. nichtrationale Intelligenzstrukturen zu erschaffen als rational abstrakte? Möglicherweise sollte Descartes' Credo »Ich denke, also bin ich« richtiger heißen: »Ich fühle, also bin ich«.

Descartes' Landsmann und Zeitgenosse, Blaise Pascal, hatte mit seiner Sentenz, daß das Herz von Vernunftgründen weiß, von denen der bloße Verstand überhaupt keine Ahnung hat, bereits darauf hingewiesen, daß auch unser Herz »denkt«. Gerade das Herz ist in den

Märchen und Mythen vieler Völker immer als unser zentrales Seelenorgan betont worden. In Wilhelm Hauffs Märchen »Das kalte Herz« verkauft Peter Munk, um zu Reichtum zu gelangen, sein warmes Herz gegen ein steinernes und begeht danach eine Untat nach der anderen. Er besaß offensichtlich nicht mehr die »Denkkraft« seines menschlichen Herzen. Den Wahrheitsgehalt derartiger Geschichten hat übrigens ausgerechnet die moderne Hirnforschung ermittelt: Die Rolle, die gerade Emotionen im »vernünftigen« Verhalten des Menschen zukommt, ist nicht zu unterschätzen. Ein Mensch, dessen emotionales und soziales Verhalten durch eine Hirnverletzung gestört ist, vermag selbst sogenannte rationale Entscheidungen oft gar nicht mehr zu treffen. Unsere Emotionen – ja selbst unser moralisches Verhalten – sind also genauso neuronal im menschlichen Gehirn mit eingebunden wie unsere Ratio. Das Gehirn lediglich als Rechenmaschine aufzufassen ist somit falsch. Auch unser Herz sitzt im Hirn.[37] Die Vorstellung einer vom Gefühl unabhängigen Ratio, wie sie Descartes postulierte, existiert demnach überhaupt nicht.[38]

Für die Seele und selbst für unser Denken reicht rationale Intelligenz allein offensichtlich nicht aus, es muß noch so etwas wie eine emotionale Intelligenz dazukommen. Damit ist es bei unseren heutigen Maschinen aber noch äußerst schlecht bestellt!

Mit dem Denken verbindet sich auch die Vorstellung von Bewußtsein. Aber was ist überhaupt Bewußtsein? Zunächst einmal etwas, das in irgendeiner Form an Leben gebunden ist. Dem Tod sprechen wir im allgemeinen jegliches Bewußtsein ab. Aber steckt deswegen schon gleich in jedem Leben Bewußtsein? Pflanzen und niederen Tierformen können wir kaum Bewußtsein im menschlichen Sinne zusprechen. Dazu fehlt ihnen die Denkkraft. Und wie sieht es nun mit unserem Affen aus? Der ist wohl ein Grenzfall oder zumindest ein Streitfall. Die Frage ist, ob der Affe schon so viel Denkkraft besitzt, daß er sich und seine Welt in bewußter Reflexion erkennen kann. Erst dann könnten wir ihm eine Form von Bewußtheit zusprechen. Nun – vor seinem eigenen Spiegelbild schaut der Affe zumindest noch recht dumm drein. Er weiß mit seinem eigenen Abbild nur wenig anzufangen. Offensichtlich fehlt ihm das notwendige Potential an »kühler Intelligenz«, um sich selbst gegenübertreten zu können und »Ich« zu sagen. Er trägt allenfalls Keime von Bewußtsein, oder ein »Primitivbewußtsein« im Bereich des elementaren Fühlens, in sich.

An »kühler Intelligenz« scheint es dagegen unseren Maschinen nicht zu fehlen. Haben sie deshalb schon Bewußtsein? Um Bewußtsein tatsächlich »empfinden« zu können, bedarf es aber nicht nur der Rationalität, sondern ebenso des Gefühls. Der Affe ist, salopp gesprochen, zu dumm, um echtes Bewußtsein, vor allem im Sinne von Ichbewußtsein, zu besitzen, der Maschine jedoch fehlt es dazu an »Herz«. Wie wir aber aus der Hirnforschung wissen, sind auch unsere Gefühle im Gehirn verankert und prägen von dort unser Denken mit. Es wird sogar vermutet, daß unser Bewußtsein mit einem ganz bestimmten Typ von Nervenzellen verbunden sein könnte.[39] Solange dieser Typus aber nicht gefunden ist, solange läßt er sich auch nicht technisch rekonstruieren und in Maschinen implantieren. Ob es überhaupt jemals gelingen wird, das Bewußtsein im Labor nachzuweisen und daraufhin die entsprechenden neuronalen Strukturen in einer Maschine nachzubauen, ist eine Glaubensfrage. Vielleicht werden wir niemals wissen, wie Materie zu Geist wird und wie die äußere Welt zur inneren Welt des Denkens und Fühlens werden kann. In der Gegenwart kann jedenfalls keine Maschine zu sich selbst »Ich« sagen und sich als eigenständige, bewußte Wesenheit empfinden. Mit anderen Worten, es existiert bisher kein künstliches Bewußtsein. Wenn es in unseren Maschinen jedoch kein künstliches Bewußtsein gibt, dann regt sich in ihnen aller Wahrscheinlichkeit nach auch kein künstliches Leben.

Und wie verhält es sich mit der Künstlichen Intelligenz? Kann es sie überhaupt geben, wenn ihr jegliches Bewußtsein fehlt? Um dieser Frage näherzukommen, müssen wir uns erst einmal in das »Chinesische Zimmer« begeben. Auf den »Chinese room« machte in den achtziger Jahren der in Berkeley lehrende Philosoph John Searle aufmerksam. Es verhält sich damit folgendermaßen: Eine Versuchsperson in einem abgeschlossenen Raum erhält ihr unverständliche chinesische Botschaften. Sie soll nun diese Schriftzeichen mit jenen in einem Handbuch vergleichen und darauf eine ihr ebenfalls unverständliche chinesische Zeichenfolge entnehmen, die sie als Antwort nach draußen reicht. Es ist hierbei durchaus möglich, daß ein außenstehender Betrachter den Eindruck erhält, die Versuchsperson sei zu einem chinesischen Dialog fähig – immer vorausgesetzt, daß das Handbuch auf jede Frage eine sinnvolle Antwort bietet. Dennoch versteht die Versuchsperson überhaupt kein Wort Chinesisch. Wenn wir das Experiment jetzt in Gedanken auf sogenannte intelligente Maschinen übertragen, so könnte es sich bei ihnen ähnlich verhalten. Nach einem bestimmten – ihnen eingegebenen – Mechanismus übermitteln sie ihre »Antworten«, ohne von deren Bedeutung auch nur das Geringste zu begreifen. Deren Sinn ist ihnen genauso unbegreiflich wie etwa einem Fernsehapparat die Bilder, die er ausstrahlt. Nach John Searle würde es sich bei der Künstlichen Intelligenz also nur um ein Hirngespinst handeln.

Aber was ist bei alledem und im Gegensatz dazu der Mensch? Ein beseeltes Wesen aus Fleisch und Blut oder nur ein Bioroboter? Die meisten Naturwissenschaftler von heute neigen dazu, den Menschen lediglich als eine Art organische Maschine mit Bewußtsein zu betrachten. Der »Geist« des Menschen ist für sie einfach nur ein Name für die informationsverarbeitende Aktivität des Gehirns, das Gehirn bloß eine physikalische Entität, die sich den Gesetzen der Biochemie entsprechend verhält und nicht beeinflußt wird durch irgendeine »Seele« oder eine andere geistige Wesenheit. Alle unsere Erinnerungen, unsere Freuden und Leiden werden demzufolge lediglich durch das Verhalten einer riesigen Ansammlung von Nervenzellen hervorgerufen. Obgleich wir vieles an der Informationsverarbeitung im menschlichen Gehirn erst ansatzweise oder noch gar nicht verstehen, erscheint die materialistische These, daß menschliches Verhalten ausschließlich von einer informationsverarbeitenden Maschine, nämlich unserem Gehirn, hervorgebracht und gesteuert wird, der Mehrheit der Wissenschaftler als die plausibelste.

Führende Naturwissenschaftler, wie z. B. der amerikanische Biologe Edmund O. Wilson, erwarten, daß die Forscher noch im 21. Jahrhundert den genetischen Code vollständig entschlüsseln und damit auch die physiologische Basis menschlicher Geistestätigkeit in den Funktionsabläufen des Gehirns offenlegen werden. So soll es dann möglich sein, nicht nur die Gesetzmäßigkeiten der Natur, sondern auch der menschlichen Kulturentwicklung im Ganzen zu erklären. Es würde dann nur noch eine einzige Wissenschaft existieren, die Natur-, Sozial- und Geisteswissenschaften umfaßt. Grenzenlos seien die Möglichkeiten, die sich aus solchem Allwissen ergeben.[40]

Die »Seele« müßte als Resultat davon wohl ihre letzten Geheimnisse verlieren. Das Gehirn als Biocomputer wird gläsern. Menschliche Gefühle ließen sich als Prozesse der Informationsverarbeitung beschreiben. Demzufolge wäre etwa Mozarts »Zauberflöte« nichts weiter als das Resultat eines besonders komplizierten neuronalen Ereignisses. Weil alles nichts mehr ist, könnte letztendlich sogar die »Seele« bzw. was von ihr übrigblieb, nämlich der »Biocomputer«, auch auf einen »künstlichen Computer« übertragen werden und sich dort modellieren lassen (Abb. 50). Damit wären zugleich die klaren Grenzen zwischen Leben und Nichtleben aufgehoben. Kein qualitativer Sprung würde mehr die beiden Bereiche trennen, sondern nur ein kontinuierlicher Übergang.[41] Das Leben selbst wäre nur ein Produkt des Todes, aus dem es sich langsam emporentwickelt hat.

Darum gibt es für unsere materialistisch ausgerichtete Naturwissenschaft auch keinen Grund, Lebensprozesse mit anderen Worten zu beschreiben als aus der Welt des Nichtlebens.

Es gibt allerdings auch von wissenschaftlicher Seite Proteste dagegen, den Menschen lediglich als Biocomputer aufzufassen. Zu einfach, urteilt z. B. der englische Physiker Roger Penrose in seinem Buch »Computerdenken« (1994). Zwar glaubt auch Penrose nicht an einen göttlichen Odem, der das Feuer der Seele entfacht hat, doch Penrose wehrt sich trotzdem gegen das Verdikt, das Nervengeflecht im Schädel sei nichts weiter als ein leistungsstarker Biocomputer. Ein »Programm« aus elektrischen Impulsen und Ketten chemischer Reaktionen könne etwa die Entstehung spontaner Eingebungen sowie Bewußtsein und Kreativität nicht hinreichend erklären.

Eine eigene Theorie leitet der Physiker Penrose aus der Quantenmechanik ab. In der Welt der Atome und Elementarteilchen regieren allerdings bizarre Gesetze. Elektronen etwa halten sich mit bestimmten Wahrscheinlichkeiten an verschiedenen Orten gleichzeitig auf. Erst wenn es einem Forscher gelingt, sie im Experiment dingfest zu machen, scheinen sie sich spontan zu materialisieren. Und selbst

Abb. 50: *Nervenzelle auf einem Chip. Mikroskopische Aufnahme von der Arbeitsgruppe Fromherz.*

235

Zukunft und Vergangenheit lassen sich in der Quantenwelt nicht klar unterscheiden. So wie der räumliche Aufenthaltsort der Teilchen »unscharf« bleibt, haben sie auch in der Zeit bestimmte Bewegungsspielräume. Gelänge es Penrose, das Bewußtsein als Quantenprozeß zu erklären, so wäre die unfaßbare Natur der »Seele« eine zwangsläufige Folge. Viele Phänomene bis hin zu parapsychologischer Art ließen sich damit begreifen.

Noch einen Schritt weiter als Penrose geht sein Landsmann, der Hirnforscher und Nobelpreisträger Sir John Eccles. Die Seele, sagt Eccles, existiert vom Körper getrennt – auch nach dem Tod. Sie beeinflußt nach ihm aber das Gehirn, indem sie auf mikroskopische Strukturen wirkt. Er hat dazu eigens das Konzept der Psychonen entwickelt. Nach Eccles sind die Psychonen »mentale Einheiten«, die als Ensemble das Bewußtsein bilden. Sie verbinden das Reich des Geistes mit der Quantenphysik. Die Quantenphysik erscheint bei ihm gewissermaßen als Schnittstelle zwischen der Welt des Geistes und derjenigen der Materie. Die Unsterblichkeit der Seele bzw. des Bewußtseins ist für Eccles in der Nichtmaterialität der ihnen zugrundeliegenden Psychonen begründet.[42]

All das mag spekulativ klingen, aber auf der anderen Seite ist ebenfalls entschiedene Skepsis angebracht, ob die reduktionistischen Seelenklempner jemals die Komplexität des Lebens und des Bewußtseins werden enträtseln können – auch wenn sie sich bereits seit einigen Jahrhunderten immer ganz nah daran wähnen. Denn wie das Gehirn in seiner Gesamtheit funktioniert, weiß man bis heute noch nicht. Der amerikanische Wissenschaftsjournalist John Horgan setzt dem sogar noch eins drauf, wenn er behauptet, daß alle Fortschritte der Neurowissenschaft in Wirklichkeit immer nur Gegenfortschritte bewirkten. In seinem Buch »Der menschliche Geist« (2000) führt er aus, daß mit den zunehmenden Erkenntnissen, die Forscher über das Gehirn sammelten, es zunehmend schwieriger werde, all die Daten zu einem widerspruchsfreien Gesamtmodell zusammenzufügen. Mit Gewißheit können wir wohl nur sagen, daß das Gehirn ein äußerst verwickeltes, lebensvolles und sich noch bis in die Pubertät hinein entwickelndes Gebilde ist. Es ist keineswegs ein unformbarer Zellhaufen, sondern besitzt einen gewissen Grad an Plastizität. Einige Hirnforscher, wie Ernst Pöppel, sprechen sogar davon, daß kulturelle Einflüsse die Mikrostruktur des Gehirns prägen würden.[43] Vor allem dürfen wir nicht vergessen, daß unser Hirn nicht isoliert agiert, sondern in einer äußerst elementaren Beziehung zum übrigen Körper steht. Was wäre etwa unser Kopf ohne die Hand? Nahezu in jeder »Handlung« hat auch die Hand ihre Finger mit im Spiel. Die Hand erscheint wie ein Außenposten des Hirns. Beide Stellen befinden sich in einem nahezu fortwährenden Kontakt und prägen so ihr Verhalten wechselseitig.

Das Ganze ist mehr als seine Teile. Diese Aussage gilt im Verhältnis der einzelnen Nervenzelle zum Gesamthirn, sie gilt aber ebenso im Verhältnis unseres »Biocomputers« zu unserem Körper. Und auch dieser Körper steht keineswegs isoliert in der Welt! Das faszinierende Zusammenspiel aller Glieder zu einem Ganzen offenbart sich uns in der Natur vielleicht am deutlichsten bei einigen Insektenstaaten. Bei Ameisen, Bienen oder Termiten verschmilzt das einzelne Insekt mit allen anderen zu einem Staatengebilde, als sei es nur eine Zelle, die sich wie unter Zauberhand zu einer kollektiven Metaintelligenz zusammenschließt. Was steckt dahinter – morphogenetische Felder, Einflüsse der Quantenphysik oder eine verborgene Seelenkraft, die sich nicht auf das einzelne Tier erstreckt, sondern den ganzen Insektenstaat umfaßt?

Könnte dann nicht auch der Mensch doch mehr sein als nur ein Bioroboter? Alle großen und kleinen Religionen sprachen oder sprechen dem Menschen eine Seele zu. Viele der frühesten Völker waren Animisten (lat. anima = Seele). Sie glaubten, neben den Menschen seien auch Tiere, Pflanzen und Gegenstände mit Seelen »begabt«. Der Glaube, daß zumindest der Mensch eine Seele habe, pflanzte sich später in den Weltreligionen fort. Selbst Dr. Victor Frankenstein mag daran nicht zweifeln. Sein Freund Clerval, der durch seine Schuld von der Kreatur ermordet wurde, ist nach Frankensteins Auffassung nicht gänzlich tot – seine Existenz keineswegs ausgelöscht. »Oh, nein, dies kann nicht wahr sein! Deine so göttlich gefügte, in Schönheit erstrahlende Gestalt, sie ist zwar gestorben und verdorben, doch dein Unsterbliches umschwebt und tröstet noch immer den untröstlichen Freund!«[44] Ja, sogar die künstlich gefügte Kreatur mag den eigenen Eintritt in die Ewigkeit nicht ausschließen![45]

Es ist übrigens ein Irrtum anzunehmen, daß die Erkenntnisse der Naturwissenschaft dem Seelenglauben immer abträglich gewesen seien. Als nämlich gegen Ende des 19. Jahrhunderts die Röntgenstrahlen, die Radioaktivität und die drahtlose Telegraphie entdeckt wurden, belegten gerade diese Phänomene, daß es auch unsichtbare, verborgene Kräfte in der Natur gibt. Die Vorstellung, daß der Mensch ein Transformator unbewußter Seelenenergie sein könnte, erhielt dadurch neuen Auftrieb. Die Diskussion darüber ist bis heute nicht ganz verebbt, wie etwa die vom britischen Biochemiker und Zellbiologen Rupert Sheldrake entwickelte Theorie der morphogenetischen Felder belegt. Nach Sheldrake ist das gesamte irdische Leben durch Felder vernetzt, die für das Wachstum, die Formgebung, aber auch für die Informationsübertragung von allen organischen Daten mitverantwortlich sind.[46] Unser »Biocomputer« mutiert in derartigen Vorstellungen nicht selten zu einer bloßen Gehirnmaschine – die allerdings von einem nicht materiellen Geist programmiert wird.

Telepathie, Hellsehen, aber auch solche Phänomene wie Charisma, die persönliche Ausstrahlung eines Menschen, Anziehung und Abneigung im persönlichen Umgang, der »überspringende Funke« bei Massenveranstaltungen, Vorahnungen, aber auch Instinkt, Intuition und Kreativität, ja selbst Paranoia und Perversionen dürften sich mit dem schlichten Klempnermaterialismus vieler Naturwissenschaftler und Robotiker kaum erklären lassen. Auch geheimnisvolle Synchronizitäten, die sich gar nicht einmal so selten im Leben der Menschen zutragen, sprengen diese Weltsicht. Nur ein Beispiel: Der Physiker Wolfgang Pauli hat sich sein Leben lang mit der Zahl 137 beschäftigt, die als Wert der Feinstrukturkonstante sich als physikalisches Rätsel darstellt und mit 1/137 als eine Zahl menschlichen Zuschnitts gilt. Als er erkrankte und im Krankenhaus »zufällig« in das Zimmer 137 gebracht wurde, soll er gesagt haben: »Hier komme ich nie wieder raus«. Wenig später starb er. Synchronizitäten spiegeln sich auch in Lebensweisheiten wieder wie »ein Unglück kommt selten allein« oder wenn man von einer »Glückssträhne« spricht. Alles nur Zufall? Verständlich, daß die Zunft zu solchen Themen schweigt oder sie als weitgehend nicht vorhanden abtut. Verständlich aber auch, daß ihre eigenen Kreationen selbst nur einseitig begabt sind; denn deren Teilintelligenz erstreckt sich fast ausschließlich auf den analytisch naturwissenschaftlichen Bereich.

Der Mensch dürfte der *Erfahrung* nach aber mehr sein als nur ein isolierter Bioroboter. Es ist daher keineswegs ausgeschlossen, daß er in ein Netz von Feldern und Kräften eingebunden ist, die dem engen, »verzweckten« Alltagsverstand einer Industriegesellschaft eher fremd sind. Vielleicht ist es so gesehen nicht zu kühn, wenn wir dem Menschen auch gewisse »Seelenkräfte« zusprechen. Aber wie verhält es sich mit der Teilintelligenz der Roboter und Computer und der »Spukwelt« der Virtuellen Realitäten? Alles nur seelenlos und bar jeglichen wirklichen Bewußtseins?

In den Märchen und Mythen der Völker haben die Geschöpfe aus dem Zwischenreich – Zwerge, Kobolde oder Meerjungfrauen – im Gegensatz zu den Menschen häufig keine Seelen. Aber sie sehnen sich danach. Und sie hoffen, ihrer teilhaftig werden zu können, indem sie sich mit den Menschen verbinden. Ehe und Geschlechtsakt dienen hier als »Seelenstifter«. Aus den Zwischenwesen werden Menschen. Damit verlieren sie aber ihre besonderen Fähigkeiten, über die sie oft verfügen. Allerdings sind die Zwischenwesen – hierin der KI vergleichbar – oft nur Teilintelligenzler, ihren herausragenden Gaben steht oft ein erschreckender Mangel im Bereich der Emotionalen Intelligenz gegenüber.

Der Mensch der Moderne hat durch Technisierung und Entpoetisierung der Welt den Zwischenwesen aus Märchen und Mythe vielfach den Lebensodem entzogen. Kehren sie nun etwa wieder in einer High-Tech-Ausgabe zurück? Sind nicht auch unsere technischen Geschöpfe irgendwo »Zwischenwesen?« Mittelwesen zwischen Leben und Tod? Nicht so tot wie ein Stein oder ein einfaches Handwerksgerät, aber auch nicht so lebend wie ein Vogel oder ein Mensch? Drängen sie sich nicht stärker in unser Leben, als es ursprünglich geplant war, um sich ganz mit uns zu verbinden? Saugen sie vielleicht uns Menschen vampirgleich die Seelen aus?

Spekulationen? Gewiß. Aber unleugbar ist, daß uns die modernen »Zwischenwesen« bereits ihren Lebensstil aufzwingen, der nicht selten bis in das Mark unserer Seele reicht. Verbindungen zwischen Mensch und Maschine sind gewiß nicht unproblematisch – die Verbindung von Mensch und Zwitterwesen im Mythos war es übrigens auch nicht. Was bedeutet aber die Verschmelzung beider »Geschöpfe« aller Voraussicht nach? Der Mensch wird mit Gewißheit maschinenhafter, die Maschine – zumindest scheinbar – immer menschlicher. Und wird eine gewünschte Vereinigung beider möglich sein? Die Biokybernetiker glauben ja und belegen das gerne mit dem auf Hans Moravec zurückgehenden Gedankenexperiment: Man stelle sich vor, eine einzelne erkrankte Nervenzelle im Gehirn würde durch ein gleichwertiges künstliches Transplantat ersetzt, danach eine zweite, eine dritte und so fort. Am Ende erhielte man ein künstliches System, dessen Eigenschaften denen des ursprünglichen Gehirns genau entsprächen. Dem ist natürlich entgegenzuhalten, daß es sich hier nur um ein Gedankenexperiment handelt. Ein kompletter »Gehirnaustausch« ist derzeit überhaupt nicht machbar und bleibt auch für die Zukunft spekulativ. Darüber hinaus kann eine künstliche Nervenzelle mit einer organischen selbstverständlich niemals wirklich identisch sein. Wenn jemand z. B. seine blonden Haare Haar für Haar gegen schwarze austauschen würde, so wäre das anfänglich kaum zu bemerken, und er hätte weiterhin scheinbar blondes Haar. Zu guter Letzt würden seine blonden Haare aber trotzdem von schwarzen abgelöst werden. Und sicherlich könnte auch der langsame Gehirnaustausch von organischen Zellen in künstliche Zellen am Ende mit einer Überraschung aufwarten – und die hätte vielleicht auch einige Auswirkungen auf die Seele!

Doch was bedeutet es eigentlich, wenn der Mensch durch seine Verbindung mit den High-Tech-Mischwesen maschinenhafter wird? Das Gesetz, oder vielleicht könnten wir in diesem Fall auch zu sagen wagen, die »Seele« der modernen Maschinen ist ihre Unersättlichkeit. Untrennbar verbunden mit diesem Mehr-und-mehr-haben-Wollen ist die Geschwindigkeit; denn erst der rasende Takt der Maschine ermöglicht die rasant hohe Güterproduktion. Und was heute produziert wird ist morgen schon alt und muß durch noch Mehr und noch Neueres ersetzt werden. Auch die Maschine selbst verlangt die dauerhafte Innovation. Sobald ein Computer auf dem Markt ist, ist er schon überholt. Wir leben im Zeitalter der totalen Beschleunigung. Das Wesen der Maschine ist die Bewegung. Sie bringt der Zeit das Laufen bei. Insofern läßt sich die Gegenwart auch als Chronokratie begreifen – als Herrschaft der Zeit und der Beschleunigung. Daß die Maschine unser Leben vereinfacht, ist der Köhlerglaube der Aufklärung. Überall dort, wo sie ihren Siegeszug vermelden konnte, verkompliziert sich das Leben schlagartig und zwingt es unter das Gesetz der Chronokratie. Wenn die Maschine, der Automat, der Roboter, der Computer doch eine Seele haben sollten, ist sicherlich eines der herausragendsten Merkmale dieser Seele ihr herrisches Verlangen nach fortwährender Beschleunigung. Und der Mensch ist augenscheinlich vollkommen in die Sogkraft dieser Maschinenbeschleunigung geraten. Mit anderen Worten: Wir sind schon längst die Sklaven derer, die wir für unsere Sklaven halten!

VIII. Der allzu menschliche Mensch und die Träume der Wissenschaft

Der Affe Gottes

Frankenstein ist eine Symbolfigur unseres faustischen Strebens. Der Mensch ist das einzige, dem irdischen Dasein entwachsene Geschöpf, das sich nicht innerhalb vorgezeichneter Grenzen einzwängen läßt. Er will alles wissen, alles erkennen, alles erfahren. Wir sind grenzsprengende Wesen. Und je mehr der Mensch Mensch ist, desto stärker ist diese Kraft in ihm am Wirken. Wir wollen aber nicht nur erkennen, sondern auch erschaffen. Nicht ohne Grund ist Frankenstein Faust und Prometheus in einer Person. Der Mensch will Gott spielen – doch vorerst sind wir nur winzige Mikrogötter.

Um die Gesetze des Lebens zu erforschen, ist der Mensch tief hinabgestiegen in die Welt der Materie und des Todes, des Leidens, des Ekels und des Gestankes. Der Mensch hat sich selbst zergliedert in Muskeln, Nerven und Organe. Der faustische Drang war größer als die Pietät vor dem eigenen Körper. So gibt es uns in vielfacher Form zu bewundern: als Schulskelett, als eingelegtes Teil- und Ganzpräparat in Spiritusgläsern oder als konservierte Leiche. Ohne den zerlegten Tod und sezierten Kadaver wäre unser Wissen vom Leben weit geringer. Die Erhöhung des Menschen folgt über seine Erniedrigung. Wer Gott sein will, muß die Verwesung und die Schlachthäuser gut kennen. Doch obgleich der Mensch schon heute seinen Auftritt als Gott erprobt, bestehen zwischen ihm und einem Steinzeitbewohner rein körperlich keine großen Unterschiede. Genetisch sind wir selbst mit den Menschenaffen nahezu identisch. Um so gewaltiger sind jedoch die Unterschiede unserer Lebensformen. Wir wohnen heute nicht mehr in kalten, dunklen Höhlen, sondern in wohltemperierten, hellen Häusern. Telefon und andere Kommunikationsmittel können uns augenblicklich mit allen Teilen der Welt verbinden. Unsere Nahrung spüren wir nicht mehr auf gefährlichen Jagden auf, sondern wählen sie bequem im Supermarkt aus. Dieser riesige Unterschied zwischen den primitiven Lebensformen der Steinzeit und unserer heutigen ist weniger durch rasante Veränderungen im menschlichen Erbgefüge entstanden, sondern weit mehr durch Fortschritte von Wissenschaft und Technik.

In unserer biologischen Ausstattung muß per se ein ungeheures Potential angelegt sein, welches diese enorme Entwicklung überhaupt erst ermöglichte, ohne daß unsere Physis dabei einer radikalen Änderung unterzogen zu werden brauchte. Wir sind von Natur aus das noch nicht fertiggestellte Tier, das in sich den Drang verspürt, sich zu vervollkommnen. Bei dieser Vervollkommnung wurde unser biologisches Erbe bisher aber nur bedingt verändert. Es hatte meist genügt, unser Umfeld so zu erforschen und umzuwandeln, daß wir uns damit ein Milieu erschufen, in dem die in uns schlummernden Kräfte sich mehr und mehr entwickeln konnten. Der Mensch ist das Geschöpf, das den bei weitem größten Spielraum in sich trägt.

Die Sonderstellung des Menschen liegt also vor allem darin begründet, daß er ein unbestimmtes X in sich trägt, das sich in großem Maße weltoffen verhalten kann: Das Tier hingegen ist auf eine ihm vorfindbare Welt festgelegt. Diese Sonderstellung des Menschen im Kosmos glaubte man lange Zeit auch symbolisch in seiner Gestalt widergespiegelt. Der Mensch geht im Gegensatz zum Tier nicht geneigt und auf vier Beinen, er geht mit aufgerichtetem Antlitz, sieht die Sterne des Himmels, und in seinem Gesicht, besonders im Auge, konzentriert sich sein Leben. Darin liegt Geist und Wille. Es wird bei den Jägern und ebenso bei den Naturvölkern gesagt, daß ein reißendes Tier, wie z. B. ein Löwe, einen Menschen nicht angreift, wenn dieser in aufrechter, furchtloser Haltung vor ihm stehenbleibt und dessen Bewegungen ruhig mit dem Auge verfolgt. Dem Physiognomen Goethe lag vor allem daran, die Erhabenheit unseres Schädels gegenüber der übrigen Kreatur herauszustellen: »Wie unser Haupt auf Rückenmark und Lebenskraft aufsitzt! Wie die ganze Gestalt als Grundpfeiler des Gewölbes dasteht, in dem sich der Himmel bespiegeln soll! Wie unser Schädel sich wölbt, gleich dem Himmel über uns, damit das reine Bild der ewigen Sphären drinnen kreisen könne ... Und wie nun der Thierbau gerade das Gegenteil davon ist.«[1]

Sind wir also die Auserwählten des Kosmos, deren Sonderstellung sich durch bloßes Genezählen nicht erfassen läßt? Leuchtet unsere Besonderheit nicht manchmal in einigen Menschen blitzartig auf? Im Genie, im Rätsel des Wunderkindes, in einem Mozart, der umspielt zu sein scheint von den Strahlen des Göttlichen? Hat der Mensch also ein Recht darauf, sich als etwas Besonderes zu dünken, als ein Geschöpf, ausgewählt vor allen anderen, ausgestattet mit einer besonderen Menschenwürde und mit besonderen Menschenrechten? Darf er der Herr über der Erde sein – ein Stellvertretergott für diese Welt?

Oder bildet sich der Mensch, der nackte Affe, das alles nur ein? Ist er in Wirklichkeit bloß ein eitler Affe, mit begrenztem Vermögen und begrenzter Freiheit, ein Spielball Gottes oder des blinden Zufalls? Gerade die modernen Naturwissenschaften haben dem menschlichen Geist nicht nur Flügel verliehen, sondern die Sonderrolle des Menschen auch kräftig zurechtgestutzt. So verkündete der französische Anthropologe Georges Vacher de Lapouge, der Autor von »Les sélections sociales« (1896), in einer Vorlesung über Politische Wissenschaften an der Universität in Montpellier:»Jeder Mensch ist mit allen Menschen und mit allen Lebewesen verwandt. Folglich gibt es keine Menschenrechte ... Da der Mensch sein Vorrecht verloren hat, etwas Besonderes, nämlich Gottes Ebenbild zu sein, hat er nicht mehr Rechte als jedes andere Säugetier. Schon die Idee eines solchen Rechts ist eine Fiktion, es gibt nur Elementarkräfte.«[2]

Also aus der schöne Traum vom höheren Sein? Zumindest aus der Warte eines biologischen Materialismus. Die Freiheit des Menschen verengt sich aus dieser Perspektive. Aber war die menschliche Freiheit vielleicht ohnehin nur ein Aberglaube der Aufklärung? Die Alten raunten von der dunklen Macht des Schicksals, welches alles Sein und damit auch das Menschsein unerbittlich bestimmt. Die heutige Biologie wirft die Frage auf, ob die Gene unser Schicksal sind. Aber im Grunde genommen lassen sich diese Begriffe gar nicht so genau festmachen: Freiheit, Gene, Schicksal bleiben Spekulationsobjekte. Ihre Gewichtung ist auch – eine Glaubensfrage. Wahrscheinlich verknäulen sie sich in jeder menschlichen Biographie ineinander, aber auch in der großen Menschheitsgeschichte.

Nur eines zeichnet sich mit einiger Gewißheit ab – Freiheit, auch eine bedingte Freiheit, ist nur mit unserer Emanzipation, oder doch zumindest Teilemanzipation, aus der Natur zu erlangen. Wir sind zwar Kinder der Natur, aber ebenso Kinder unserer selbst, Kinder vom rastlosen Affen Mensch. Ohne seine Künstlichkeit wäre der Mensch nur ein unfreies Tier. Die Grenzen des Instinktes umgäben uns wie Gefängnismauern. Gerade der Mensch der Moderne ist geprägt durch seine Künstlichkeit. In uns steckt keineswegs nur der vermessene Schöpfer Dr. Victor Frankenstein, sondern auch ein Teil seiner Kreatur. Aber läßt sich der Prozeß der menschlichen Verkünstlichung unendlich fortführen, bis wir nur noch »Kunst« sind, oder stößt er irgendwann an seine Grenzen, hinter der nur noch Degeneration und Dekadenz ihre faulen Blüten treiben? Müssen wir eventuell ein Stück Naturkind bleiben, wenn wir überleben wollen? Gegenwärtig befinden wir uns in einem Zustand, in dem sich die Natur lautlos vom Menschen zurückzieht: In uns selbst durch Instinktverlust und unsere zunehmende Assimilation an die Welt der Technik, um uns herum in Form einer allgemeinen Umweltzerstörung und eines rapiden Artenschwundes.

Unsere Naturentbindung, aber auch unser Aufbruch in eine größere Freiheit, haben zur Orientierungslosigkeit geführt. Der moderne Mensch ist sich selbst das unlösbarste Problem. Ich weiß nicht, wer oder was ich bin, und vor allem, wozu ich bin. So könnte unser modernes »Non-credo« lauten. Anders als die Tiere haben wir uns aus der Behausung der Natur gelöst. Die großen Glaubenslehren haben ihr festes Fundament verloren. Die Naturwissenschaften allein vermögen keine Sinnbildung zu schaffen. Das künstliche Tier Mensch ist irritiert. Der Affe Gottes offensichtlich überfordert. Stehen wir allein und verloren in den unbarmherzigen Weiten des Kosmos? Der Blick zum Himmel gewährt keinen Einblick mehr in die göttliche Ordnung.

Der Mensch ist ein Zwitterwesen: Naturgeschöpf und Kunstprodukt, Affe und Gott, Demiurg und Marionette, frei und unfrei, fähig zu schöpferischer Tätigkeit wie kein zweites Wesen auf dieser Erde und auf der anderen Seite dazu verdammt, vollkommen entfremdeter Arbeit nachgehen zu müssen wie keine andere Kreatur. Gibt es trotz allem ein Erfolgsmodell Mensch? Immerhin haben wir beachtliche Leistungen vorzuweisen. Oder ist das bizarre Zwitterwesen nicht zum längerfristigen biologischen Überleben geeignet? Ist der Untergang die Strafe für unsere Hybris, oder aber wird es in Zukunft ganz andere Formen für unser Überleben geben?

Auslese und Vernichtung

Als die Eltern des noch kleinen Victor Frankenstein ihm als Gefährtin eine Adoptivschwester auswählen – seine spätere Braut Elisabeth –, tun sie es offensichtlich nach »rassenzüchterischen« Gesichtspunkten. Elisabeth stammt zwar aus einer armen Mailänder Häuslerfamilie und ihre übrigen Geschwister sind »schwarzäugige ... kleine Strolche«, doch sie selbst ragt daraus als ein Ausbund an Schönheit und natürlicher Noblesse hervor. »Ihr Haar«, so erfahren wir, »war vom strahlendsten, lebendigsten Golde, welches unerachtet aller Ärmlichkeit der Kleidung dem Kinde den Stempel der Vornehmheit auf die Stirn zu drücken schien. Dieselbe war rein und hoch, die strahlend blauen Augen blickten ohne Arg, und die anmutig geschwungenen Lippen sowie das sanfte Rund des Antlitzes waren von so ausdrucksvoller Empfindsamkeit und Süße, daß wohl keiner etwas anderes in dem Kinde hätte erblicken können denn ein auserlesenes, vom Himmel herabgestiegenes Geschöpf, dessen Miene von einem Hauch des Überirdischen verklärt war.«[3] Die Diskrepanz zu ihrer Umgebung läßt sich allerdings bald genetisch erklären: Nur ein trauriges Schicksal verschlug die »göttliche« Elisabeth in die ärmliche Häuslerhütte mit ihren weit dunkleren Bewohnern: Ihre Mutter, eine Deutsche, starb im Wochenbett, ihr Vater, ein Mailänder Edelmann und glühender Patriot, galt als verschollen … Der Erwachsene Dr. Victor Frankenstein sollte später von der künstlichen Erschaffung derart göttlicher Geschöpfe träumen. »Eine neue Rasse würde mich als ihren Schöpfer, als den Ursprung ihres Daseins segnen. Zahllose glückliche und vortreffliche Geschöpfe würden mir ihr Leben verdanken.«[4]

Vorstellungen von Aufzucht und Hochzucht reichen bis ins mythische Dunkel zurück. Nicht selten sollen die Götter selbst den Menschen ihre himmlischen Gene eingepflanzt haben, was die Initialzündung für den Aufstieg des Menschengeschlechts gab. Auffassungen, die auch in der heutigen Präastronautik wiederauftauchen. Nur handelt es sich bei diesen neuen kosmischen Samenspendern nicht mehr um Götter, sondern zeitgemäßer um außerirdische Supermänner.

Die ersten Züchtungsversuche bzw. artspezifischen Revierkämpfe zur Behauptung der eigenen Gattung sahen aller Wahrscheinlichkeit aber weit weniger außer- oder überirdisch aus. Als nämlich der Homo sapiens in frühen Tagen auf seinen Vetter, den Neandertaler, stieß, flogen vermutlich derart die Fetzen, daß einige Forscher glauben, in diesem Zusammenhang sogar von einem »pleistozänen Holocaust« sprechen zu können. Immerhin scheint die jahrtausendelange Rivalität zwischen Mensch und Neandertaler bei unseren Vorfahren eine atemberaubende kognitive und kulturelle Umwälzung hervorgerufen zu haben. Während der Neandertaler in diesem »Kampf ums Dasein« auf der Strecke blieb, konnte der Homo sapiens in dieser Auseinandersetzung seine Kräfte stärken und den Sieg davontragen. Aber der Starke wurde dabei nicht nur stärker, sondern wahrscheinlich auch klüger. Krieg und Rivalität als frühe Entwicklungshelfer − keine freudige Nachricht für Pazifisten![5]

Dieser erste Sieg einer »Herrenrasse« zeigt zugleich ein altes Menschheitsmuster auf: das Muster der Verdammung und Unterwerfung aller anderen. Viele traditionelle Gesellschaften − Stämme, Clans, Sprachgemeinschaften − bezeichneten sich selbst in aller Unschuld als »Menschen«, ein Ehrentitel, der ihrer Ansicht nach keinem Fremden zustand. Diese waren zunächst einmal nur »Untermenschen«, und es lag völlig in der Entscheidung der Gruppe, ob man ihnen Gastfreundschaft, Sklaverei oder Marterpfahl zuerkannte. Für die Griechen waren alle anderen Menschen lediglich barbaroi – Barbaren, nützlich nur als Sklaven und damit ein Hilfsmittel, die eigene Hochkultur zu errichten. Aber auch sonst ging es bei der Hinaufzüchtung zum Homo sapiens nicht unbedingt zimperlich zu. Auch und gerade die Sexualität als Grundbaustein des Lebens war und ist immer noch davon geprägt. Blutige Rivalenkämpfe, Menschenraub und Vergewaltigungen sind in der Entwicklungsgeschichte des Homo sapiens keine Seltenheit. Der stärkere, erfolgreichere und überlegenere Mann suggeriert den Instinkten der Frau die größtmögliche Sicherheit für sich und für die Aufzucht der von ihr geborenen Kinder. Eine Sicherheit, die ihr ein »Schwächling« oder Versager nicht zu bieten vermag. Beim Mann hingegen suggeriert die schönere Frau die gesünderen, zahlreicheren und kräftigeren Kinder. Bilder, die ihre häßlichere Mitspielerin weit weniger zu evozieren vermag. Diese Sicht unseres Paarungsverhaltens, die vor allem auf Erkenntnissen der Soziobiologie beruht, läßt den menschlichen Züchtungsvorgang auch immer als einen Kampf um die besten Ressourcen erscheinen.[6]

»Züchtung« war in den frühen Tagen der Menschheit allerdings kein bewußter Akt. Es war die Stimme der Natur selbst – ihr Drang zur Evolution –, die durch die Taten der Menschheit sprach. Ansätze zu einer bewußten Menschenzüchtung begegnen uns im größeren Umfang seit der Antike. Besonders Sparta – ein im Dritten Reich hochgeschätztes Staatsgebilde – trat in diesem Punkt hervor. Auf der einen Seite stand die Sklavenkaste, verdammt zu aller niederen Arbeit, und auf der anderen Seite die spartanische Herrenkaste. Aber auch deren Dasein war alles andere als ein Zuckerschlecken: Wer mit dem geringsten Makel zur Welt kam wurde bei seiner Geburt unbarmherzig ausgesetzt. Wer jedoch vollkommen genug schien für ein Dasein in Sparta mußte sich ein Leben lang im Kampf der Waffen, im Sport und in der Beweglichkeit des Geistes stählen.

Der antike »Cheftheoretiker« in Sachen Hochzucht war Platon – auch er fand im Dritten Reich gebührende Würdigung.[7] So entwarf er u. a. in seiner »Politeia« (Der Staat) ein streng nach Kasten gegliedertes Gemeinwesen, in dem »Philosophenkönige« dafür sorgen sollten, daß die als besten empfundenen Männer mit den besten Frauen unter genau festgelegten Rahmenbedingungen zusammenkamen. Das Erbgut der beiden Herrenkasten, der Philosophen und der Wächter, sollte reingehalten, ja möglichst an Schönheit und Intelligenz gesteigert werden, während man bei der unteren Kaste, dem Nährstand, salopper verfahren konnte.

Mit dem Niedergang der Antike und der Ausbreitung des Christentums verschwand in Europa für lange Zeit der Traum vom schönen und vollkommenen Menschen. Erst die Renaissance zeigte wieder Interesse an ihm und versucht in ihrer Kunst, den perfekten Menschen (vgl. Abb. 10 a + b, S. 45) herauszubilden. Das nahezu gleichzeitig einsetzende Zeitalter der Entdeckungen machte die Europäer verstärkt mit außereuropäischen Völkern und Rassen bekannt, und in der Folge wurde damit begonnen, die Menschen in verschiedene Gruppen einzuteilen und zu klassifizieren. Bewegung kam in die immer komplexeren Klassifizierungen von Mensch und Tier, in die Darstellung exotischer Völker und in die angehäuften Sammlungen von Skeletten und Menschenschädeln aber erst, als Charles Darwin das dynamisch-evolutionäre Prinzip in der Natur offenlegte. In seiner Selektionstheorie wird das Verhältnis von Konkurrenz und Auslese als Motiv aller Fortentwicklung in der Natur beschrieben. Aber in den evolutionären Prozeß, also in die stammesgeschichtliche Entwicklung der Formenvielfalt der Lebewesen zu immer höherer Komplexität, wollte Darwin – zumindest was den Menschen betrifft – nicht aktiv eingreifen.

Erst Francis Galton, ein Vetter von Darwin, wies mit seinem 1893 erschienenen Werk »Eugenics, its Definition, Scope and Aims« den Weg zu den neuzeitlichen Züchtungsvorstellungen. Unter Eugenik (vom griechischen *eu* = gut, schön, kräftig und *genos* = Abstammung, Erbstamm, Rasse) verstand Galton die Wissenschaft, die sich mit allen Einflüssen befassen sollte, welche die angeborenen Eigenschaften einer Rasse oder Bevölkerungspopulation verbessern und zum größtmöglichen Vorteil der Gesamtheit zur Entfaltung bringen sollte.

In der Eugenik ist durchaus das Fortschrittskonzept der Moderne »immer besser und schöner« enthalten. Zu ihren Bewunderern zählten auch nicht nur die Nationalsozialisten, sondern ebenso Hitlers Gegner Churchill und Roosevelt. Man sah in ihr den Königsweg zu einer glücklicheren, gesünderen, gebildeteren und aufgeklärteren Gesellschaft. In zahlreichen Ländern – zuerst in den USA – flossen eugenische Vorstellungen mit in die Gesetzgebung ein; denn die Eugeniker gingen fast unvermeidlich von der Überzeugung aus, daß individuelle Freiheiten hinter den staatlichen Hoheitsrechten zurückzustehen haben. Die biologische Zusammensetzung eines Volkes erschien als eine zu lebenswichtige Angelegenheit, um sie allein dem Zufall der Paarungen zu überlassen. Eugenik hieß auch immer, das eigene Volk fit zu machen im Konkurrenzkampf der Völker und sein Leistungsniveau dauerhaft zu erhöhen. Eugenik beinhaltete aber auch, die Zukunft planbar zu machen und die Menschheit vor einem befürchteten Sturz in den Abgrund zu bewahren.

Dieser zweite, pessimistische Gesichtspunkt existierte neben dem optimistischen Höhenflug von Anfang an in der Eugenik. Mit ihr sollte nämlich keineswegs nur der Natur auf die Sprünge geholfen werden, um eine an sich schon positive Evolutionsbewegung zu beschleunigen, sondern die seit dem 19. Jahrhundert grassierenden Vorstellungen, daß sich die Menschheit in einem nahezu unaufhaltsamen Degenerationsprozeß befinde, sahen die Eugenik als eine letzte Bastion gegen den biologischen Niedergang. Das wohl monumentalste Zeugnis dieses Menschheitspessimismus lieferte der französische Graf Gobineau mit seinem vierbändigen »Versuch über die Ungleichheit der Menschenrassen« (1855). Der Grund für den Menschheitsniedergang lag einer verbreiteten Auffassung nach einerseits in der überproportionalen Vermehrung der Untüchtigen, aber ebenso in den Resultaten der modernen Medizin, der man vorwarf, eine Gegenauslese zu betreiben, indem sie an sich lebensuntüchtiges Leben erhalte. Ihre erfolgreichen Methoden, auch schwer erbkranke Menschen überleben zu lassen, wurden mit Sorge betrachtet, da diese dadurch die Möglichkeit erhielten, ihr Leiden über zahlreiche Kinder weiterzugeben und weiterzuverbreiten. Der medizinisch verordnete Zwang zum Leben wurde also – unabhängig vom individuellen Leid der Betroffenen – als eine kollektive Crux empfunden.[8]

Daß Züchtung Früchte tragen kann, seien es erwünschte, unerwünschte oder gewollt schreckliche, hat der Mensch bisher vornehmlich an zahlreichen Tierarten und Tierrassen bewiesen.[9] Für viele Eugeniker und Rassentheoretiker hatte gerade die Tierzucht Vorbildcharakter, und es mag daher nur wenig überraschen, daß zwei der berüchtigsten nationalsozialistischen Rassenfanatiker auch als Tierzüchter tätig waren: so Heinrich Himmler als Geflügelzüchter und Richard W. Darré als Schweinezüchter.[10]

Seit Beginn des 20. Jahrhunderts breiteten sich eugenische Vorstellungen in allen westlichen Industrienationen aus. Sie erhielten breite Resonanz in der Politik, der Wirtschaft und im Bildungsbürgertum. In den USA wurde bereits 1910 das Eugenics Record Office gegründet, finanziert unter anderem von Stiftungsmillionen der Carnegie Institution. Forscher arbeiteten dort an Studien zur Vererbbarkeit von »Nomadismus«, von »Unbeholfenheit« und sogar von »Liebe zum Meer«, die sie besonders oft bei Marineoffizieren nachweisen zu können glaubten. Wer arm war galt bei den Eugenikern weniger als ein Opfer negativer gesellschaftlicher Verhältnisse, sondern in erster Linie als ein Produkt ungünstiger biologischer An-

lagen. Um dem Land die Zukunft zu sichern, wurden in die Ein-
wanderungsgesetze der USA eugenische und rassenzüchterische
Kriterien mit aufgenommen. Darüber hinaus wurden in den USA
in den zwanziger und dreißiger Jahren massenhaft Menschen sterilisiert, deren Erbgut man als negativ einstufte.

Deutschland zählte in den ersten Jahrzehnten des 20. Jahrhunderts in der wissenschaftlichen Forschung zur Weltspitze, was auch
die Bereiche Biologie und Eugenik betraf. Gleichwohl war es in der
Umsetzung eugenischer Theoreme im Vergleich zu den USA eher
moderat, was sich mit dem Jahre 1933 allerdings schlagartig änderte.
Bereits wenige Monate nach Hitlers Machtübernahme wurde das
»Gesetz zur Verhütung erbkranken Nachwuchses« erlassen. Es hatte
die Zwangssterilisation Tausender Schizophrener, Blinder, Epilepti-
ker, Mißgebildeter, Alkoholiker und geistig Behinderter zur Folge.
Das Ehegesundheitsgesetz verbot die Eheschließung von als erb-
belastet eingestuften Personen. Die Patienten in Heil- und Pflege-
anstalten wurden nach Ausbruch des Krieges als »unnütze Esser« und
»Ballastexistenzen« der Euthanasie zugeführt. Durch Proteste der
Kirchen konnte dieser erste Massenmord im Dritten Reich allerdings 1940 wieder gestoppt werden.

Trotzdem waren die Nationalsozialisten keineswegs die einzige
politische Kraft in Deutschland, die sich für eugenische Maßnahmen
einsetzte. Sie waren nur die radikalste: So hatte gegen Ende der Wei-
marer Republik die sozialdemokratische Reichstagsfraktion einen
Gesetzesentwurf vorbereitet, in welchem für sogenannte Gewohn-
heitsverbrecher eine freiwillige Sterilisation beantragt wurde. Als
wenig später seitens der Nationalsozialisten das Gesetz zur zwangs-
weisen Sterilisation rückfälliger Straftäter verabschiedet wurde, stieß
dies bei der Auslands-SPD auf allgemeinen und vorbehaltlosen Bei-
fall; denn es galt als gesicherte wissenschaftliche Erkenntnis, daß Kriminalität erblich sei, so daß eine solche Maßnahme als fortschrittli-
ches Mittel zur Bekämpfung des Verbrechens angesehen wurde.[11]

Derartige Aktionen bildeten allerdings nur die eine Seite der Medaille, die »negative Eugenik« gewissermaßen. Die positive Eugenik
bestand u. a. in der Vergabe von Ehestandsdarlehen an »erbgesunde
Volksgenossen«, in der Hoffnung, damit die Reproduktion von biologisch Höherstehenden anzukurbeln. Am gerüchteumwobensten
ist bis heute der »Lebensborn«. Im Lebensborn, ein Projekt von
Heinrich Himmler, konnten als rassisch besonders hochwertig ein-
gestufte Frauen ihre Kinder entbinden lassen. Ein Trauschein spielte
bei den nicht selten von SS-Männern geschwängerten Frauen keine
Rolle. Entscheidend war die Reproduktion und keineswegs christ-

lich-abendländische Werte. Die nach biologischen Gesichtspunkten ausgesuchten SS-Angehörigen unterstanden sogar einem Zeugungsbefehl: Vier Kinder, ab Kriegsbeginn waren es vier Söhne, sollten sie mindestens zeugen.

Es ist ein Irrtum anzunehmen, daß sich die übrige Welt über die eugenischen Maßnahmen in Deutschland empört hätte. Bei zahlreichen Maßnahmen war eher das Gegenteil der Fall. Viele Experten jubelten dem deutschen Modell zu. Deutschland, so formulierte es bereits 1933 die »Eugenical News«, das Blatt der internationalen Eugeniker-Gemeinde, sei viel weiter in der »biologischen Fundierung des nationalen Charakters«. Das deutsche Sterilisationsgesetz wurde als ein Meilenstein in der »Kontrolle der menschlichen Fortpflanzung« gefeiert. Noch bis zum Kriegseintritt der USA 1941 wurde die deutsche Genetik und Sozialbiologie von den USA unterstützt.[12]

Vielen damaligen Beobachtern galt gerade das nationalsozialistische Deutschland als ein Land vorbildlicher Modernität. Fasziniert blickten einige Forscher nach Nazi-Deutschland: Das Land erschien ihnen als ein einzigartiges, noch nie dagewesenes, gigantisches, biologisches Experiment. Gewissermaßen ein Frankenstein-Labor unvorstellbaren Ausmaßes. Keine angestaubten Überreste einer verblichenen Tradition drohten hier den wissenschaftlichen Fortschritt aufzuhalten. Trotzdem war die im Dritten Reich praktizierte Modernität keineswegs »wurzellos«, sondern sie wurde psychologisch geschickt eingebunden in ein Milieu, das gerade aus einem fortwährenden Appell an die vitalen Instinkte der Menschen bestand. High-Tech und Naturmensch wurden zu einer Einheit verschmolzen. Diese Janusköpfigkeit darf überhaupt als ein Merkmal des Tausendjährigen Reiches angesehen werden: Glanz und Elend, jubelnde Menschen und Konzentrationslager, reetgedeckte Bauernhäuser und Raketenforschung in einem. Das Menschenbild, das im NS-Staat propagiert wurde, fügt sich ganz dieser »reaktionären Modernität« ein: Biowissenschaften, fortschrittliche Gesundheitsvorsorge und gleichzeitig der Ruf nach dem »edlen Wilden«. Dabei war der nationalsozialistische, edle Wilde keinesfalls mit jenem rousseauscher Bauart zu verwechseln. Im Gegenteil: Er sollte nicht *love and peace* verkörpern, sondern ein herrisches Raubtier sein, geprägt durch Nietzschelektüre und Sozialdarwinismus (Abb. 51). Gerade dieser Primitivismus sollte das Leben wieder stärken, den schlapp und müde gewordenen Menschen einer dekadent gewordenen Zivilisation entreißen. Archaische Muster, ungezügelte Triebe und kühle Wissenschaft vereinten sich so zur reaktionären bzw. präziser zur »atavistischen Moderne« der Nationalsozialisten.

Abb. 51: *Die »Blonde Bestie«. NS-Vorbildgesichter.*

Carl Amery hat in seinem Buch »Hitler als Vorläufer« (1998) auf die bedrohliche Modernität des Nationalsozialismus aufmerksam gemacht. Er sieht in Hitler den Vorboten einer Zeit, in der es angesichts begrenzter Ressourcen, der Umweltzerstörung und der Überbevölkerung vielleicht nur noch für wenige reichen könnte. Wenn das Boot sinkt, kämen automatisch auch wieder sozialdarwinistische Instinkte zum Durchbruch und die Natur, die »grausame Königin aller Weisheit«, erhöbe wieder unverhüllt ihr schreckliches Haupt. Platz bliebe dann nur noch für die Besten, Stärksten – für eine neue Herrenrasse! Amery entwirft dieses Entsetzensszenario, um an eine ökologische Umkehr, an eine wertemäßige Besinnung zu appellieren.

Es läßt sich den bisher im Dritten Reich geschilderten eugenischen Maßnahmen neben aller Brutalität eine gewisse »kalte Logik« nicht absprechen. Vollkommen gleichgültig gegenüber dem einzelnen Leben oder Glück des einzelnen, nur daran interessiert, den »Volkskörper« zu stählen. »Du bist nichts, dein Volk ist alles«, lautete eine häufig wiederholte Propagandafloskel im Dritten Reich. Jeglicher »kalten Logik« entzieht sich aber der Holocaust. Er ist weder eugenisch noch rassenideologisch, kurzum überhaupt nicht biologisch erklärbar, da gar keine »jüdische Rasse« existiert.[13] Eine jüdische Rasse ist ebensowenig existent wie eine deutsche, russische, spanische oder gar christliche Rasse. Jegliche reine Rasse ist eine Illusion, entsprungen dem Wunsch nach Vereinfachung und Abstraktion. Eine Rasse ist ein dynamischer Prozeß, keine statische Gegebenheit. Auch das jüdische Volk ist ein Mischvolk, in dem sich nicht zuletzt viele europäische »Rassenbestandteile« verewigt haben. In die Gaskammern von Auschwitz wurden daher keineswegs nur »jüdisch« ausschauende Juden geführt, sondern ebensolche mit blondem Haar und blauen Augen, die dem nordischen Rassentraum mitunter gewiß mehr entsprochen haben dürften als die eher »nichtnordische« Führungsspitze des Dritten Reiches.[14] Bemerkenswert auch, daß sich der von den Nationalsozialisten geschürte Haß gegen das Judentum nicht auch gegen andere semitische Völker richtete. Das Gegenteil war nämlich der Fall. So gab es zwischen Arabern bzw. orientalischen Völkern und Nationalsozialisten einige freundschaftliche Verbindungen. Nur einige Beispiele: Fauzi Al-Kauki, arabischer Freischarführer aus dem Libanon, kämpfte mit seinen Truppen auf seiten der Deutschen, Raschid Ali El-Gailani, zeitweise Ministerpräsident des Irak, war Hitlerbewunderer und von 1941 bis 1945 als islamischer Propagandist in Berlin und Rom tätig. Besonders eng waren die Bindungen zu Mohammed Amin El-Husseini, dem Mufti von Jerusalem. Er beschickte die NS-Führung noch bis in die Kriegsjahre mit begehrten Kaffeebohnen und leistete den ab 1943 aufgestellten muselmanischen Divisionen der Waffen-SS geistigen Beistand. Die Divisionen sollten neben ihrer militärischen Schlagkraft übrigens auch die geistige Verbindung dokumentieren, die zwischen dem Islam und dem Nationalsozialismus bestand.[15]

Beruhte der Holocaust demnach etwa auf einem »Versehen« der Nazis, da man aus Unkenntnis annahm, es handle sich bei den Juden biologisch betrachtet um ein eigenständige, genuine Rasse? Wohl kaum. Der sicherlich bekannteste Rassentheoretiker der NS-Zeit, Hans F.K. Günther, beweist mit seinem mehrfach aufgelegten Buch »Rassenkunde des jüdischen Volkes« das Gegenteil. Auch er sieht im Judentum eine Mischrasse. Aber noch wesentlich entscheidender als Günthers Buch ist eine andere Äußerung – nämlich diejenige vom Initiator und Hauptverantwortlichen des Holocaust: von Adolf Hitler persönlich. Hitlers Aussage – kurz vor seinem Ende im vertrauten Kreis geäußert – ist eindeutig und läßt keinen Zweifel aufkommen. Sie lautet: »Wir (reden) von jüdischer Rasse nur aus sprachlicher Bequemlichkeit, denn im eigentlichen Sinn des Wortes und vom genetischen Standpunkt aus gibt es keine jüdische Rasse ... Die jüdische Rasse ist vor allem eine Gemeinschaft des Geistes.« Für Hitler bildeten die Juden also eine »geistige Rasse«, die er als härter und dauerhafter betrachtete als eine natürliche.[16] Eine »geistige Rasse« hat aber im Grunde genommen mehr mit einer besonderen gesellschaftlichen Klasse – hier dem Adel ähnlich – zu tun als mit einer geschlossenen biologischen Einheit. Für Hitler waren die Juden die

Träger des Christentums, des Marxismus, des westlichen Kapitalismus und des Gedankens der Humanität. Die Humanität stand für den Heiden Hitler aber im diametralen Gegensatz zu der »grausamen Königin aller Weisheit«, der Natur und damit auch zu den Gesetzen des Lebens. In dieser Thematik finden sich die Hauptmotive zum Holocaust. Hitler bekämpfte in den Juden ein geistiges Prinzip und keine bestimmten Gene. Biologisch oder »rassisch« läßt sich der größte Völkermord in der Geschichte jedenfalls nur bedingt ableiten.

Die nationalsozialistische Eugenik hatte sich keineswegs auf das Prinzip Auslese und Vernichtung beschränkt. Der NS-Staat war auch auf dem Gebiet einer »Softeugenik« führend gewesen; denn die biologische Bestform verlangte nach weiteren begleitenden Maßnahmen. Vorbildlich war das Dritte Reich, wenn es darum ging, das Erbgut seiner Volksgenossen vor Umweltgiften wie Asbest, Alkohol, Quecksilber, Nikotin oder Natrium zu schützen. In vielerlei Hinsicht hatte man in Deutschland während der NS-Ära »die Kronjuwelen der Epidemologie« geliefert. Systematisch suchte man nach Gefahren, die möglicherweise das Keimplasma, als die Erbsubstanz, bedrohten.[17] Daneben wurden Werte hochgehalten, die seit der um 1900 aufkommenden Lebensreformbewegung als Garanten für ein gesundes Leben galten: Licht, Luft, Sonne, Sauberkeit, Sport, gesunde Ernährung, Vegetarismus.

Und die Eugenik heute? Deutschland fiel 1945 als »fortschrittlichstes« Land ehrgeiziger eugenischer Ziele weitgehend aus und bildet gegenwärtig eher das Schlußlicht. In anderen Industrienationen wurde auch nach dem Ende des Zweiten Weltkriegs munter weiter sterilisiert. Neben den USA tat sich besonders Schweden hervor. Rund 230 000 Menschen wurden dort zwischen 1935 und 1996 aus Gründen der Erbgesundheit sterilisiert. Für ein bevölkerungsmäßig eher kleines Land wie Schweden eine beträchtlich hohe Zahl. Allerdings ist die Zahl der Zwangssterilisationen seit den sechziger Jahren global betrachtet deutlich rückläufig. Zu sehr sind derartige Praktiken in das Schußfeld von Menschenrechtsgruppen geraten. Außerdem ist die Sterilisation aufgrund des rasanten Fortschritts der Biowissenschaften mittlerweile ohnehin etwas antiquiert. Heute haben sich die Mittel von Auslese und Vernichtung verfeinert. Das wird an neuen Methoden wie z.B. der pränatalen Diagnostik sichtbar. So läßt sich mittlerweile nicht nur voraussagen, ob ein Baby ein Junge oder Mädchen wird, sondern auch, ob es mit Krankheiten behaftet sein wird. Bei ungünstigem Ergebnis kann ein Schwangerschaftsabbruch durchgeführt werden. Um Abtreibungen zu vermeiden, sind aber bereits auch sublimere Methoden vorhanden, die gegebenenfalls eine stille Selektion ermöglichen. Im Gefolge der In-vitro-Fertilisation (IVF) kam Ende der achtziger Jahre die Präimplantationsdiagnostik (PDI) als früheste Form vorgeburtlicher Diagnostik auf. Bei der IVF werden zunächst mehrere Eizellen im Reagenzglas befruchtet, die man sich probeweise entwickeln läßt. Jeder dieser Embryonen kann schon vor der Übertragung in die Gebärmutter auf Erbkrankheiten untersucht werden. Finden sich welche, unterbleibt ganz einfach die Austragung des Embryos. Zweifelsohne eine elegante, »saubere« Art der Vernichtung.

Aber Vernichtung ist nur die eine Seite der Medaille, die unschöne gewissermaßen. Die »schöne« heißt Auslese und Züchtung. Theoretisch lassen sich auch Eigenschaften wie Intelligenz, Gesundheit oder Schönheit genetisch beeinflussen. Mit dieser Form der Manipulation stünde die Tür zum genetischen Design des Menschen offen. Noch ist das allerdings Zukunftsmusik: Wie die Gene die komplexen Eigenschaften des Menschen steuern, ist bisher unbekannt. Außerdem könnte sich jeder Eingriff ins Erbgut in vielfältiger und möglicherweise schädlicher Weise im Körper auswirken. Trotzdem träumt die Wissenschaft von »Designer-Babys«.[18] Und die Versuchung künftiger Eltern mag vielleicht einmal groß sein, wenn sie vor der Wahl stehen, nur ein »normales« Kind zu haben, das möglicherweise nicht einmal den »normalen« Ansprüchen genügt, oder einen künftigen Gott in der Wiege zu schaukeln: strahlend schön, schlauer als Einstein und stärker als Schwarzenegger. Nicht einmal auszuschließen, daß diejenigen Kinder, die aus ethischen Gründen nicht perfekt »frisiert« wurden, sich später bei ihren Eltern beklagen werden. »Mama und Papa, warum müssen wir eigentlich immer und in allem die Schlußlichter sein?« Oder wird der Staat, wenn er im internationalen Vergleich wettbewerbsfähig sein will, darauf pochen müssen, sich die »besten« Menschen zuzulegen? Wird Europa und insbesondere Deutschland im künftigen Wettbewerb gegenüber den USA oder ostasiatischen Ländern versagen, weil wir uns aus ethischen Gründen dem Supermenschen von morgen verweigern? Aber wer ist aus staatlicher Sicht betrachtet der nützlichste Mensch? Ein Sportler, ein Krieger, ein Ökonom, ein Buchhalter, ein Untertan, ein Mathematiker? Oder kommt es auf die richtige Mischung an? Was aber ist die richtige Mischung? Ist sie immer gleich oder konjunkturabhängig? Vielleicht haben wir sie auch schon – und wissen es nur noch nicht!

Wem das noch zu sehr in nebulösen Fernen zu schweben scheint, für den gibt es aber auch heute schon Möglichkeiten, den Nachwuchs in Richtung Übermensch zu steuern. In amerikanischen Samenbänken können die Frauen in umfangreichen Katalogen einen Vater für ihre Kinder aussuchen. Alle Haar- und Hautfarben, Größen, Abstammungen und akademischen Titel – bis hin zum Nobelpreisträger – stehen zur Wahl. Tendenziell gilt: je toller der Vater, desto begehrter die Spermien.

Nachwuchs und Sex werden sich in Zukunft stärker entkoppeln. Aufgrund der modernen Verhütungsmittel führt der Geschlechtsakt nicht mehr notwendigerweise zur Schwangerschaft, während man sich umgekehrt bei der Erschaffung neuen Lebens nicht mehr ausgerechnet auf»so etwas« wie die Lust verlassen möchte. Dazu scheint die Sache zu ernst! Die künftigen »Wunschkinder« verlangen in jederlei Hinsicht eine gründliche Planung.

Darüber hinaus sollten wir einen anderen wichtigen Faktor nicht unerwähnt lassen: Der Mensch züchtet sich bereits dadurch um, daß er sich permanent eine veränderte Umwelt schafft, eine Umwelt, die stets neue und ungewohnte Forderungen an ihn stellt. Auch unsere Nahrung ändert sich fortlaufend. Ein auf derartigen Dingen basierender Umwandlungsprozeß ist natürlich ein unendlich langer, verglichen mit einem biologischen Eingriff, aber die Tatsache bleibt, daß er trotzdem läuft. Der Mensch von morgen – vorausgesetzt, er überlebt – wird so oder anders sein als wir Heutigen – es gibt keine »Ewigkeit« in dieser Welt. Leben heißt Wandlung.

Wird sich die Menschheit eventuell spalten? Einige Forscher schließen diese Möglichkeit nicht aus. Nach ihrer Auffassung könnte es dazu kommen, daß sich der wohlhabendere Teil der Menschheit sein Erbgut so lange aufrüsten läßt, bis er sich ohnehin nicht mehr mit den menschlichen Underdogs wird fortpflanzen können.[19] Neben derartigen biologischen Manipulationen wird natürlich auch die Verschmelzung mit technischen Implantaten wachsen. Kurzum: Es rumort, es tut sich etwas mit den Menschen. Das Kapitel Menschenzüchtung ist keineswegs abgeschlossen. Im Gegenteil: Es fängt erst richtig an. Die Nationalsozialisten werden aus der historischen Zukunftsperspektive vielleicht nur wie Neandertaler auf dem Gebiet von Auslese und Vernichtung erscheinen. Die Zyniker könnten sagen: Kinderkrankheiten! Die Zukunft wird mit Gewißheit viel eleganter verfahren – es braucht nicht einmal mehr Blut zu fließen. Die Tage von Nietzsches »letztem Menschen«, also dem Erdenbürger von heute, sind möglicherweise tatsächlich gezählt. Was wird nach den zahnlosen Haustierchen und der Apotheose mittelmäßiger Biederkeit – die Nietzsche so verachtet hat – kommen? Tatsächlich der reißende Übermensch? Wahrscheinlich eher nicht. Vielleicht wird gerade dieser Übermensch viel zahnloser sein als wir. Vom Verstande schlau, von den Leidenschaften aber eher lau; denn vitale Triebkraft dürfte immer weniger gefragt sein – und bei der Zeugung schon gar nicht. Dazu braucht man in erster Linie einen kühlen Kopf und ein paar Reagenzgläser!

Die Gene
und das Geheimnis des Lebens

»Mit dem Homo sapiens ... erschien auf dieser kleinen Erde etwas Neues. Der nächste Schritt der Evolution ist uns anvertraut. Wir müssen dafür sorgen, daß wieder einmal auf diesem herrlichen Planeten eine noch bessere Art entsteht.«[20]

So lautete das Credo des Biologen und Genetikers Robert L. Sinsheimer. Seit dem Aufkommen ihrer Zunft haben die Genetiker immer wieder davon geträumt, eine bessere Art des Menschen zu schaffen. 1939, am Vorabend des Zweiten Weltkrieges, kamen sechshundert Genetikerinnen und Genetiker in Edinburgh zusammen, um den siebten internationalen Genetik-Kongreß abzuhalten. Auf ihrem Treffen verabschiedeten sie ein Manifest, in dem sie die Politik ausdrücklich aufforderten, die Qualität des menschlichen Genpools durch entsprechende Maßnahmen aufzubessern.[21] 1962 trafen sich zahlreiche prominente Biologen und Genetiker zu einem internationalen Kongress in London, zu dem die Stiftung des Schweizer Pharmakonzerns CIBA eingeladen hatte, um über den Menschen und seine Zukunft zu diskutieren. Zahlreiche Statements der Genetiker klangen pessimistisch, da die Politik ihrer Meinung nach der biologischen Verwahrlosung der Menschheit vollkommen tatenlos gegenüberstand. Ungezügeltes Bevölkerungswachstum in den ärmeren Regionen und mangelnde Auslese in den wohlhabenden Ländern wurden als Faktoren angesehen, welche die Menschheit binnen kurzem in die biologische Katastrophe führen würden. Ohne Bedenken rief die wissenschaftliche Elite in London dazu auf, radikal in das soziale und politische Gefüge der Menschheit einzugreifen. Nach Meinung der Forscher sei es die Aufgabe der Biologie, den Menschen intelligenter, kooperativer und weniger aggressiv zu machen, aber auch langlebiger und gesünder solle der Mensch werden, mit weniger Schlaf auskommen und in der Lage sein, eine Fülle von komplexen Informationen rasch zu verarbeiten. Mit Nachdruck forderten die Genetiker, den Menschen biologisch den veränderten Lebensbedingungen anzupassen und ihn reif zu machen für eine weltumspannende fortgeschrittene Industriegesellschaft. Es wurde sogar allen Ernstes die Frage angeschnitten, ob es für bestimmte Berufszweige nicht sinnvoll sei, die darin tätigen Menschen physiognomisch umzumodellieren. So sollte es z. B. für die Raumfahrt sinnvoll sein, die Astronauten mit Stummelbeinen und Greifschwänzen auszustatten.[22]

Den aufsehenerregendsten Beitrag auf dem Londoner CIBA-Symposium lieferte Joshua Lederberg. Lederberg plädierte in seinem Referat »Die biologische Zukunft des Menschen« für eine totale Beherrschung des Lebens. Die Zukunft des Lebens liegt nach Lederberg in einer Existenz, die nur noch das Rohmaterial für den beliebigen Austausch von Organen, Körperteilen und Gensequenzen für eine Art »biologischer Ingenieurskunst« abgibt, welche ihre Fähigkeiten für jedes Verwertungsinteresse zur Verfügung stellt.[23] Im Gegensatz zum teutonisch-nietzscheanischen Traum vom Übermenschen, dessen Wert vorrangig in seiner Macht, Kühnheit und Schönheit lag, ist die angelsächsisch-amerikanische Version vom höheren Sein recht pragmatisch: Übermensch ist, wer die höchste Profitrate verspricht.

In Lederbergs Plädoyer für den Zukunftsmenschen wurde bereits mit den Möglichkeiten einer künftigen Gentechnik argumentiert. Bei der Gentechnik handelt es sich in mancherlei Hinsicht um eine Art High-Tech-Ausgabe bzw. Radikalbeschleunigung tradierter Züchtungsbemühungen. Während Züchtung per definitionem die Veränderung eines Genoms durch zielgerichtete Kreuzung bedeutet, was in einem langwierigen Prozeß von Generation zu Generation vor sich geht, kann die Gentechnik diesen Vorgang zeitlich enorm minimalisieren, indem sie die gewünschten – bzw. erhofften – Endresultate in das werdende oder bestehende Leben einpflanzt.

Gentechnologen haben also die Möglichkeit, ererbtes genetisches Material zu verändern, indem sie z. B. ein Gen aus der Zelle eines Organismus entnehmen und es mit Hilfe eines Überträgers (Vektors) in einen anderen Organismus einbringen, der dann in der Lage ist, das hinzugefügte Fremdgen an Nachkommen zu vererben. Bei der Gentechnologie handelt es sich also um eine gezielte Veränderung des (ererbten) genetischen Materials von lebenden Organismen durch Hinzufügen, Wegnehmen oder Austauschen von einem oder mehreren Genen mit der Folge einer Weitervererbung dieser veränderten genetischen Information an Nachkommen.

Die Gentechnologie läßt sich an allem organischen Leben anwenden: Mensch, Tier, Pflanze. Gentechnologie in der Pflanzenzüchtung hat als vorrangiges Ziel, schnell wachsende und ertragreiche Pflanzensorten für die Welternährung zu entwickeln. Da sich der Mensch bereits seit Jahrtausenden als eifriger Züchter betätigt, läßt sich kaum noch etwas, das heute auf unserem Teller landet, als Natur per se bezeichnen. Trotzdem stoßen gentechnisch veränderte Lebensmittel – in der angelsächsischen Welt gern als »Frankenstein-Food« bezeichnet – auf tiefe Ängste der Verbraucher. In vielen Industrieländern läßt sich nahezu von einer »Nahrungsverweigerung« derartigen Produkten gegenüber sprechen. Die Ängste sind sicherlich nicht ganz unbegründet und hängen – wohl mehr geahnt als gewußt – damit zusammen, daß in der Gentechnik weit mehr verändert und manipuliert werden kann, als das bei den klassischen Zuchtmethoden der Fall ist. So werden in der Gentechnik manchmal einzelne Gene über weite Distanzen der Verwandtschaft transferiert. Theoretisch lassen sich mit gentechnischen Methoden die unterschiedlichsten Pflanzen »paaren«. Verschmelzungen, die durch herkömmliche Selektionsmethoden niemals möglich wären. Das gleiche gilt natürlich auch für Tiere. Selbst hier lassen sich ganz neue Kreuzungen kreieren. Vielleicht zur Abwechslung auch einmal aus Tier und Mensch? Die diffusen Ängste vor Mutanten und Mutationen, welche die Gentechnik in uns auslöst – eine Thematik, welcher sich auch die Science-fiction stets gerne bedient – liegen so betrachtet in der Natur der Sache.

Gentechnisch veränderte Tiere sollen zumeist denselben Zweck erfüllen wie gentechnisch veränderte Pflanzen: Nämlich irgendwann einmal – zum allseitigen ökonomischen Vorteil – bei uns im Kochtopf landen. Daneben gibt es selbstverständlich besondere Züchtungen für den »Tierfreund«, wie z. B. Hunde ohne Fell für Allergiker.[24] Der US-Künstler Eduardo Kac ist allerdings noch einen Schritt weiter gegangen: Er hat in einem gentechnischen Labor ein Kaninchen und mehrere Mäuse basteln lassen, die grün leuchten. Um Alba – der Name des Kaninchens – und Albas Kollegen zum Leuchten zu bringen, hat man in deren Erbgut die genetische Bauanleitung für das »Grün Fluoreszierende Protein« eingepflanzt, gewonnen aus der von Natur aus leuchtenden Qualle »Aequorea victoria«. »Transgene Kunst« nennt Kac seine lebenden Wunderwerke.[25] Zweifelsohne eignet sich die Gentechnik dazu, makaber-surreale Kunstwelten zu schaffen, in der Alpträume lebendig werden.

Wenn der Mensch Gott spielt, ist er oft kein guter Gott. Neben der Frage nach der Würde jeder Kreatur müssen wir vor allem die Frage stellen, ob es zu rechtfertigen ist, wenn durch Gentechnologie, aber auch durch herkömmliche Züchtungsprogramme, negative Nebenwirkungen (Überzüchtungen) auftreten, welche die Erhaltung solcherart gezüchteter Tiere nur noch durch den ständigen

Einsatz von Pharmazeutika möglich macht. So gibt es Tiere, die ständig krank sind und leiden. Hier waltet der Geist Dr. Dr. Mengeles.

Bei dem Einsatz von Selektion und Gentechnik lassen sich bisher drei Stufen ausmachen: am »großzügigsten« wird im Pflanzenreich gearbeitet, dann folgt die Tierwelt und am zaghaftesten geht der Mensch mit sich selber um. Zur Humangenetik werden dabei auch Bereiche gerechnet, die im strengen Sinne nicht zur Gentechnologie zählen; so fortpflanzungsbiologische bzw. medizinische Techniken oder auch die klassische Zellbiologie. Trotzdem können Gentechnologie und Reproduktionsmedizin als miteinander verbunden gelten; denn mit der Möglichkeit der Schaffung menschlichen Lebens in der Retorte, der In-vitro-Fertilisation, liegt eine Technologie vor, welche es erst ermöglicht, relativ einfach, manipulativ, also gentechnisch, auf das noch werdende Leben einzugreifen.

Die Ursprünge der Gentechnologie bzw. Genetik liegen im 19. Jahrhundert. Der Augustinerabt, Naturforscher und Botaniker Gregor Mendel (1822–1884) leitete aus seinen vorwiegend an Erbsen und Bohnen durchgeführten Kreuzungsversuchen die später nach ihm benannten »Mendelschen Gesetze« ab. Diese 1865 formulierten Gesetze sind allgemeingültige Regeln in der Vererbung von Merkmalen bei Mensch, Tier und Pflanze und damit auch für die Weitergabe der Erbanlagen (Gene) bei der Fortpflanzung. Die Forschungen des Geistlichen Mendel waren geprägt von tiefer Ehrfurcht und Verehrung gegenüber der Schöpfungsordnung.

Fünfunddreißig Jahre lang blieben die Forschungen Mendels gänzlich unbeachtet. Ein Brief, den er Darwin mit einem Bericht über seine Entdeckungen zugesandt hatte, wurde von diesem nicht einmal geöffnet. Die Zeit war offensichtlich noch nicht reif für die »Mendelschen Gesetze«. Dann, im Jahre 1900, geschah plötzlich das »Wunder« der Synchronizität. Drei renommierte Pflanzenforscher, die beiden Deutschen von Tischmak und Correns und der Holländer de Vries, entdeckten vollkommen unabhängig voneinander Mendels Werk. Die ganze wissenschaftliche Welt nahm an diesen Wiederentdeckungen Anteil. Jetzt kamen die Dinge in Bewegung. Der Zündfunken der genetischen Revolution hatte eingeschlagen.

Die Geschichte der modernen Erbgutforschung sieht von ihren wichtigsten Meilensteinen her wie folgt aus: 1901 – Hugo de Vries beschreibt die sprunghafte Veränderung des Erbguts, die er Mutation nennt. 1906 – erstmalige Verwendung des Begriffs »Genetik«. 1909 – Wilhelm Johannsen prägt das Konzept des »Gens« für Mendels Erbfaktoren. 1910 – Thomas Hunt Morgan zeigt, daß Gene wie Perlen einer Kette auf den Chromosomen angeordnet sind. 1915 – In dem

Klassiker »The Mechanism of Mendelian Heredity« beweist Morgan die Richtigkeit der Mendelschen Gesetze. 1926 – Hermann Joseph Muller weist nach, daß Röntgenstrahlen in der Fruchtfliege Drosophila Mutationen auslösen. 1935 – Im »Grünen Pamphlet« äußern Max Delbrück und Kollegen die Vermutung, Gene seien fest umrissene Einheiten eines Stoffes (später als DNS – Desoxyribonukleinsäure – identifiziert). 1938 – Der Begriff Molekularbiologie wird für einen neuen Wissenschaftszweig geprägt. 1944 – Oswald Avery beschreibt die Substanz DNS als Träger der Erbinformationen. 1944 – Erwin Schrödinger formuliert in seinem Buch »What is Life?« die Idee eines genetischen Codes. 1947 – Barbara McClintock entdeckt »springende Gene«. 1950 – Erwin Chargaff findet heraus, daß vier Bausteine der DNS, die »Basen«, in Paaren vorliegen. 1953 – James Watson und Francis Crick bauen als räumliches Modell der DNS ihre berühmte »Doppelhelix«. 1956 – Die Zahl der menschlichen Chromosomen wird ermittelt: Es sind 46. 1961 – Modell der »Genregulation« durch François Jacob und Jacques Monod. 1965 – Werner Arber postuliert die »Restriktionsenzyme«, wichtige Werkzeuge der Gentechnik. 1965 – Nach den Vorarbeiten durch Marshall Nirenberg wird der »genetische Code« geknackt. 1973 – erstes gentechnisch verändertes Bakterium. 1977 – erstmalige Klonierung eines menschlichen Gens. 1978 – Louise Brown, das erste »Retortenbaby«, kommt auf die Welt. 1983 – Kary Mullis entwickelt die »Polymerase-Kettenreaktion« als entscheidende Methode für die Entschlüsselung des Erbguts. 1985 – Robert Sinsheimer schlägt die Entschlüsselung des gesamten menschlichen Erbguts vor. 1986 – erster Freilandversuch mit genetisch veränderten Pflanzen (Tabak) in den USA. 1988 – Patentierung eines Säugetiers in den USA (Krebs-Maus). 1990 – Gentechnisch veränderte Backhefe wird als erster transgener Organismus auf dem Markt in Großbritannien zugelassen. 1990 – offizieller Beginn des internationalen »Humangenomprojekts«. 1996 – Das erste Genom (Gesamtheit aller Gene eines Organismus) eines höheren Organismus, der Bierhefe, ist Baustein für Baustein entziffert. 1997 – Das geklonte Schaf »Dolly« wird der Weltöffentlichkeit präsentiert. 1998 – Erstmals gelingt die Zucht embryonaler Stammzellen der Menschen. 1998 – Entschlüsselung des Genoms eines vielzelligen Organismus, eines Fadenwurms. 1999 – Entschlüsselung des menschlichen Chromosoms 22. 2000 – Das »Humangenomprojekt« gibt die Entschlüsselung des menschlichen Erbguts bekannt.[26]

Eine rasante Entwicklung – und oft kam sie schneller, als sie eigentlich geplant war. Besonders die komplette Entschlüsselung des menschlichen Genoms ging und geht mit vielen Hoffnungen und Befürchtungen einher. Craig Venter, Chef der Genomikfirma Celeva, trompetete bei dem offiziellen Abschluß des Humangenomprojektes, im Juni 2000, daß dies der »Höhepunkt von 100 000 Jahren Menschheitsgeschichte« sei.[27] Doch die Forschungen waren zu diesem Zeitpunkt noch gar nicht abgeschlossen. Statt 100 Prozent waren lediglich 97 Prozent des Genoms kartiert, erst 85 Prozent entziffert und nur 24 Prozent lesefertig. Spötter vermuteten, man habe nach 10 Jahren Arbeit schlicht entschieden, nun sei der richtige Zeitpunkt zum Feiern. Trotzdem ging die Arbeit insgesamt rasch voran – und vor allem, sie läuft weiter. Wird man also in naher Zukunft den »Menschen ohne Geheimnisse« verkünden können?

Der menschliche Körper setzt sich aus rund 100 Billionen Zellen zusammen. Als Zentrale jeder einzelnen Zelle fungiert der Zellkern. Jeder Zellkern enthält 23 Chromosomenpaare, in denen das Erbgut beider Elternteile gespeichert ist. Jedes Chromosom beinhaltet wiederum DNS-Moleküle in Form einer gedrehten Doppelhelix. Die Gene endlich, Träger der Erbanlagen, sind Abschnitte der DNS-Doppelhelix, auf der sie wie Perlen einer Kette angeordnet sind. Rund 140 000 Gene hat der Mensch insgesamt auf dieser Doppelhelix sitzen. In jeder menschlichen Zelle findet sich die gleiche Genstruktur wieder. Jede der rund 100 Billionen Zellen enthält also unser gesamtes Erbgut. Ein gewaltiger Kosmos steckt somit in uns. Sowohl von der gewaltigen Anzahl der Lebensbausteine her als auch von der mikroskopischen Kleinheit dieser weit im Nanobereich angesiedelten Teile, können wir den Aufbau unseres Körpers mit den eigenen Sinnen überhaupt nicht erfassen. Aber damit nicht genug: Dieser hochkomplexe Aufbau des Lebens ist ja nicht einfach nur in allerkleinste Schubläden unterteilt, sondern er lebt wirklich. In diesem pulsierenden Gebilde scheint alles mit allem verbunden zu sein.

Darüber hinaus gibt es noch einige Verwirrspiele: Zwar ist der ganze Körper vernetzt, aber nicht alle seine Bausteine besitzen die gleiche Wertigkeit. Wer im Buch des Lebens lesen will, steht vor dem Dilemma, daß die »wichtigen« Gene in einem Meer von Informationsmüll schwimmen. »Junk DNA« nennen es die Forscher salopp, da sie nicht wissen, welchen Anteil sie überhaupt an den Prozessen des Körpers haben.[28] Doch bei den Genen selbst gibt es noch ein entscheidenderes, grundsätzliches Problem. Gene haben neben der Aufgabe, Träger der Erbinformation zu sein, die wichtige Funktion, die Anleitung zur Herstellung von Proteinen (Eiweißen) und Enzymen zu enthalten. Diese beiden bilden das Grundgerüst für jede Zelle und alle lebenswichtigen Komponenten der Organe, und sie steuern alle chemischen Prozesse, die im Körper ablaufen. So weit, so gut. Wir wissen also – oder glauben zu wissen –, welche Aufgabe die Gene im Reich des Lebens einnehmen. Aber etwas anderes wissen wir noch lange nicht: Was überhaupt ein Gen ist! Absolut kein Ansatzpunkt liegt dazu vor, und alle Versuche, das »Gen« zu definieren, sind bisher gescheitert.[29] Bei den Genen handelt es sich also nicht nur um die Urbausteine des Lebens, sondern es umgibt sie auch selbst das Geheimnis des Lebens. Alles, was wir von ihnen sagen können, ist, daß sie wirklich »leben«, daß es sich bei ihnen also um dynamische und komplexe Wesenheiten handelt.

Jede Gentechnik, jede Genmanipulation jongliert so gesehen mit dem Unbekannten. Dieser Umstand dürfte jedoch kaum etwas daran ändern, daß mit dem 21. Jahrhundert auch das biotechnische Zeitalter beginnen wird. Der amerikanische Trendforscher Jeremy Rifkin sieht in seinem Buch »Das biotechnische Zeitalter. Die Geschäfte mit der Genetik« (1998) eine regelrechte biotechnische Revolution im Anzug. Die Techniken der Rekombination des Erbinformationsträgers DNA bilden ihre wissenschaftliche, die Möglichkeit der Patentierung von Genen, gentechnisch veränderten Organismen und gentechnischen Verfahren ihre rechtliche Basis. Leistungsfähige Computer ermöglichen es, die Unmengen von Daten zu handhaben, die bei der Gendatierung anfallen. Die Soziobiologie liefert mit ihren Studien zur genetischen Bedingtheit unseres Verhaltens die Rechtfertigung, die Gene als schwerwiegender einzustufen als Prägungen durch die Umwelt, und nicht zuletzt sieht Rifkin überall die Bereitschaft, die Manipulation von Genen als legitime Fortführung der natürlichen Evolution zu sehen.

Der Durchbruch zum biotechnischen Zeitalter darf sicherlich nicht nur als Resultat eines uneigennützigen Forscherdrangs begriffen werden. Auch der romantische Traum vom Übermenschen spielt nur eine untergeordnete Rolle (Abb. 52). In die Biotechnik wird investiert, weil man mit ihr Geld verdienen kann. Craig Venter – auch als »Herr der Gene« oder »Bill Gates der Gene« bezeichnet – ist bestimmt nicht zufällig beides: erfolgreicher Genforscher und erfolgreicher Geschäftsmann. Ein Hauptgrund, warum in der Gentechnik ein ungeheures Geschäft gewittert wird, ist sicherlich, daß sie nahezu den gesamten medizinischen Sektor revolutionieren dürfte. Insgesamt werden derzeit rund 9000 Krankheiten auf defekte Gene zurückgeführt. Allein in Deutschland macht das ein Heer von fünf Millionen Patienten. Die Gentechnik stellt ein wichtiges Instrumentarium dar, den »gesunden Menschen« zu schaffen. Doch vorausgesetzt, die Forscher hätten Erfolg und die Natur erwiese sich nicht –

Abb. 52

wie so oft – als weit komplexer, als es der Optimismus der Wissenschaftler wahrhaben will, würde sich dadurch tatsächlich die Anzahl
der Krankheiten vermindern? Oder könnten nicht neue Krankheiten entstehen oder sich ungeahnte Nebenwirkungen einstellen, z. B.
die, daß der kerngesunde Bioroboter unter seelischer Verödung leidet? Ist Gesundheit überhaupt nur ein Vorteil? Viele herausragende
Menschen, wie etwa Henri de Toulouse-Lautrec oder Abraham Lin-
coln, wären nach genetischer Beratung wahrscheinlich nie zur Welt
gekommen. Der Maler wurde aufgrund seiner angeborenen Osteo-
genesis imperfecta früh zum Krüppel; bei dem amerikanischen
Präsidenten vermuten Wissenschaftler das Marfan-Syndrom, einen
Gendefekt, der Herzkrankheiten auslösen kann. Darüber hinaus enthält die Krankheit, oder zumindest die menschliche Leidens- und
Schmerzfähigkeit, auch einen Schlüssel zur veränderten Wahrnehmung. Viele Religionen erblickten im Schmerz auch einen Weg, der
zu vertiefter Empfindung und Weisheit führt.

Es ist mehr als verständlich, daß die Herausbildung der Gentechnik die Frage aufgeworfen hat, was wir dürfen und was wir nicht dürfen. Das Dilemma bei der Angelegenheit ist aber, daß wir wahrscheinlich gar nicht in der Lage sind, die klare Trennungslinie zwischen dem, was gentechnisch sinnvoll ist und was nicht, zu ziehen. Gerade der menschliche Bereich macht das überdeutlich. Und wieviel Handlungsspielraum haben wir – realistisch betrachtet – überhaupt? Wenn die Lawine rollt, dann rollt sie. In die Gentechnik sind mittlerweile so viele Gelder geflossen, sie ist mit soviel Interessen und Hoffnungen verbunden, daß man sie nicht mehr einfach wegzaubern kann. Der Einfluß der Gentechnologie wird wachsen, Verbote und Gesetze, die sie in ein gesittetes Korsett zwängen wollen, werden mit der Zeit löchriger werden. Der Auflösungsprozeß dieser aus ethischen Erwägungen geschaffenen Restriktionen wird voraussichtlich ein schleichender sein – Unauffälligkeit käme vielen Interessen entgegen. Wohin letztendlich die gentechnische Reise geht, wird kaum einer vorherbestimmen können; denn nichts verhält sich so sprunghaft und unberechenbar wie gerade die Produkte unserer Rationalität!

So betrachtet sind die Ängste, welche die Gentechnik auslöst, nicht verwunderlich. Schrecken löst die Vorstellung einer Gendiktatur aus, in der der »Gläserne Mensch« unbehaust lebt, da er ohne Geheimnisse ist, da alle seine genetischen – aber auch sonstigen – Daten von ihm sofort abrufbar sind und in der nahezu sämtliche menschlichen Schwachstellen – selbst noch die von Toten – biotechnisch ermittelt werden könnten. Es ist das Bild einer Zukunftsgesellschaft, in der es keine »illegal« gezeugten Menschen mehr gibt, in der aber die Genmanipulation von Mensch, Tier, Pflanze auf der Tagesordnung steht. Sorge besteht auch darüber, daß sich die Menschheit durch gentechnische Manipulationen in höhere und tiefere Gattungen aufspalten ließe, die sich – zumindest auf normalgeschlechtlichem Wege – nicht mehr miteinander fortpflanzen können. Angst erweckt die Vorstellung von ethnischen Genbomben, bei deren Abwurf nur Träger bestimmter Gene getötet werden. Furcht besteht auch vor möglichen aggressiven Viren aus dem Genlabor. Unbehagen kann aber allein schon die gentechnisch veränderte Kartoffel auslösen.

Von Anbeginn an war die Gentechnik und Vererbungslehre aber nicht nur Projektionsfeld verschiedenster Ängste, sondern auch Gegenstand politisch-ideologischer Grabenkämpfe. Immer wieder entzündete sich die Frage, wie hoch der Einfluß von Biologie und Vererbung auf die Entwicklung des Menschen zu bewerten ist. »Nature or nurture« lautet ein Schlagwort in der angelsächsichen Welt. Natur oder Umwelt, was ist wichtiger für unsere Entwicklung? Kommt nach den Erziehungsutopien von 68 nun das Zeitalter knallharter biologischer Fakten? Psychologen und Psychiater hoffen ebenso wie Humangenetiker und Verhaltensforscher, das komplexe Gene-Umwelt-Roulette irgendwann einmal lösen zu können. Dabei konzentrieren sie sich besonders auf solche Erbanlagen, die Intelligenz und Persönlichkeit bestimmen könnten. Zwillingsstudien, Verhaltensbeobachtungen und Genanalysen sollen klären, wie wir zu dem werden, was wir sind. Immerhin soviel wissen wir: Der Apfel fällt oftmals gar nicht so weit vom Stamm. Eltern verkörpern sich in ihren Kindern wieder – auch physiognomisch, wovon manche Ahnengalerie in adeligen Gemäuern zu künden weiß. Allerdings: Es gibt auch Ausnahmen und – Kinder erben nicht nur die Gene ihrer Eltern, sondern bewegen sich zumeist auch in deren Milieu. Welchem von beiden Faktoren fällt also die Dominanz zu? Wahrscheinlich bildet unsere biologische Ausstattung das Fundament, auf dem sich unsere Anlagen entwickeln. Davon gehen zumindest die meisten Forscher aus.[30] Aber diese Anlagen treten von Anfang an mit allen Außenströmungen in Kontakt: mit unseren Eltern, dem Milieu, in dem wir aufwachsen, mit Erziehern, Freunden und Bekannten und nicht zuletzt mit dem geistigen »Fluidum« einer Kultur und Epoche. Dabei prägt die Umwelt keineswegs nur unsere geistige Verfaßtheit mit, sondern auch unseren Körper. Daß z.B. die Angehörigen der japanischen Nachkriegsgeneration im Durchschnitt 15 Zentimeter größer sind als ihre Eltern oder Großeltern, hängt keineswegs mit einer genetischen Mutation zusammen, sondern mit einer kulturellen Änderung – nämlich damit, daß sich die japanischen Eßgewohnheiten deutlich verändert haben.

Auch den Genen sind also Grenzen gesetzt. Wir können ihnen nicht alles zuschreiben. Ein biologischer Determinismus, also der Glaube daran, daß alles, was wir sind, und alles, was wir je sein können, ausschließlich durch unsere Gene bestimmt wird, ist somit unangebracht. Das heißt aber nicht, daß wir unser biologisches Erbe ignorieren sollten. Die alten Erziehungsutopien sind zu Recht obsolet geworden: Der Mensch ist nur bedingt erziehbar. Erziehung kann Wege weisen, aber keinen neuen Menschen schaffen.[31] Die Pädagogik muß, gerade wenn sie effektiv sein will, davon ausgehen, daß vor ihr niemals das gleiche »Ausgangsmaterial« sitzen kann – es sei denn, es ist geklont!

Trotzdem dürfte das bloße Genezählen nur wenig nützen. Genetisch sind wir mit den Menschenaffen beinahe identisch – kulturell aber kaum.[32] Der Schimpanse hat sogar mehr Gene mit uns Menschen gemeinsam als mit irgendeiner anderen Affenart. Dennoch kann selbst der ärgste Menschenfeind nicht leugnen, daß den Schimpansen weit mehr mit einem Orang-Utan oder auch entfernteren Affenverwandten – wie z. B. den Gibbons – verbindet als mit den Menschen. Der Unterschied zwischen den Lebewesen liegt nämlich keineswegs nur in unterschiedlichen Genen begründet, sondern noch entscheidender ist die unterschiedliche Anordnung der Gene. Nur das einzelne Gen isoliert zu betrachten ist daher problematisch, da es immer in einem großen Orchester mitspielt. Aber wenn es sich so verhält, daß immer mehrere hundert Gene zusammenspielen müssen, um komplexes Leben und Geschehen zu organisieren, dann ist auch bis auf weiteres die Suche nach *dem* Schizophrenie-Gen, *dem* Homosexuellen- oder Allergie-Gen nichts weiter als die Suche nach einem Hauptschalter, der das tatsächliche Funktionieren nie und nimmer erklären kann.

Ähnlich wie man mit unseren Buchstaben ganz unterschiedliche Wörter, Sätze und Texte verfassen kann, könnte das Leben oder die in ihr wirkende Kraft vielleicht mit den Genen verfahren. Und sollten die Gene eine Art Naturalphabet bilden, sind sie dann »die Sprache Gottes« wie der damalige US-Präsident Bill Clinton beim offiziellen Abschluß des Weltgenomprojekts pathetisch verkündete? Vielleicht – vielleicht auch nicht. Die Anthroposophen haben jedenfalls einen ganz anderen Geist mit diesem Alphabet in Verbindung gebracht. Für sie ist es der Teufel bzw. die alles ins Kalte, Erstarrende und Diesseitig-Materielle führende böse Kraft von Ahriman, die uns das Leben als eine Anreihung von Buchstaben verkaufen will.[33] Oder buchstabieren weder Gott noch Ahriman?

Vielleicht gibt es gar kein »Buch des Lebens« und die Gene sind somit auch keine Buchstaben. Vermutlich halten wir auch mit ihnen nicht die heilige Urschrift der Welt in der Hand. Die Annahme, daß mit der Entschlüsselung des genetischen Codes uns endlich die »wahre« Bibel vorliegt, wäre zu simpel, um wahr zu sein. Die Gene sind viel zu clever, um sich so einfach in die Karten schauen zu lassen. Dadurch, daß sie »Teamarbeit« schätzen, erhalten sie etwas ungemein Bewegliches. Sie bilden keine unveränderliche Essenz des Lebens – sondern sie leben selbst – d. h. sie können sich in ihren Wirkungen verändern, sie sind äußerst agil. Außerdem brauchen Gene keinen festen Ort im Erbgut, es gibt springende Gene, die ständig ihren Platz wechseln. Daneben gibt es Gene, die mehr als nur eine Funktion haben – und und und … Das Humangenomprojekt hat keineswegs die Welt lesbarer, erklärbarer gemacht. Im Gegenteil:

Auch hier gilt das Gesetz: Je mehr wir wissen, desto deutlicher wird uns, wie wenig wir wissen!

Die Gene entziehen sich einer einfachen Deutung – sie wollen Geheimnis bleiben. Gregor Mendel, der Vater der Genetik, schrieb die Sätze: »Soviel sehe ich schon, daß es die Natur auf diesem Wege im Speziesmachen nicht weiterbringt; da muß noch etwas anderes dabei sein.«[34] Aber was ist dieses Andere? Gott, Ahriman, morphogenetische Felder?

Was ist Materie? In erster Linie nichts. Eine Einbildung unserer Sinne. Die moderne Physik hat den Weg zur Entmaterialisierung der Materie gewiesen. Energie, Wellen, Strahlungen, scheinbar feste Stoffe lösen sich unter ihren Argusaugen in nichts auf. Das Atom, bestehend aus Protonen und Elektronen, ist eben nicht – wie lange vermutet wurde – der harte Kern der Materie, ihr kleinster, fester Grundbaustein. Der »Stoff«, aus dem Protonen und Elektronen bestehen, gleicht mehr dem Stoff, aus dem die Träume sind, als einer »harten« Tatsache. Wenn aber die Materie nahezu immateriell ist, wie materiell sind dann die Gene? Gibt es von solcher Warte aus vielleicht gar keine Gene mehr, sondern nur noch die Illusion, daß es welche gäbe?

Einstein im Dutzend?
Vom Mythos des Klonens

Der Sex wurde vor rund einer Milliarde Jahren erfunden: Damals begannen die winzigen Bewohner der Weltmeere ihr Erbgut zu vermischen, um sich auf eine neue, revolutionäre Weise fortzupflanzen. Schafft nun heute die wiederum neue und revolutionäre Reproduktionsmedizin den Sex wieder ab?

Nirgendwo wird das Verschwinden der Geschlechter deutlicher als beim Klonen: Hier wird nicht nur auf den Sex verzichtet, sondern hier kann auch darauf verzichtet werden, die weibliche Eizelle mit dem männlichen Spermium zu verschmelzen. Das Klonen oder präziser Das-aus-sich-selbst-heraus-Fortpflanzen ist die älteste Form der Vermehrung. Jeder Einzeller praktiziert diese Methode noch heute, indem er sich teilt, um sich fortzupflanzen. Damit klingt zugleich etwas an, was mit der nichtgeschlechtlichen Fortpflanzung verbunden ist: scheinbar ewiges irdisches Leben und eine sich stets erneuernde Jugend. Erst Sex, Liebe und Leidenschaft brachten den Tod und die Vergänglichkeit in die Welt. Wohl nicht von ungefähr klingt daher in jeder wirklich großen, tiefen Liebe das Thema des Todes an – gewissermaßen der Romeo-und-Julia-Effekt.

Worum geht es beim Klonen? Klonen bezeichnet zunächst einfach einen Vorgang ungeschlechtlicher Vermehrung. Klone sind erbgleiche Organismen und entstehen in der Regel durch einfache Zweiteilung. Diese Form der Vermehrung geschieht bei einigen Formen des Lebens, insbesondere bei Pflanzen, auf natürlichem Wege. Viele Pflanzen entstehen vegetativ aus Ablegern oder Abschnitten. Man nehme z. B. das Blatt eines Veilchens, stecke es in einen Blumentopf und aus ihm entsteht eine ganz neue Pflanze. Das Klonen ist auch der Vermehrungsmechanismus aller Bakterien, vieler höherer Mikroorganismen, ja selbst einiger höherer Vielzeller wie der Gürteltiere. Und selbst beim Menschen kann die Natur klonen: Eineiige Zwillinge sind Klone. Bei ihnen hat sich die befruchtete Eizelle durch ein »Versehen« geteilt, so daß sich die eineiigen Zwillinge parallel und unabhängig voneinander im Mutterleib entwickeln.

Außergewöhnlich ist das Klonen also nicht. Die Natur klont, und sie hat es insbesondere am Anfang des Lebens gerne getan: Sie ließ geschlechtslos zeugen, ohne jegliche Liebesglut. Und der Mensch nahm sich schon früh die Natur zum Vorbild: Seit Jahrtausenden klonen die Bauern Pflanzen, indem sie Ableger Wurzeln schlagen lassen. Neu ist, daß Ende des 20. Jahrhunderts der Mensch damit begann, Leben zu klonen, das sich im Regelfall zur eigenen Fortpflanzung nicht selber klont. Um diesen künstlichen Prozeß in die Wege zu leiten, haben die Forscher zwei Methoden des Klonens entwickelt: Bei der ersten werden embryonale Zellhaufen geteilt – es entstehen eineiige Mehrlinge. Bei der zweiten Methode werden identische Zellkerne in entkernte Eier übertragen. Dies gelingt relativ einfach, wenn die transplantierten Kerne aus Embryonen stammen, da ihre biologische Uhr fast auf Null steht. Weit schwieriger wird die Transplantation aus bereits geborenem Leben, wenn die Zellen schon älter und ausdifferenzierter sind. Aber nur mit dieser Methode können wir auch Klone unserer selbst anfertigen lassen und nicht nur eineiigen Zwillingen den Weg ins Leben ermöglichen.

Im Zeitrafferverfahren sieht die Geschichte des Klonens bis zur Niederkunft des bisher berühmtesten Klons – Dolly – wie folgt aus: 1930 – Hans Spemann erzeugt den ersten Klon. Er trennt die Zellen eines Molchenembryos im Achtzellstadium mit einem Menschenhaar, darauf entwickeln sich identische Molchembryonen. Dies ist der erste Beweis für die genetische Gleichheit embryonaler Zellen. Spemann experimentiert auch mit älteren Zellen, jedoch ohne Erfolg. 1952 – US-Forscher teilen Froschembryonen. Sie transplantieren das Erbgut aus embryonalen Froschzellen in entkernte Eizellen.

Einige der geklonten Eier entwickeln sich zwar zu Kaulquappen, doch die entstehenden kleinen Frösche sterben rasch. Die Methode ist noch nicht ausgereift. 1958 – An der Universität Oxford glückt erstmals die Aufzucht geschlechtsreifer Frösche aus kerntransplantierten Eiern. Die Spenderkerne stammen von Froschembryonen. 1970 – John B. Gurden überträgt Zellkerne von der Haut bereits erwachsener Frösche in entkernte Froscheier. Aus den Klonen entwickeln sich wenige Kaulquappen, aber keine geschlechtsreifen Frösche. Die Forscher gewinnen daraufhin den Eindruck, daß erwachsene Zellkerne bereits zu spezialisiert sind, um aus ihnen wirklich »funktionstüchtige« Klone gewinnen zu können. Ihre biologische Uhr scheint schon zu weit fortgelaufen zu sein. 1981 – Karl Illmensee stellt die Behauptung auf, daß es ihm gelungen sei, Mäuse aus weit entwickelten Embryonen geklont zu haben. Da jedoch die Wiederholung der Experimente scheitert, glaubt die Wissenschaftsgemeinde an Betrug. 1981 – Das erste Säugetier wird geklont: Nach der Teilung von Embryonen gebiert eine Kuh in den USA Zwillingskälber. 1993 – Der amerikanische Wissenschaftler Jerry Hall zeigt, daß sich auch menschliche Eizellen künstlich klonen lassen. Im Labor teilt er einen embryonalen Zellhaufen. Die entstandenen Klone läßt er in einer Nährlösung heranwachsen, bis eine Verpflanzung in die Gebärmutter theoretisch möglich ist. So hätten Mehrlinge entstehen können. 1997 – Das Klonschaf Dolly wird der Öffentlichkeit präsentiert. Die Sensation: Dolly stammt angeblich aus einer alten Körperzelle und nicht aus einer embryonalen Zelle.[35]

Beginnt nun ausgerechnet mit einem Schaf eine neue Zeitrechnung? Die Turbulenzen, die Dolly, das in Schottland geklonte Schaf, hervorrief, sind durchaus verständlich. Wider alle wissenschaftlichen Voraussagen manifestierte sich hier eine echte kopernikanische Wende. Was jahrzehntelang als unumstößliches Wissen gegolten hatte, daß nämlich bei Säugetieren ausschließlich Embryozellen das Potential besitzen, einen ganzen Organismus ausbilden zu können, war plötzlich nicht mehr gültig. Dolly ist das erste vaterlose Säugetier, geklont als Kopie eines anderen Schafes, ohne geschlechtliches Tun, aus einer Euterzelle. Während bei der Trennung embryonaler Zellhaufen lediglich die Geburt eineiiger Zwillinge verursacht wird, die zwar untereinander weitgehend identisch sind, sich aber wie alle anderen Geschöpfe dabei von ihren Erzeugern unterscheiden, gibt es bei der Geburt aus der Körperzelle nur noch ein Elternteil, und dieses Elternteil ist zugleich identisch mit seinem eigenen »Kind.« Theoretisch bedeutet dies, selbst Säugetiere – und dazu zählt auch der Mensch – lassen sich kopieren.

Allerdings war die Geburt Dollys keine einfache Angelegenheit: Von 277 Eizellen brachte es lediglich eine bis zur Geburtsreife – nämlich Dolly. Ein Großteil der übrigen Zellen ging bald zugrunde, ein Drittel von ihnen entwickelte sich immerhin so weit, daß sie als deformiertes Elend das Licht dieser Welt erblicken durften! Daß ausgerechnet ein Schaf – Sinnbild der Reinheit und Symbol Christi! – für die von einigen Kritikern auch als Teufelswerk verschriene Klontechnologie herhalten mußte, ist sicherlich von besonderer Ironie. Christus, das Lamm Gottes, soll nach kirchlicher Auffassung die Welt von ihren Sünden befreit haben – führt Dolly sie jetzt wieder ein?

Doch zunächst einmal die Frage: Welchen praktischen Nutzen versprechen sich Forscher und Industrie von der Tierklonierung? Besonders erfolgreiche Zuchttiere könnten direkt kopiert werden. Das Gen-Roulette der normalen Vererbung wäre dadurch ausgeschlossen. Die gewünschten Lebewesen ließen sich künftig serienmäßig herstellen wie Fließbandware. Auch die Tierhaltung würde sich dadurch vereinfachen. Der Landwirt der Zukunft braucht dann nicht mehr die Macken einzelner Tiere zu berücksichtigen. Im futurologischen Kuhstall ist alles nur noch ein Herz und eine Seele.

Aber das ist nur der prosaische Aspekt der Angelegenheit. Möglicherweise hilft das Klonen eines Tages, bedrohte Arten zu retten. Koreanische Forscher versuchen schon heute, den selten gewordenen Sibirischen Tiger zu klonen. Doch sind das noch bescheidene Träume. Schon bald könnten sich Steven Spielberg oder andere Hollywoodgrößen ihre Drehbücher von Genetikern schreiben lassen. Jurassic Park live ist die neueste Ambition, mit der die Forscher aufwarten: Weltweit fahnden sie nach dem Erbgut ausgestorbener Arten: Sie wollen Mammute, Riesenwölfe und Beutelwölfe als Klone neu erschaffen; da werden die Dinosaurier nicht lange hintanstehen wollen![36]

Doch bevor das soweit ist, rückt die Klonierung des Menschen immer mehr ins Reich der Möglichkeiten. Bereits einen Monat nach Dolly konnten amerikanische Forscher vom Primatenzentrum Beaverton geklonte Rhesusaffen der Öffentlichkeit vorstellen. Obgleich diese Nachricht die Welt noch mehr hätte aufschrecken müssen als Dolly, da Affen nahe Verwandte des Menschen sind, war den Medien das Ereignis im Regelfall nur noch kleinere Meldungen wert.

Nicht selten durchlaufen die Fortschritte der Wissenschaft in der Öffentlichkeit folgende Akzeptanzphasen: entsetzte Ablehnung, Ablehnung ohne Entsetzen, tastende Neugier, Erforschung und schließlich langsame, aber stetige Zustimmung. Beschleunigt wird dieser Vorgang durch die Interessen der Wirtschaft, das Bedürfnis der Politiker, Standortvorteile für die eigene Region zu schaffen, und natürlich

Abb. 53: Der geklonte Millionär.

durch die Neugier der Forscher, die nicht selten mit brennendem Ehrgeiz gepaart ist.

»Und Gott sprach«, so beginnt in der Bibel die Geschichte des Menschen, »lasset uns Menschen machen, ein Bild, das uns gleich sei.« Wird der Mensch auch zum Gott werden, wenn er sich selbst kopiert? Die ersten Nachrichten von angeblich geklonten Menschen tauchten bereits in den siebziger Jahren auf. So erzählte der amerikanische Wissenschaftsjournalist David Rorvik in seinem Buch »Nach seinem Ebenbild« (1978), er sei eines Tages von einem reichen Amerikaner angerufen worden. Dieser hätte ihm eine hohe Belohnung in Aussicht gestellt, wenn es ihm gelänge, ein Wissenschaftsteam anzuheuern, das es wagen würde, ihn selbst zu »verdoppeln«. Er wünsche sich ein Kind, das allein sein Erbgut trage und wolle daher das bei sexueller Fortpflanzung unvermeidbar auftretende mütterliche Erbgut auf jeden Fall ausschalten – koste es, was es wolle. Rorviks Buch gibt vor, die Realisierung dieses Vorhabens exakt zu beschreiben. Doch es stellte sich bald heraus, daß der vermeintliche Tatsachenbericht mehr aus der Feder eines amerikanischen Barons Münchhausen stammte als aus der eines seriösen Wissenschaftsjournalisten (Abb. 53).[37]

Ob es rein technisch betrachtet dem Menschen jemals gelingen wird, sich selbst zu klonen? Skeptiker gibt es bis heute, doch ihre Zahl schmilzt. Aber wenn es funktionieren sollte, wie viele Versuche muß der Mensch durchführen, bis er sich selbst als geglückten Klon bewundern kann? – 277 wie bei Dolly, mit über 90 zur Welt gekommenen Mißbildungen? Und was macht man dann mit diesem menschlichen »Ausschuß« – Euthanasie? Sicher, Techniken lassen sich verfeinern und verbessern – aber wohl nur über die Praxis!

Zweifelsohne, Dolly markiert eine kopernikanische Wende, die das Selbstverständnis der Menschheit ändern wird. Die ethischen Bedenken gegenüber der Klonierung von Menschen sind zwar noch groß, ihre Realisierung ist bisher untersagt – aber nicht überall. Als Argument gegen die Klonierung des Homo sapiens gilt, neben befürchteter Kurpfuscherei, daß der Mensch sich seine unwiederbringliche und einmalige Individualität, auch in genetischer Hinsicht, bewahren sollte. Allerdings – eineiige Zwillinge besitzen diese auch nicht. Natürlich bereitet auch die Vorstellung von ebenso experimentierwütigen wie egozentrischen Wissenschaftlern Unbehagen – wahrscheinlich vermuten viele Klonierungsgegner bei dieser Berufssparte ein Dr. Frankenstein-Gen. Und selbstverständlich gibt es auch Bedenken von kirchlicher und religiöser Seite: Dem Menschen steht es nicht zu, Gott zu spielen! Jürgen Habermas hat noch ein originelles Argument gegen das Klonen eingebracht: Der Klon, sagt Habermas, ist eine Art Sklave, weil er nämlich einen »Teil der Verantwortung, die er sonst selbst tragen müßte, auf andere Personen abschieben kann.« Eine andere Person habe vor seiner Geburt ein Urteil über ihn verhängt, indem sie ihm einen unwiderruflichen genetischen Code zudiktiert habe. Der Klon kann jemand anderes für sein Sosein haftbar machen.[38] – Nun, Kinder konnten ihre Eltern natürlich immer schon für ihr Sosein verantwortlich machen, und sollten zukünftige Generationen einen Klon fragen, ob er lieber nicht geklont wäre, wird sich bei ihm wahrscheinlich genauso gierig das Verlangen nach Selbsterhaltung regen wie in nahezu allem, was nur ein bißchen Leben abbekommen hat.

Selbstverständlich werden nicht nur Gründe gegen, sondern auch für das Klonen angeführt, wenngleich diese mitunter etwas zweifelhaft erscheinen mögen. Zum Beispiel, daß Frauen, deren Eierstöcke steril sind und die deshalb nicht einmal durch künstliche Befruchtung besambar sind, künftig ihren Kinderwunsch durch Klonierung erfüllen könnten. Der Pariser Molekulargenetiker Axel Kahn fürchtet, daß sich solche Ansprüche in Zukunft sogar einfordern lassen könnten.[39] In den USA hat sich bereits der Wissenschaftler Richard

Seed, von Beruf eigentlich Physiker, für die Interessen unfruchtbarer Frauen stark gemacht. In einer eigenen Klonierungsklinik würde er gerne Babys durch Zellkernübertragung für ungewollt kinderlose Paare erzeugen. Selbst über Klone für Homosexuelle wurde schon gestritten. Auch wer an persönlicher Unsterblichkeit interessiert ist, könnte seinen Wunsch wenigstens teilweise erfüllen, indem er Personen seines exakten Genotyps weiterleben läßt. Liebgewonnene Verstorbene könnten geklont ins Leben zurückkehren – aber würden sie uns auch wiedererkennen? Das Gedächtnis, ein wesentliches Charakteristikum unserer menschlichen Identität, ist schließlich nur insofern genetisch bedingt, als seine Existenz, Größe und Anatomie durch Gene vorgegeben sind – es sei denn, man würde dem Klon ein gescanntes Gehirn implantieren. Dann wären »Hard-« und »Software« mit dem Original identisch!

Daneben gibt es natürlich noch den Wunsch nach »Traumklonen«: Klone von VIPs und Schönheitsköniginnen – möglichst für jedermann bestellbar per Versandkatalog. Neben diesen »Erotikklonen« wird auch darüber spekuliert, Klone als Ersatzteillager zu erzeugen. Michael Marshall Smith hat zu dieser Thematik das passende Horrorszenario entworfen. In seinem Buch »Geklont« (1998) erzählt er von reichen Menschen, bei denen es üblich ist, sich als »Reserve« einen Klon zu halten. Diese vegetieren in einer »Reservefarm« wie in einer Massentierzucht vor sich hin, um bei Bedarf, im wahrsten Sinne des Wortes, ausgeschlachtet zu werden. In der Realität möchten wohl die meisten Forscher auf derart schockierende Behandlungsmethoden verzichten. Sie plädieren für die Feinabstufung: Nicht ein kompletter Klon als Reservelager, sondern *nur* die bei Bedarf notwendigen Gewebe und Organe sollen geklont werden. Es ist verständlich, daß sich viele Menschen vor derartigen Zukunftspraktiken schaudernd abwenden – nur, würden sie das auch noch tun, wenn sie selbst oder ihre Liebsten ein »Ersatzteil« benötigen? In genau dieser Zwickmühle wird sich die Medizin von morgen bewegen müssen!

Wäre der geklonte Mensch eine Gefahr für uns? Von naturwissenschaftlicher Warte aus betrachtet würde er, erstmals ins Leben getreten, genausowenig eine Gefahr bedeuten wie eineiige Zwillinge oder ein geklonter Frosch. Aber vielleicht ist es beschränkt, einen Klon nur durch die naturwissenschaftliche Brille zu betrachten? Vielleicht müssen wir ihn auch durch den dunklen, nebelverhangenen Blick des Mythen- und Symbolforschers begutachten? Ist der Klon etwa mit der Gestalt des seit Jahrhunderten oder gar Jahrtausenden in vielen Kulturen bekannten Doppelgängers verwandt – dessen Erscheinen zumeist den eigenen Tod bedeutet?

Nun – ein unmittelbarer Doppelgänger von uns dürfte wahrscheinlich selbst unser eigener Klon nicht sein. Dafür gibt es eine ganze Reihe von Gründen: Zunächst einmal ist ein Genom nicht unendlich stabil. Es finden durchaus Veränderungsprozesse im Laufe eines langen Lebens statt. Es kann zu Mutationen kommen, wobei es Unterschiede zwischen Keim- und Körperzellen zu geben scheint. Darüber hinaus wird beim Prozeß des Klonens das Erbgut des Spenders zwar seinem Zellkern entnommen, aber es muß anschließend in eine andere Eizelle eingepflanzt werden. Ob und gegebenenfalls wie die Erbsubstanz mit der Eizelle agiert, ist noch vollkommen unbekannt. Außerdem wird sich unser eigener Klon notgedrungen in einer anderen Gebärmutter entwickeln, als wir das selbst taten. Dolly z. B. hatte zwar keinen Vater, aber dafür gleich drei Mütter: ein Schaf, von dem die Erbsubstanz stammte, eines, von dem die Eizelle kam und endlich dasjenige, das die »Leihmutter« spielen mußte und Dolly austrug (Abb. 54). Schon von daher sind – wenn auch geringfügige – Unterschiede zwischen Dolly und ihrer genetischen Mutter zu erwarten. Beim Menschen kommt eben noch ein entscheidender Punkt hinzu: Persönliche Identität hängt nicht nur vom Erbgut ab, sondern ebenso sehr von der Kontinuität des Bewußtseins eines Individuums im Laufe seines Lebens. Da ein geklontes Kind gegenüber seinem Spendererbgut jedoch mit »Zeitverschiebung« auf die Welt kommt, wird es zwangsläufig auch in einer anderen Umwelt aufwachsen. Anders als bei eineiigen Zwillingen, bei denen das Leben »zeitgleich« verläuft, liegt auf einem Klon immer bereits der Schatten eines vorgelebten Lebens. Wird er genauso erfolgreich sein können wie ein möglicherweise berühmter Erbspender – oder umgekehrt, wenn dessen Leben von herben Niederlagen gezeichnet ist, wird sein Klon dann auch so etwas durchmachen müssen? Natürlich prägen auch Ernährung und körperliche Betätigung uns Menschen – und auch in derartigen Punkten wird sich der Klon aufgrund der Zeitverschiebung von uns unterscheiden. Hinzu kommt die besondere Problematik der Erziehung. Wie erzieht man einen Klon? Wie erziehe ich ein Kind, das mein eigener Klon ist? Besonders nachsichtig, besonders streng oder werde ich verzweifeln? Und wie verhalte ich mich gegenüber dem Klon meines Partners? Werde ich mich irgendwann einmal in dessen verjüngte Ausgabe verlieben? »Inzucht« scheint bei derartigen Familienstrukturen nahezu vorprogrammiert zu sein.

Was wir werden hängt nicht nur von unseren Genen, auch nicht nur von dem persönlichen Milieu ab, in dem wir leben, sondern ebenso von der uns umgebenden geistigen Aura einer Zeit. Gerade an Hochbegabungen wird das deutlich. So wirkten z. B. in der Zeitspanne zwischen 1700–1900 im deutschen Kulturraum eine große Zahl musikalischer Genies: Bach, Händel, Mozart, Beethoven, Schubert, Schumann, Brahms oder Wagner, um nur die bekanntesten zu nennen. Wie will man das genetisch erklären? Hatte sich um 1700 bei den Deutschen plötzlich ein musikalisches Wundergen ausgebildet, das sich ab 1900 dann wieder verabschiedete? Wohl kaum. Oder wurde die musikalische Ausbildung vor und nach diesen Daten grob

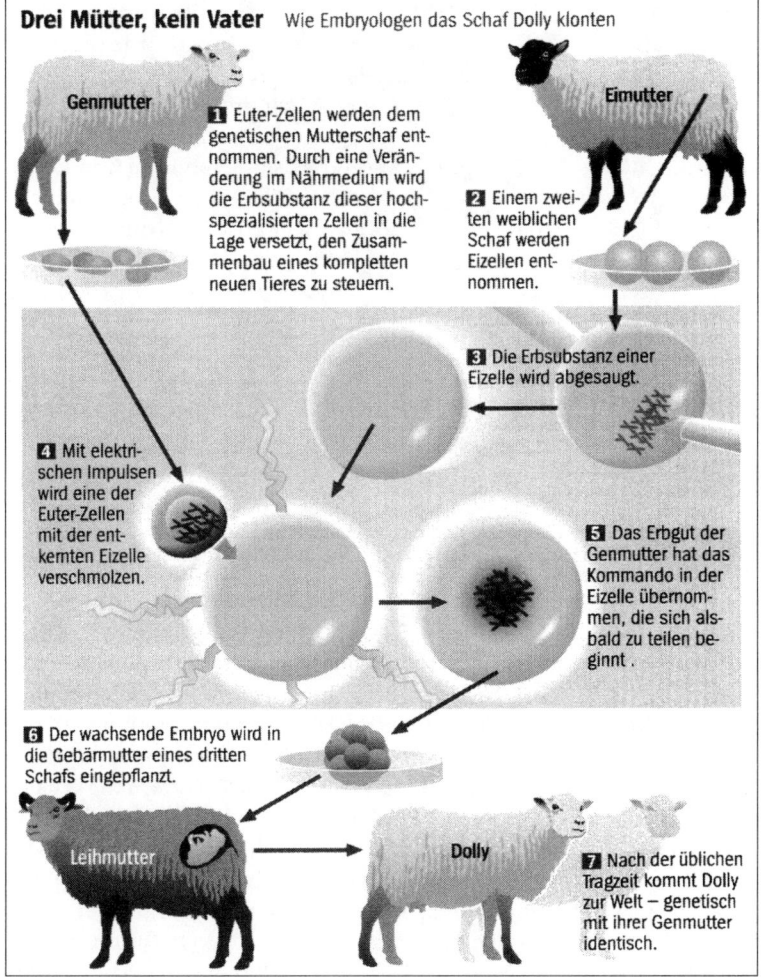

Abb. 54: *Dollys Stammbaum. Aus: Der Spiegel Nr. 10 v. 3.3.1997.*

Abb. 55

vernachlässigt? Auch das erscheint unzutreffend. Weit eher dürfte es die besondere Stimmung und die besondere Eigenheit dieser Zeitspanne gewesen sein, die es musikalisch Hochbegabten erst ermöglichte, ihr Talent in einem vorher und nachher unbekannten Ausmaß zu verwirklichen. Wäre aus Mozart auch Mozart geworden, wenn er statt 1756 erst 1956 auf die Welt gekommen wäre? Das erscheint eher unwahrscheinlich. Oder ein anderes Beispiel: Wie könnte sich heute noch ein Rembrandt vollenden, wo die klassische Epoche der Malerei weitgehend abgeschlossen ist? Derartige Phänomene gelten keineswegs nur für Künstler – sondern genausogut für Naturwissenschaftler. Auch sie benötigen ein besonderes »Fluidum«, um Außergewöhnliches leisten zu können. Auch Dr. Frankenstein kann nicht zu jeder Zeit geboren werden. Selbst in dieser so nüchternen Zunft kommt es vor, daß einige Wissenschaftler erst durch Traum, Trance oder Rausch auf die richtige Fährte gelockt wurden. Die »Aura« muß ihrer Tätigkeit entgegenkommen; denn jede Zeit gebiert ihre ganz besonderen Werke. Was wäre z. B. aus Albert Einstein geworden, wenn er 500 oder 1000 Jahre früher gelebt hätte? Ein gelehrter Rabbi, ein philosophierender Tagträumer? Vielleicht – aber mit Gewißheit nicht der Entdecker der Relativitätstheorie. Je höher ein Leben organisiert ist, desto »auffälliger« reagiert es auch auf seine Umwelt. Es ist das Sensorium seiner Epoche. Darum ist Einstein auch nicht klonbar (Abb. 55), ebensowenig wie Rembrandt oder Mozart. Schafe und Esel mögen klonbar sein – Genies jedoch nicht!

Das doppelte Lottchen

Es ist schon merkwürdig, wenn sich zwei kleine Mädchen, die nichts voneinander wissen, plötzlich in einem Ferienheim gegenüberstehen und feststellen, daß sie sich gleichen wie ein Ei dem anderen. Louise Palfi aus Wien und Lotte Körner aus München beschließen daraufhin, dem Geheimnis ihrer Ähnlichkeit auf den Grund zu gehen: Luise fährt als Lotte nach München zurück und Lotte als Louise nach Wien …

So stellt sich uns das Grundszenario aus Erich Kästners Kinderroman »Das doppelte Lottchen« dar. Seit seinem Erscheinen im Jahre 1949 hat das Buch große und kleine Kinder begeistert. Die Begeisterung hängt natürlich mit den beiden Hauptakteurinnen zusammen: Lotte und Louise – eineiige Zwillinge. Das Thema der natürlichen Klone hat die Menschen noch nie kalt gelassen. Nicht selten nahm man an, bei ihrer Erzeugung sei es nicht ganz mit natürlichen Mitteln zugegangen. In vielen Teilen der Welt herrschte etwa die Vorstellung, daß Zwillinge keinen Menschen zum Vater haben, sondern von einem Gott gezeugt worden sind. So entsprangen der Sage nach z. B. die Zwillingsbrüder Castor und Pollux einem Liebesabenteuer, das Göttervater Zeus mit Leda, der Gattin des Königs von Sparta, hatte. Auch Romulus und Remus, die beiden Gründer Roms, haben keinen irdischen Vater: Der Kriegsgott Mars zeugte sie in der Gestalt eines Wolfes mit der Priesterin Rhea Silvia. Durch ihre in der Mythologie nicht selten außergewöhnlichen Väter sprach man den Zwillingen gelegentlich auch selbst etwas Göttliches zu. Die Voodoo-Anhänger in Westafrika und auf Haiti beispielsweise erheben Zwillinge in den Rang übernatürlicher Wesen, die man gleichermaßen verehren und fürchten muß. Einmal im Jahr ist jeder, der irgendetwas mit Zwillingen zu tun hat, seien sie lebendig oder tot, verpflichtet, bei einem zu ihren Ehren abgehaltenen zeremoniellen Fest Opfer darzubringen, um ihrer möglichen Strafe zu entgehen. Verbreitet ist auch die Vorstellung, daß Zwillinge nur *eine* unteilbare Seele haben. Bei dem Stamm der Yoruba in Nigeria ist es deshalb beim Tode eines Zwillings üblich, dem Zurückbleibenden einen Ersatz zu schaffen. Die Angehörigen beauftragen einen Schnitzer, eine kleine Holzfigur anzufertigen, die der Seele des Verstorbenen als neue Heimstätte dienen soll. Zwillinge konnten aber auch als böses Omen gesehen und deshalb manchmal getötet werden. Aber auch den Eltern, insbesondere der Mutter, konnte eine Zwillingsgeburt teuer zu stehen kommen: Die Ureinwohner Südamerikas vermuteten etwa, die betreffende Frau sei untreu gewesen oder von einem Dämon besessen. Zwillingsmütter wurden deshalb oft mit Schlägen bestraft, manchmal sogar umgebracht. Derartige Praktiken waren auch im christlichen Abendland verbreitet: Zur Zeit der Ketzerverfolgungen im Mittelalter verdächtigte man die Mütter von Zwillingen, mit dem Teufel im Bunde zu sein. Eine königliche Order verfügte im Spanien des 15. Jahrhunderts, daß alle Frauen, die Zwillinge geboren hatten, auf dem Scheiterhaufen zu verbrennen seien.[40]

Die Irritierung, die natürliche Klone unter ihren Mitmenschen auszulösen vermögen, ist bis heute geblieben. Auch wenn wir in ihnen keine Götter oder Dämonen mehr vermuten, stellt ihre bloße Existenz doch unsere Vorstellung von der Einzigartigkeit eines jeden Menschen in Frage. Darf es das überhaupt geben: Scheinbar ein und dieselbe Person, gleich in mehrfacher Ausgabe?

Doch wie treten diese unerhörten Geschöpfe überhaupt ins Leben? Die Vorstellung darüber, wie Zwillinge entstehen, waren in der Vergangenheit ebenso zahlreich wie falsch. Eines haben die Menschen jedoch zu allen Zeiten und an allen Orten schon immer richtig beobachtet: Sie wußten, daß es zwei verschiedene Arten von Zwillingen gibt. Solche, die sich zum Verwechseln ähnlich sehen, und andere, die sich nicht mehr gleichen als andere Geschwister auch. Das Rätsel, woran das liegt, wurde erst im 20. Jahrhundert gelöst. Ungleiche, also zweieiige Zwillinge, entstehen, wenn gleichzeitig zwei Eizellen durch den Eileiter der Frauen wandern, die zusammen befruchtet werden. Bei den »interessanteren« Zwillingen, den Klonen, wird nur eine Eizelle befruchtet. In den ersten Tagen teilt sich die Eizelle mehrmals. Jede Zelle dieses Zellhaufens ist »äquipotent«, d. h., aus jeder Zelle kann ein vollständiger Mensch hervorgehen. Wenn sich zwei Zellen gleichzeitig in der Gebärmutterwand einnisten, wachsen eineiige Zwillinge heran. Die Zahl der Zwillingsgeburten schwankt nach Zeit und Ort. In den westlichen Industrieländern kommen gegenwärtig auf tausend Geburten etwa acht zweieiige Zwillingspaare, bei eineiigen Zwillingen liegt die Quote bei 3,5 je 1000 Geburten.

Übrigens führt nicht jede Zwillingsschwangerschaft zur Zwillingsgeburt. Es werden zwei- bis viermal soviel Zwillinge empfangen wie geboren. Eines der beiden Embryonen verschwindet oft in den ersten drei Monaten nach der Empfängnis. Es wird einfach vom Körper der Frau aufgesaugt bzw. vom anderen Embryo. Es laufen also eine ganze Menge »heimlicher« Zwillinge unter uns herum. Man vermutet, daß es bei derartigen Verschmelzungen zu Mißbildungen kommen kann, ja, daß sogar die meisten Entstellungen darauf zurückzuführen sind.[41] Die berühmten siamesischen Zwillinge sind allerdings nicht das Resultat von solchen Aufsaugprozessen, sondern das Ergebnis eines umgekehrten Vorganges: Bei ihnen haben sich die Zellen nie vollständig getrennt, daher bleiben die Zwillinge zusammengewachsen. Und natürlich sind nicht alle Zwillinge nur Zwillinge: Es gibt Drillinge, Vierlinge usw. Der Rekord bei zweieiigen Mehrlingen sind Neunlinge, bei eineiigen Mehrlingen sind es Fünflinge.

Die wissenschaftliche Zwillingsforschung geht zurück auf Sir Francis Galton, den Vater der Eugenik, der zudem ein Vetter Charles Darwins war. 1876 veröffentlichte Galton sein Werk »Die Geschichte der Zwillinge als Prüfstein der Kräfte von Anlage und Umwelt« (The History of Twins as a Creation of the Relative Powers of Nature and Nurture). Galtons Zwillingsforschung stellt vielleicht sein wichtigstes Erbe dar, denn auf ihrer Grundlage wurde die Wissenschaft von der Verhaltensgenetik errichtet. Galton ging richtigerweise davon aus, daß gleich aussehende Zwillinge über eine gleiche genetische Ausstattung verfügen, wohingegen Zwillinge, die sich nicht gleichen, genetisch nicht mehr Gemeinsamkeiten teilen als gewöhnliche Geschwister. Daraus schlußfolgerte er, daß Charaktermerkmale, die bei gleich aussehenden Zwillingen ähnlicher waren als bei sich nicht gleichenden Zwillingen, vorrangig erblich sein müßten. Er beobachtete dabei die große Übereinstimmung, die eineiige Zwillinge in Charakter und Intelligenz aufwiesen, aber verblüffenderweise auch bei solchen Ereignissen wie Zahnschmerzen, Ausbruch von Krankheiten und Todeszeitpunkt. Aufgrund seiner Studien glaubte Galton, daß der Vererbung gegenüber der Umwelt eine Dominanz zuzuweisen ist.

Nach 1900 breitete sich die Zwillingsforschung im Gefolge der Eugenik allgemein aus. Besonders in Deutschland erlebte sie ab den zwanziger Jahren eine Hochblüte, und es entstanden zahlreiche Studien zur Erforschung der Anlage-Umwelt-Frage.[42] In den dreißiger

Jahren offenbarte sich der politische Charakter, den die Zwillingsforschung von Anbeginn an in sich trug, in all seiner Deutlichkeit
und Extremform. Die beiden großen politischen Bewegungen,
Kommunismus und Nationalsozialismus, machten ihren ideologi-
schen Führungsanspruch deutlich – und beide hatten total entgegengesetzte Vorstellungen vom Wesen des Menschen. Es überrascht
nicht, daß die Zwillingsforschung von diesen beiden miteinander
wetteifernden Systemen ganz unterschiedlich gesehen wurde. Die
Sowjets beendeten unter Stalin die wichtige und umfangreiche
Zwillingsforschung, die vom Maxim-Gorki-Institut in Moskau betrieben wurde, da die Erforschung von ererbten Fähigkeiten im
Gegensatz zu dem marxistischen Ideal stand, welches ja verhieß, daß
alle Menschen von Geburt an weitgehend gleich seien und die
Unterschiede zwischen ihnen vorrangig das Resultat einer unterschiedlichen Sozialisation. Durch die Unterwerfung der sowjeti-
schen Wissenschaft unter die Herrschaft des von Stalin geförderten
Trofim D. Lyssenko, der als Lamarckist an die Vererbung erworbener
Eigenschaften glaubte, war für andere Auffassungen kein Platz mehr.
Lyssenkos Theorien hatten zwar nur wenig mit der Wirklichkeit zu
tun, stimmten dafür aber um so besser mit der marxistischen Ideologie überein. Die Zwillingsforschung war aus dieser Perspektive
betrachtet nur ein störendes Ärgernis – und für gar nicht einmal so
wenige Zeitgenossen ist sie das bis heute geblieben![43]

NS-Deutschland hatte in den dreißiger Jahren – nicht zuletzt
dank der Unterstützung von US-Forschungsgeldern – die weltweite
Führung in der Eugenik übernommen. Einer der international renommiertesten Eugeniker, Ottmar Freiherr von Verschuer, zunächst
am Frankfurter Institut für Erbbiologie und Rassenhygiene tätig,
dann Direktor des Kaiser-Wilhelm-Insituts für Anthropologie in
Berlin, die damals vielleicht anerkannteste Wissenschaftsadresse überhaupt, setzte sich vehement für die Forcierung von Zwillingsstudien
ein. Verschuer selbst war einer der berühmtesten Zwillingsforscher
seiner Zeit, ein Pionier anthropologischer, psychologischer und klini-
scher Zwillingsstudien, die große Beachtung fanden. 1935 schrieb er
im »Journal of the American Medical Association«: »Wir brauchen
unbedingt eine Reihenuntersuchung von willkürlich ausgesuchten
Familien und Zwillingen«, um »das Ausmaß des Schadens durch un-
günstige Erbeinflüsse« ebenso festzustellen wie die »Beziehungen von
Krankheit, Rasse und Rassenvermischungen zueinander«.[44] Die Geschichte sollte diesen Wunsch bald auf grausame Weise erfüllen.

Verschuer hatte einen hochbegabten, ehrgeizigen und vielseitig
gebildeten Assistenten: Dr. Dr. Josef Mengele – Doktor der Philoso-

phie und Doktor der Medizin. Der 1911 geborene Mengele war ein ausgezeichneter Student, erhielt erstklassige Noten, schrieb nebenbei Theaterstücke und organisierte Konzerte. Hitlers Krieg unterbrach Mengeles wissenschaftliche Karriere zunächst. Er meldete sich, inzwischen Parteigenosse und SS-Mitglied, zur Wehrmacht und später zur SS-Division »Wiking«, wo er zum Bataillonsarzt und zum Hauptsturmführer (Hauptmann) aufstieg. Im Frühjahr 1943 wurde Mengele so schwer verwundet, daß ihn die Truppe als frontverwendungsuntauglich einstufte. Sofort witterte er eine Chance, seine wissenschaftliche Arbeit fortzusetzen. Am 1. Mai 1943 wurde Mengele zum Lagerarzt in Auschwitz / Birkenau und zum Leiter der Gesundheitsabteilung des dortigen Frauen-KZs ernannt. Hier, in Auschwitz, fand er als Anthropologe, Eugeniker und Zwillingsforscher einen Umfang an »Studienmaterial« versammelt, was ihm in dieser Zahl und Vielfalt an keiner Hochschule in lebenslanger Forschung begegnet wäre. Kaum weniger wichtig für ihn war, daß ihm diese Menschen vollkommen wehrlos ausgeliefert waren. Das heißt, er durfte, ohne Widerstand von ihnen oder irgendeiner anderen Seite befürchten zu müssen, beliebige Versuche an ihnen durchführen, ja er konnte sie dabei töten oder töten lassen, kurz, er konnte tun und lassen, was ihm in den Sinn kam. Anders als Lyssenko stellt Mengele weniger einen Fall wissenschaftlicher Scharlatanerie dar. Seine Person zeigt im Gegenteil auf, wohin die Wissenschaft führen kann, wenn man sie sich selbst überläßt. Gefördert von einem Regime, das jegliche Ethik als lästigen Ballast verächtlich beiseite schob, konnte sich eine Medizin ohne Menschlichkeit entwickeln, in welcher der Mensch nur noch als Experimentiermasse fungierte. »Da habe ich für zwanzig Jahre Arbeit!« rief Mengele einmal freudig aus, als ein Paar ungarischer Zwergenzwillinge eingeliefert worden war.[45] Es ist sicherlich eine bittere Medizin einzugestehen, daß Wissenschaft »pur« monströsere Folgen haben kann als reine Scharlatanerie – aber im Grunde genommen ist das die wichtigste Botschaft des Frankenstein-Mythos!

Von den annähernd 3000 Zwillingen, die Mengele in der relativ kurzen Zeitspanne von eineinhalb Jahren »behandelte« – danach wurde Auschwitz wegen der vorrückenden Front geräumt –, überlebten nur 157 Mengeles wissenschaftliche Neugier, in der mit Gewißheit auch eine sadistische Komponente mitenthalten war.[46] Er infizierte sie etwa mit Typhus, um zu beobachten, ob die Krankheit bei ihnen gleich oder unterschiedlich verlief. Bei anderen führte er Sterilisationsversuche durch, die nicht selten mit tödlichen Abszessen endeten. Die Zwillinge waren grundsätzlich nackt, wenn Mengele sie wog und stundenlang ihre Körper vermaß oder sonstwie untersuchte. Er setzte sie häufig Röntgenstrahlen aus und zapfte ihnen fast täglich Blut ab, was er zum Schluß am Hals tun mußte, da die Venen ihrer Arme keines mehr hergaben. Haar- und Augenfarbe schienen ihn besonders zu faszinieren, so injizierte er Zwillingen verschiedene Chemikalien in die Augen, um auszuprobieren, ob er sie blau machen könnte. Stundenlang saß Mengele zwischen Mikroskopen und Reagenzgläsern oder stand mit blutbespritztem Kittel und blutbefleckten Händen am Seziertisch.

Man weiß heute nur sehr wenig darüber, wonach genau Mengele geforscht und was er herausgefunden hat. Mengele war besorgt, daß seine Aufzeichnungen in die Hände der Sowjets fallen könnten und vielleicht ist das auch tatsächlich geschehen. Der Welt sind sie jedenfalls nie bekannt geworden. Sein wissenschaftlicher Förderer, Ottmar Freiherr von Verschuer, der während der gesamten Zeit mit Mengele in Kontakt stand, hat seine Korrespondenz bei Kriegsende vernichtet. Wir werden wahrscheinlich niemals wissen, was in Mengeles Unterlagen stand, nur soviel können wir wissen, daß Mengele in seiner Rolle als »Gott« – trotz seiner Intelligenz und seines Bildungsgrades – überfordert war.

Es ist verständlich, daß die Zwillingsforschung – insbesondere in Deutschland – nach dem Zweiten Weltkrieg als vorbelastet galt. Darüber hinaus entstand ein geistiges Milieu, das die entscheidende Prägekraft vorrangig in Umwelt und Erziehung erblickte. Die Gene, schlußfolgerten viele, geben uns nur die Fähigkeit mit auf den Weg, sich an die Umwelt anzupassen. Trotz allem entwickelte sich die Zwillingsforschung, genauso wie die Humangenetik, nach 1945 weiter. Beide Forschungsgebiete, die sich jetzt vorwiegend in die angelsächsischen Länder verlagert haben, traten jedoch erst zurück in den Brennpunkt der Öffentlichkeit, als ihre Resultate nicht länger zu ignorieren waren. Heute wird in diesen Bereichen mehr geforscht als jemals zuvor – und in der Zwillingsforschung diesmal ohne blutige Hände.

Die Zwillingsforschung glaubt wohl nicht ganz zu Unrecht, daß in ihrem Fach die besten Möglichkeiten vorliegen, den Anteil von Erblichkeit und Umwelt für die Ausbildung des Menschen ermitteln zu können. Ihr ideales Forschungsobjekt sind aber nicht einfach nur Zwillinge, sondern eineiige Zwillinge, die in einem unterschiedlichen Milieu aufgewachsen sind. Seit Ende der sechziger Jahre werden Beobachtungen der Biographien getrennt lebender eineiiger Zwillinge durchgeführt. Was sie mittlerweile zu Tage geführt haben, ist nicht nur erstaunlich, sondern manchmal schlechterdings unglaublich. Als einer der führenden Forscher auf diesem Gebiet gilt der amerikanische Psychologe Thomas J. Bouchard, der seit Anfang der achtziger Jahre an der Universität von Minneapolis die »Minnesota Twin Studies« leitet. Die Idee zu der Untersuchung kam ihm, als er in der Zeitung von zwei Zwillingsbrüdern las, die 39 Jahre getrennt gelebt hatten. Der erste hieß Jim Lewis, der andere Jim Springer. Die in die Forschung als »Jim Twins« eingegangenen Zwillinge waren von zwei verschiedenen Familien in Ohio adoptiert worden und unter völlig verschiedenen Bedingungen aufgewachsen. Bei ihrem ersten Treffen rauchten sie beide dieselbe Zigarettenmarke, fuhren das gleiche Auto und waren beide sehr ähnlich gekleidet. Doch das war gewissermaßen nur die Spitze vom Eisberg. Bouchard stellte bald noch weit erstaunlichere Parallelen fest: Beide wohnten in einem nahezu identischen Haus, in jedem Garten stand eine weiße Rundbank um einen Baum, jeder der Zwillingsbrüder hatte eine gut bestückte Hobbywerkstatt, beide besuchten Stock-Car-Rennen und haßten Baseball. Ihre Frauen berichteten, daß beide Jims ziemlich romantisch seien und kleine Liebesbotschaften überall im Haus hinterließen, daß sie im Schlaf nervös mit den Zähnen knirschten und tagsüber immer an den Nägeln kauten. Auch die Krankengeschichten der Jim Twins verlief ähnlich: Beide hatten denselben hohen Blutdruck und beide meinten, einen Herzanfall gehabt zu haben, obwohl keine Herzkrankheit diagnostiziert werden konnte; beide wiesen eine Sehschwäche auf demselben Auge auf. Zudem litten die zwei Jims seit ihren Teenagertagen unter einer bestimmten Form von Migräneanfällen, die bis dahin nicht als genetisch angesehen worden war. Die meßbaren Charaktereigenschaften wie Geselligkeit, Flexibilität, Toleranz, Konformität und Selbstbeherrschung waren so ähnlich, als handele es sich um eine einzige Person; dasselbe galt für ihre geistige Person. Bouchard erstaunte auch die Tatsache, daß ihre Sprechmuster, die Körpersprache, die Art, wie sie auf einem Stuhl saßen oder Hände schüttelten, praktisch nicht zu unterscheiden waren.

Die Jim Twins bilden keine Ausnahme (Abb. 56). Zwar weisen nicht alle eineiigen Zwillinge solch signifikante Ähnlichkeitsmerkmale auf, doch erstaunlich bleiben sie im Regelfall allemal. Noch etwas anderes haben die Forscher mittlerweile festgestellt: Eineiige Zwillinge, die im selben Elternhaus aufwachsen, ähneln sich um keinen Deut mehr als solche, die sofort nach der Geburt getrennt werden. Die gemeinsame Umwelt daheim scheint keine bleibenden Spuren in ihrer Persönlichkeit zu hinterlassen – jedenfalls keine statistisch faßbaren. Es hat sich bei den Untersuchungen sogar ein scheinbares

Paradoxon herausgestellt: Getrennt aufgewachsene Zwillinge wiesen mitunter eine noch größere Ähnlichkeit auf als gemeinsam aufwachsende – vielleicht liegt die Ursache darin, daß bei ihnen kein Grund vorlag, sich künstlich von ihrer »Doublette« abzusetzen. Und noch etwas stellten die Forscher fest: Zweieiige Zwillingen ähneln sich nicht nur äußerlich, sondern auch charakterlich und geistig stets weniger als eineiige Zwillinge.

Bei Intelligenz, Charakter, Gesundheit, ja selbst in Bereichen wie Kriminalität, Alkoholismus, Rauchen, Homosexualität, Heirats- und Scheidungsverhalten, Zufriedenheit im Beruf, Hobbys oder Ängsten spielt die Genetik aller Wahrscheinlichkeit nach eine signifikante Rolle. Die Zwillingsstudien deuten jedenfalls eindeutig in diese Richtung. Gar nicht einmal so selten sprengt aber der Grad von Gemeinsamkeiten unsere naturwissenschaftliche Vorstellungskraft, wie z. B. bei Daphne Goodship und Barbara Herbert aus England. Die zwei wiesen nämlich mehr als nur die »konventionellen« Gemeinsamkeiten auf: Beide waren mit 15 die Treppe heruntergefallen und behaupteten seither, schwache Knöchel zu haben. Mit 16 Jahren hatten beide bei einer Tanzveranstaltung ihre zukünftigen Ehemänner kennengelernt. Beide hatten zunächst eine Fehlgeburt, danach bekamen sie erst zwei Jungen und dann eine Tochter. Die Forscher stießen noch auf mehr solch wundersamer Gemeinsamkeiten anscheinend zufälliger Lebensereignisse in den Biographien eineiiger Zwillinge: Da tragen beide Lebenspartner den gleichen Namen oder sterben zum selben Zeitpunkt. Beide Zwillinge haben eine plötzliche Glückssträhne oder stehen ebenso plötzlich vor dem Bankrott. Aber sogar die äußere Ähnlichkeit kann mitunter an das Wundersame gemahnen, nämlich dann, wenn sie sich selbst an banalsten Kleinigkeiten zeigt. So stöhnt etwa der Zwillingsforscher und Facharzt für plastische Chirurgie, David Toplica, aus Chicago: »Wie kann es sein, daß zwei Zellverbände, die vor 50 Jahren getrennt wurden, über ausreichende Informationen verfügen, um zu bestimmen, wo man im Alter von 50 oder 60 Jahren Mitesser bekommt? Das ist wirklich sehr furchteinflößend.«[47]

Zwillingsstudien erschrecken, Zwillingsstudien faszinieren, weil sie an das Geheimnis des Lebens rühren. Sie sind verblüffend, unglaublich und manchmal bizarr und makaber. 1963 wurden zwei eineiige Zwillingskinder in ein Krankenhaus gebracht, um sie dort beschneiden zu lassen. Statt eines Skalpells verwendete der Arzt eine elektrische Koagulations-Pinzette für die Prozedur. Unglücklicherweise stellte er beim ersten Zwilling die Spannung zu hoch ein, so daß der gesamte Penis des Jungen verbrannt wurde. Ein Facharzt für

Abb. 56: *Eineiige Zwillinge – die Klone der Natur.*

plastische Chirurgie schlug den entsetzten Eltern vor, sie sollten das Geschlecht des Kindes »revidieren«, da es leichter sei, eine Vagina zu konstruieren als einen Penis. Schließlich willigten sie unter Beratung des anerkannten Sexologen Dr. John Money ein, der ihnen versicherte, die Ausbildung des geschlechtsspezifischen Verhaltens sei in erster Linie eine Frage der Erziehung und weniger der Chromosomen. Doch der derart behandelte John – so sein ursprünglicher

285

Name – wurde mit seiner neuen Rolle als Joan nicht glücklich. Er wollte offensichtlich so werden wie sein Bruder. Auf der Damentoilette urinierte er/sie im Stehen oder schlich sich gleich auf die Herrentoilette. Mädchen, Mädchenspiele, Mädchenkleidung haßte Joan. Als sie in die Pubertät kam, wurden Joans Probleme mit den Altersgenossen unerträglich – sie wurde weder von Jungen noch von Mädchen anerkannt. Sie hegte Selbstmordgedanken. Schließlich erklärte sie, sie habe beschlossen, sich in einen Mann verwandeln zu lassen. Ihr Vater brach darauf zusammen und gestand, was 14 Jahre zuvor passiert war. Heute heißt Joan wieder John.[48]

Makaber zu nennen ist die Geschichte der eineiigen Zwillinge Oskar Spohr und Jack Yufe. Die beiden wurden 1933 auf Trinidad geboren und wenige Monate später getrennt. Jack blieb beim Vater, einem jüdischen Kaufmann in Port of Spain, auf Trinidad. Oskar, dessen jüdische Teilabkunft verschwiegen wurde, kam in den nur aus Frauen bestehenden Haushalt seiner deutschen Großmutter mütterlichseits, einer überzeugten Nationalsozialistin. Während Oskar Mitglied der Hitlerjugend wurde, wuchs Jack in einem jüdisch geprägten Milieu auf: Mit 16 wurde er nach Israel geschickt, um in einem Kibbuz zu arbeiten. Später diente er bei der israelischen Marine. 1954 beschloß er, in die USA auszuwandern. Als Thomas J. Bouchard die beiden einlud, an seinen Zwillingsstudien teilzunehmen, stand er zusammen mit Jack auf dem Flughafen von Minneapolis, als Oskar aus der Maschine stieg. »Jack hielt den Atem an, weil Oskar genau denselben Gang wie er hatte«, erinnert sich Bouchard. »Beide stolzierten irgendwie. Beide trugen rechteckige Metallbrillen, einen kurzen gestutzten Schnurrbart und ein blaues Hemd mit zwei Taschen und Schulterstücken.«[49] Auch sonst wiesen Jack und Oskar allerhand Gemeinsamkeiten auf. Hier hatte offensichtlich selbst die unterschiedlichste Sozialisation – Hitlerjunge und Kibbuzzögling – nichts daran ändern können, daß die beiden in erster Linie eines blieben – eineiige Zwillinge!

Zwillinge bleiben anscheinend immer Zwillinge. Man kann sie nicht voneinander trennen und tut man es doch, so bleiben sie einander doch gleich. Erst gemeinsam scheinen sie »ganz« zu sein. Zusammen aufgewachsen, entwickeln sie oft eine geheime, der Außenwelt unbekannte »Zwillingssprache«. Stirbt einer von ihnen, stellt das für den Übriggebliebenen häufig einen schmerzhafteren Verlust dar als der Tod der Eltern oder eines Partners. Wenn ein Zwilling verletzt wird, spürt das nicht selten auch der andere. Überhaupt scheinen telepathische Fähigkeiten zwischen ihnen verbreiteter zu sein: So ahnen sie, wenn der andere an sie denkt oder sie anrufen möchte, ja, es ist sogar vorgekommen, daß getrennt aufgewachsene eineiige Zwillinge, die nichts voneinander wußten, glaubten, daß sie irgendwo noch einen unbekannten Bruder oder eine Schwester haben müßten.[50] Vielleicht ist es gerade diese überstarke Verbundenheit, dieses häufige Genügen aneinander, welches die eineiigen Zwillinge daran hindert – mit Ausnahme des Schausteller- und Varietésektors, wo sie aber kennzeichnenderweise immer nur als Einheit agieren – gesellschaftlich hervorzutreten. In allen Führungspositionen, aber auch im Bereich von Wissenschaft und Kunst scheinen sie gemessen an ihrer Zahl unterrepräsentiert zu sein.

Die Resultate der Zwillingsforschung stellen für den Menschen der Moderne eine Beleidigung dar. Sein Traum vom schönen selbstbestimmten Leben erscheint aus dieser Perspektive nicht viel mehr zu sein als eben nur ein Traum – geboren aus menschlicher Selbstüberschätzung. Die Zwillingsforschung legt nahe, daß wir weniger *werden* als vielmehr *sind*. Der Spielraum des freien menschlichen Willens schmilzt zusammen. Es wird eng um uns und das seit Aufklärungstagen als »reaktionär« gescholtene Schicksal tritt gestärkt in unser Leben zurück. Die Vorstellung von menschlicher Freiheit wird durch die Existenz menschlicher Doppelgänger jedenfalls kompromittiert. So betrachtet überrascht es nicht, daß Zwillingsforschung auch unterdrückt, verboten oder ignoriert wurde, schließlich stellt es letztlich unser heiligstes, nämlich unser Selbst in Frage. Was bleibt von unserem Selbst übrig, wenn es uns gleich mehrmals gibt?

Vielleicht wird man eines gar nicht einmal so fernen Tages in der starken Verbreitung der Umwelttheorie im 20. Jahrhundert eine romantische Gegenbewegung zu harten naturwissenschaftlichen Fakten erblicken, gefördert von »weichen« Wissenschaften wie Pädagogik, Soziologie oder Psychologie. Romantische Gegenbewegungen entstanden immer, wenn etwas durch die Unbarmherzigkeit der Naturwissenschaft und des aus ihr hervorgegangenen Industrialisierungsprozesses bedroht war: die Besonderheit der eigenen Kultur, die Schönheit der Heimat, die Tiefe der überlieferten Spiritualität. Heute neigt sich jedenfalls das Gewicht – und das aufgrund neuer Entdeckungen nahezu täglich – eindeutig zugunsten der Erbforscher und Verhaltensgenetiker. Die Milieutheoretiker stehen ihnen – abgesehen von frommen Sprüchen – nicht selten nur mit leeren Händen gegenüber.

Dabei gibt es natürlich auch bei Zwillingen Unterschiede – doch zuvor gilt es noch etwas anderes zu bedenken: So gegensätzlich das familiäre Umfeld bei den untersuchten, getrennt aufgewachsenen Zwillingen auch immer gewesen sein mag, so gibt es doch auch viele prägende Dinge, die sie einander verbunden haben: Im Regelfall wuchsen sie alle im selben Kulturkreis auf oder zumindest umgab alle das Fluidum einer technischen Zivilisation, und im Gegensatz zu möglichen künstlichen Zwillingen, also Klonen, wachsen natürliche Zwillinge zur gleichen Zeit auf. Außerdem war kein Kind verwahrlost – niemand stammte aus einem Extremmilieu.

Aber nun zu den Unterschieden. Wenn ein Zwilling homosexuell ist, dann beträgt die Wahrscheinlichkeit, daß sein »Double« das auch ist, lediglich 50 und keineswegs 100 Prozent – trotz der gleichen Gene. Auch im Bereich wie Aggressivität, Tatkraft oder Ordnungsliebe verhalten sie sich nicht immer identisch. Daneben gibt es noch andere höchst interessante Unterschiede, die genau in dem Bereich liegen, den wir besonders stark mit unserem Ich und der Individualität eines jeden einzelnen verbinden: Zwillinge haben weder dieselben Fingerabdrücke noch die gleiche Handschrift, ihre Gehirne sind niemals absolut identisch und auch die Augen, die Fenster der Seele, weisen Unterschiede auf. Mögen diese Unterschiede auch oft nur marginal sein, so scheint es doch, daß unser Selbst durch die Existenz eineiiger Zwillinge gar nicht zur Gänze bedroht ist – es reicht also aus, wenn es etwas beleidigt ist.

Neben diesen Abweichungen gibt es auch noch welche, die zunächst etwas mysteriös erscheinen. Es handelt sich um die »Spiegelbild«-Zwillinge. Bei ihnen ist alles oder doch vieles verkehrt herum: Ist der eine Rechtshänder, dann ist der andere Linkshänder, hat der eine links ein Muttermal, dann der andere rechts. Diese Spiegeleffekte können sich auch auf Haarwirbel, Zahnmuster oder Grübchen erstrecken. Etwa 25 Prozent der eineiigen Zwillinge tragen spiegelbildliche Züge. Spiegelbildlichkeit kommt bei siamesischen Zwillingen besonders häufig vor, und dieser Umstand hat die meisten Wissenschaftler zu dem Schluß verleitet, sie sei ein spezifisches Charakteristikum eineiiger Zwillinge, bei denen sich die Zellen erst spät getrennt haben.

Spiegelbildzwillinge sind auch in die Mythen der Völker eingegangen und hier besonders gerne nach dem Schwarzweißschema. Ist der eine Zwilling gut, dann ist der andere böse. So galten den alten Persern die Zwillingsgottheiten Ahura Mazda und Ahriman als Symbole für Licht und Finsternis, für das Gute und das Böse. Auch die Populärkultur und der Film haben sich dieser Thematik angenommen. Hier sind es vor allem Frauen, also Zwillingsschwestern, von denen die eine böse und durchtrieben, die andere dafür gut und ahnungslos ist. So z. B. in dem Ufa-Film »Kora Terry« (1940), wo Marika Rökk in der Doppelrolle der verlogenen und verdorbenen Kora und der sanften und liebevollen Mara glänzt. Zwillingsgerecht arbeiten die beiden »Terry Sisters« natürlich als Varietétänzerinnen. Mit der Thematik der guten und bösen Zwillinge klingt auch zugleich das Doppelgängermotiv an; denn das Auftauchen des Doppelgängers bringt meistens Tod und Verderben, er ist »böse«.

Trotz einzelner Unterschiede ähneln sich eineiige Zwillinge im Regelfall erstaunlich. Das Erstaunlichste daran ist aber, daß sich viele Gemeinsamkeiten der Zwillinge untereinander und vor allem in ihrer Lebensbiographie weder durch die Gene noch durch das Milieu erklären lassen. Oder sollte es etwa ein Gen dafür geben, in welchem Alter wir von der Treppe fallen oder welchen Vornamen unser Partner hat? Wohl kaum. Fast automatisch sucht man hier nach anderen Erklärungsmustern, so spekulativ sie auch sein mögen. Haben etwa Menschen mit einem sehr ähnlichen Charakter auch ein ähnliches Schicksal oder gar ein ähnliches Karma? Oder äußerlich betrachtet, verlangt eine gleiche Gestalt auch nach einem gleichen Lebenslauf? In zahlreichen alten Kulturen glaubte man aus der Physiognomie eines Menschen nicht nur seinen Charakter, sondern auch seine Zukunft herausdeuten zu können. Noch heute ist davon als Rudiment die als »Zigeunerkunst« verschriene Handlesekunst übriggeblieben.[51] Wie dem auch immer sein mag, es scheint beinahe so, daß es neben den Genen und dem Milieu noch etwas anderes – gewissermaßen einen Faktor X – geben muß. Die Zwillinge legen das zumindest nahe. Gerade dieser Faktor X läßt die Zwillinge nicht nur geheimnisvoller erscheinen als uns Einlinge, sondern ihre bloße Existenz scheint auch ein wenig den Vorhang zu lüften, hinter dem sich die Geheimnisse des Lebens verborgen halten!

Der gestylte Mensch und die vielen Geburten des Michael Jackson

Die ererbten Gene haben uns bisher in einem entscheidenden Maße geprägt. Sie waren und sind unser Schicksal, auch was unser Aussehen betrifft. Aber werden sie das auch in Zukunft noch sein? Werden wir sie vielleicht bald überlisten können, so daß nicht mehr sie, sondern wir selbst bestimmen, was für eine Nasenspitze oder Augenfarbe wir haben wollen? Natürlich hat der Mensch schon immer manipulativ auf seinen Körper eingegriffen, doch nie standen ihm solche Möglichkeiten zur Verfügung wie heute.

Schmucknarben, Tätowierungen, Schminke, Schmuck oder die wechselnden Maskeraden unserer zweiten Haut begleiten seit der frühesten Dämmerstunde des Homo sapiens seinen Weg. Auch diese ersten »Verschönerungsversuche« blieben keineswegs nur an der Oberfläche: Komplette Schädelumformungen gehören ebenso dazu wie die Gestaltänderung von Nase, Mund oder Ohren, und selbst die Körperextremitäten blieben davon nicht verschont: Im alten China z.B. wurden die Füße der Hofdamen während ihrer Kindheit so stark eingeschnürt, daß ihr Wuchs verkümmerte und sie auch später mit ihren »Stummelfüßen« nur kleine, zierliche Schritte machen konnten.

Wer heute zum plastischen Chirurgen geht, um sein Äußeres neu modellieren zu lassen, tut also generell nichts Ungewöhnliches. Im Gegenteil: Ohne daß er es weiß oder sich den Kopf darüber zerbricht, ist er der Fortführer einer langen Menschheitstradition. Er möchte sich verändern – er möchte schöner werden. Aber was genau ist Schönheit eigentlich? Ist sie ein ewiges Rätsel, das Mysterium der Ästheten oder eine eindeutige, berechenbare Angelegenheit? So wie es aussieht, ist sie beides – geheim und offenbar zugleich.

Nie wird sich die Schönheit ganz entschlüsseln lassen und doch ist sie alles andere als Willkür oder Geschmackssache. Gerade sie ist nach den »göttlichen« Regeln von Maß, Zahl und Gewicht geordnet und folgt den Gesetzen der Proportion. Künstler und Physiognomen haben immer wieder verkündet, daß sie auf der »reinen Mitte« beruhe, und der Computer hat diese Aussage bestätigt.[52] Aber was heißt »reine Mitte«? Sie ist in gewisser Hinsicht das Durchschnittsgesicht, aber auch wiederum nicht. Gibt man in einen Computer die unterschiedlichsten Porträtfotos ein – je mehr, um so besser –, so entspricht das daraus resultierende Mischgesicht den allgemeinen Vorstellungen von Schönheit am meisten (Abb. 57). Trotzdem ist dieses alles andere als ein nur »durchschnittliches« Gesicht. Der durchschnittliche Betrachter würde vielmehr sicherlich gerne über ein solches Gesicht verfügen, tut es aber nicht. Die »reine Mitte« ist das Urgesicht, die Idee des menschlichen Gesichtes überhaupt. Es beinhaltet die Ausgewogenheit der verschiedensten Elemente in sich – es ist die Abwesenheit von Einseitigkeit und die Gabe zur Ganzheitlichkeit. Allerdings gibt es geschlechtsspezifische Unterschiede: Das männliche Gesicht wirkt erst dann attraktiv und männlich, wenn in ihm wenigstens eine Unausgewogenheit, eine Einseitigkeit zu erblicken ist: eine Narbe, ein zu starkes Kinn, eine Adlernase oder sonst etwas, das »herausfällt« und einen Riß in der Urharmonie markiert. Aber wenn nur die schöne Frau die Idee vom Urgesicht in reiner Form in sich tragen kann, hieße dann der erste Mensch vielleicht gar nicht Adam, sondern Eva? Das, was wir von der Schönheit wissen, legt diese Vermutung zumindest nahe.

Abb. 57: *Das Mischgesicht und seine Vorlagen. Zeitmagazin Nr. 2 v. 5.1.1996.*

Das Gesicht ist unsere erste und wichtigste Visitenkarte. Eine solche Einsicht ist zwar weder sonderlich populär noch »demokratisch« zu nennen, dafür aber unwiderlegbar. Schönheit mag bei einigen Menschen – vor allem innerhalb des eigenen Geschlechts – auch Neid und Ressentiments auslösen; doch bei sehr vielen erweckt sie vor allem Bewunderung, Verehrung und die Sehnsucht, selbst schön zu sein; denn wer schön ist, hat auch am meisten Erfolg. Schöne Menschen werden in vielen Situationen besser behandelt: Im Durchschnitt verdienen sie mehr, bei Einstellungen werden gutaussehende Bewerberinnen und Bewerber bevorzugt. Und natürlich sind die Schönen auch im Liebesleben privilegiert. Lehrer halten gutaussehende Kinder für klüger und pflegeleichter. In (simulierten) Geschworenenprozessen erregten Gutaussehende weniger Verdacht und wurden milder bestraft. Schöne Menschen gelten als warmherziger, ausgeglichener, stärker, umgänglicher, vertrauenswürdiger, erfolgreicher, besser – und nicht selten entsprechen sie auch ihrer Rolle. Nicht nur das Schöne, sondern auch das Gute und Wahre scheint sich in ihnen zu verkörpern. Wer schön ist hat es auf vielfache Weise auch schöner im Leben, und das macht ihn noch schöner. Es ist eine echte *self-fulfilling prophecy:* Wer von den anderen die Vorzugsbehandlung erfährt, die den Schönen zuteil wird, der kommt den Tugenden des Schönheitsnimbus allein deshalb schon näher.[53]

Bei so vielen Pluspunkten ist es verständlich, daß viele Menschen gerne schöner wären, als sie tatsächlich sind. Auch Aschenputtel möchte Märchenprinzessin sein. Allerdings schwankt das jeweils propagierte Schönheitsideal – es ist modeabhängig. Der Typus der Bewunderung wechselt. Trotz dieses Wandels des Ideals von äußerer menschlicher Schönheit im Strom der Zeit bleibt eine bestimmte Grundkonstante in den Annahmen von dem, was schön oder häßlich ist, erkennbar. Das trifft auf die Vorstellung von der Wohlproportioniertheit eines Gesichtes zu, aber noch viel mehr auf das Bild von dem, was der Schönheit widerspricht: Niemals werden der ungeschlachte Riese, die teuflische Fratze, die bucklige Hexe als schön empfunden.

Insbesondere das Schönheitsideal der Frau hat sich in Folge der Industriellen Revolution gewandelt. Es ist vermännlicht und verleugnet ganz besonders beim Körper die Attribute der Weiblichkeit. Die weibliche »Idealfigur« der Gegenwart gleicht einem hochaufgeschossenen pubertierenden Knabenkörper, dem als letzte Remineszenz an Weiblichkeit die Brüste geblieben sind. Nicht von ungefähr sind heutige Topmodels schwer untergewichtig bis magersüchtig (Abb. 58). Dabei waren es ursprünglich gerade die heute so heftig bekämpften weiblichen Rundungen gewesen, die als schön empfunden wurden – sicherlich nicht zuletzt deshalb, da man sie zu Recht mit der Fruchtbarkeit in Verbindung gesetzt hat. Bis zur Pubertät unterscheiden sich Mädchen und Jungen hinsichtlich der Fettverteilung nicht. Mit der Pubertät setzen junge Frauen jedoch Fett an Schenkeln und Hüften an, während bei jungen Männern andere körperliche Veränderungen vonstatten gehen. Gegen Ende einer Schwangerschaft und während der Stillzeit wird dieses Fettpolster abgebaut, um sich danach wieder aufzubauen. Was steckt nun dahinter, daß heute – in dieser Form einzigartig innerhalb der menschlichen Geschichte[54] – ausgerechnet dieses weibliche »Fruchtbarkeitsfett« als häßlich gebrandmarkt wird? Ist es etwa eine Dekadenzerscheinung einer rapide vergreisenden, kinderfeindlichen und kinderfremden Gesellschaft oder bloß ein Zeichen dafür, daß sich in einer Wohlstandsgesellschaft Frauen kein »Reservepolster« mehr zulegen müssen? Oder deutet es bereits auf etwas anderes hin – nämlich, daß in der androgynen Gesellschaft der Zukunft das Leben in erster Linie künstlich erzeugt werden wird?

Sowohl zur Arbeit als auch zur Reproduktion wird der menschliche Körper immer weniger benötigt. Und in virtuellen Welten scheint er sich vollends aufzulösen. Trotzdem boomt gerade heute ein Kult um den gesunden und natürlich auch um den schönen Kör-

Abb. 58: *Die verleugnete Weiblichkeit. Topmodels von heute.*

per. Die Kosmetikindustrie erlebt Milliardenumsätze und die Skalpelle der Schönheitschirurgen sind frisch gewetzt. Zweifelsohne –
unser Body ist Teil der New Economy. Schönheitssucht und Wirt-
schaftswachstum werden sich in Zukunft immer stärker einander die
Hände reichen. Überall wird der schöne Mensch propagiert: auf Pla-
katen, in Zeitschriften, im Kino, im Fernsehen. Werbung mit schönen Menschen beinhaltet immer auch Werbung für schöne Men-

schen. Der zwanghafte Wunsch, gut auszusehen, treibt die Menschen in Fitness-Studios, auf Schönheitsfarmen, zu Schönheitschirurgen. Das Tollste daran ist, daß es die schönen Menschen, die uns auf den Werbeplakaten angrinsen, eigentlich gar nicht gibt: Es sind Kunstprodukte. Kunstprodukte aus Make-up, raffinierten Aufnahmetechniken, Schönheitschirurgie und zunehmend häufiger: aus computerkorrigierten Fotos. Das Fotomodell bildet nur den Grundstoff, die Modelliermasse, aus dem der Werbekünstler uns erst den Traummenschen bastelt. Und die Schönheitsindustrie suggeriert uns fortwährend – so kannst du auch werden, werde dein eigener Traum. Du brauchst nur ja zu sagen – und zu bezahlen.

Die Geschichte der modernen Schönheitschirurgie begann im Jahre 1759, als ein hessischer Landgraf nach dem Chirurgen Johann Balthasar schicken ließ. In dem Adelshaus stand eine nette junge Dame zur Vermählung an, doch das, was ihre Nase sein sollte, glich mehr einer derben Knollenfrucht als dem, was man sich gemeinhin darunter vorstellt. Als der geniale Medikus Nadel und Faden wieder aus der Hand legte, zierte eine feine Prinzessinnen-Nase das blaublütige Gesicht. Nun konnte standesgemäß geheiratet werden!

Seitdem gelingen der plastischen Chirurgie immer neue Wunder. Nicht nur der reinen Schönheit soll dabei gedient werden. Viele Unfallopfer und viele mongoloide Kinder verdanken den Medizinern ein neues Gesicht. Aber immer stärker werden derartige Notfälle zahlenmäßig von den Luxusfällen abgelöst: Nicht mehr das gezeichnete Gesicht in ein normales Gesicht zu verwandeln, sondern das normale Gesicht in ein schönes Gesicht umzuformen, nicht mehr den behinderten Körper leidensfrei, sondern den leidensfreien Körper anbetungswürdig zu machen, das ist das Gesetz der Zeit.

Gestrafft, entschlackt, geliftet und noch vieles mehr – die Menschheit bzw. die Menschen der Industrienationen befinden sich auf dem Weg in die Larven-Gesellschaft. Schönheit ist scheinbar alles. Doch was einst auch als Metapher für innere Werte stand, ist zum Synonym für Wohlstand und Erfolg, für Lebensart und Oberflächenglitter geworden. Die Schönheit hat nur noch eine Außenseite, das Skalpell des Chirurgen hat ihr ihre metaphysische Dimension geraubt. Nasenverkürzungen, Brustvergrößerungen, Fettabsaugungen – der menschliche Körper ist formbar geworden, je nach Wunschvorstellung. Schönheit liegt in der Selbstverantworung eines jeden. Der Mensch wird zum Rohmaterial seines eigenen Schöpfungsaktes. Das künstliche Tier Mensch ist in das Reich der künstlich erschaffbaren Schönheit eingetreten. Aber andererseits, kann man wirklich schön werden, wenn nicht auch die Seele ein bißchen glänzt? Ein Sprichwort lautet:

»Mit spätestens 30 Jahren hat jeder das Gesicht, das er verdient.« Lebenswandel und Charakter prägen das Gesicht. Aber wie verhält es sich mit dem beim Schönheitschirurgen gekauften Gesicht? Ist es wirklich schön oder nur eine Larve, deren trügerische Maskerade der Kenner schnell durchschaut? Ist es vielleicht eine »böse« Schönheit wie die von Schneewittchens Stiefmutter? Wird die Zukunft so aussehen, daß in den vergreisenden Industrienationen jeder eitel-einsam seine dem Schicksal abgetrotzte Jugend und Schönheit mit Argusaugen bewacht – wie der Dieb seine ihm nicht gehörende Beute?

Die Popkultur war von Anbeginn an ein Vorreiter der gekauften Schönheit. Gut zwei Dutzend Schönheitsoperationen soll etwa die Popikone Cher hinter sich haben. Verjüngt, verschönt und ihr »Grundgesicht« jeweils dem Typus der Saison angepaßt, präsentiert sie sich dem Publikum immer neu. Was im Popolymp üblich ist, gilt auch für die Welt der Popsternchen: 22 »Schönheitsoperationen« hatte die als Busen-Wunder gefeierte Lolo Ferrari über sich ergehen lassen. Das Kunstobjekt Lolo war zuerst von ihrem Ehemann am Computer entworfen worden, dann ging es zum Chirurgen. Dieser formte an Lippen, Nase und vor allem an ihrem Brustumfang, den er nach und nach auf gewaltige 130 Zentimeter erweiterte. Als – unzeitgemäßes – Sexprodukt geplant, geriet Lolo immer stärker zur bloßen Lachnummer. Einmal fiel sie sogar kopfüber von der Bühne, weil sie wegen ihrer schweren Brüste (6 kg) das Gleichgewicht nicht mehr halten konnte. Das Kunstobjekt Lolo Ferrari starb mit 30 Jahren an gebrochenem Herzen bzw. Herzstillstand – offensichtlich hatten die Restspuren des nicht Künstlichen und nicht Vermarktbaren in ihr rebelliert.

Doch Schönheit – oder was man dafür hält – ist keineswegs nur ein Kaufprodukt der Reichen, der Stars und der unglücklichen Sternchen. Schönheit wird endlich demokratisch und trickst die »reaktionäre« Natur aus. Die Funktion des Arztes als Lebensstil-Experte, als Wegweiser zu Wohlbefinden und Schönheit, wird heute schon in Ansätzen sichtbar. Auch für Otto Normalverbraucher wird der Körper immer mehr zum Gegenstand von Wahlmöglichkeiten und Eingriffen. Nicht mehr einzelne, sondern Millionen besuchen heute den Schönheitschirurgen – Tendenz deutlich steigend. Es sind auch keineswegs vorwiegend Alte, die sich ein wenig frischliften lassen wollen, bereits Teenager legen sich unter das Skalpell. In den USA heißt der Geburtstagswunsch vieler Kids: mit 16 bitte eine neue Nase.[55]

Bei soviel neuen Gesichtern drängt sich neben der Frage, ob Schönheit zu einem inflationären Wert wird, auch die Frage auf, ob wir mit Facelifting und Bodystyling auch gleich eine neue Seele mitgeliefert bekommen. Es ist zumindest nicht auszuschließen, daß sie sich auch mit wandelt. Wenn wir von der Außenwelt anders wahrgenommen werden und uns selbst mit einem neuen Gesicht im Spiegel begegnen, dann dürfte allein das Rückwirkungen auf unsere »Seele« haben. »Wie sich's wandelt außen, wandelt's sich auch innen«,[56] spöttelte im 17. Jahrhundert der Jurist und Dichter Friedrich von Logau. Die Trennung von Außen und Innen, von Inhalt und Form ist ohnehin nur eine Abstraktion; denn in Wirklichkeit sind beide Seiten untrennbar miteinander verzahnt: Das Sichtbare ist die Außenseite der Innenseite, ebenso wie die Innenseite nur die andere Seite der Außenseite ist.[57] Doch wenn wir uns selbst unsere Gestalt aussuchen und damit auch noch unsere Seele umprägen können, werden wir uns dann vollends von der Natur und ihren Vorgaben emanzipieren können? Vielleicht – vielleicht auch nicht! Unsere Änderungswünsche sind meistens eine Mixtur aus Modediktat und persönlichen Wünschen. In unseren Wünschen sind aber auch »Befehle« unserer Gene enthalten: »Ändere dich so, daß du deine Stellung in der Welt verbessern kannst, damit du und somit auch wir besser überleben können!«

Wahrscheinlich gibt es keinen anderen Menschen, der unsere neue »Freiheit« zum eigenen Designwechsel so sehr symbolisiert wie der Popkönig Michael Jackson (Abb. 59 a – c). Mögen andere Stars, Sternchen und Normalbürger ihre Nase verändern, den Busen vergrößern oder die unerwünschten Falten eliminieren lassen – Michael Jackson ist noch deutlich weitergegangen: In zahlreichen Operationen hat er sich zu einem neuen Menschen mutieren lassen, mit neuem Gesicht, neuer Hautfarbe, neuer Rasse. Die negroiden Züge aus seinem Gesicht sind vollkommen herausoperiert worden. Die breite Nasenform ist einer Art neckischem »Katzennäschen« gewichen. Selbst die dunkle Hautfarbe des Afroamerikaners ist mittlerweile derart nobelweiß umgefärbt, daß darüber sogar ein französischer Aristokrat des 18. Jahrhunderts vor Neid »erblassen« könnte. Kein Zweifel – Michael Jackson ist ein Kunstprodukt. Er gleicht einem Prinzen aus dem fernen Märchenland, seinen und unseren Träumen entstiegen. »Greifbar« ist er vor allem virtuell, auf Bildern, auf der Leinwand oder als kleiner Punkt auf der Bühne. Der Märchenprinz und Peter Pan der Popwelt entzieht sich gern dem »realen« Leben. Er hält Distanz, trägt Handschuhe, fürchtet Krankheiten. Kinder dürfen gelegentlich sein Traumreich betreten, um dort mit dem Märchenprinzen Karussell zu fahren. Michael Jackson scheint kein Alter, keine Rasse und kein Geschlecht zu besitzen. Trotz rhyth-

mischer Musik und schwenkenden Hüften bleibt der tanzende Märchenprinz asexuell. Sein Sex-Appeal gleicht dem von Kinderscho-
kolade und Gummibärchen.

Was ist bei den vielen »Neugeburten« von Michael Jackson mit
seiner Seele passiert? Wurde sie auch mit neu erschaffen, hat sie sich
ebenfalls gehäutet? Jeder Mensch trägt in sich mehrere Seelen, meh-

Abb. 59 a–c: *»Mutationen«. Die vielen Gesichter des Michael Jackson.*

rere Ichs. Selbst der tumbeste Tor ist nicht nur »einfältig«, sondern
vielschichtig. Irgendwo sind wir alle multiple Persönlichkeiten, und
je differenzierter ein Mensch ist, um so mehr Charaktere trägt er in
sich. Durch Außenreize, aber auch durch eigenes Einfühlen, kann er
die verschiedensten Facetten in sich zum Leben erwecken. Der
Schauspieler hat aus dieser Fähigkeit einen Beruf gemacht. Die äußere Wandlung, das Styling, kann dem Menschen helfen, ein von
ihm gewünschtes Ich in den Vordergrund zu stellen. So kann heute
jeder mittels Chirurgie sein Wunsch-Ich beschwören. Die Sehnsucht nach dem höheren Ich, dem gesteigerten Leben, scheint unter
dem Skalpell Wirklichkeit zu werden. Vielleicht ist Michael Jackson
nie so sehr »wahr« gewesen, wie seitdem er ein Kunstprodukt ist. Seine Sehnsucht nahm Gestalt an. Er hat sich – *selbstverwirklicht!*

Trotzdem läßt sich eine gewisse Beklemmung nicht verhehlen.
Eine Ahnung von etwas Ungeheurem steigt auf. Ist hier ein Frevel
begangen worden? Dürfen wir das, unser Gesicht genauso wechseln
wie bisher nur unsere zweite Haut aus Kleidern? Dürfen wir wirklich unsere Sehnsüchte, Wünsche, Launen so uneingeschränkt erfüllen? Oder versündigen wir uns mit einem derartigen Gestaltenwandel nicht gegen Gott, gegen die Welt, gegen geheime Gesetze
des Lebens? Begehen wir damit nicht auch einen Mord, einen Mord
an einem Teil von uns selbst? Was wird der Preis dafür sein? Wahn-

sinn, entsetzliche Einsamkeit, unbekannte Krankheiten, neuartige Allergien? Oder wird einfach gar nichts passieren? Ist es wirklich das Ziel unserer Sehnsüchte, erfüllt zu werden? Oder dienen sie nicht gerade dazu, auf ewig Sehnsucht zu bleiben, um sich als Schmerz in unser Herz einzubrennen, um es so vor Trägheit zu schützen?

Michael Jackson ist mehr als nur ein Popidol. Er ist Symbol, vielleicht ein tragisches, für eine Menschheit, die in eine Schwellenzeit eingerückt ist. Es ist daher in gewisser Hinsicht nur folgerichtig, daß sich auch die Reproduktion bei ihm tradierten Gesetzen entzieht. Die Mutter seiner zwei Kinder wurde nicht während eines Geschlechtsaktes geschwängert – sondern sie bekam den Samen implantiert. Daß die beiden Kinder weiß und eines von ihnen auch noch blond ist, hat Zweifel an Jacksons Vaterschaft aufkommen lassen. Immerhin dürften seine Gene noch »schwarz« sein. Aber vielleicht gelten für Kunstfiguren ja generell andere Reproduktionsgesetze!

Traum oder Alptraum: Forever young?

Was wäre die Schönheit ohne Jugend? Sicher – auch oder gerade im mild-weisen Altersgesicht ist Schönheit, sie kann sich dort sogar überirdisch verklären, transzendieren, aber besitzt das lächelnde Philosophenhaupt auch Sex-Appeal? Kaum. Und unser Körper? Der braucht erst recht Jugend, den verklärt keine Altersweisheit. Alter bedeutet hier nur Alter in all seiner brutalen Gleichgültigkeit und unbarmherzigen Häßlichkeit. Müdes Fleisch, schlaffe Haut, Falten, dahinwelkendes Gesamtbild. Darum heißt das Ideal: Schönheit und Jugend – und zwar eine Jugend, die nicht verfällt, die ewig währt. Forever young – unsterblich und schön, reich und erfolgreich. So heißen die heiligen Ikonen einer radikalhedonistischen Zivilisation. Beschworen rund um die Uhr, präsent in jeder Werbung, jedem Hochglanzmagazin, auf jeder Leinwand.

Der Traum von der ewigen Jugend ist wie alle Träume alt – so alt wie die Menschheit selbst. Und doch ist dieser Traum leidenschaftlicher, fordernder geworden – wie alles, was dem Götzen Jugend anhängt. Die Jugend, das Neue, das Superaktuelle, das Übermorgige schon im Heute, das sind die wahren und tiefsten Rausch- und Suchtmittel einer rasenden Chronokratie – die gleichzeitig vergreist. Doch je mehr sie vergreist und je abenteuerlicher sich ihre Alterspyramide gestaltet, desto stärker giert sie nach Jugend – der immerwährenden, die das Alter und das Altern abschafft und gleich den rostigen Autos von gestern »recycelt«, um aus ihnen die Gelackten von morgen zu machen.

Leben heißt Sterben. So war das zumindest bisher. Nicht nur das einzelne Individuum ist davon betroffen, sondern ganze Arten. Ob Mammut, Dinosaurier oder Neandertaler – sie alle sind von dieser Erde wieder verschwunden. Individuen sterben, um ihren Nachkommen Platz zu machen, ganze Arten sind dem Untergang geweiht, um neuen Lebensformen zu weichen. Jegliches Dasein steht unter dem Gesetz des »Stirb und Werde«. Dieses »eherne« Gesetz gilt keineswegs nur für biologische Formen, sondern auch für kulturelle: Zahlreiche Hochkulturen sind ebenso wie einfache Stammeskulturen untergegangen. Was bleibt sind außer archäologischen Funden oft nur große Namen: Rom, Karthago, Byzanz oder das Reich der Azteken. Der kulturelle Tod muß dabei keineswegs immer mit einem welthistorischen Donnergrollen einhergehen, es gibt auch hier den kleinen, alltäglichen Tod: das Aussterben eines Handwerks, das Verschwinden eines Bauwerkes, die Zerstörung einer gewachsenen Landschaft. Der Tod kommt, um dem Leben Platz zu machen. Die Idee des Lebens ist überall von verwandter innerer Form: Zeugung, Geburt, Wachsen, Welken, Vergehen und erneutes Leben – gleichgültig, ob es sich um Einzelwesen, Arten oder Kulturen handelt.

Der Kulturphilosoph Oswald Spengler nannte es feige, an eine willkürliche Verlängerung des Lebens zu glauben. Nach Spengler vergeht alles Lebendige, »weil es entstanden« ist.[58] Kein Wille kann sich dem entziehen, wenn das Schicksalsrad auf Tod steht. Aber wann steht es auf Tod – bei uns, bei unserer Kultur, auf unserer Erde?

Solange der Mensch lebt, träumt er auch vom Leben – vom ewigen Leben. Auch wenn er sieht, daß auf dieser Erde das Leben stirbt, so ist das für ihn kein Grund, nicht an das ewige Leben zu glauben. Im Gegenteil: Nahezu sämtliche Religionen verheißen ihm ein ewiges Leben. Der Tod ist in dieser Sicht gar kein Ende, sondern nur Wandlung. Sterben heißt, im Jenseits neu geboren zu werden. Sobald der Traum vom schönen Jenseits zerrinnt, wendet er sich der Erde zu: Auch das irdische Utopia kennt den Tod nicht oder nur eingeschränkt. Der Utope wird meist steinalt und trägt auch in reifen Jahren kaum Spuren des Alters. Der utopische Staat selbst unterliegt dabei keinen Wandlungen mehr: Als vollkommenes Gebilde soll er ewig währen.[59] Neben diesen philosophischen Ewigkeitsutopien hing auch das einfache Volk seinen Träumen nach. Ihm haben wir die Idee vom Jungbrunnen zu verdanken, der besonders im 15. und 16. Jahrhundert die Maler in den Bann geschlagen hat. Auf der be-

kannten Darstellung (Abb. 60) von Lucas Cranach d. Ä., aus dem
Jahre 1546, sehen wir auf der linken Seite des Bildes die Alten, Lah-
men und Kranken, die sich zum Brunnen schleppen oder dort hin-
gekarrt werden, in dessen verjüngendes Nass sie dann eintauchen,
und wenn sie das Wasser auf der anderen Seite wieder verlassen, dann
ist alles Siechtum und Greisentum von ihnen abgefallen: Jung, schön,
kräftig und heiter schreiten sie in ihr neues Leben.[60]

Selbst wenn der Tod kommt, kann man ihm noch ein Schnäpp-
chen schlagen. Es gibt Tote, die scheinen gar nicht tot zu sein, und
ihre Leichname haben schon Generationen von Normalsterblichen
überlebt. Tote kann man schließlich besser konservieren als Lebende.
Die Ägypter perfektionierten als erste die Mumifizierung, mit der
Absicht, ihren Verstorbenen den Körper für das Jenseits zu erhalten.
Damit weckten sie übrigens das Interesse moderner Reanimations-
forscher: Könnte man nicht aus der Erbsubstanz einer Mumie einen
neuen Menschen wachsen lassen? Die Antwort lautet – bisher jedenfalls noch – nein. Theoretisch enthält eine altägyptische Mumie
zwar alle nötigen Informationen, sie ist aber nicht gut genug konserviert. Die Rückkehr der Pharaonen dürfte also auch in Zukunft
vornehmlich in der Unterhaltungsindustrie stattfinden. Inzwischen
kann man aber unsere Chromosomen einfrieren; es könnte daher
durchaus einmal möglich werden, daß aus dem Chromosomensatz
heute lebender Menschen ein neuer entsteht. Der wäre dennoch
kaum das identische »Individuum«; denn Zeit und Milieu werden
ihm eine andere Prägung geben. Sicherer gehen diejenigen, die sich

Abb. 60: *Lucas Cranach, d. Ä.: Der Jungbrunnen (1546).*

nach ihrem Ableben komplett einfrieren lassen, vorausgesetzt, ihre Reanimation sollte irgendwann einmal möglich werden. Doch sollten sie eines Tages wieder erwachen, wird dann auch das Glück in ihr neues Leben ziehen, nachdem Freunde und Verwandte längst tot sind und die einst gelebte Gegenwart nur noch in den Geschichtsbüchern zu finden ist? Tote sollten vielleicht doch lieber tot bleiben, im Leben »umgehen« zu müssen kann auch ein Fluch sein!

Trotz des Schreckens, der im Leben stecken kann, löst heute vor allem eines Entsetzen aus: der Tod. Das hat mehrere Gründe: Der Glaube an ein jenseitiges Leben ist geschmolzen. Trotz Gegenbewegungen stecken die Religionen in der Welt der Moderne in einer Dauerkrise. Der Tod wird nicht mehr als Episode auf dem Weg zum ewigen Leben erfahren, sondern nur noch als Tod, als hoffnungsloses Ende. Zudem wächst in einer kinderfremden Gesellschaft die Selbstbezogenheit und die Selbstisoliertheit. Immer weniger Menschen »leben« in ihren Kindern fort oder fühlen sich als Erben ihrer Ahnen. Der Trost etwa, den traditionelle Gesellschaften im Ahnenkult fanden, wo sich jeder einzelne als Glied einer unendlichen Kette in der Ewigkeit verstand, ist der hedonistischen Jetzt-Gesellschaft vollkommen fremd geworden. Schließlich wird der Tod in einer Welt, die hinter den Ikonen von Jugend, Fortschritt und Effizienz marschiert, vorrangig als ohnmächtiges Versagen vor dem eigenen Verschleiß angesehen, als funktionalistisches »Aus« der Maschine Mensch. Da der Tote ein Versager ist, befindet sich allein deshalb schon jeder älter werdende Mensch in einer Krise. Eine Krise, die geradewegs auf die Totalkatastrophe – den Tod – hinausläuft. Die Verdrängung des Alters – und nicht nur des Todes – und der krampfhafte Versuch, an der eigenen Jugend festzuhalten, ist daher ein spezifisches Phänomen unserer Zivilisation. Auch mit achtzig heißt es noch: »Ich fühle mich jung und fit« und nicht etwa: »Ich bin alt und löse mich langsam von dieser Welt und bereite mich auf das Mysterium des Todes vor.« De facto leben wir in einer vergreisenden, jedoch grell aufjugendlich geschminkten Gesellschaft. Alle Greise, die auf ihr »Marketing« wert legen, müssen sich als »junge Alte« präsentieren. Der alte Alte ist indiskutabel, ein Schandfleck.

Jeder möchte lange leben, aber keiner möchte dabei alt werden. Steinalt werden wie Methusalem – aber bitte mit dem Outfit der gerade aktuellen Illustriertenschönheit. Natürlich schwingt in all dem auch der Wunsch mit, es den Göttern gleichzutun. Unsterblich und ewig vital sind nur sie. Wenn es dem Menschen also gelingt, Tod und Alter zu überlisten, dann hebt er sich zu ihnen empor und erschafft sich so seinen eigenen Olymp.

Wird es uns also gelingen, einen jugendspendenden Götternektar in Händen zu halten, der uns zugleich »göttliches« Glück schenkt, oder werden wir in unserer Sucht nach Jugend und Unsterblichkeit gleich Dorian Gray unsere Seele verlieren? Wer weiß – für ein tragisches Narrentum reicht es auf alle Fälle. So geschehen z. B. an dem Schlagerstar Rex Gildo, der jahrzehntelang als ewig 20jähriger strahlend durch die Gegend trällerte. Sein Jungbrunnen bestand aus falschen Haaren, falscher Bräune, falschen Zähnen, falscher Altersangabe und einer dicken Schicht Make-up. Darunter befand sich ein deprimierter älterer Herr, der, als Fassade und Wirklichkeit immer weniger übereinstimmten, es vorzog, aus dem Klofenster kopfüber in den Tod zu springen.[61]

Es ist nun keineswegs so, daß sich ausschließlich ältere Herren als falsche Jünglinge präsentieren oder unverwüstliche Oldies dauerfit im Sportlerlook dahergeturnt kämen, auch die Jüngsten der Jungen finden immer weniger Gefallen an ihrem Alter – allerdings sind sie die einzigen Geschöpfe dieser Welt, die gerne älter sein möchten. Auch die Kids möchten mittlerweile gerne Teenies sein. In diesem Zusammenhang läßt sich durchaus von einem »Verschwinden der Kindheit« sprechen. Ob alt, ob mittelalt, ob jung oder ganz jung: Alle drängeln sich zusammen in derselben Altersstufe, nämlich der der ewigen Jugend. Die tradierten Altersfolgen (Abb. 61), in denen jedes Lebensjahrzehnt mit einem eigenen Gebahren, eigener Mimik, eigenem Aufgabenbereich und eigener Kleidung verknüpft war, trifft immer weniger zu. Heute strebt alles in die Mainstream-Generation und von hier aus wird auch bestimmt, was Mode und gesellschaftsfähig ist. Der Stil unserer zweiten Haut etwa wird keineswegs mehr von Herrschern und Adeligen, von altehrwürdigen Ständeordnungen oder gesetzten Bürgersleuten vorgegeben, auch nicht von Berufsrevolutionären, Dandys oder Lebedamen – sondern vorrangig von Teenies. Was denen gefällt wird irgendwann Konvention.

Doch wenn die Jugend ein so begehrter Artikel ist, warum haben Gott oder die Natur uns damit gestraft, daß wir altern müssen? Woran liegt es, daß wir auf einmal mehr Haare verlieren, als uns nachwachsen, unser Gang sich verlangsamt und Krähenfüße unsere Augen zieren, so daß beim morgendlichen Blick in den Spiegel sofort der heroische Kampf zwischen Jugendkult und real existierendem Alter beginnt? Unser Alterungsprozeß setzt bereits mit der Geburt ein, somit heißt Leben von Anbeginn an ein lebenslanges Altern bis zum Tod. Warum das so ist, darüber gibt es zwei Haupttheorien: die Verschleißtheorie und die Programmtheorie. Nach der Verschleißtheorie altert die Zelle durch chemischen Verschleiß. In den Mito-

Abb. 61: *Die Lebensalter des Mannes, Kupferstich um 1650.*

chondrien, den Energiefabriken der Zellen, entstehen beim Stoffwechsel aggressive, »ungebundene« Substanzen. Diese sogenannten freien Radikale schädigen die Erbsubstanz in den Mitochondrien. Sie greifen außerdem die Zellwände an. Dadurch wird die Zelle im Alter funktionsunfähig. Körpereigene Gegenmittel können die freien Radikalen teilweise unschädlich machen, aber eben nur teilweise. Je älter der Mensch wird, desto mehr nehmen die freien Radikale überhand und schädigen die Mitochondrien. Es wird dadurch immer weniger Energie gebildet, und der Mensch wird immer schwächer. Für die Vertreter der Programmtheorie altern die Zellen nach einem vorgegebenen Programm. An den Endstücken der Chromosomen, den Telomeren, tickt eine Lebensuhr. Bei jeder Zellteilung werden sie ein Stück kürzer. Wenn sie aufgebraucht sind, stirbt die Zelle und in der Folge der Mensch.

Doch keine der Alterstheorien ist in der Lage, sämtliche Veränderungen, die man in den verschiedenartigen Organismen beobachtet hat, zu erklären. So gibt es z. B. immer noch keine befriedigende Erklärung dafür, warum sich die Lebensspannen der verschiedenen Säuger so eklatant unterscheiden: von bescheidenen vier Jahren bei der Maus bis zu stattlichen 150 Jahren bei der Schildkröte. Der Mensch kann es auf maximal 120 Jahre bringen. Immerhin mehr als doppelt so viel wie der Schimpanse, mit dem der Mensch genetisch – knapp

303

99 % – fast identisch ist. Neben den körpereigenen Prozessen, die für das Altern verantwortlich gemacht werden, kommen natürlich auch noch Umwelteinflüsse – Gifte, Nahrungsbestandteile, Stress – hinzu. Diese treten dann wieder mit der jeweiligen genetischen Konstitution eines Individuums in Interaktion. Mit anderen Worten, das Altern findet zwar unleugbar statt, aber es ist eine komplexe, nur schwer zu erklärende Angelegenheit. Kein Forscher kann wirklich eindeutig sagen: »So ist es.« Deshalb bleibt das Altern ein Rätsel – ebenso wie die zwei Gegensatzpaare Leben und Tod, zwischen denen das Alter vermittelt, indem es das Leben dem Tod zuführt.

Unser Freund Dr. Victor Frankenstein hatte sich keineswegs nur darum bemüht, die Rätsel von Leben und Tod zu ergründen, um, darauf aufbauend, künstliches Leben zu erzeugen. Er war auch von dem Wunsch besessen, den »natürlichen Menschen« von Alter, Krankheit und Tod zu befreien. Ja – er träumte sogar davon, die Toten und Verwesenden zurück ins Leben zu führen.[62] Wir können daraus ersehen, wie sehr sich diese Dinge überschneiden: künstliches Leben, ewige Jugend, Erlösung von Krankheit und Tod – denn auch der unsterbliche Mensch wäre kein »natürlicher« Mensch mehr.

Obwohl der Mensch noch immer vor dem Rätsel Alter herumtappt, probiert er natürlich bereits alles mögliche aus, was ihn vom Prozeß des Alterns befreien oder diesen Vorgang zumindest kaschieren könnte. Er treibt Sport, schluckt Vitamine und Hormoncocktails, macht eine Frischzellenkur, streicht sich die neueste Anti-Aging-Creme ins Gesicht oder liftet sich jung, läßt verschleißte Körperteile durch technischen »Ersatz« auswechseln, Organtransplantationen durchführen oder Hirngewebe übertragen. Es wird sogar erwogen, ganze Gehirne zu transplantieren oder irgendwann einmal scannen zu lassen. Aber der Königsweg ist das alles noch nicht. Der kann nur lauten: Unseren Körperzellen den Befehl einzugeben, den »Unfug« des Älterwerdens einzustellen.

Natürlich hat der Mensch schon heute Erfolge aufzuweisen: Das durchschnittliche Lebensalter in den Industrienationen ist in den letzten 200 Jahren deutlich gestiegen – insbesondere aufgrund der verringerten Kindersterblichkeit –, aber der große Durchbruch fehlt bisher. Dabei kennt die Natur ja durchaus die Unsterblichkeit. Immerhin gibt es unzählige Lebewesen, die nicht altern und potentiell unsterblich sind. Dazu gehören Abertausende von Bakterien und Pilzen. Sie vermehren sich durch Verdoppelung, also durch Klonen, und nach der Teilung ist nicht zu erkennen, welches das »Eltern«- und welches das »Kind«-Teil ist. Ihr genetischer Apparat ist identisch, und beide Organismen besitzen die Chance, sich weiter zu teilen. Altersunterschiede sind nicht zu ermitteln. Theoretisch besitzen also Pilze und Bakterien die Möglichkeit zur Unsterblichkeit. Strebt der Mensch mit seiner Sehnsucht nach »forever young« also im Grunde genommen nur eine Rückkehr zu den Frühformen des Lebens, zu seinen Ur-Urahnen an?

Nun – auch Einzeller und Bakterien sterben im Regelfall, nicht am Alter, sondern an für sie widrigen Umständen. Die weitaus meisten Todesfälle in der Natur sind nämlich nicht auf das Lebensalter zurückzuführen, sondern auf negative Umwelteinflüsse. Kaum ein Tier stirbt an Altersschwäche. Normal ist der Tod infolge ungünstiger Außenbedingungen, wie beispielsweise Verknappung der Nahrungsmittel, Dürre, Überschwemmung oder schlicht der Tod, der durch den Fressfeind herbeigeführt wird. Das galt lange Zeit auch für den Menschen und trifft selbst heute noch bedingt zu. Das Alter ist gewissermaßen nur eine Absicherung der Natur, daß mit uns irgendwann tatsächlich auch einmal Schluß ist.

So betrachtet ist altern auch ein Luxusprodukt. Nur die Creme der Schöpfung darf sich mit Falten und Altersbeschwerden herumplagen. Aber der Mensch ist undankbar und strebt nach dem Glück der Bakterie. Und zahlreiche Mediziner und Wissenschaftler – meist amerikanischer Couleur – geben ihm Anlaß zu den schönsten Hoffnungen. So erwartet z. B. der New Yorker Professor Michio Kaku eine baldige Verdreifachung der Lebenserwartung und irgendwann einmal sogar den Stillstand des Alterns.[63] Möglich werde das alles, so orakeln einige euphorische Prognostiker, durch die epochalen Fortschritte der Gentechnik und der Reproduktionsmedizin, durch Keimbahnchirurgie, Jungbrunnen-Cocktails, Heilkunst in und aus der Retorte. Schlagworte von der »Pille gegen den Tod«, vom »Unsterblichkeitsenzym« oder der »Methusalemformel« machen die Runde.[64] Geforscht wird an Medikamenten, die den »freien Radikalen« das Leben sauer machen sollen und so die Zellalterung deutlich abbremsen. Andere Mittel sollen die Telomeren schützen, also die Schutzkappen an den Enden der Chromosomen. Damit würde die Lebensdauer unserer Zellen drastisch erhöht werden. Hinzu sollen noch Hormonpräparate kommen, die die im Alter versiegende Hormonproduktion wieder auf Touren bringen. Werden also bereits unsere Enkel cool-zufrieden ihren 250. Geburtstag feiern können und dabei so frischlackiert aussehen, wie wir das nicht einmal in unserer besten Jugend taten?

Zweifelsohne rumort es an der Altersfront. Schon heute ist es über Genmanipulationen möglich, die Lebensdauer von Fadenwürmern um ein vielfaches zu erhöhen.[65] Aber selbst einzelne menschliche Zellen konnte man schon »unsterblich« machen, indem man ihnen Telomerase-Gene einschmuggelte. Diese Gene werden Krebszellen entnommen, die zwar für ihren Wirt normalerweise den Tod bedeuten, aber selbst aufgrund der Telomerase potentielle Unsterblichkeit besitzen. Ob jemand alt oder jung ist, wird vielleicht in Zukunft nicht mehr im gleichen Ausmaß wie noch heute davon abhängen, wieviel Jahre er zählt. Entscheidend ist möglicherweise, welche Pillen man schluckt. Allerdings haben weder die Natur noch unsere Gesellschaftssysteme die menschliche Unsterblichkeit oder auch nur eine deutliche Erhöhung unseres Alters eingeplant. Da also nichts und niemand auf eine solche Entwicklung vorbereitet ist, kann es auch zu gewaltigen Problemen kommen, die zu Spannungen, Konflikten, vielleicht zu Katastrophen führen. Wie soll man beispielsweise Arbeit, Renten, Ehe und Strafvollzug in einer Gesellschaft der Dreihundert- oder Fünfhundertjährigen in den Griff bekommen? Und überhaupt: Kann und darf sich jeder behandeln lassen, um ewig jung zu bleiben? Werden die Krankenkassen die Kosten dafür übernehmen? Wird eine neue Art von Klassenkampf entstehen zwischen denen, die den Gutschein für »mega-alt« besitzen und den Normalsterblichen? Wir ahnen bereits, daß in der Zukunft der tradierte Egalitarismus an seine Grenzen stoßen wird. Wie wird es sich mit der Überbevölkerung verhalten, wie mit den ökologischen Schäden? Wer darf noch Kinder bekommen? Wie sieht es mit dem Generationenkonflikt aus, werden die einzelnen Generationen nicht nur aufeinanderdriften, sondern auch durcheinanderwirbeln? Wird ein junger Hundertjähriger gegen einen alten Fünfzigjährigen rebellieren? Und wie wird es sich mit dem »Psychohaushalt« unserer Gesellschaft verhalten? Schon heute zeichnen sich deutliche Veränderungen durch die Überalterung ab. Das Seelenleben einer Gemeinschaft ändert sich fundamental, wenn das Lachen und Schreien der Kinder selten wird, wenn es keine rebellierende Jugend mehr gibt; denn auch ein Hundertjähriger, der wie ein Zwanzigjähriger ausschaut, wird von seiner Seele her niemals zwanzig Jahre alt sein, dafür hat er ganz einfach schon zuviel erlebt. Wird also unsere Gesellschaft geistig vergreisen und sich diese geistige Vergreisung als weitaus fataler erweisen als der allseits befürchtete Druck auf die Rentenkasse? Werden wir bald eine Gerontokratie haben, in der ausschließlich die Alten oder ganz Alten die Politik und das gesellschaftliche Leben bestimmen? Werden vielleicht die Menschen, die sich erst weigern, sich fortzupflanzen, und sich dann auch noch weigern, zu sterben, allem Leben ihre radikale Egozentrik aufdrücken? Wird es dann keine Innovation mehr geben, sondern nur noch die

Sucht nach bequemem Wohlleben? Oder wird die Ausstattung mit neuen Organen und der tägliche Trunk von Hormon-Cocktails unseren Charakter total verändern? Oder werden wir als Fünfhundertjährige einfach nur viel relaxter, kühler, überlegter zu leben lernen? Oder wird alles zusammen stattfinden? Die Sprengung der tradierten Altersgrenzen wird das künstliche Tier Mensch jedenfalls in einen Strudel von Veränderungen hineinreißen, von denen er sich heute kaum ein Bild machen kann bzw. auch nur zu machen wagt.

Es gab Denker und Philosophen, die haben den Tod beschimpft und gegen ihn rebelliert. Elias Canetti z.B. hat ein Leben lang – vergeblich – gegen den Tod gekämpft. Canetti empfand ihn als ungerecht, dem Menschen gegenüber unwürdig, kurzum als eine »Schweinerei« der Natur. Das ist verständlich, aber auch selbst etwas »ungerecht« gegenüber dem Tod. Schließlich erscheint das ewige irdische Leben uns wahrscheinlich nur deshalb so verheißungsvoll, weil wir es im Gegensatz zum Tod – bisher – nicht besitzen. Aber was wäre, wenn wir wirklich nicht nur unsterblich sein dürften, sondern unsterblich sein *müßten,* wenn uns das Recht verwehrt bliebe, sterben zu dürfen. Würde uns da nicht auch Entsetzen packen, über die Unsterblichkeit des Lebens? Vielleicht ist die Ewigkeit nur im permanenten Gestaltenwandel zu ertragen oder im Schoße Gottes, jedenfalls nicht auf Erden. Der Wunsch könnte hier sehr leicht zum Fluch geraten. Sicherlich nicht ohne Grund galt in tradierten Gesellschaften, die an die Unsterblichkeit der Seele glaubten, das Los, in dieser Welt nicht sterben zu können, als eines der größten Verdammnisse überhaupt. Es waren Verfluchte, wie Ahasver, der ewige Jude, oder die Gestalt des Vampirs, welche auf ewig auf dieser Erde wandern mußten. Selbst von Spukschemen nahm man an, daß ihre Seele an irdischen Stätten festhält, ohne sich lösen zu können.

Der Tod hat seinen Sinn. Er hält nicht nur für den religiösen Menschen einen Trost bereit, sondern er hat auch eine ganz handfeste, evolutionäre Funktion. So schreibt der Biologe Mark Benecke: »Ewiges Leben … wäre aus zahlreichen biologischen und psychologischen Gründen ein Rohrkrepierer. Es würde die dauernde Verjüngung der Lebewesen verhindern und notwendige Umweltanpassungen im Keim ersticken. Und gerade diese Verjüngung und Umweltanpassung ist das zentrale Element der Evolution … Gäbe es das Sterben nicht, käme die Evolution zum Stillstand. Unsterblichkeit würde den endgültigen Tod der Art bedeuten.«[66]

Trotzdem wird sich die Lebensverlängerung des Menschen nicht mehr aufhalten lassen. Aber wird vielleicht gerade dadurch ein Paradoxon entstehen: nämlich daß unsere Unsterblichkeit langfristig den

Tod unserer Art mit sich bringt? Wer weiß – vielleicht ist es ja von einer unheilvollen Symbolik, daß gerade die todbringenden »egoistischen« Krebszellen im Gegensatz zu den übrigen Zellen unsterblich sind. Hingegen tragen die »altruistischen« Zellen, die sich geradezu in den Tod stürzen, besonders dazu bei, daß unser komplexer Organismus wächst und gedeiht und wir damit überhaupt erst leben können. So treten die »Selbstmordzellen« z. B. in Aktion, wenn sich beim Embryo die Schwimmhäute zurückbilden, damit die Finger entstehen können. Wir sehen also, der Tod ist der Humus des Lebens. Das Leben hat sich nicht nur geheimnisvoll aus dem Tod heraus entwickelt, es ist auch gerade in seinen höheren Formen auf den Tod angewiesen. Und es zeigt sich schon wieder ein Paradoxon: Ohne den Tod erstarrt das Leben. Erst dadurch, daß wir vom Leben in den Tod zurückkehren, geben wir neuem Leben Platz, das sich im steten Wandel auch veränderten Umweltbedingungen biologisch anpassen kann. Nur mit Hilfe von Veränderungen des Erbgutes ist es der Natur gelungen, einige Lebensformen heil durch die Fährnisse der katastrophenreichen Erdgeschichte zu manövrieren. Der Slogan »forever young« erweist sich bei genauerer Betrachtung also als lebensfeindlich und müßte eigentlich abgelöst werden durch das »Vive la mort!« – Es lebe der Tod – freilich nur, damit das Leben überleben kann!

Monster, Mutanten und Mutationen

Ohne Mutationen kein Leben. Damit sich das Leben entwickeln kann, bedarf es des steten Wandels und damit der Mutation. Das Wort selbst deutet schon darauf hin. *Mutare* heißt im Lateinischen »sich verändern« oder »sich verwandeln«. Von diesem lateinischen Verb leitete der holländische Botaniker und Genetiker Hugo de Vries 1901 die Ausdrücke »Mutation« und »Mutant« ab. De Vries, der Experimente mit der Zucht von Nachtkerzen (Oenothera biennis) anstellte, entdeckte beim Kreuzen und nochmaligen Kreuzen verschiedener Spielarten plötzlich auffallende Veränderungen. Seine Forschungen führten ihn zu dem Schluß, daß alle Lebewesen solchen Veränderungen oder Mutationen unterworfen seien und daß mutierte Formen ihre neuen Eigenschaften häufig an spätere Generationen weitergäben. Die Mutation beinhaltet also eine Erbänderung, die zum Entstehen eines abgeänderten Erbmerkmals (Mutante) in einer Zellgruppe oder in einem Individuum führen kann. Die Mutabilität des genetischen Materials ist die Grundlage der Anpassung aller Lebewesen und führt durch Auslese und andere Evolutionsmechanismen zur Rassen- und Artenbildung. Mutationen können spontan auftreten oder experimentell hervorgerufen werden. In der Natur kann es durch chemische Vorgänge im Zellkern oder durch Schwankungen der Temperatur oder durch das Einwirken kosmischer Strahlen auf ein Gen zu spontanen Mutationen kommen. Künstlich können sie z. B. hervorgerufen werden, indem organisches Leben Röntgenstrahlen, ultraviolettem Licht oder anderer harter Strahlung ausgesetzt wird.

Die wenigsten Mutationen sind spektakulär. Mutanten, die sich von ihren Eltern zu auffallend unterscheiden – solche mit zwei oder drei Köpfen oder ohne Verdauungstrakt –, leben meist nicht sehr lange; entweder weil die Mutation sie für die normalen Lebensfunktionen unfähig macht oder weil sie von denen, die sie erzeugt haben, zurückgewiesen werden. Die Mutanten, denen es gelingt, ihre neuen Eigenschaften an ihre Nachkommen weiterzugeben, sind im allgemeinen nur leicht veränderte Formen: Große evolutionäre Entwicklungen resultieren aus einer Anhäufung kleiner Mutationen und im Regelfall nicht aus einem einzigen verblüffenden genetischen Sprung.

Trotzdem löst das Thema Ängste aus. Mutanten sind in der Vorstellung vieler Menschen vor allem eins: Monster oder zumindest äußerst bizarre Wesen, deren Entstehung gerne mit einer verseuchten und verstrahlten Umwelt in Verbindung gebracht wird oder mit den Machenschaften verrückter Wissenschaftler. Daß Mutanten derartige Bilder in uns auslösen, darf nicht überraschen – schließlich erzeugt der Mensch in seiner Phantasie bereits seit Jahrtausenden die merkwürdigsten Kreuzungen, die sich in den Mythen aller Völker als Fabel- oder Mischwesen manifestiert haben (vgl. Abb. 15, S. 57).[67] Zumeist handelt es sich bei derartigen »Mutationen« um Mischungen aus Mensch und Tier oder mehrerer Tierarten, um körperliche Anomalien wie Zwerg- und Riesenwuchs oder um die Verdoppelung einzelner Glieder und Körperteile. Anregungen zu all diesen Tiergöttern, Tiermenschen, mehrköpfigen Ungeheuern und zyklopenartigen Wesen hat dabei nicht selten die Natur selbst geliefert, indem sie mitunter ähnlich erstaunlichen Geschöpfen das Leben schenkt (Abb. 62).[68] Daß Phantasie und Fabulierlust aus solch bedauernswerten Kreaturen schnell Fabelgeschöpfe aus dem Märchenbuch machten, belegt ein Dokument aus der frühen Sensationspresse.[69] Im Jahre 1506 meldete eine sogenannte »Neue Zeitung«, daß in Florenz ein Monstrum geboren worden sei. Die dem Bericht beigegebene Zeichnung zeigt ein armloses, aber geflügeltes Geschöpf, dessen rechtes Bein geschuppt ist und statt in einen Fuß in eine Art Raubvogelkralle ausläuft. Außerdem hat es eine männliche und eine weibliche Brust. Der Kopf mit den geflügelten Ohren erinnert mit seinen - fratzenhaften Zügen an die Gestalt gotischer Wasserspeierfiguren (Abb. 63).

Menschen mit körperlichen Anomalien, auch »freaks« (engl. für Einfall, Laune, Mißbildung) oder »freak of nature« (Laune der Natur) genannt, wurden in früheren Jahrhunderten auf Jahrmärkten und in Zirkusarenen als menschliche »Monster« oder auch als »show-freaks« gezeigt. Aufgrund ihrer Seltenheit hatten derartige menschliche Mu-

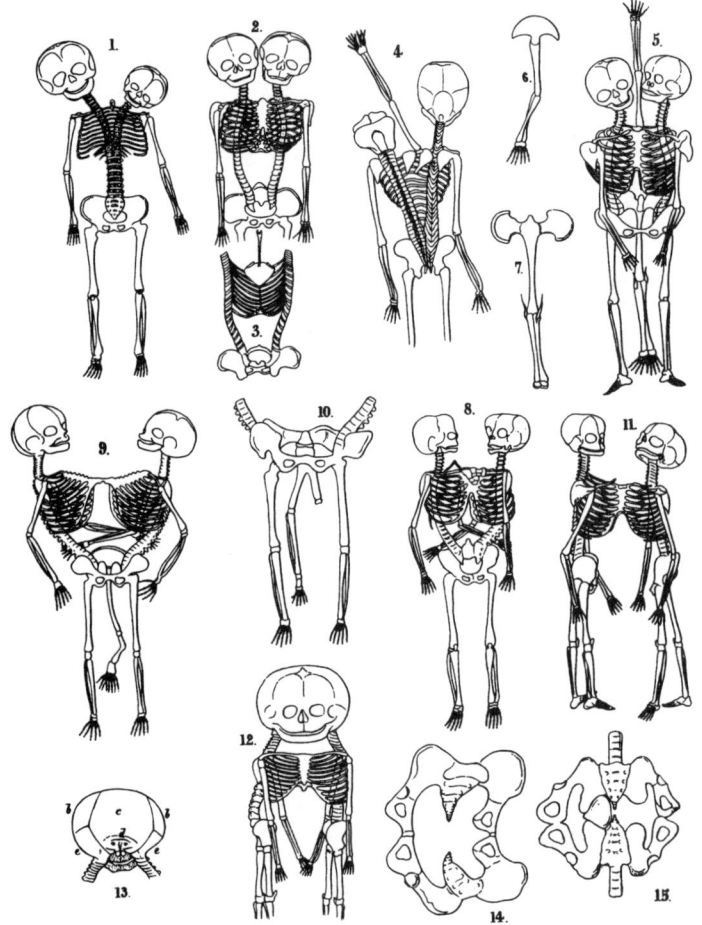

Abb. 62: *Lithographische Tafel mit Doppelbildungen. Aus: Friedrich Ahlfeld: Die Mißbildungen des Menschen (1880–1882).*

tationen die Neugier ihrer Mitwelt erweckt und man machte sie
zu professionellen oder unfreiwilligen Schauobjekten. Sie gehörten
zum »fahrenden Volk«, und ihre Auftritte hatten sich vom Mittelalter
bis an die Schwelle des vorigen Jahrhunderts kaum geändert. Noch
im 17. und 18. Jahrhundert, bis zur Französischen Revolution, be-
völkerten Freaks die Fürstenhöfe. Monströse Mutationen gehörten
zu den Kuriositäten, die mit derber Belustigung bestaunt oder »wissenschaftlich« betrachtet wurden. Das neugierige Begaffen all der
Haar-, Löwen-, Rumpf- und Halbmenschen, der Zwerge, Riesen,

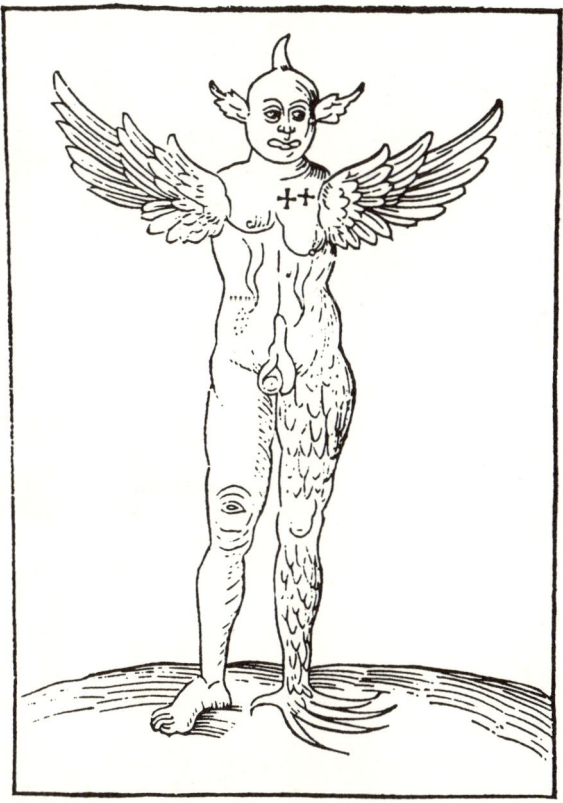

»Es wird gemeldet, daß dieses Monstrum im gegenwärtigen Jahr 1506 um
den St.-Jakobs-Tag herum zu Florenz von einer Frau geboren worden
ist. Und als man unseren Heiligen Vater, den Papst, davon unterrichtet hat, hat
Seine Heiligkeit angeordnet, daß man ihm keine Nahrung geben, sondern es
verhungern lassen solle.«

Abb. 63: *Ein Dokument der frühen Sensationspresse.*

»Vogelköpfe«, der Haut- und Knochenmenschen, der ganzen Vielzahl der Abnormitäten war noch bis in das erste Drittel des 20. Jahrhunderts möglich. Ein Verbot ihrer Auftritte erfolgte in Deutschland im Jahre 1937. Für die Nationalsozialisten bedeutete das Betrachten dieser Monster eine Gefährdung des gesunden Volksempfindens. Das »Entartete« sollte kein Vergnügen bereiten. Es ist aber durchaus möglich, daß hier auch Vorstellungen von Bildzauber mit hineingewirkt haben und man befürchtete, insbesondere schwangere Frauen könnten sich in das Monströse »vergucken«.[70] Aber auch unabhängig von der NS-Ideologie ging die Karriere der Show-Freaks bald zu Ende. Zum einen wurde die unmittelbare Konfrontation mit mißgebildeten Menschen als zu schockierend empfunden, zum anderen verlangte gerade das Mitgefühl und eine gewisse Pietät gegenüber den von der Natur benachteiligten Mißgebildeten, daß man sie *nicht* länger ausstellte. Darüber hinaus erlaubt es der wirtschaftliche Wohlstand der westlichen Industrieländer heute fast jedem körperlich abnormen Menschen, einen Beruf nach seinen Vorstellungen zu wählen, was früher kaum möglich war. Ob die Freaks überhaupt – gleichgültig ob auf der Bühne oder im bürgerlichen Beruf – überleben werden, erscheint fraglich. Die mögliche Feststellung körperlicher Mängel bereits im embryonalen Zustand bzw. beim Fötus und die damit in der Regel verbundenen Abtreibungen könnten den Freaks wahrscheinlich auf »humane« Weise den Garaus machen, nachdem bereits viele von ihnen im Dritten Reich umgebracht worden waren.

Das Verschwinden der »Naturmonster« aus der Öffentlichkeit setzte übrigens fast zeitgleich mit dem Siegeszug der Zelluloid-Monster im Kino ein. Auch das Monster ist vorrangig eine Mutation; denn eine Gemeinsamkeit der vielen als »monströs« apostrophierten Wesen dürfte wohl in ihrer exzessiven Abweichung von der Norm physischer Integrität bestehen. Im körperlichen Extremismus verschränken sich die Sphären des Menschlichen und des Tierischen miteinander. Dabei ist das Monster meist disproportioniert, sein Körperbau wirkt ver-rückt, ist wie aus den Fugen geraten und nicht selten erschreckend überdimensional und riesig.

Auch die Frankenstein-Kreatur ist ein Monster. Und sie mußte ein Monster bzw. eine mißratene Mutation werden, weil ihr Schöpfer, Dr. Victor Frankenstein, in seiner Hybris Gott übertreffen wollte. Der moderne Prometheus mußte daher genauso bestraft werden wie sein antikes Vorbild. Für die Griechen war die Hybris das Böse schlechthin. Eine der Hybris ausgelieferte Welt war eine verkehrte Welt, eine der Unordnung preisgegebene Welt. Seit der Entwicklung

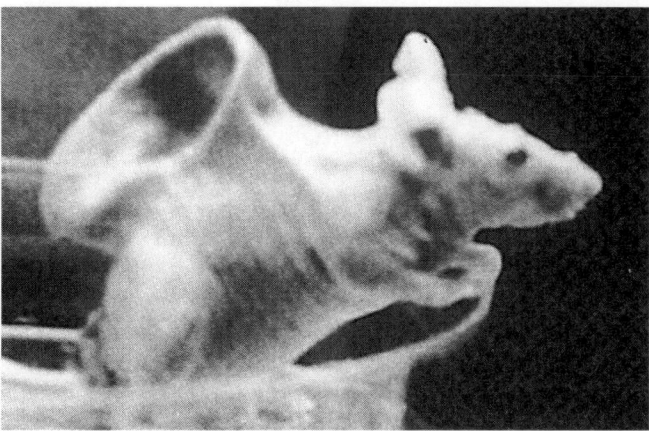

Abb. 64: *Maus mit Menschenohr.*

der modernen Naturwissenschaften und der mit ihr verbundenen Industriellen Revolution hat die Bedeutung der Hybris wieder zugenommen: Sie ist nicht mehr nur das antike Böse, sondern sie ist das Böse der Moderne. Der Mensch der Moderne und der moderne Wissenschaftler leben im Zustand einer permanenten Versuchung zur Selbstüberhebung!

All die künstlich erzeugten Menschen, die wir bereits kennengelernt haben, gerieten deshalb so oft zu Monströsitäten, da sie mit ihrer Häßlichkeit die beste Anklage gegen die menschliche Selbstüberschätzung darstellen. Wunderschön und vollkommen sollten die Kunstkreationen werden, doch ihre Erschaffung belegt, daß der Mensch nur ein kleiner, unbegabter Gott ist. Die Science-fiction-Literatur und später der Film haben ganz instinktiv diese Thematik immer wieder aufgegriffen. Frankenstein ist eine Mißgeburt, die Geschöpfe auf H. G. Wells »Die Insel des Dr. Moreau« (1896) sind eine Beleidigung Gottes, die Kreaturen, die der vermessene »Doktor Lerne« (1908) in Maurice Renards gleichnamigen Schauerroman zusammenkreuzt, stellen ein tollgewordenes Panoptikum dar. Immer wieder führt die Hybris zu einer Afterschöpfung, zu einer Welt der Häßlichkeit und Inferiorität. Dr. Frankenstein ruft selbst über das von ihm geschaffene Wesen entsetzt aus: »Nein! Kein Sterblicher konnte das Entsetzen ertragen, welches von solchen Zügen ausging!«[71] Auch die moderne Naturwissenschaft hat immer wieder, gewollt oder ungewollt, der Mißgeburt den Weg geebnet: Frösche ohne Köpfe, Mäuse mit Menschenohren (Abb. 64), Hunde mit zwei Köpfen. Auch der Weg des Wunderschafes Dolly war von Auswürfen und Schauergebilden gepflastert: Über 90 elendige Mißgeburten mußten erst zur Welt gebracht werden, bis es endlich »klappte«. Mögen die natürlichen Freaks durch moderne Untersuchungsmethoden während der Schwangerschaft zur Seltenheit werden – der Monsternachwuchs scheint deswegen keineswegs vom Aussterben bedroht zu sein – zur Not hilft der Mensch eben künstlich nach, bei Mensch und Tier!

Mutanten gibt es in der Science-fiction aber nicht nur als mißratene Kunstgeschöpfe. Häufig handelt es sich bei ihnen auch um natürliche Wesen, die unter Einwirkung einer Strahlenkatastrophe ins Monströse mutiert sind. So z. B. in Roland Emmerichs aktualisierter Ausgabe des japanischen Filmmonsters Godzilla. In dem 1998 in die Kinos gelangten Streifen ist Godzilla die monströse, riesenhafte Mutation einer Echse, hervorgebracht durch die französischen Atombombentests im Muroroa-Atoll. Doch Mutanten gibt es nicht nur auf der Erde: Schon längst ist der ganze Weltraum mit ihnen bevölkert – zumindest in der SF-Literatur. Beliebt ist auch das Motiv, daß sich Außerirdische – als Aliens oder Body Snatcher – in uns Menschen einnisten, um sich so schleichend unseren blauen Himmelsplaneten anzueignen. Dabei führen sie mit unseren Seelen und Körpern eine langsame, aber kontinuierliche Mutation durch. Der Schweizer Maler H(ans) R(udi) Giger, der zu den »Alien«-Filmen die eindrucksvoll-makaberen Kreaturen, Kulissen und Kostüme entwarf, ist auch der Schöpfer der »Biomechanics« (Abb. 65). Es handelt sich hier um eine ganz besondere Art von Mutation, nämlich um humanoid-technische Zwitterwesen mit einem deutlich nekrophilen Überzug. Die Biomechanics symbolisieren vielfältige menschliche Ängste. Die Angst vor Außerirdischen, vor einer außer Kontrolle geratenen technischen Überzivilisation, in der gleichzeitig neue, merkwürdige Geschöpfe hineingeboren werden, aber auch die traditionellen Ängste vor dem Tod und dem Unheimlichen. Bei Giger mutieren Körper zu Stahl oder Stein, aber ebenso kann sich bei ihm der anorganische Stoff zu wollüstig biegsamen Fleisch verwandeln. Giger ist ein Großmeister des Deformierten und Mutierten, des Exclusiv-Verderbten, des Glitschig-Kalten und Aufreizend-Pervertierten. Seine Kunst läßt den Schrecken anklingen, daß unser »altes Leben« von einem beängstigend »neuen Leben« einmal aufgesaugt und lüstern verzehrt werden könnte.

Wie alles Leben ist der Mensch aus einer Kette von Mutationsprozessen entstanden. Der Mensch mutiert aber nicht nur passiv, sondern durch seinen Lebensstil greift er auch immer stärker aktiv in den eigenen Mutationsvorgang mit ein. Gleichzeitig sind wir das

Abb. 65: *H. R. Giger: Biomechanics (um 1985).*

einzige Geschöpf, das nicht nur innerlich mutiert, sondern seine Mutationskraft auch in seine Außenwelt hineinbringen kann.[72] Mit jedem Werk, das wir erschaffen oder errichten, haben wir auch zugleich ein Teil von uns in die uns umgebende Welt abgespaltet. Diese Abspaltung »mutiert« dort zu einer neuen Gestalt. Gerade weil der Mensch sich nach außen hin permanent abspaltet, ist er vielleicht deshalb das Wesen, das sich auch innerlich in ein Vielfaches mutieren kann ... Schizophrenie, Bewußtseinsspaltung, Besessenheit sind vorrangig menschliche Phänomene. Es gibt keinen Gorilla, der unter einer multiplen Persönlichkeit leidet.

Menschsein beinhaltet einen permanenten Mutationsvorgang: geistig, seelisch, körperlich. Der Vorgang kann natürlich erfolgen, indem wir uns an neue biologische oder sonstige Gegebenheiten anpassen, er kann aber auch das Resultat eines bewußten künstlichen Eingriffs sein. Mitunter ist die Mutation auch ein Spätprodukt menschlicher Verworfenheit. Noch heute, Jahrzehnte nach dem Ende des Vietnamkrieges, wird dort noch mutiertes menschliches Elend geboren: Krüppel, Zwergwüchsige, Menschen ohne Augen. Das Entlaubungsmittel »Agent Orange«, mit dem man dem Vietcong das schützende Dschungeldach nehmen wollte, erwies sich als eine biologische Zeitbombe, die niemand entschärfen kann. Noch aktueller erscheinen heute freilich andere »erwünschte« Mutationen, deren mögliche Spätfolgen wohl nur den Schicksalsgöttinnen bekannt sein dürften: Mischungen zwischen Mensch und Maschine, zwischen Mensch und Tier. So gibt es mittlerweile Versuche, menschliche Körperzellen mit den Chromosomen zahlreicher Tiersorten zu kombinieren. Favorisiert wird dabei offensichtlich das Modell »Schweinemensch« (Abb. 66). »Humanisierte« Schweine taugen nämlich besonders gut als Organlieferant für uns. So wird den Schweinen menschliches Genmaterial eingeschleust, damit unser Körper problemlos die »schweinischen« Organe vertragen kann, sollte einmal Bedarf danach bestehen. Sähe so also die Zukunft des Homo sapiens aus – außen Mensch, innen Schwein?

Abb. 66: *tz-Titel vom 6.10.2000.*

Der achte Schöpfungstag:

Vollendung oder Ende?

Lassen wir vor unserem geistigen Auge den Weg des Menschen Revue passieren, wie er sich langsam aus dem noch animalischen Dunkel erhebt und sich schrittweise, verfolgt von vielen Rückschlägen, die Welt »untertan« macht, dann gewahren wir, wie er sich in diesem Vorgang fortwährend selbst verkünstlicht. Aus dem Tier Mensch wurde das künstliche Tier Mensch. Heute stehen wir an einer großen Schwelle: Der von dem Menschen ausgelöste Industrialisierungsprozeß vollzieht sich nach über zweihundert Jahren an ihm selbst. Der Mensch ist im Begriff, sich in eigener Regie umzubauen, zudem verlangt er mehr denn je danach, künstliches Leben zu erschaffen. Mit anderen Worten: Der Mensch befindet sich im Morgengrauen des achten Schöpfungstages, den diesmal nicht Gott, sondern er selbst herbeigeführt hat. Was wird uns dieser neue Weltentag bringen? Wird der Mensch an seiner eigenen Hybris scheitern oder wird ihm mehr Glück beschieden sein als Prometheus und dessen modernem Jünger – Dr. Frankenstein?

Es gehört gewissermaßen zu der dem Menschen eingepflanzten evolutionären Sehnsucht, daß er beständig über sich hinaus will. Der Mensch erkennt für sich auf Dauer keinen Status quo an – das unterscheidet ihn von jedem Tier. Deutlich wird das an unseren Kindern, auf die wir auch unsere eigenen Träume projizieren: Sie sollen nicht nur wie wir selbst sein, sondern noch ein Stückchen mehr – gewissermaßen die Sonntagsausgabe unserer selbst. Nahezu alle Eltern wünschen sich schöne, gesunde und kluge Kinder. Und viele sind bereit, sehr viel für dieses Ziel zu tun – die Zukunft wird ihnen das möglicherweise erleichtern. Vielleicht müssen wir uns sogar »hinaufpflanzen«, da sonst die Gefahr besteht, eines Tages von unseren selbsterschaffenen Maschinen überholt zu werden?

Viele Naturwissenschaftler sehen keine unüberbrückbare Kluft zwischen Mensch und Tier, ja nicht einmal zwischen organischem Leben und anorganischem Tod. Von ihrer Warte aus handelt es sich nur um verschiedene Organisationsformen und Entwicklungsstufen der Materie. Eine »Seele«, eine Transzendenz, etwas Immaterielles gibt es in ihren Augen nicht. Aber lassen sich aus diesem Blickwinkel die »Sonderschutzrechte« für den Menschen auf Dauer aufrechterhalten? Was bleibt vom Unterschied zwischen dem »Tod« eines

Roboters und dem eines Menschen, wenn sich ihr Wesensunterschied auf einen ungleichen Materieaufbau reduzieren soll?

»Wir haben Angst, die Existenz eines inneren Lebens zuzugeben. Das könnte ja ›pathologisch‹ sein!« äußerte C. G. Jung einmal.[1] Der Mensch der Moderne begeht an sich und der Welt Transzendenzverrat. Er besitzt eine Art Dummheit im metaphysischen Sinn. Daher wird er eindimensional. Diese Eindimensionalität ist ein Merkmal unserer Zeit. Der Mensch von heute neigt dazu, alles rational »aufklären« zu wollen und ignoriert dabei gerne die Dinge, die ihm nicht in das Konzept passen. Trotzdem ist auch unser Leben noch voller Überraschungen geblieben, die Zahl seiner Geheimnisse und Rätsel hat sich seit dem Aufkommen der modernen Naturwissenschaften nicht verringert. Wir tun nur so. Denn ungeachtet dessen gibt es einen Faktor X im Leben, der sich dem Versuch entzieht, sich in irgendeine Retorte, Schublade oder Ideologie einzwängen zu lassen. Nur ein zu unserem Thema passendes Beispiel: Wie wir aus dem Abschnitt über eineiige Zwillinge wissen, sind deren Gemeinsamkeiten − auch wenn sie getrennt aufgewachsen sind − oft verblüffend.[2] Trotzdem sind nicht alle eineiigen Zwillinge gleich. Manchmal sind auch ihre Unterschiede nicht weniger verblüffend wie im Fall eines getrennt aufgewachsenen weiblichen Zwillingspaars: Eine Schwester entwickelte sich zur gefragten Konzertpianistin, die andere blieb völlig unmusikalisch. Da beide als eineiige Zwillinge genetisch übereinstimmen, läge es nahe, den Unterschied durch Umwelteinflüsse zu erklären. Tatsächlich arbeitete die Pflegemutter des einen Mädchens daheim als Klavierlehrerin, während den Adoptiveltern der anderen jegliches musikalische Talent abging. Trotzdem besteht für die Anhänger der Milieutheorie kein Anlaß zum Triumphieren; denn es waren die unmusikalischen Pflegeeltern, bei denen die angehende Pianistin aufwuchs.[3]

Wenn wir diesen Fall betrachten, so sind hier beide Theorien − die von der biologischen wie die von der soziologischen Determiniertheit des Menschen − widerlegt worden. Das Leben erwies sich als »unverschämt«. Die »wirkliche Wirklichkeit« entzieht sich kurzerhand jedem theoretischen Zwangskorsett und spielt paradox. Vielleicht ahnen wir angesichts dieses Beispiels, daß es manchmal guttäte, die Welt als größer und tiefer, geheimnisvoller und verwirrender anzunehmen, als wir das heute im allgemeinen zu tun pflegen.

Wenn das Leben so »unfair« ist und uns fortlaufend mit Überraschungen narrt, hat es dann überhaupt einen Sinn, ein Bild von der Zukunft zu entwerfen? Muß da nicht jede Zukunft, die zur Gegenwart geworden ist, den Propheten von gestern als Schwindler von heute entlarven? Wir wollen dennoch einen Versuch wagen. Erstens kann jemand, der ein Buch über Frankensteins Zukunft schreibt, sich nicht vor der Zukunftsschau drücken, zweitens ist es für den Menschen, der im Gegensatz zum Tier ein »Zeitwesen« ist, selbstverständlich, daß er etwas über die Zukunft erfahren möchte, und drittens bietet jeder Blick ins Morgen auch eine gute Aussicht auf die Probleme von heute.

Bei diesem Vorhaben scheinen einige Grundvoraussetzungen beachtenswert: Der »Prophet« sollte sich – soweit als möglich – nicht von eigenen Wünschen oder denen seiner Zeit lenken lassen, denn die Geschichte ist voller Paradigmenwechsel. Das bedeutet auch, er sollte darauf verzichten, die Zukunft zu rosig oder zu schwarz zu malen. Die meisten Zukunftsdenker sind entweder schwärmerische Utopisten oder düstere Untergangspropheten. Das ist ein Kardinalfehler. Fernerhin sollte unser Idealprophet einen guten Überblick über die wichtigsten Trends seiner Zeit haben, dabei aber nicht der rationalistischen Narretei verfallen – wie das zahlreiche Futurologen taten –, Computer mit Endlosdaten der Gegenwart zu füttern. Wer so hochrechnet wird sich nur hoch verrechnen. Der Gang zur Kartenlegerin dürfte sich hier allemal als effektiver erweisen; denn wie wir an zahlreichen Science-fiction-Autoren sehen konnten, sind es vor allem »unwissenschaftliche« Qualifikationen wie Intuition, atmosphärisches Gespür und natürlich auch ganz einfach Glück, die es bisweilen ermöglichen, einen Blick hinter den Vorhang der Zeit zu werfen.

Ob dies dem Autor gelingen wird, mögen andere und vor allem die Zukunft selbst beurteilen. Voraussetzung ist dabei natürlich immer, daß sich – insbesondere was die ferneren Prognosen betrifft – die Menschheit vorher nicht selbst vernichtet. Dazu stehen ihr übrigens vielerlei Mittel zur Verfügung – keineswegs nur das Arsenal der ABC-Waffen oder das Heraufbeschwören ökologischer Endzeitkatastrophen. Doch dazu bald mehr. Hier also Stichworte zur Zukunft des künstlichen Tieres Mensch und zu den Möglichkeiten künstlichen Lebens:

1. Die Abhängigkeit von der Maschine wächst. Der Mensch erfand die Maschine, um sich das Leben zu erleichtern. Doch die Maschine ist keineswegs nur eine Dienerin, sondern zwischen ihr und uns besteht eine Wechselwirkung. Schon längst zwingt sie uns ihr Gesetz auf. Eines ihrer Gesetze ist die Beschleunigung. Wir leben unter dem Diktat der Chronokratie. Die Beschleunigung reißt uns aus unseren tradierten Zusammenhängen von

Raum, Gemeinschaft und Familie heraus. Seit dem Beginn der Industrialisierung schleust sich die Maschine in den Alltag des Menschen und zerstört die organischen Lebensverbände: Die Großfamilie schrumpfte zur Kleinfamilie, die Kleinfamilie droht zur kinderlosen Partnerschaft zu verkümmern, ehe auch diese sich auflöst und am Ende der Single steht – der isolierte Mensch. Überall zeigt die Maschine die Tendenz, uns vom organischen Leben abschneiden zu wollen: Der Autofahrer ist räumlich abgeschlossen von den übrigen Verkehrsteilnehmern, der Fernsehzuschauer zieht sich von der Außenwelt zurück, und der Computer verlangt geradezu, daß wir uns allein mit ihm »unterhalten«. Der Mensch ist in eine scheinbar untrennbare Verbindung mit der Maschine getreten. Wir sind von ihr abhängig, ihr hörig – wir sind Maschinenjunkies. Gleichzeitig haben die sozialen Utopien jeden Kredit verloren. Die Vision vom Neuen Menschen als kollektive Vervollkommnung hat sich überlebt und ist von individualistischen Vervollkommnungsträumen abgelöst worden, die immer stärker in der Virtualität, im Cyberspace stattfinden. Auch die neuen »Realitäten« stehen unter dem Gesetz der Beschleunigung. Schon morgen werden sie von anderen, noch schnelleren abgelöst werden. Das bedeutet für den Menschen noch größere Orientierungslosigkeit und die Normierung unter dem Schlagwort der Saison. Während der Mensch sich immer mehr vom Menschen zurückzieht, drängt die Maschine überall nach und überflutet alles: die Straßen, die Wohnungen, die Seelen. Selbst unsere Müllhalden sind übersät von »Leichnamen« der Maschinen vom Vortag. Zweifelsohne liegt in dieser Entwicklung für die nächsten ein, zwei Jahrhunderte eine Hauptgefahr: Das künstliche Tier Mensch wird die Geister, die es rief, nicht wieder los. Der Mensch muß begreifen, daß in der Technik eine eigenständige Kraft am Wirken ist. Sicher verstößt eine solche Annahme gegen das gegenwärtig herrschende materialistische Weltbild und die reduktionistische Methodik moderner Wissenschaft, aber andererseits – die Resultate einer derartigen Kraft sind unleugbare Realität. Wir brauchen nichts weiter zu tun, als die Augen zu öffnen!

2. Die Entwicklung der Weltbevölkerung vollzieht sich auf zwei Ebenen: Sie schrumpft und explodiert. Wenn die gegenwärtige Wachstumsrate konstant bleibt, wird es im Jahr 2050 an die zwölf Milliarden Menschen geben. Ein solch hohes Bevölkerungswachstum ist historisch ein völlig unbekanntes Phänomen: Während 99,9 Prozent der Menschheitsgeschichte erreichte die

Weltbevölkerung nicht einmal zehn Millionen. Der radikalste Bruch in der Entwicklung der Menschheitspopulation wurde infolge der technisch-wissenschaftlichen Revolution am Ende des 18. Jahrhunderts vollzogen: Auf der einen Seite sorgte eine effektivere Medizin dafür, daß vor allem die einst hohe Kindersterblichkeit gesenkt werden konnte, und auf der anderen Seite brachen die tradierten Gesellschaftssysteme zusammen. Letzteres bedeutete auch, daß nun das Heiraten und Kinderkriegen »demokratisiert« wurde. Da die alten Heiratsbeschränkungen fortfielen, durfte nun plötzlich jeder heiraten und Kinder zeugen. Zunächst explodierte die Bevölkerung in Europa, dann als Exportschlager auf der ganzen Welt. Doch das ist nur die erste Stufe einer globalen Entwicklung. Als nächstes zeigt sich, daß überall dort, wo die Maschinen infolge der Industriellen Revolution zahlenmäßig die Oberhand gewinnen, sie – in Verbindung mit modernen Verhütungsmitteln – den Menschen verdrängen. Daher schrumpft in nahezu allen hochindustrialisierten Ländern die alteingesessene Bevölkerung. Das rapide Bevölkerungswachstum von heute findet nur noch in den Entwicklungsländern statt. Aber in dem Maße, in dem die Maschinen gleich Kolonisatoren auch die Restwelt »erobern«, werden sich vermutlich auch dort die Verhältnisse wandeln.

3. Der Mensch verliert an Heimat. Da die Verkünstlichung seiner Umwelt bisher zügiger voranschreitet als die Verkünstlichung des Menschen selbst, stellt sich die Frage, ob wir auf Dauer überhaupt noch mithalten können. Paßt der schwitzende und leicht riechende Mensch überhaupt noch zwischen die gelackte Welt der Maschinen, oder wird er dort bald zum Anachronismus werden? Je mehr »mechanisches Leben« unseren Globus erobert, desto mehr zieht sich das organische Leben auf ihm zurück. Maschinenvielfalt und Artenvielfalt stehen in Rivalität zueinander. Der Mensch ist aber weder das eine noch das andere ganz. Der organischen Welt entsprungen, fühlt er sich immer stärker von der künstlichen Welt angezogen. Auto und Computer bedeuten ihm heutzutage als »Lebenspartner« weit mehr als Pflanze und Tier. Aber wird er den Verrat an seiner organischen Wurzel langfristig überdauern können? Bereits 1888 stellte Nietzsche die Frage, ob uns die moderne Welt in den Aufstieg oder nur in eine ungekannte Erschöpfung führen werde.[4] Zweifelsohne haben seit dem Einsetzen der Industrialisierung nervöse oder spinale Erschöpfungszustände beim Menschen deutlich zugenommen. Raubt die

Maschine also uns Menschen Energien? Nach der im 19. Jahrhundert formulierten Lehre von der Energie bleibt die Menge von Energie im Universum gleich. Der Energievorrat kann niemals zerstört, vermindert oder vermehrt werden, er kann nur umgewandelt werden. Wird unsere eigene Energie demnach auf die Maschinen übertragen? Und geht dabei sogar noch zusätzliche Energie ins Nichts verloren?; denn die Lehre von der Energie ist durch den 2. Hauptsatz der Thermodynamik modifiziert worden, worin man entdeckte, daß die Umwandlung einer Energieform in eine andere etwas mit »Zerstreuung« oder Entropie zu tun hat; nur ein Teil der vorhandenen Energie ist auch tatsächlich umwandelbar. Daraus resultierte die Besorgnis, daß sich durch den allmählichen Verlust an Energie, die nicht in Produktivität umgewandelt werden konnte, Ineffizienz und Verschwendung ergeben werde.

Wer Menschen auf Fotografien aus dem 19. Jahrhundert oder der ersten Hälfte des 20. Jahrhunderts mit denen heute Lebender vergleicht, wird sich nicht selten des Eindrucks erwehren können, die erste Gruppe sei noch mit mehr Spannkraft ausgestattet gewesen. Seltsam aufgeschwemmt und ausgelutscht wirken dagegen oft viele unserer Zeitgenossen. Dieser Eindruck des Vitalitätsentzuges wird noch durch den Prozeß der Vergreisung verstärkt. Die Balance der Kräfte einzuhalten sollte daher eine wichtige Aufgabe für den Menschen der Zukunft sein. Die Maschinen kann er nicht einfach wieder abstellen; denn er braucht sie, er ist mit ihnen innerlich verbunden. Darüber hinaus ist der Mensch rein biologisch gesehen ein Mängelwesen, er kann sich nicht einfach in die Natur zurückziehen, sondern muß sich mit der Welt des Künstlichen arrangieren. Dabei läuft er allerdings Gefahr, die Bodenkräfte vollständig unter den Füßen zu verlieren. Bei vielen Menschen dürfte in den Folgejahrhunderten der Kontakt zu den Erdkräften gänzlich absterben. Sie werden dann sich und der Welt verloren gehen – Strandgut des Fortschritts.

4. Der Industrialisierungsprozeß erstreckt sich immer stärker auch auf den Menschen selbst. Die mächtigen Technologien, die bisher die Welt um uns verändert haben, nehmen nun auf einmal uns selbst ins Visier. Dabei wird unser Körper für die Wirtschaft zur Goldgrube. Es werden heftige Kämpfe um die Patentierung des menschlichen, aber ebenso des nichtmenschlichen Genoms ausgefochten. Gesetzgeberische Maßnahmen, die eine derartige Entwicklung hemmen wollen, werden vermutlich nur in einigen

Ländern greifen – letztendlich werden diese Staaten zu den »Fortschrittsverlierern« zählen.[5] Gesundheit und langes Leben wird
man an der Gesundheitsbörse kaufen können. Dabei werden verschiedene Methoden, etwa beim Organwechsel, miteinander in
Rivalität treten. Nehmen wir z. B. unser Herz: Hier zeichnen sich
bereits drei Möglichkeiten ab, an ein neues heranzukommen,
ohne wie bisher lange auf ein menschliches Spenderherz warten
zu müssen – 1. das reine Kunstherz, 2. das gentechnisch veränderte Schweineherz, 3. ein durch Organkloning gewonnenes Herz.
Außerdem werden Prothesen, Mikrochips und Kleinstcomputer –
letzteres bei einigen Personen (hier ist vorrangig an Verbrecher,
aber auch an alte und geistig verwirrte Personen gedacht) zur
Überwachung! – implantiert werden.

Doch auch indirekt wird unser Körper immer stärker mit einem
Industrialisierungsprozeß verbunden: Unsere zweite Haut wird
von seinen Materialien künstlicher und außerdem technisch immer stärker aufgerüstet werden. Auch bei dem, was wir unserem
Körper zuführen, nämlich unsere Nahrung, wird der Kunstfak-
tor steigen. Hier brauchen wir keineswegs nur an gentechnisch
verändertes »Frankenstein-Food« zu denken. So sei als Beispiel
die heute schon verbreitete Hydrokultur angeführt. Es handelt
sich hier um eine landwirtschaftliche Anbauweise, bei der die
Pflanzen in einer vollkommen unnatürlichen Umgebung wachsen: Tag und Nacht künstlich beheizte und beleuchtete Ge-
wächshäuser; die Pflanzen wurzeln in Mineralwolle oder ähnli-
chem; die Nährflüssigkeit wird computergesteuert zugeführt;
Aussaat und Ernte erfolgen vollautomatisch. Es wachsen hier
Pflanzen ohne Erdbindung heran – für Menschen ohne Erdbindung.

5. Die Welt wird für den Menschen in den nächsten Jahrhunderten
immer verwirrender und bizarrer werden. Die modernen Naturwissenschaften, die antraten, die Geheimnisse der Welt aufzulösen und sie klar und lichtvoll wie eine Regel zu machen, stehen
heute vor einem Paradoxon: Obgleich strenge Logik, sichere Beweise und unumstößliche Tatsachen ihr Weltbild bestimmen,
wird das, was sie über die Welt aussagen können, ständig verworrener. Physiker, Chemiker und Biowissenschaftler produzieren
zwar immer mehr Ergebnisse – doch wissen tun wir im End-
effekt immer weniger, weil sie mit jedem Erkenntnisfortschritt
auf noch größere Komplexität stoßen. Damit schließt sich der
Kreis zwischen dem frühen Menschen und dem Kommenden.

Einst lebte der Mensch angstvoll in einer ihm unbekannten Welt, in der hinter jeder Ecke neue Geheimnisse und Gespenster lauerten. Erst die großen monotheistischen Religionen schufen Klarheit, indem sie in dieses verwirrende Dickicht hinein mächtig und klar den Thron des Einen Gottes errichteten. Höchste Klarheit erhielt die Welt im 17. und 18. Jahrundert durch die Weltsicht von René Descartes und die Forschungen von Isaac Newton. Das Universum geriet nun zum gewaltigen Uhrwerk, in dem auf ewig die strengen Gesetze Gottes oder der Materie walten sollten. Dieser herrlichen Klarheit versetzte vielleicht am deutlichsten Albert Einstein den Todesstoß. Mit seiner Relativitätstheorie wurden die Dinge auf einmal relativ, und nichts blieb mehr, wie es war. Heute fordert die neue Physik geradezu zu einem Bruch mit unserem tradierten Verständnis von Wirklichkeit auf. Ihre Erkenntnisse legen nahe, daß die *eigentliche* Wirklichkeit, was immer wir darunter verstehen, im Grunde keine Realität im Sinne einer dinghaften Wirklichkeit ist. Wirklichkeit offenbart sich fundamental nur mehr als *Potentialität,* als ein »Sowohl-als-auch«, also nur als *Möglichkeit* für die uns vertraute Realität, die sich in objekthaften und der Logik des »Entweder-Oder« unterworfenen Erscheinungsformen ausprägt. Knapp ausgedrückt: Der Boden unter uns wird schwankend.

Vielleicht bietet das beste Sinnbild für diese neuen, schwankenden »Realitäten« die Welt der Virtuellen Realität. Auch hier stehen die Gesetze scheinbar Kopf, und die vorgegaukelte dinghafte Wirklichkeit entpuppt sich nur als Trugbild. Zweifellos braucht der Mensch einen neuen und starken Kompaß, damit er sich nicht in diesem wiedererstandenen magischen Wunderreich verirrt.

6. Sex und Fortpflanzung werden sich entkoppeln. Seit Menschengedenken waren Empfängnis und Schwangerschaft Bezirke der Scheu und Ehrfurcht, von denen man weitgehend die Hände wegließ. Von dieser Sicht hat sich der Mensch im 19. und 20. Jahrhundert getrennt, indem er die Dinge vorrangig von ihrer biologisch-materiellen Seite zu betrachten begann. Unterstützt wurde dieser Prozeß dadurch, daß sich die Sexualität aus dem unmittelbaren Zeugungsvorgang zurückzog. Spätestens seit der Einführung der Antibabypille ist die Lust auf Sex eine Angelegenheit geworden, die sich von der Fortpflanzung zu emanzipieren begann. Eine Spätfolge der Pille ist sicherlich, daß nun auch die menschliche Fortpflanzung isoliert betrachtet werden konnte: Kurzum –

Sex muß nichts mehr mit Fortpflanzung und Fortpflanzung nichts mehr mit Sex zu tun haben. Dieser Prozeß dürfte sich in den nächsten Jahrhunderten deutlich weiterentwickeln: Aus »Sicherheitsgründen« wird man künstlich befruchten – schließlich weiß man beim herkömmlichen Zeugungsakt nie so recht, was letztendlich dabei herauskommt. Wahrscheinlich wird das werdende Leben statt im Mutterleib zunehmend mehr in der Retorte »ausgetragen« werden.

7. Die Geschlechter werden sich zurückentwickeln. Wenn sich Sex und Fortpflanzung voneinander entkoppeln, dürfte das auch auf die Geschlechter ihre Rückwirkung haben; denn im Grunde genommen verliert der Sex dadurch seine biologische Funktion – und kann somit absterben. Das hat er zweifelsohne noch nicht getan und gerade der »orientierungslos« gewordene Sex wird deshalb in einer letzten »Blüte« nach neuen Abenteuern, Gelüsten und ungeheuerlichen Perversionen Ausschau halten – wozu ihm insbesondere der Cyberspace Möglichkeiten bietet. Doch langfristig ist es um ihn wohl schlecht bestellt – Casanova käme im Reich der Zukunft kaum auf seine Kosten.
Wenn der Sex verschwindet, wäre es nur konsequent, daß sich die Geschlechter auf eine Mindestausstattung an Männlichkeit und Weiblichkeit zurückbilden. Es wird nur so viel bleiben, daß die künstliche Befruchtung noch klappt. »Männer« werden dann wahrscheinlich kaum noch zu einer Ejakulation kommen. Gleich dem Ei wird man möglicherweise auch die Spermien direkt dem Körper entnehmen, beides zusammenführen, mit einigen »Genvitaminen« künstlich aufpeppen und in der Retorte ausbrüten lassen.
Das Verschwinden der Geschlechter findet natürlich nicht von heute auf morgen statt. Es ist ein langfristiger Vorgang, der sich auf verschiedenen Zeitebenen vollziehen wird. Geist und Seele werden vermutlich als erste den neuen Pfaden folgen, was ja Unisex in der heutigen Kleidung oder die Bewunderung für die Androgynität belegen. Der Sex wird sich sicherlich trotzdem noch über viele Jahrhunderte halten – und als Exotikum in den »unterentwickelten« Regionen wahrscheinlich länger. Doch wird er noch vital an der Schwelle zum vierten Jahrtausend stehen – oder ist er dann bereits am Versickern? Am längsten wird das Geschlecht natürlich in unserer körperlichen Konstitution verankert bleiben, aber selbst hier laufen die ersten Veränderungen an: Die weibliche Beckenbreite – einst Symbol der Fruchtbarkeit – hat sich seit dem

20. Jahrhundert bei der Frau deutlich verschmälert, während sie beim Manne zugenommen hat. Darüber hinaus stehen der Zukunft natürlich auch vielfältige Manipulationsmöglichkeiten am menschlichen Körper zur Verfügung, die diesen Prozeß beschleunigen könnten.

In einer zu rasanten Ausprägung wäre ein solcher Prozeß jedoch kaum zu ertragen. Immerhin ist ein großer Teil aller menschlichen Kultur auf die Existenz von Mann und Weib aufgebaut. Von der schlichten Volksweise über den trivialen Schlager bis hin zur großen Oper, wovon handeln sie − natürlich von der Liebe. Bei keinem anderen Geschöpf haben sich die Geschlechtsmerkmale derart markant ausgebildet wie beim Menschen. Die Masken der Liebe − der Schmuck, die Schminke, die Kleider, die Posen, die ewige Bereitschaft − nirgendwo finden wir das in dieser Ausprägung in der Natur. Mit dem Verschwinden der Zweigeschlechtlichkeit dürfte also zugleich ein Gutteil unserer alten Menschlichkeit verschwinden − der Mensch der Zukunft wird also nicht umhin können, sich etwas Neues einfallen zu lassen!

8. Der Übermensch kommt. Er wird allerdings nicht kommen, weil er in irgendeinem Parteiprogramm steht, sondern weil gänzlich veränderte Lebensverhältnisse sein Kommen *erzwingen* werden. Seine Ankunft in der Arena der Weltgeschichte wird auch nicht mit Fanfarenstößen erfolgen, sondern sein Werden wird wahrscheinlich eher ein verschwiegener, beinahe verschämter Prozeß sein. Das Entstehen des Übermenschen könnte dabei von mehreren Faktoren eingeleitet werden: Einmal wird sich im Zuge der Globalisierung eine neue »Globalelite« herausbilden, die man keineswegs nur mit einer Art »Weltregierung« gleichsetzen darf. Diese Elite wird wirtschaftlich, kulturell und politisch bestimmend sein. Schon heute spinnt eine privilegierte, räumlich flexible und gut vernetzte Führungsschicht weltweit ihre ersten Fäden. Diese Elite wird sich aller Wahrscheinlichkeit nach schon allein deshalb, da für sie die Möglichkeit dazu besteht, auch biologisch über die Masse Mensch erheben. Ihr Alterungsprozeß wird sich durch künstliche Eingriffe oder medikamentöse Mittel deutlich verzögern, für kranke oder verschleißte Organe steht ein Austauschlager zur Verfügung, implantierte Mikrochips helfen, die geistige Vorrangstellung auszubauen, und der eigene − künstlich erzeugte − Nachwuchs wird zusätzlich noch einmal gentechnisch aufgerüstet. Allein die Gegenüberstellung eines vielleicht 300jährigen »Übermenschen« mit einem »Normalsterblichen«

wird dann etwas illustrieren, was heute undenkbar und zugleich unerhört erscheint: Die Menschheit wird keine Einheit mehr bilden.

9. Die Teilung der Gattung Mensch. Während die Geschlechter sich einander annähern werden, und zwar desto stärker, je mehr sie sich der Elite zugehörig fühlen,[6] wird auf der anderen Seite die Menschheit in auseinanderdriftende Gruppen zerfallen. »Schuld« daran trägt nicht zuletzt der Aufstieg des Übermenschen, dessen bloße Existenz ja bereits die Gattung Mensch spaltet; denn der Übermenschenstatus wird sowohl aus ökologischen als auch aus ökonomischen Gründen kaum ohne weiteres auf die Masse Mensch übertragbar sein. Es dürfte sich daher die Menschheit im Laufe des dritten Jahrtausends in einem ungeheuren Gärungsprozeß in mehrere Kasten aufsplittern. An der Spitze steht der Übermensch, auf der unteren Skala rangieren die Fortschrittsverlierer. Schon heute gibt es Regionen, die hinter vorgehaltener Hand als abgeschrieben gelten. Mit den Fortschrittsverlierern dürften sich verschiedene Gruppen von »Aussteigern« solidarisieren. Gruppen, die sich aus ethischen, romantischen oder politischen Gründen der Entwicklung widersetzen. Daneben wird es vielleicht noch Vereinzelte geben, die den »Absturz« in eine Art Urmenschentum propagieren. Die große Masse Mensch wird sich wahrscheinlich aber in einer Art mittleren Kaste einpendeln: weder Urmensch noch Übermensch, dabei genetisch etwas aufgepeppt und durch die Zauberwelt Virtueller Realitäten ruhiggestellt. Am Ende des dritten Jahrtausends dürfte sich jedenfalls die *eine* Menschheit in viele *Menschheiten* aufgespalten haben. Die Zukunft wird also eine neue Form von Multikulturalität entwickeln.

10. Der Übermensch wird nicht glücklicher sein als der Urmensch. Eine der Hauptantriebskräfte für das Prinzip Fortschritt ist der Glaube, daß mit seinem Voranschreiten auch das Glück der Menschen wächst. Realiter handelt es sich dabei aber nur um eine Illusion. Es gibt keine einzige Untersuchung, aus der hervorgehen würde, daß der Fortschritt die Menschen glücklicher gemacht hätte. In erster Linie aktiviert der Fortschritt die Menschen, er treibt sie an und führt sie in letzter Konsequenz unter das Diktat der Chronokratie. Wahrscheinlich hatte Rousseau nicht ganz unrecht, als er den frühen Menschen als den glücklicheren Menschen apostrophierte. Auch wenn sein »edler Wilder« eine bloße

Chimäre ist, erscheint Rousseaus Auffassung, daß der Mensch mit seinem Herausfall aus dem Naturzusammenhang auch an Glück und Geborgenheit verliert, nicht ganz falsch. Zweifelsohne hat es der verkünstlichte Mensch in vielem schwerer, da er isolierter lebt und aus der All-Einheit der Natur herausgefallen ist, selbst wenn wir berücksichtigen, daß die Natur oft grausam ist.[7] Mit anderen Worten, der Mensch wird aus dem Paradies ausgesperrt bleiben – auch wenn er Übermensch heißt (Abb. 67).

11. Der Roboter wird nicht zum Neuen Menschen mutieren. Von einem künstlichen Intellekt sind wir noch meilenweit entfernt – und das wird aller Voraussicht nach auch so bleiben. Die KI, die sich in Robotern und Computern inkarniert, ist allenfalls eine Teilintelligenz. Sie pendelt zwischen enormer Rechenakrobatik und dem blanken Nichts. Maschinen werden niemals so abgründig, pervers, kreativ, leidenschaftlich oder genial sein können wie der Mensch. Durch sie mögen vielleicht verborgene geistige Kräfte am Wirken sein, die wir nicht erkennen, aber sie werden wohl kaum je ein Ich, eine Individualität im menschlichen Sinne entwickeln können. Es wird keinen Bruder Roboter geben, der Roboter wird niemals unser nächster Verwandter werden.[8] Auch wird man unseren »Geist« kaum je in einen Computer eingeben können, wie das etwa ein Ray Kurzweil glaubt. Kurzweil geht davon aus, daß wir in einigen Jahrzehnten mit sogenannten Nanobots, kleinen Computern, die wir durch den Blutkreislauf in unser Gehirn schicken, unseren »Geist« genau abtasten können: Synapse für Synapse, Neurotransmitter für Neurotransmitter. Damit sollen wir dann in der Lage sein, das menschliche Gehirn genau zu kopieren, um es anschließend in den Computer herunterzuladen, wo es in der Welt am Draht dann eine Art Unsterblichkeit erlangen könnte.[9]
Es mutet seltsam an, daß ausgerechnet Vertreter der Berufsgruppe, die bisher kaum jemand für die Experten menschlicher Seelenabgründe hielt – wir sprechen von den Naturwissenschaftlern –, die verwegene Vorstellung hegen, sie könnten diese Seelenabgründe nun nachbasteln oder einfach via Computer scannen. Unsere modernen Seelenklempner werden genauso scheitern wie die Androidenbauer des 18. Jahrhunderts. Daß es sich mit unserem »Geist« oder unserer »Seele« doch etwas komplexer verhält, als ihre Zunft wahrhaben will, zeigt ein Fallbeispiel des russischen Neurologen Alexander Luria. Er hat gezeigt, daß hirngeschädigte Soldaten, die an totalem Sprachausfall leiden (Aphasie), manchmal

doch sprechen können.[10] Der »Geist« besitzt hier offensichtlich soviel Kraft, sich auch dann durchzusetzen, wenn sein Medium, die »Gehirnmaschine«, defekt ist.

Die Evolution der Technologie dürfte also kaum eine Evolution des Lebens mit anderen Mitteln sein, wie das heute viele Naturwissenschaftler wähnen;[11] denn das »Leben« scheint noch etwas anderes, Verborgeneres zu enthalten, wovon unsere Bastelkünst-

Abb. 67: *Der Mensch bleibt aus dem Paradies vertrieben. Albrecht Dürer, Holzschnitt (1510).*

ler offensichtlich keine Ahnung haben. Sie werden daher auch kaum ein neues Leben in ihren Werkstätten herausdestillieren können. Auch ein gescanntes Gehirn wird nur ein Gespenst bleiben. Um neues Leben zu schaffen, benötigt man zumindest eine Lebenssubstanz, die man in das künstliche Leben einfädeln muß, wenn es tatsächlich leben soll. Ähnlich wie die Alchemisten wird man nur mit dem »Arcanum« oder dem »Stein der Weisen« neues Leben zeugen können.

Was die Technik zu erzeugen vermag, ist der bizarre Schein von Leben – der uns in eine suchtartige Abhängigkeit zwingen kann. Sollte der Mensch scheitern und untergehen, könnte dieses Scheinleben uns vielleicht noch eine Weile überdauern und ein grauenhaftes Szenario bieten: Auf einer toten Erde verrichten Maschinen – wie jeder Spuk im geistlosen Wiederholungszwang – ihre sinnlos gewordenen Bewegungen ... Gespenster unserer untergegangenen Kreativität!

12. **Der Mensch von Übermorgen.** Ist es allen Ernstes möglich, ein Bild des Menschen von Übermorgen zu entwerfen? Nun – vorausgesetzt, der Mensch vernichtet sich nicht selbst und die technologische Evolution schreitet weiter voran, dann ist davon auszugehen, daß diese zukünftige Spezies des Homo sapiens einfach bestimmte Merkmale besitzen *muß*, weil sie ohne diese vermutlich niemals bis ins Übermorgen hätte gelangen können. Aufgrund dessen mag es erlaubt sein, ein Profil von jenem Menschen zu entwerfen, für den wir vielleicht auch nicht viel mehr sein mögen als der Schimpanse für uns.

Zunächst einmal, wie wird er ausschauen, unser später Sproß? Möglicherweise vollkommen haarlos, mit riesigem Schädel, kleinem Kiefer und schmächtigem Körper. Geschlechtsunterschiede dürfte es kaum noch geben. Der auf Grund der langen Lebenserwartung zahlenmäßig geringe Nachwuchs wird ausschließlich künstlich gezeugt und ausgetragen. Sex wird diese Spezies nicht mehr treiben. Gut möglich, daß sie ihn für peinlich und viehisch hält. Eine natürliche Befruchtung wird für höhere Lebensformen womöglich als unverantwortlich strikt abgelehnt. Die Tatsache, daß in unserem Zeitalter nicht wenige Kinder im Vollrausch gezeugt wurden, mag man mit Kopfschütteln quittieren und auf die bei uns noch vorherrschende primitive Veranlagung und Lebensführung zurückführen. Alles Saufen, Huren und Fressen wird den Menschen von Übermorgen fremd sein. Es handelt sich bei ihnen vermutlich im wahrsten Sinne des Wortes um zahllose Geschöpfe. Ihr etwas dünnes Glück könnte im Denken, im abwägenden Betrachten und kühlen Kombinieren liegen. Und genau in dieser Leidenschaftslosigkeit liegt ein entscheidender Grund, warum es diesen Menschen von Übermorgen überhaupt geben könnte: Weil er die Dinge ruhig betrachtet, weil er weitgehend emotionslos ist, weil er nicht wie ein wutschnaubender Stier durch die Weltgeschichte tobt. Auch die Technik weiß er zu handhaben, er befindet sich ihr gegenüber nicht mehr in einem emotionalen Abhängigkeitsverhältnis. Die Tyrannei der Chronokratie wird überwunden sein, die Geschichte ist vielleicht noch nicht an ihr Ende gelangt, aber sie läuft sachte aus. Die Menschheit wird wieder eine Einheit bilden, die »niederen« Menschheitsformen sind wahrscheinlich via Selbstvernichtung schon seit längerem von der Weltenbühne abgetreten. Auch die Zeit des klassischen, sich absondernden Übermenschen dürfte vorbei sein. Man lebt gemeinschaftlich – gewissermaßen eine späte (Teil)Ehrenrettung für Marx. Trotz aller fernen Raumerkundung bleibt man der Erde treu. Was soll man sich auch dauerhaft auf unwirtlichen Planeten niederlassen, wenn auf der Erde genug Platz ist. Das Zeitalter der Überbevölkerung ist lange vorbei. 100 oder 200 Millionen Menschen vom Typus Homo futurus, das reicht!

Also ein Paradies? Kaum, das Leben schmeckt etwas fad, es fehlt der große Rausch und die Lust an der Lust. Was weiß dieser Mensch von uns? Vielleicht mehr, als wir selbst wissen. Es ist nicht generell auszuschließen, daß diese Spezies das Geheimnis der Zeit ergründet hat. Auf ihren Reisen durchqueren sie dann möglicherweise nicht nur den Raum, sondern auch die Zeit. Vielleicht sind sie bereits Voyeure der Gegenwart und wissen ziemlich genau über uns Bescheid! Was halten sie von uns? Wahrscheinlich nicht viel. Einigen Gestalten *unserer* Menschheitsgeschichte werden sie vielleicht ihren Respekt zollen: Buddha und Christus als Humanisierer des rohen Menschengeschlechts, Mozart als Schöpfer einer heiter-göttlichen Tonwelt.

Doch genug der Fern-Spekulation. Zurück zu unserer eigenen Zukunft. Mary Shelley hat ihrem Dr. Frankenstein den Vornamen Victor gegeben. Victor heißt Sieger! Warum nannte sie Frankenstein einen Sieger? Etwa weil sie geahnt hat, daß Victor Frankenstein trotz aller persönlichen Niederlagen ein Prinzip verkörperte, das sich eines Tages als siegreich erweisen wird? – Denn wer könnte leugnen, daß mittlerweile eine ganze Heerschar von Forschern in die Fußstapfen von Dr. Victor Frankenstein getreten ist. Mit der Neuschöpfung und Veränderung von Leben wagt sich der Mensch aber in Sphären vor, die bisher Gott überantwortet blieben; denn wer in Frankensteins Fußspuren tritt, tritt auch in die Gottes. Auf das Klagen darüber, daß der Mensch nicht Gott spielen dürfe, bemerkte der amerikanische Biophysiker Gregory Stock durchaus realistisch: »Wir tun es doch schon längst.«[12] Trotzdem wollen wir über diese Erkenntnis eine andere nicht vergessen: Gott spielen heißt noch nicht – Gott sein!

Anhang

Anmerkungen

ZUR EINFÜHRUNG:
FRANKENSTEIN – EIN MODERNER ARCHETYPUS

1 Polidori, John: *The Vampire.* E.A. London 1919. Vgl. Borrmann, Norbert: *Vampirismus oder die Sehnsucht nach Unsterblichkeit.* 5. Aufl. Kreuzlingen, München 2001, bes. S. 66–70.

2 Die Stadt an der Donau hat übrigens seit 1992 erfolgreich mit der Vermarktung des Themas Frankenstein begonnen. So finden z. B. regelmäßig »Murder&Mystery« Rundgänge durch die Altstadt statt, in deren Mittelpunkt Frankenstein steht. Positiv auf das Thema Frankenstein wirkt sich auch die Präsenz des Deutschen Medizinhistorischen Museums in Ingolstadt aus, das in einem Gebäude der ehemaligen Bayerischen Landesuniversität – der alten Anatomie – untergebracht ist. Auch die Gastronomie wirbt mit Frankenstein. So werden mehrgängige Menüs in einem eigenen Frankensteinsaal in Verbindung mit einer Theateraufführung von Frankenstein angeboten.

3 Vgl. Florescu, Radu: *In Search of Frankenstein.* London 1977, S. 65–94.

4 Vgl. Hortzitz, Nicoline (Hrsg.): *Von den unmenschlichen Taten des Totengräbers Heinrich Krahle zu Frankenstein und andere wahrhaftige »Neue Zeitungen« aus der Frühzeit der Sensationspresse.* Frankfurt/M. 1997, S. 120–122.

5 Vgl. Brockman, John: *Einstein, Gertrude Stein, Wittgenstein & Frankenstein.* Die Geburt der Zukunft. Die Bilanz unseres naturwissenschaftlichen Weltbildes. München 1991 (E.A. Canada 1986).

I. DAS LEBEN UND DER MAGISCHE AKT
SEINER ERSCHAFFUNG

1 Shelley, Mary: *Frankenstein.* München 1970 (E.A. London 1818), S. 63.

2 Vgl. Bethge, Philip: »Grundgesetz für Gorillas?« In: *Der Spiegel* Nr. 11 v. 15. 3. 1999, S. 256–258; Nefte, Jürgen: »Bruder Affe.« In: *Der Spiegel* Nr. 35 v. 28. 8. 2000, S. 212–225 (Titelgeschichte).

3 Plessner, Helmuth: *Die Stufen des Organischen und der Mensch.* Einleitung in die philosophische Anthropologie. 2. erw. Aufl. Berlin 1965, S. 309.

4 Vgl. Gould, Stephen Jay: *Illusion Fortschritt.* Die vielfältigen Wege der Evolution. Frankfurt/M. 1998.

5 Schwab, Gustav: *Die Schönsten Sagen des klassischen Altertums.* Hrsg. u. bearb. v. Johannes Bobrowski. Berlin (Ost) 1956. S. 5.

6 Vgl. Völker, Klaus (Hrsg.): *Künstliche Menschen. Dichtungen & Doku-mente*. Bd. 2. München 1971, S. 210 f.

7 Fromm, Erich: *Die Kunst des Liebens*. Stuttgart 1980 (E. A. New York 1956), S. 63.

8 Vgl. Vacquin, Monette: *Die Geburt ohne Frau*. Frankensteins Kinder und die Gen-Technik. Bad Münstereifel 1991 (E. A. Paris 1989).

9 Vgl. Held, Hans Ludwig: *Das Gespenst des Golem*. Eine Studie aus der hebräischen Mystik mit einem Exkurs über das Wesen des Doppelgän-gers. München, 1927, u. a. S. 26

10 Ebd. S. 9.

11 Vgl. Wurmser, Léon: »Die Mythen von Pygmalion und Golem.« In: Mayer, Mathias / Neumann, Gerhard (Hrsg.): *Pygmalion*. Die Geschichte des Mythos in der abendländischen Kultur. Freiburg i. Brsg. 1997, S. 163–196. Vgl. auch Kapitel: Von Pygmalion, dem Bildzauber und der Prägekraft der Bilder, S. 36–40.

12 Weit verbreitet ist auch die Vorstellung, daß die Entwicklung einer Al-raune eng mit dem Menschen, genauer, mit dem Urin eines gehenkten Verbrechers zusammenhängt. Wächst nämlich unter einem Galgen eine Alraune, auf die ein Gehenkter sein Wasser abläßt, gilt sie als besonders wirkmächtig. Daher ist für die Alraune auch der Name Galgenmännlein üblich.

13 Ben Gorion, Emanuel (Hrsg.): *Der Born Judas*. Wiesbaden 1959, S. 674 f.

14 Rosenfeld, Beate: *Die Golemsage und ihre Verarbeitung in der deutschen Lite-ratur*. Breslau 1934 (Dissertation).

15 Vgl. Kisch, Egon Erwin: *Der rasende Reporter*. Berlin; Weimar 1990, S. 293–309 (E. A. Berlin 1924).

16 Helman, Cecil: *Körper Mythen*. Werwolf, Medusa und das radiologische Auge. München 1991 (E. A. London 1991), S. 165–166.

17 Davis, Wade: *Passage of Darkness*. The Ethnobiology of the Haitian Zom-bie. Chapel Hill & London 1988.

II. DIE KÜNSTLERISCHE BESCHWÖRUNG: WIE KUNST LEBEN ERSCHAFFT UND VERÄNDERT

1 Vgl. Schoch, Rainer: *Das Herrscherbild in der Malerei des 19. Jahrhunderts*. München 1975, S. 12.

2 Zit. nach Ephraim, Charlotte: *Wandel des Griechenbildes im achtzehnten Jahrhundert*. Berlin; Leipzig 1936, S. 111.

3 Zit. nach Platschek, Hans: »Gerahmte Dogmen«. In: *Die Zeit* Nr. 45 v. 4. 11. 99, S. 68.

4 Exemplarisch ist eine derartige Sicht auch beim Lebensreformer Paul Schultze-Naumburg nachzuweisen. Vgl. Borrmann, Norbert: *Paul Schult-ze-Naumburg*. Maler, Publizist, Architekt. 1869–1949. Essen 1989.

5 Baudelaire, Charles: »Die Moderne«. In ders.: *Ausgewählte Werke*. Hrsg. v. Franz Blei. München o. J. S. 154.

6 Kretschmer, Ernst: »Die körperlich-seelische Zusammenstimmung in der Ehe«. In: *Zeitschrift für Menschenkunde*. 1. Jg. (1925), H. 4, S. 2.

7 Vgl. Hilbk, Merle: »Hosen für den Staatsanwalt«. In: *Die Zeit* Nr. 15 v. 8.4.1999, S.65.
8 Vgl. Bovenschen, Silvia (Hrsg.): *Die Listen der Mode.* Frankfurt/M. 1986, S.28.
9 Vgl. Pentland, Alex, P.: »Intelligente Mode«. In: *Spektrum der Wissenschaft. Spezial.* H.3, 1999, S.90–95.
10 Zum Maskenzauber und zur Mutation des Schauspielers vgl. Borrmann, Norbert: *Kunst und Physiognomik.* Menschendeutung und Menschendarstellung im Abendland. Köln 1994, S.24–27; 164–168.
11 Zit. nach Pia, Pascal: *Charles Baudelaire in Selbstzeugnissen und Bilddokumenten.* Hamburg 1958, S.88f.

III. WISSENSCHAFTLICHE MAGIE UND
MAGISCHE WISSENSCHAFTEN

1 Vgl. Florescu, Radu: *In Search of Frankenstein. With Contributions by Alan Barbour & Matei Cazacu.* London 1977 (E.A. New York 1975), S.65–93.
2 Shelley, Mary: *Frankenstein.* München 1970 (E.A. London 1818), S.46.
3 Vgl.: *Handwörterbuch des deutschen Aberglaubens.* Bd. 1, Berlin, Leipzig 1927, S.288f.
4 Agrippa von Nettesheim, Heinrich Cornelius: *Die magischen Werke.* Wiesbaden 4. Aufl. 1997, S.80f.
5 Paracelsus: »De generatione rerum naturalium«. In: Völker, Klaus (Hrsg.): *Künstliche Menschen.* Dichtung & Dokumente über Golems, Homunculi, Androiden und lebende Statuen. Bd. 1 München 1971, S.55f.
6 Ebd. S.56.
7 Bloch, Ernst: »Der Homunculus-Mythos bei Paracelsus«. In: Drux, Rudolf (Hrsg.): *Menschen aus Menschenhand.* Zur Geschichte der Androiden. Texte von Homer bis Asimov. Stuttgart 1988, S.17.
8 Vgl. Praetorius, Johannes: »Von chymischen Menschen«. In: Völker a.a.O., S.60f.
9 Vgl. Swoboda, Helmut: *Der künstliche Mensch.* München 1967, S.152.
10 Zum Homunculus in der Literatur vgl. auch Völker a.a.O. Bd.1, S.62–71; Bd.2, S.238–250.
11 Maugham, W. Somerset: *Der Magier.* Ein parapsychologischer Roman. Zürich 1975 (E.A. London 1908), S.217.
12 Vgl. Kurzweil, Ray: *HOMO S@PIENS. Leben im 21. Jahrhundert – Was bleibt vom Menschen?* Köln 1999, S.113–211.
13 Vgl. Mainzer, Klaus: *Computer – Neue Flügel des Geistes?* Die Evolution computergestützter Technik, Wissenschaft, Kultur und Philosophie. Berlin, New York 1994.
14 Vgl. Moravec, Hans: *Mind children.* The future of robots and human intelligence. Cambridge/MA 1988; Cruse, Holk/Dean, Jeffrey/Ritter, Helge: *Die Entdeckung der Intelligenz oder können Ameisen denken?* München 1998, S.242–254. Vgl. auch Kapitel: Die Seele der Automaten, S.228–240.
15 Vgl. Berger, Frank (Hrsg.): *Ahriman. Profil einer Weltmacht.* 2. Aufl. Stuttgart 1997 (E.A. 1996), S.135–195.

16 Vgl. Debus, Michael: *Der Mensch im »Zugriff« des Computers.* Stuttgart 1985, S. 29–36.

17 Vgl. Siegele, Ludwig: »Stöpsel zur Welt. Nächste Woche wird Jini vorgestellt – ein Esperanto für Computer und Chips«. In: *Die Zeit* Nr. 4 v. 21.1.1999, S. 27.

18 Zit. in: Klingholz, Reiner: »Auf neuen Wegen«. In: *Geo Wissen* September 1998, S. 173.

19 Mainzer, a. a. O., S. 19.

20 Vgl. Kurzweil a. a. O., S. 9 f., 295–384.

21 Vgl. Minois, Georges: *Geschichte der Zukunft.* Orakel, Prophezeiungen, Utopien, Prognosen. Düsseldorf, Zürich 1998 (E. A. Paris 1996), S. 728–753.

22 Foerster, Heinz von: *Kybern Ethik.* Berlin 1993, S. 62 f.

23 Wieners Hauptwerke lauten: *Kybernetik.* Düsseldorf, Wien 1963 (E.A. 1948); *Mensch und Menschmaschine.* Frankfurt/M. Berlin 1952 (E.A. 1949); *Gott & Golem Inc.* Düsseldorf, Wien 1965 (E.A. 1964). Wiener schrieb auch einen Wissenschaftsroman: *Die Versuchung.* Die Geschichte einer großen Erfindung. Düsseldorf 1960 (E.A. 1959).

24 Wiener, Norbert: *Mensch und Menschmaschine,* a. a. O., S. 13.

25 Vgl. Kapitel: L'homme machine, S. 192–200.

26 Vgl. Klaus, Georg (Hrsg.): *Wörterbuch der Kybernetik.* Berlin (Ost), 2. Aufl. 1968, S. 598.

27 Vgl. Steinbach, Karl: *Automat und Mensch.* Kybernetische Tatsachen und Hypothesen. Berlin, Heidelberg, New York 3. Aufl. 1965, S. 352.

28 Nachdem die Kybernetik von marxistischer Seite zunächst als »bürgerlich« verworfen wurde, gab es später die Tendenz, gerade den dialektischen Materialismus als einzige Philosophie zu betrachten, die mit der Kybernetik vollständig verträglich ist. Vgl. Liebscher, Heinz: *Georg Klaus zu philosophischen Problemen von Mathematik und Kybernetik.* Berlin (Ost) 1982, S. 66–71.

29 Wiener, Norbert: *Gott & Golem Inc.,* a. a. O., S. 73 u. 125.

30 Vgl. Klein, Herbert G.: *Konstruierte Wirklichkeiten.* Kybernetische Bewußtseinsformen im anglo-amerikanischen Roman des 20. Jahrhunderts. Heidelberg 1998.

31 Zit. nach Jungk, Robert: *Der Jahrtausendmensch.* Bericht aus den Werkstätten der neuen Gesellschaft. München, Gütersloh, Wien 1973, S. 80.

IV. EIN SONDERFALL:
DER »NEUE MENSCH« ALS SCHÖPFUNG DER PÄDAGOGEN, THEOLOGEN UND UTOPISTEN

1 Zit. nach Thomä, Dieter: »Freiheit und Glück im Streit um den Neuen Menschen«. In: Lepp, Nicola / Roth, Martin / Vogel, Klaus (Hrsg.): *Der Neue Mensch.* Obsessionen des 20. Jahrhunderts. Dresden 1999, S. 91.

2 Schelling, Friedrich Wilhelm Joseph: »Einleitung in die Philosophie der Mythologie«. In: Storch, Wolfgang / Damerau, Burghard (Hrsg.): *Mythos Prometheus.* Texte von Hesiod bis René Char. Leipzig 1995, S. 228.

3 Camus, Albert: »Prometheus in der Hölle«. In: Storch/Damerau a.a.O., S.146.

4 Vgl. Grimminger, Rolf: »Aufklärung, Absolutismus und bürgerliches Individuum. Über den notwendigen Zusammenhang von Literatur, Gesellschaft und Staat in der Geschichte des 18.Jahrhunderts«. In: *Sozialgeschichte der Deutschen Literatur*. Bd. 3: *Deutsche Aufklärung bis zur Französischen Revolution*. Hrsg. von Rolf Grimminger. München 1980, S.19.

5 Vgl. zum Verhältnis Luzifer – Prometheus: Sailer, Wolfram: *Wissen, Arbeit und Liebe in Mary Shelleys Frankenstein*. Studien zur romantischen Mythenumdeutung. Essen 1994, S.95–99.

6 Sandvoss, Ernst, R.: *Sternstunden des Prometheus*. Vom Weltbild zum Weltmodell. Regensburg 1996; König, Felix von: *Die Erben des Prometheus*. Die Geschichte der Muskelkraftmaschinen. Frankfurt/M. 1987; Wilson, Anton: *Der neue Prometheus*. Die Evolution unserer Intelligenz. Basel 1985; Lumsden, Charles J. / Wilson, Edward O.: *Das Feuer des Prometheus*. Wie das menschliche Leben entstand. München 1984; Landes, Davis S.: *Der entfesselte Prometheus*. Technologischer Wandel und industrielle Entwicklung in Westeuropa von 1750 bis zur Gegenwart. München 1983.

7 Zur Ausstellung erschien ein Katalog und ein umfangreiches Begleitbuch. Beier, Rosemarie: *Prometheus*. Menschen, Bilder, Visionen. Berlin 1998 (Katalog); Dülmen, Richard van (Hrsg.): *Erfindung des Menschen*. Schöpfungsträume und Körperbilder. 1500–2000. Wien, Köln, Weimar 1998 (Begleitbuch).

8 Moltmann, Jürgen: *Theologie der Hoffnung*. München 1965. S.12.

9 Schmitt, Carl: *Der Leviathan in der Staatslehre des Thomas Hobbes*. Köln 1982 (E.A. 1938), S.54.

10 Vgl. Schreiner, Klaus: »Das verlorene Paradies – Der Sündenfall in Deutungen der Neuzeit«. In: Dülmen, Richard van (Hrsg.): *Erfindung des Menschen*. Schöpfungsträume und Körperbilder 1500–2000. Wien, Köln, Weimar 1998, S.52.

11 Vgl. Berner, Marie Louise: *Reise durch Utopia*. Berlin 1982 (E.A. New York 1949); Swoboda, Helmut: *Utopia*. Geschichte der Sehnsucht nach einer besseren Welt. Wien 1972; Ders. (Hrsg.): *Der Traum vom besten Staat*. Texte aus Utopien von Platon bis Morris. München 1972; Saage, Richard: *Politische Utopien der Neuzeit*. Darmstadt 1991; Glaser, Horst Albert: *Utopische Inseln*. Beiträge zu ihrer Geschichte und Theorie. Frankfurt/M. 1996.

12 Vgl. Saage, a.a.O., bes. S. 158–165, 173–175, 179–181, 218–220, 227–230.

13 Wells, Herbert Georges: *Menschen, Göttern gleich*. Wien 1993 (E.A. London 1923), S.88.

14 Wilde, Oscar: »Die Seele des Menschen im Sozialismus«. In: Ders. *Werke in zwei Bänden*. Bd. 1, Frankfurt/M. 1972, S.576.

15 Zit. nach Störig, Hans Joachim: *Kleine Weltgeschichte der Philosophie*. Frankfurt/M., Wien, Zürich 1970, S.260.

16 Winckelmann, Johann Joachim: »Gedanken über die Nachahmung der griechischen Werke in der Malerei und Bildhauerkunst«. In: Ders.: *Werke*

in einem Band, hrsg. v. d. Nationalen Forschungs- und Gedankenstätten der klassischen deutschen Literatur in Weimar, 3. Aufl. Berlin, Weimar 1982, S. 4.

17 Godwin, William: *An Enquiry Concerning Political Justice and its Influence on General Virtue and Happiness.* 2 Bde. London 1793.

18 Shelley, Mary: *Frankenstein.* München 1970 (E.A. London 1818), S. 164f.

19 Ebd. S. 164.

20 Ebd. S. 166.

21 Vgl. Freeman, Derek: *Liebe ohne Aggression.* Margaret Meads Legende von der Friedfertigkeit der Naturvölker. Mit einem Vorwort von Irenäus Eibl-Eibesfeldt. München 1983.

22 Vgl. Röder, Brigitte / Hummel, Juliane / Kunz, Brigitta: *Göttinnendämmerung.* Das Matriarchat aus archäologischer Sicht. München 1996.

23 Ein Einfluß ging sicherlich auch von Tacitus Germania aus. Der Römer Tacitus erweist sich überspitzt gesagt als ein »Rousseau light«, der mit den germanischen »edlen Wilden« seinen eigenen Landsleuten Vorbilder an Tugendhaftigkeit liefern wollte.

24 Vgl. Le Grand Richards, Alden: »Rousseau und die Bedrohung der Menschheit durch Wissenschaft und Technik«. In: Böhm, Winfried / Grell, Frithjof (Hrsg.): *Jean-Jacques Rousseau und die Widersprüche der Gegenwart.* Würzburg 1991, S. 71–87.

25 Rousseau, Jean-Jacques:» Discours über die Ungleichheit«. In: Sakmann, Paul: (Hrsg.): *Die Krisis der Kultur.* Auswahl aus Rousseaus Werken. Leipzig 1931, S. 88.

26 Ebd. »Contrat social«, S. XXII.

27 Zit. nach Sinjawskij, Andreij: *Der Traum vom neuen Menschen oder die Sowjetzivilisation.* Frankfurt/M. 1989, S. 164.

28 Vgl. Schlegel, Hans Joachim: »Konstruktionen und Perversionen. Der »Neue Mensch« im Sowjetfilm«. In: Aurich, Rolf / Jacobsen, Wolfgang / Jatho, Gabriele: *Künstliche Menschen.* Berlin 2000 (Begleitbuch Filmfestspiele Berlin) S. 123–133.

29 Zit. nach Maier, Robert: *Die Stachanow-Bewegung.* Stuttgart 1990, S. 9.

30 Stalin, Josef: »Rede auf der ersten Unionsberatung der Stachanowleute v. 17. November 1935«. In: Ders.: *Fragen des Leninismus.* Berlin (Ost) 6. Aufl. 1954, S. 685.

31 Vgl. Lecourt, Dominique: *Proletarische Wissenschaft? Der »Fall Lyssenko« und der Lyssenkismus.* Berlin 1976.

32 Zit. nach Margolin, Jean-Louis: »Kambodscha: Im Land der unfaßbaren Verbrechen«. In: Courtois, Stéphane (Hrsg.): *Das Schwarzbuch des Kommunismus.* München, Zürich 1998 (E.A. Paris 1997), S. 674.

33 Vgl. Waal, Frans de: *Wilde Diplomaten.* Versöhnung und Entspannungspolitik bei Affen und Menschen. München, Wien 1991 (E.A. Cambridge, Mass. 1989); Wrangham, Richard / Peterson, Dale: *Bruder Affe.* Menschenaffen und die Ursprünge menschlicher Gewalt. Kreuzlingen, München 2001.

34 Vgl. Rowe, David C.: *Genetik und Sozialisation.* Die Grenzen der Erziehung. Weinheim 1997 (E. A. New York 1994); Rutschky, Katharina

(Hrsg.): *Schwarze Pädagogik.* Quellen zur Naturgeschichte der bürgerlichen Erziehung. Frankfurt/M. 1977; Zimmer, Dieter E.: »Ein Kind ist schwer zu verderben«. In: *Die Zeit* Nr. 29 v. 15.7.1999, S. 15 ff.

35 Vgl. Poliakov, Léon: *Der arische Mythos.* Wien, München, Zürich 1977, S. 33–56 (E.A. Paris 1971).

36 Vgl. Hegel, Georg Wilhelm Friedrich: *Vorlesungen über die Philosophie der Weltgeschichte.* Bd. I, Leipzig 1930, S. 76.

37 Nietzsche, Friedrich: »Zur Genealogie der Moral«. In: *Nietzsches Werke.* Bd. 7, Leipzig 1923, S. 318 f.

38 Ebd. S. 320–321.

39 Nietzsche, Friedrich: »Also sprach Zarathustra«. In: *Nietzsches Werke.* Bd. 6. Leipzig 1923, S. 13.

40 Ebd. S. 19.

41 Die genannten Formeln »survival of the fittest« und »struggle for existence« stammen nicht von Darwin, sondern vom Philosophen Herbert Spencer. Gleichwohl sind sie sicher nicht zu Unrecht mit Darwins Werk in Verbindung gebracht worden.

42 Vgl. Sauerland, Karol: »Christus als Herkules oder Der Arbeiter als Neuer Mensch«. In: Lepp, Nicola / Roth, Martin / Vogel, Klaus: *Der Neue Mensch.* Obsessionen des 20. Jahrhunderts (Katalog) Ostfildern-Ruit 1999, S. 49–55; Günther, Hans: *Der Sozialistische Übermensch.* M. Gorki und der sowjetische Heldenmythos. Stuttgart, Weimar 1993.

43 Vgl. bes. Shaw, Bernard: »Handbuch des Revolutionärs«. In: Ders.: »Mensch und Übermensch.« Gesammelte Stücke in Einzelausgaben. Bd. 5. Frankfurt/M. 1952, S. 261–308.

44 Augstein, Rudolf: »Ein Nietzsche für Grüne und Alternative?« In: *Der Spiegel* Nr. 24 v. 8.6.1981, S. 156–184. Die Titelgeschichte wird auf dem Heftumschlag mit »Wiederkehr eines Philosophen. Täter Hitler – Denker Nietzsche« angekündigt. Das ist inhaltlich auch der Grundtenor des Aufsatzes.

45 Besonders die posthum erschienene Aphorismensammlung »Der Wille zur Macht« zeigt deutlich den Einfluß der Schwester. Gleichwohl ist der Einfluß nicht so stark gewesen, daß sie einen völlig neuen Nietzsche aus der Taufe hob. Vgl. zu Förster-Nietzsche auch: Peters, H. F.: *Zarathustras Schwester.* Fritz und Lieschen Nietzsche – ein deutsches Trauerspiel. München 1983 (E.A. New York 1977).

46 Vgl. Härtle, Heinrich: *Nietzsche und der Nationalsozialismus.* 4. Aufl. München 1944. Die Schrift war im Zentralverlag der NSDAP, Franz Eher Nachf. erschienen.

47 Vgl. Deschner, Günther: *Reinhard Heydrich. Statthalter der totalen Macht.* 3. Aufl. München 1986, bes. S. 323 f.

48 Nietzsche sah z. B. deutlich voraus, wie sich die gewachsenen Kulturen aufzulösen beginnen, aber auch, wie sie sich immer stärker berühren und verknüpfen, er sah, wie sich damit Weltbetrachtungen, Gesellschaftsordnungen und Moralgesetze relativieren, er sah und prophezeite die Heraufkunft des europäischen Nihilismus, den Verlust jeder verbindlichen Wert- und Lebensordnung. Außerdem sah er die Weltkriege voraus, die

Reduzierung der Politik auf »Angebot und Nachfrage« und die egalitäre »Ballermannkultur« der »letzten Menschen«. Nietzsche sah aber auch den Menschen vor die Aufgabe gestellt, nach dem Zusammenbruch der alten Ordnungen die Gestaltung seines Lebens, das Entwerfen seiner Werte selbst in die Hand zu nehmen, und zwar in einem weltweiten, weltumspannenden, weltgültigen Maßstab.

49 Vgl. Trenbrock, Christian: »Darwinismus in Reinkultur. In den Vereinigten Staaten wächst die Ungleichheit – und kaum jemand regt sich darüber auf«. In: *Die Zeit* Nr. 49 v. 26. 11. 1998, S. 27 f.

50 Die wichtigsten Beiträge dazu, einschließlich dem Aufsatz von Peter Sloterdijk, liegen gesammelt vor in: *Die Zeitdokumente* Nr. 2 1999.

V. DIE LITERARISCHE VORWEGNAHME: FRANKENSTEIN UND DIE WISSENSCHAFTSUTOPIEN DER SCIENCE-FICTION

1 Zit. nach Frayling: *Alpträume. Die Ursprünge des Horrors.* Köln 1996 (E.A. London 1996), S. 14.

2 Vgl. Blaicher, Günther: »Mary Shelleys Frankenstein und seine deutschen Kontexte«. In: Ders. (Hrsg.): *Mary Shelleys »Frankenstein«. Text, Kontext, Wirkung. Vorträge des Frankenstein-Symposiums in Ingolstadt* (Juni 1993). Essen 1994, S. 66–80.

3 Vgl. Straub, Theodor: »Ingolstadt: ›Zentraler Handlungsraum des Frankensteinromans‹«; ders: »Von Adam Weishaupt zu Mary Shelleys Frankenstein«. In: Treffer, Gerd (Hrsg.): *Die Kreatur. Frankensteins Spuren in Ingolstadt.* Ingolstadt 1995, S. 56–61, 79–90.

4 Vgl. Massari, Roberto: *Mary Shelleys Frankenstein. Vom romantischen Mythos zu den Anfängen der Science-fiction.* Hamburg 1989, S. 147–178.

5 Zit. nach Frayling, a. a. O., S. 45.

6 Zit. ebd., S. 48.

7 Shelley, Mary: *Frankenstein* (E.A. London 1818), München 1970, S. 138.

8 Ebd. S. 235.

9 Sailer, Wolfram: *Wissen, Arbeit und Liebe in Mary Shelleys Frankenstein. Studium zur romantischen Mythenumdeutung.* Essen 1994, S. 297.

10 Vgl. Blaicher, a. a. O. Einleitung, S. 9–11.

11 Shelley, a. a. O., S. 307 f.

12 Vgl. Kahn, Herman / Wiener, Anthony: *Ihr werdet es erleben. Voraussagen der Wissenschaft bis zum Jahre 2000.* Wien, München, Zürich 1968 (E.A. New York 1967); Günter Haaf: »Ihr werdet es erleben. Was Herman Kahn, der Superstar der Zukunftsforscher, 1967 so alles für das Jahr 2000 voraussagte«. In: *Die Zeit* Nr. 1 v. 30. 12. 1998, S. 68. In Deutschland war es vor allem Wilhelm Fucks, seinerzeit Rektor der Technischen Hochschule Aachen und Direktor des Instituts für Plasmaphysik des Kernforschungszentrums in Jülich, der mit viel Furore die akademische Zukunftsschau betrieb. Auch seine Prognosen erwiesen sich weitgehend als falsch. Vgl. ders.: *Formeln zur Macht. Prognosen über Völker, Wirt-*

schaft, Potentiale. Stuttgart 1965; Schmid, Klaus- Peter: »Die Zukunft ist launisch. Fortschrittsglaube und Schreckensvisionen – warum die Prognosen für das 20. Jahrhundert voll danebenlagen«. In: *Die Zeit* Nr. 1 v. 30. 12. 1998.

13 Vgl. Weizsäcker, Carl Friedrich von: »Gedanken zur Zukunft der technischen Welt«. In: Jungk, Robert (Hrsg.): *Menschen im Jahr 2000*. Eine Übersicht über mögliche Zukünfte. Frankfurt/M. 1969.

14 Verne, Jules: *Paris im 20. Jahrhundert*. Wien 1996, S. 122 f.

15 Zit. nach Minois, Georges: *Geschichte der Zukunft*. Orakel, Prophezeiungen, Utopien, Prognosen. Düsseldorf, Zürich (E.A. Paris 1996), S. 661.

16 Shelley, a. a. O., S. 235.

17 Vgl. Minois, a. a. O., S. 662 f.

18 Vgl. Lem, Stanislaw: *Die Vergangenheit der Zukunft*. Frankfurt/M., Leipzig 1992, bes. S. 7 f.

19 Als eine mittlerweile auch schon historische, gleichwohl typische Abrechnung mit der »reaktionären« SF darf das nachfolgende neomarxistische Werk gelten: Pehlke, Michael / Lingfeld, Norbert: *Roboter und Gartenlaube*. Ideologie und Unterhaltung in der Science-Fiction-Literatur. München 1970.

20 Vgl. Kayser, Rainer: »Fertig zum Beamen. Physiker üben sich in der Teleportation«. In: *Die Zeit* Nr. 17 v. 22. 4. 1999, S. 44.

21 Als vielleicht bekanntestes Beispiel darf hier die Erzählung *The Wreck of the Titan* (1898) des »Groschenbuchautors« Morgan Robertson gelten. In seiner Erzählung läuft 14 Jahre vor dem Untergang der Titanic (1912) die *SS. Titan* zu ihrer Jungfernfahrt aus – auch sie das größte, luxuriöseste und angeblich sicherste Schiff der Welt. Gleich der realen Titanic soll das Schiff den Atlantik zwischen Southampton und New York überqueren, doch während der Überfahrt geschieht plötzlich das Undenkbare: Der Ozeanriese läuft auf einen Eisberg, schlägt leck und sinkt. Ein Großteil der 2500 Passagiere ertrinkt, da das Schiff nicht genügend Rettungsboote besitzt.
Da beim Erscheinen der Erzählung – 1898 – noch gar nicht derart riesige Schiffe gebaut wurden, hat *The Wreck of the Titan* durchaus SF-Charakter! Roberts will seine Geschichte übrigens in »psychischer Inspiration« verfaßt haben.

22 Glut, Donald, F.: *The Frankenstein Catalog*. Being a Comprehensive Listing of Novels, Translations, Adaptions, Stories, Critical Works, Popular Articles, Series, Fumetti, Verse, Stage Plays, Films, Cartoons, Puppetry, Radio & Television Programs, Comics, Satire & Humor, Spoken & Musical Recordings, Tapes, and Street Music Featuring Frankenstein's Monster and/or Descended from Mary Shelley's Novel. Jefferson, North Carolina, London 1984.
Eine gute Auswahl von Werken neuerer »Frankenstein-Autoren« ist enthalten in: Preiss, Byron (Hrsg.): *Das beste von Frankenstein*. Bergisch Gladbach 1993 (E.A. London 1991).

23 Zit. nach Lemarchand, Guillermo A.: »Denkt dort draußen jemand?« In: *Spektrum der Wissenschaft*. Spezial Heft 3, 1999, S. 97.

24 Vgl. Jung, Carl Gustav: *Geheimnisvolles am Horizont. Von Ufos und ähn-lichen Phänomenen.* Augsburg 1997 (E.A. 1959 unter dem Titel: Ein mo-derner Mythos. Von Dingen, die am Himmel gesehen werden).

25 Vgl. Kurzweil, Ray: *HOMO S@PIENS. Leben im 21. Jahrhundert – was bleibt vom Menschen?* Köln 1999, S. 392 f.

26 Der Steckbrief ist übernommen aus: Buttlar, Johannes v.: *Sie kommen von fremden Sternen.* München 1986, S. 187 f.

27 Maugham, Somerset: *Der Magier.* Ein parapsychologischer Roman. Zü-rich 1975 (E.A. London 1908), S. 217.

28 Vgl. Bethge, Philip / Bredow, Rafaela v. / Stampf, Olaf: »Oasen des Le-bens im All«. In: *Der Spiegel* Nr. 22 v. 31. 5. 1999, S. 245 ff.

29 Jefremow, Iwan: »Aufstiegsspirale der Evolution«. In: *Sowjetliteratur*, H. 1, Moskau 1982, S. 164.

30 Zit. nach Fuss, H. u. a.: »Hallo Erdling«. In: *Focus* Nr. 45 v. 6. 11. 1995, S. 250.

VI. IMAGINÄRES DASEIN: DER MENSCH IN DEN MEDIEN

1 Vgl. Benjamin, Walter: *Das Kunstwerk im Zeitalter seiner technischen Re-produzierbarkeit.* Frankfurt/M. 1977 (E. A. Paris 1936). Die technische Reproduzierbarkeit eines Kunstwerkes begann natürlich nicht erst mit der Fotografie, sondern mit den seit der frühen Neuzeit entwickelten Drucktechniken, wie z. B. dem Holzschnitt oder der Radierung.

2 Wer einen Blick in die Fernsehzeitung wirft, wird schnell feststellen können, daß dem Publikum relativ selten ein Film zugemutet wird, der älter als 20 Jahre ist.

3 Vgl. McLuhan, Herbert Marshall: *Die magischen Kanäle.* Understanding Media. Düsseldorf, Wien, New York, Moskau 1992 (E.A. 1964). Bereits vor McLuhan hatte Günther Anders in: *Die Antiquiertheit des Menschen.* Mün-chen 1956, in Ansätzen auf den »Charakter« der Medien hingewiesen.

4 Vgl. Buddenmeier, Heinz: *Leben in künstlichen Welten.* Cyberspace, Video-clips und das tägliche Fernsehen. Stuttgart 1993, bes. S. 48–57.

5 Vgl. Borrmann, Norbert: *Vampirismus oder die Sehnsucht nach Unsterblich-keit.* 5. Aufl. Kreuzlingen, München 2001, S. 295 f.

6 Vgl.: Seeßlen, Georg: »Traumreplikanten des Kinos. Passage durch alte und neue Bewegungsbilder«. In: Aurich, Rolf / Jacobsen, Wolfgang / Jatho, Gabriele (Hrsg.): *Künstliche Menschen.* Berlin 2000, S. 32 ff.

7 Bereits vor »Metropolis« gab es einige Filmroboter, doch blieben sie oh-ne Breitenwirkung. So z. B. der Elektromensch von Harry Piel aus dem Jahre 1916. Der Film gilt heute als verschollen, es existieren nur noch wenige Bilder von ihm. Vgl. Aurich, Rolf, a. a. O., S. 58 f.

8 Vgl. Borrmann, a. a. O., bes. S. 77–83, 269, 272.

9 Vgl. Glut, Donald F.: *The Frankenstein Catalog.* Jefferson, North Carolina, London 1984, S. 133 ff.

10 Eine Auflistung wohl nahezu aller Frankenstein-Filme bis 1984 findet sich bei Glut, a. a. O., S. 156–240. Glut listet auch die Fernsehverfilmun-gen – einschließlich Serien –, aber ebenso die Rundfunksendungen auf, vgl. ebd. S. 241–300. Eine ausgewählte Ergänzung der Filmliste bis 1994

findet sich bei Branagh, Kenneth: *Mythos Frankenstein*. Die offizielle Dokumentation zu Mary Shelleys Frankenstein. Düsseldorf 1994, S. 186 ff.

11 Vgl. McLuhan, Herbert Marshall: *Die magischen Kanäle*. Understanding Media. Düsseldorf, Wien, New York, Moskau 1992 (E. A. 1964).

12 Vgl. Buddenmeier, Heinz: Leben in künstlichen Welten. Cyberspace, Videoclips und das tägliche Fernsehen. Stuttgart 1993, S. 103.

13 Vgl. Rheinhold, Howard: *Virtuelle Welten*. Reisen im Cyberspace. Reinbek bei Hamburg 1995 (E. A. New York 1991).

14 Vgl. Buddenmeier, a. a. O., ferner Sherman, Barrie / Judkins, Phil: *Virtual Reality*. Cyberspace-Computer kreieren synthetische Welten. München 1995 (E. A. London 1992), bes. S. 216–230.

15 Brown, David: *Cyberdiktatur*. Das Ende der Demokratie im Informationszeitalter. Berlin 1998 (E. A. Harmondsworth, Middlessex 1997).

16 Shelley, Mary: *Frankenstein*. München 1970 (E. A. London 1818), S. 235.

VII. DAS KALTE HERZ ODER DAS MECHANISCHE LEBEN

1 La Mettrie, Julien Offray de:»Der Mensch eine Maschine«. In: Völker, Klaus (Hrsg.): *Künstliche Menschen*. Dichtung & Dokumente über Golems, Homunculi, Androiden und lebende Statuen. Bd. 1, München 1971, S. 78.

2 Ebd. S. 97.

3 Vgl. Glaser, Horst Albert:»La Mettries Maschinenmensch und Sades Sexualmaschine«. In: Ders. / Kaempfer, Wolfgang (Hrsg.): *Maschinenmenschen*. Referate der Triester Tagung. Frankfurt / M., Bern, New York, Paris 1988, S. 69–80.

4 Vgl. Freud, Sigmund:»Vom psychischen Apparat«. In: Drux, Rudolf (Hrsg.): *Menschen aus Menschenhand*. Zur Geschichte der Androiden. Texte von Homer bis Asimov. Stuttgart 1988, S. 221 ff.

5 Vgl. Halfeld, Adolf: *Amerika und der Amerikanismus*. Jena 1928, bes. S. 36 f.

6 Bammé, Arno u. a.: *Maschinen-Menschen, Mensch-Maschinen*. Grundrisse einer sozialen Beziehung. Reinbek bei Hamburg 1983, S. 2.

7 Vgl. Tetens, Holm:»Die erleuchtete Maschine. Das neurokybernetische Modell des Menschen und die späte Ehrenrettung für den Philosophen Julien Offray de La Mettrie«. In: *Die Zeit* Nr. 24 v. 10. 6. 1999, S. 51.

8 Gegen Ende seiner Laufbahn vertrat La Mettrie jedoch die Auffassung vom »Homme plus que Machine« und lehnte die plump-mechanistische Gleichsetzung von Mensch und Maschine ab. Vgl. auch Jauch, Ursula Pia: *Jenseits der Maschine*. Philosophie, Ironie und Ästhetik bei Julien Offray de La Mettrie. München, Wien 1998, S. 427 ff., S. 540 ff.

9 Vgl. Kracauer, Siegfried: *Das Ornament der Masse*. Frankfurt / M., 1977.

10 Drieu La Rochelle, Pierre: *Geheimer Bericht und andere biographische Aufzeichnungen*. München 1986 (E. A. Paris 1961), S. 226 f.

11 Vgl. Kapitel: Von Pygmalion, dem Bildzauber und der Prägekraft der Bilder, S. 36–40.

12 Vgl. Krafft, Barbara (Hrsg.): *Traumwelt der Puppen*. München 1992, S. 32 f.

13 Vgl. Paul, Jean: *Auswahl aus des Teufels Papieren*. Leipzig 1789, S. 427–447.

14 Vgl. Kapitel: Künstliche Menschen in der Literatur, S. 133–137.

15 Vgl. Kurzweil, Ray: *HOMO S@PIENSs. Leben im 21. Jahrhundert – was bleibt vom Menschen?* Köln 1999, S. 235 f.

16 Zit. nach Swoboda, Helmut: *Der künstliche Mensch.* München 1967, S. 93 f.

17 Vgl. Frayling, Christopher: *Alpträume:* Die Ursprünge des Horrors. Köln 1996, S. 43.

18 Die Auffassung vertrat etwa der Physiker und Philosoph Hermann von Helmholtz in seinem 1854 gehaltenen Vortrag »Über die Wechselwirkung der Naturkräfte«. Der Vortrag ist in seinen entscheidenden Passagen abgedruckt bei Drux, Rudolf (Hrsg.): *Menschen aus Menschenhand. Zur Geschichte der Androiden.* Texte von Homer bis Asimov. Stuttgart 1988, S. 189–192.

19 Vgl. Berndt, Christina: »Rettung durch Robodocs«. In: *Der Spiegel* Nr. 16 v. 17. 4. 2000, S. 157–160.

20 Vgl. Siegele, Ludwig / Zeppelin, Joachim: »Eine Handvoll Krieg«. In: *Die Zeit* Nr. 45 v. 29. 10. 1998, S. 17–20; Randow, Gero von: »Stählerne Mörderbienen«. In: *Die Zeit* Nr. 8 v. 17. 2. 2000, S. 41 f.

21 Wagner, Wieland: »Schmerz, laß nach!« In: *Der Spiegel* Nr. 8 v. 21. 2. 2000, S. 168.

22 Vgl. Randow, Gero von: »Leben, nächster Versuch«. In: *Die Zeit* Nr. 15 v. 8. 4. 1999, S. 37.

23 So bezeichnete etwa Joseph Weizenbaum Moravecs bereits 1988 erschienenes Buch *Mind Children* als den *Mein Kampf* der KI-Befürworter, das darauf abzielt, die Menschheit auszurotten. Vgl. Sanides, Silvia: »Sie sind halt noch kleine Kinder«. Der Robotiker Hans Moravec will die Menschen durch intelligente Maschinen ersetzen. In: *Focus* Nr. 50 1996, S. 136–140.

24 Vgl. Randow, Gero von: *Roboter.* Unsere nächsten Verwandten. Reinbek b. Hamburg 1998.

25 Vgl. Galison, Peter: »Die Ontologie des Feindes. Norbert Wiener und die Vision des Feindes«. In: Rheinberger, Hans-Jörg / Hagner, Michael / Wahrig-Schmidt, Bettina (Hrsg.): *Räume des Wissens. Repräsentation, Codierung, Spur.* Berlin 1997, S. 281–324.

26 Vgl. Blumenberg, Hans: »Lebenswelten und Technisierung unter Aspekten der Phänomenologie«. In: *Wirklichkeiten, in denen wir leben.* Stuttgart 1981, S. 7–54; Schelsky, Helmut: »Der Mensch in der wissenschaftlichen Zivilisation«. In: H. Schelsky: *Auf der Suche nach der Wirklichkeit.* Gesammelte Aufsätze. Düsseldorf 1965, S. 439 f.

27 Jünger, Friedrich, Georg: *Die Perfektion der Technik.* Frankfurt/M. 1946, S. 17.

28 Vgl. Veeder, William: *Mary Shelley & Frankenstein.* The Fate of the Androgyny. Chicago, London 1986.

29 McLuhan, Herbert: *Die magischen Kanäle.* Understanding Media. Düsseldorf, Wien, New York, Moskau 1992 (E.A. 1964), S. 63.

30 Die Ursachen hierfür sind nicht eindeutig geklärt. Ein möglicher Grund für die Veränderung des weiblichen Körperbaus innerhalb nur weniger Jahrzehnte könnte z. B. lauten: Frauen bzw. Mädchen sind heute früher

ausgewachsen. Dadurch kann sich das Becken nicht vollständig entwickeln, es verknöchert eher und behält dadurch eine kindliche oder knabenhaft-androgyne Form.

31 Vgl Badinter, Elisabeth: *Ich bin Du.* Die neue Beziehung zwischen Mann und Frau oder die androgyne Revolution. München, Zürich 1987. Neuere Untersuchungen haben die These von Badinter unterstrichen. Vgl. Bock, Ulla: »Wenn die Geschlechter verschwinden«. In: Meesmann, Hartmut/Sill, Bernhard (Hrsg.): *Androgyn.* »Jeder Mensch in sich ein Paar?« Androgynie als Ideal geschlechtlicher Identität. Weinheim 1994, S. 30 ff.

32 Shelley, Mary: *Frankenstein.* München 1970 (E.A. London 1818), S. 235.

33 Vgl. Meesmann; Sill, zit. Anm. 29, S. 11 f.

34 Vgl. *Zeit-Magazin* Nr. 1 v. 30.12.1998, S. 30,6. Das Heft ist dem Thema Zukunft gewidmet.

35 Zit. nach Mahr, Bernd: »Die Menschwerdung der Maschine«. In: Dülmen, Richard van (Hrsg.): *Erfindung des Menschen.* Schöpfungsträume und Körperbilder. Wien, Köln, Weimar. S. 558.

36 Vgl. Turin, Alan: »Computing, Machinery and Intelligence«. In: *Mind* 59. Jg. (1950) S. 434–460.

37 Vgl. Schnabel, Ulrich: »Die Neuronen der Moral«. In: *Die Zeit* Nr. 43, v. 21.10.1999, S. 41.

38 Vgl. Damasio Antonio R.: *Descartes' Irrtum.* Fühlen, Denken und das menschliche Gehirn. München, Leipzig 3. Aufl. 1997 (E.A. New York 1994).

39 Vgl. »Keine Theorie ist mit allem kompatibel« Gespräch mit dem Neurobiologen Christoph Koch. In: *Die Zeit* Nr. 28 v. 2.7.1998, S. 32.

40 Vgl. Wilson, Edmund O.: *Die Einheit des Wissens.* Berlin 1998.

41 Vgl. Dörner, Dietrich: *Bauplan für eine Seele.* Reinbek bei Hamburg 1999.

42 Vgl. »Verbindung zu Gott«. Gespräch mit dem Hirnforscher Sir John Eccles. In: *Focus* Nr. 16 v. 15.4.1995, S. 150.

43 Vgl. Ludger, Albert: »Kultur und Hirn«. In: *Die Zeit* Nr. 48 v. 19.11.1998, S. 76.

44 Shelley a. a. O., S. 219.

45 Vgl. ebd. S. 315.

46 Vgl. Sheldrake, Rupert: *Das Gedächtnis der Natur.* 2. Aufl. Bern, München, Wien 1990 (E.A. London 1988).

VIII. DER ALLZU MENSCHLICHE MENSCH UND DIE TRÄUME DER WISSENSCHAFT

1 Zit. nach Lavater, Johann Caspar: *Physiognomische Fragmente zur Beförderung der Menschenkenntnis und Menschenliebe.* Bd. II, Leipzig, Winterthur 1776, S. 137. Goethe war an der Abfassung von Lavaters Fragmenten beteiligt gewesen.

2 Zit. nach Vacquin, Monette: *Die Geburt ohne Frau.* Frankensteins Kinder und die Gentechnik. Bad Münstereifel 1991 (E.A. Paris 1989), S. 157.

3 Shelley, Mary: *Frankenstein.* München 1970 (E.A. London 1818), S. 37.

4 Ebd. S. 66 f.

5 Vgl. Schulz, Matthias: »Der Krieg der ersten Menschen. Wie der Homo Sapiens den Neandertaler verdrängte«. In: *Der Spiegel* (Titelgeschichte) Nr. 12, v. 20. 3. 2000, S. 240–255.

6 Vgl. Blech, Jörg: »Sex und Evolution. Das animalische Erbe des Menschen«. In: *Der Spiegel* (Titelgeschichte) Nr. 16 v. 17. 4. 2000, S. 254–265.

7 Vgl. Günther, Hans F. K.: *Platon als Hüter des Lebens.* Platons Zucht- und Erziehungsgedanken und deren Bedeutung für die Gegenwart. 2. Aufl. München 1935 (E. A. 1928).

8 Der Zwang zum Leben ist auch gerade für die davon Betroffenen – unabhängig davon, ob sie an einer Erbkrankheit leiden oder nicht – häufig mehr qualvoll als lustvoll. Nicht selten sind sie so stark behindert und mit Schmerzen belastet, daß ein Leben, das diesen Namen verdient, nicht möglich ist. Vgl. Wüsthof, Achim: »Zum Leben verurteilt«. In: *Die Zeit* Nr. 31 v. 29. 7. 2000, S. 29.

9 Bei den schrecklichen Züchtungen muß keineswegs nur an Kampfhunde gedacht werden. Es gibt viele »Qualzüchtungen«, die allerdings im Gegensatz zu den Kampfhunden nicht ins Gerede kommen, da sie für die Menschen nicht bedrohlich sind. Dazu gehören z. B. die Nackthunde, deren Existenz mit der Verträglichkeit der Allergiker begründet wird. Nicht nur, daß diese in extremer Weise Hitze und Kälte ausgeliefert sind, und deshalb je nach Witterung »angezogen« oder mit Sonnenschutzmitteln eingecremt werden müssen, sie haben auch mit erheblichen genetischen Mängeln zu kämpfen: schwache Kniegelenke, zarte Knochen und oft fehlen sogar die Backen-, Schneide- und Eckzähne, so daß eine normale Nahrungsaufnahme unmöglich ist.

10 Der Reichsbauernführer und Reichsminister für Ernährung und Landwirtschaft Darré darf als einer der Haupttheoretiker des Nationalsozialismus angesehen werden. Seine Hauptwerke: *Das Bauerntum als Lebensquell der nordischen Rasse,* München 1929; *Neuadel aus Blut und Boden,* München 1930, gelten als Standardwerke der NS-Ideologie.

11 Vgl. Günther, Klaus: »Heiliges Erschauern. Über die Heraufkunft einer neuen Wissenschaftsreligion und ihre Gefahren«. In: *Die Zeit* Nr. 27 v. 29. 6. 2000, S. 39.

12 Vgl. Weß, Ludger (Hrsg.): *Die Träume der Genetik.* Gentechnische Utopien vom sozialen Fortschritt. Nördlingen 1989, S. 32; Evers, Marco / Franke, Klaus / Grolle, Johann: »Gen-Projekt Übermensch. Hitler, Nietzsche, Dolly und der neue Philosophen-Streit«. In: *Der Spiegel* (Titelgeschichte) Nr. 39 v. 27. 9. 1999, S. 310.

13 Wir dürfen nicht außer acht lassen, daß unter den Eugenikern natürlich auch Juden waren und eugenische Vorstellungen verbreitet waren. So forderte z. B. 1919 der deutsche Zionist Arthur Ruppin eine »Auslese des Menschenmaterials« zur Besiedelung Palästinas – nur Juden von besonderer »körperlicher, beruflicher und moralischer Beschaffenheit« sollten in das Gelobte Land eingelassen werden.

14 Der Volksmund hatte durchaus die Diskrepanz zwischen dem nordischen Rasseideal und den realen Physiognomien der NS-Spitze er-

kannt, wie die seinerzeit geläufige Redewendung »So blond wie Hitler, so schlank wie Göring und so schön wie Himmler« belegt.

15 Zu den genannten Personen vgl.: Seidler, Franz W.: *Die Kollaboration 1939–1945*. München, Berlin 1995, S. 193 f., 212–216, 263–268.

16 *Hitlers politisches Testament*. Die Bormann Diktate vom Februar und April 1945. Mit einem Essay von Hugh R. Trevor-Roper und einem Nachwort von André François Poncet. Hamburg 1981, S. 68 f.

17 Vgl. Albrecht, Harro: »Starker Tobak aus braunen Instituten. Der amerikanische Wissenschaftstheoretiker Robert Procton gräbt positive Aspekte der NS-Forschung aus«. In: *Die Zeit* Nr. 8 v. 17. 2. 2000, S. 42.

18 Vgl. Maranto, Gina: *Designer-Babys*. Träume vom Menschen nach Maß. Stuttgart 1998 (E. A. New York 1996).

19 Vgl. Evers u. a., a. a. O., S. 303 f.

20 Zit. nach Packard, Vance: *Die große Versuchung*. Der Eingriff in Körper und Seele. Düsseldorf, Wien 1978 (E. A. Boston, Mass. 1977), S. 335.

21 Vgl. Weß, Ludger (Hrsg.): *Die Träume der Genetik*. Gentechnische Utopien von sozialem Fortschritt. Nördlingen 1989, S. 155–161.

22 Vgl. ebd. S. 52.

23 Der Vortrag von Lederberg ist abgedruckt ebd., S. 184–194.

24 Vgl. Anm. 9.

25 Vgl. Schmundt, Hilmar: »Das Kunst-Gen«. In: *Der Spiegel* Nr. 26 v. 26. 6. 2000, S. 114.

26 Die Darstellung folgt weitgehend der im Aufsatz »Die Gen Revolution« von Rafaela von Bredow und Matthias Müller von Blumencron abgedruckten Tabelle zur Geschichte der Erbgutforschung. In: *Der Spiegel* Nr. 26 v. 26. 6. 2000, S. 88 f.

27 Zit. nach Bahnsen, Ulrich: »Im Dickicht der Proteine. Die Gene sind entziffert, nun folgt die schwierige Jagd auf ihre Produkte, die Proteine«. In: *Die Zeit* Nr. 29 v. 13. 7. 2000, S. 33.

28 Vgl. Randow, Gero v. / Sentker, Andreas: »Technisches Leben, lebende Technik. Das Erbgut des Menschen ist entziffert, Biologie und Informatik feiern Hochzeit. Wie reagiert die Gesellschaft?« In: *Die Zeit* Nr. 27 v. 29. 6. 2000, S. 3.

29 Vgl. Fox Keller, Evelyn: »Das Gen und das Humangenomprojekt – zehn Jahre danach«. In: Kunst- und Ausstellungshalle der Bundesrepublik Deutschland GmbH (Hrsg.): *Gen-Welten*. Kleve 1998, S. 77–81.

30 Während in der Öffentlichkeit und in den Medien – wenngleich deutlich rückläufig – die Vererbung unserer geistigen Gaben immer noch etwas argwöhnisch beäugt wird, sind die hierfür zuständigen Experten weitgehend anderer Meinung: Nach neueren Studien sind 94 % von ihnen davon überzeugt, daß es massive Beweise für eine beträchtliche Erblichkeit unserer geistigen Gaben – insbesondere der Intelligenz – gibt. Vgl. Zimmer, Dieter E.: »Das Erbe im Kopf. Der Streit um Gene und Intelligenz ist entschieden«. In: *Die Zeit* Nr. 17 v. 16. 4. 1998, S. 33.

31 Vgl. Rowe, David C.: *Genetik und Sozialisation*. Die Grenzen der Erziehung. Weinheim 1997 (E. A. New York 1994); vgl. auch das Kapitel: Wie der »edle Wilde« zum »Homo sovieticus« mutierte, S. 106–121.

32 Vgl. Gribbin, John u. Mary: *Ein Prozent Vorteil.* Wie wenig uns vom Affen trennt. Basel, Boston, Berlin 1993 (E.A. Oxford 1988).

33 Vgl. Pröbstl, Albert: »Ahriman als ›Schriftsteller‹ der Genom-Analyse«. In: *Anthroposophie weltweit* Nr. 1 v. 4. 10. 1998, S. 13. Anlaß zu dieser Spekulation bietet eine Notiz Steiners: »Menschenhände werden die Werke schreiben, aber Ahriman wird der Schriftsteller sein … Er wird an den sonderbarsten Stellen seine Werke schreiben … Auf allen Gebieten wird Ahriman schreiben«.

34 Zit. nach Balkenohl, Manfred: *Gentechnologie und Humangenetik.* Ethische Orientierungen. Stein am Rhein 1988.

35 Die Darstellung folgt weitgehend der in der *Zeit* Nr. 4 vom 15. 1. 1998, S. 35 abgedruckten »Kleine(n) Geschichte des Klonens.«

36 Vgl. Bethge, Philip: »Jäger des verlorenen Gens«. In: *Der Spiegel* Nr. 42 v. 18. 10. 1999, S. 306 ff.

37 Vgl. Bamm, Arno u. a.: *Maschinen-Menschen, Mensch-Maschinen.* Grundrisse einer sozialen Beziehung. Reinbek bei Hamburg 1983, S. 83 f.

38 Vgl. Zimmer, Dieter E.: »Eineiige Zwillinge sollen Zufall bleiben. Die Natur klont aus Versehen. Läßt sich ein Klonverbot begründen? Eine Antwort auf Jürgen Habermas«. In: *Die Zeit* Nr. 8 v. 12. 2. 1998.

39 Vgl. Grolle, Johann / Klein, Stefan: »Jetzt wird alles machbar.« In: *Der Spiegel* Nr. 10 v. 3. 3. 1997, S. 220 f.

40 Vgl. Eberhard-Metzger, Claudia: *Stichwort Zwillinge.* München 1998, S. 7–12.

41 Vgl. Wright, Lawrence: *Zwillinge.* Gene, Umwelt und das Geheimnis der Identität. Wien; München 1998 (E.A. London 1997), S. 100 f.

42 Vgl. Eberhard Metzger, a. a. O., S. 57–60

43 Vgl. Wright, a. a. O., S. 23 f., siehe auch Kapitel: Wie der »edle Wilde« zum »Homo sovieticus« mutierte, S. 106–121.

44 Zit. nach Wright, a. a. O., S. 24.

45 Zit. nach Wiedemann, Erich: »Da habe ich für 20 Jahre Arbeit. Josef Mengele in Auschwitz: der Arzt als Mörder«. In: *Der Spiegel* Nr. 17 v. 22. 4. 1985, S. 30 f.

46 Vgl. zur Person Mengeles: Posner, Gerald L. / Ware, John: *Mengele.* Die Jagd auf den Todesengel. Berlin, Weimar 1993 (E. A. New York 1986); Völklein, Ulrich: *Josef Mengele – Der Arzt von Auschwitz.* Göttingen 1999.

47 Zit. nach Wright, a. a. O., S. 99 f.

48 Vgl. ebd. S. 120–123; ferner: Colapinto, John: *Der Junge, der als Mädchen aufwuchs.* Düsseldorf, Zürich 2000.

49 Zit. Wright, a. a. O., S. 61.

50 Vgl. ebd. S. 44.

51 Vgl. Borrmann, Norbert: *Kunst und Physiognomik.* Menschendeutung und Menschendarstellung im Abendland. Köln 1994, bes. S. 64–68.

52 Vgl. ebd. S. 151–155, 204. Der Begriff der »reinen Mitte« geht auf den Arzt, Philosophen, Maler und Physiognomen Carl Gustav Carus zurück.

53 Vgl. Zimmer, Dieter E.: »Schönheit, was ist das?« In: *Zeitmagazin* Nr. 2 v. 5. 1. 1996, S. 8–15.

54 Die ausgemergelten Leiber in der mittelalterlichen Kunst entsprechen keineswegs einem damaligen Schönheitsideal, sondern spiegeln die Körperfeindlichkeit der Kirche wider. Nur mit solch »häßlichen« Leibern durfte der Mensch sich überhaupt darstellen lassen.

55 In diesem Alter läßt sich die Nasenoperation am einfachsten durchführen.

56 Zit. nach Kiener, Franz: *Kleider, Mode und Mensch.* Versuch einer psychologischen Deutung. München, Basel 1956, S. 11.

57 Selbst bei mongoloiden Kindern treten nach einer Operation erstaunliche Wandlungen ein. Vgl. Halter, Hans: »Hier sitze ich und forme Menschen. Plastische Chirurgie. Schönheit Käuflich«. In: *Der Spiegel* (Titelgeschichte), Nr. 41 v. 8. 10. 1979. S. 76.

58 Spengler, Oswald: *Urfragen.* Fragmente aus dem Nachlaß. Hrsg. Von Mirko Koktanek. München 1965, S. 350.

59 Vgl. Kapitel: Vom Gottesstaat, den guten Menschen und der verborgenen Insel Utopia, S. 95 – 106.

60 Auffällig an der Darstellung von Cranachs Jungbrunnen ist, daß er ausschließlich von alten Frauen frequentiert wird, alte Männer scheint es nicht zu geben – Männer verjüngen sich offenbar durch die Liebe zu den jungen Frauen.

61 Die Lebensgeschichte von Rex Gildo erinnert ein wenig an eine Erzählung von Maupassant. In der Novelle *Die Maske* (1889) ist es ein alter Tänzer, der jeden Abend versteckt unter Maske und Perücke, als falscher Jüngling, die Ballhäuser besucht. Der Tänzer, einst wunderschön und begehrt, *kann* sich nicht damit abfinden, mittlerweile ein Greis zu sein und so muß er zwanghaft allabendlich hinausziehen, um sich von der Menge als agiler Adonis bestätigen zu lassen.

62 Vgl. Shelley a. a. O., S. 46 u. 67.

63 Vgl. Halter, Hans: »Den Göttern gleich«. In: *Der Spiegel* Nr. 17 v. 24. 4. 2000, S. 161 f.

64 Vgl. Bredow, Rafaela von: »Ist er nicht hübsch.« In: *Der Spiegel* Nr. 17 v. 24. 4. 2000, S. 182; Fossel, Michael: *Das Unsterblichkeitsenzym.* Die Umkehr des Alterungsprozesses ist möglich. München, Zürich 1996; Buttlar, Johannes von: *Die Methusalemformel.* Der Schlüssel zur ewigen Jugend. Essen, München 1994.

65 Vgl. Bredow, a. a. O., S. 178 – 182.

66 Benecke, Mark: *Der Traum vom ewigen Leben:* Die Biomedizin entschlüsselt das Geheimnis des Alterns. München 1998, S. 262.

67 Vgl. Kapitel: Bizarre Figuren, Mischwesen und der erste Gentechniker, S. 56 – 60.

68 Wenn die »Monströsitäten« nicht überlebensfähig waren, wurden sie in der Zeitspanne vom 19. bis in das 20. Jahrhundert hinein – oft noch im Embryonalzustand – in Spiritusgläsern konserviert. Ihr Anblick läßt unweigerlich Homunculi-Fantasien wach werden. Zahlreiche medizinische Institute statteten sich mit derartigen Sammlungen aus. Eines der »schönsten« davon ist das anatomisch-pathologische Kabinett der Berliner Charité.

69 Vgl. Hortzitz, Nicoline (Hrsg.): *Von den unmenschlichen Taten des Totengräbers Heinrich Krahle zu Frankenstein und andere wahrhaftige »Neue Zeitungen« aus der Frühzeit der Sensationspresse.* Frankfurt/M. 1997, S. 11.
70 Vgl. Kapitel: Von Pygmalion, dem Bildzauber und der Prägekraft der Bilder, S. 36–40.
71 Shelley, a. a. O., S. 73.
72 Auch einige Tiere haben etwas von dieser »Mutationskraft«, indem sie sich Nester und Behausungen errichten oder auf sonstige Weise auf ihren Lebensraum einwirken. Gleichwohl darf man derartige Eingriffe in Relation zum Menschen als marginal abtun.

DER ACHTE SCHÖPFUNGSTAG:
VOLLENDUNG ODER ENDE?

1 Jung, C. G.: Nachwort zu: Koestler, Arthur: *Von Heiligen und Automaten.* Bern, Stuttgart, Wien 1961, S. 368.
2 Vgl. Kapitel: Das doppelte Lottchen, S. 277–289.
3 Vgl. Rigos, Alexandra: »Eltern ohne Einfluß. Ist Erziehung sinnlos?« In: *Der Spiegel* Nr. 47 v. 16. 11. 1998, S. 135 (Titelgeschichte).
4 Vgl. Rabinbach, Anson: »Der Motor Mensch – Ermüdung, Energie und Technologie des menschlichen Körpers im ausgehenden 19. Jahrhundert«. In: Buddensieg, Tilmann / Rogge, Henning: *Die nützlichen Künste.* Berlin 1981, S. 129.
5 Die Bereitschaft der Menschen, die Gentechnik einzusetzen, um damit die Fähigkeiten der eigenen Kinder zu verbessern, ist von Land zu Land z. T. sehr unterschiedlich. Bei einer Umfrage für das Bioethik-Programm der International Union of Biological Sciences (IUSB) aus dem Jahre 1993 kamen u. a. folgende Ergebnisse zutage: Der Anteil der Befürworter reichte von 26 % in Japan und 43 % in den USA bis zu 60 % in Indien und 80 % in Thailand. Vgl. Stock, Gregory: »Der Geist ist aus der Flasche«. In: *Der Spiegel* Nr. 15 v. 10. 4. 2000, S. 190.
6 Es tritt hier also eine Umkehrung ein; denn traditionell wuchs der Grad der Geschlechterdifferenzierung mit der Höhe einer Kultur und der Verfeinerung ihrer Sitten.
7 Vgl. Kapitel: Wie der »edle Wilde« zum »Homo sovieticus« mutierte, S. 106–121.
8 Die diesbezüglichen Aussagen, die etwa Gero von Randow (in: *Roboter.* Unsere nächsten Verwandten. Reinbek bei Hamburg 1997) trifft, dürften also kaum eintreten.
9 Vgl. Interview mit Ray Kurzweil: »Was bleibt vom Menschen?« In: *Die Zeit* Nr. 46 v. 11. 11. 1999, Leben S. 6.
10 Vgl. Lem, Stanislaw: »Hemmungsloser Fortschritt«. In: *Die Zeit* Nr. 1 v. 30. 12. 1999, S. 30.
11 Vgl. Kurzweil, Ray: *HOMO S@PIENS. Leben im 21. Jahrhundert – was bleibt vom Menschen?* Köln 1999, S. 388.
12 Vgl. Stock, a. a. O., S. 192.

Literatur

ANTHOLOGIEN, BIBLIOGRAPHIEN

Daniels, Karlheinz (Hrsg.): *Mensch und Maschine.* Literarische Dokumente. Frankfurt/M., Berlin, München 1981.

Drux, Rudolf (Hrsg.): *Menschen aus Menschenhand.* Zur Geschichte der Androiden. Texte von Homer bis Asimov. Stuttgart 1988.

Glut, Donald F.: *The Frankenstein Catalog.* Being a Comprehensive Listing of Novels, Translations, Adaptions, Stories, Critical Works, Popular Articles, Series, Fumetti, Verse, Stage, Plays, Films, Cartoons, Puppetry, Radio & Television Programs, Comics, Satire & Humor, Spoken & Musical Recordings, Tapes, and Sheet Music, Featuring Frankensteins Monster and/or Descended from Mary Shelley's Novel. Jefferson (North Carolina), London 1984.

Preiss, Byron (Hrsg.): *Das Beste von Frankenstein.* Bergisch Gladbach 1993.

Simmen, René (Hrsg.): *Der mechanische Mensch.* Texte und Dokumente über Automaten, Androiden und Roboter. Zürich 1967.

Spreckelsen, Tilman (Hrsg.): *Nicht Fisch noch Fleisch.* Geschichten von Tiermenschen und Maschinenwesen. Berlin 1999.

Storch, Wolfgang / Damerau, Burghard (Hrsg.): *Mythos Prometheus.* Texte von Hesiod bis René Char. Leipzig 1995.

Swoboda, Helmut (Hrsg.): *Der Traum vom besten Staat.* Texte aus Utopien von Platon bis Morris. München 1972.

Völker, Klaus (Hrsg.): *Künstliche Menschen.* Dichtung & Dokumente über Golems, Homunculi, Androiden und lebende Statuen. 2 Bde., München 1971.

SACHBÜCHER

Agrippa von Nettesheim, Heinrich Cornelius: *Die magischen Werke.* Wiesbaden 1997 (E.A. 1510).

Amery, Carl: *Hitler als Vorläufer.* Auschwitz – der Beginn des 21. Jahrhunderts? München 1998.

Anders, Günter: *Die Antiquiertheit des Menschen.* Über die Seele im Zeitalter der zweiten industriellen Revolution. München 1956.

Aurich, Rolf / Jacobsen, Wolfgang / Jatho Gabriele (Hrsg.): *Künstliche Menschen. Manische Maschinen. Kontrollierte Körper.* Berlin 2000.

Bammé, Arno u. a.: *Maschinen-Menschen, Mensch-Maschinen.* Grundrisse einer sozialen Beziehung. Reinbek bei Hamburg 1983.

Bartens, Werner: *Die Tyrannei der Gene.* Wie die Gentechnik unser Denken verändert. München 1999.

Baruzzi, Arno: *Mensch und Maschine.* Das Denken sub spezie machinae. München 1973.

Be'har Henri: *La littérature et son golem.* Paris 1996.

Benecke, Mark: *Der Traum vom ewigen Leben.* Die Biomedizin entschlüsselt das Geheimnis des Alterns. München 1998.

Blaicher, Günther (Hrsg.): *Mary Shelleys »Frankenstein«.* Text, Kontext, Wirkungen. Essen 1994.

Bodamer, Joachim: *Der gefährdete Mensch.* Freiburg i.Br. 1968.

Böhm, Winfried / Grell, Frithjof (Hrsg.): *Jean-Jacques Rousseau und die Widersprüche der Gegenwart.* Würzburg 1991.

Borrmann, Norbert: *Kunst und Physiogonomik.* Menschendeutung und Menschendarstellung im Abendland. Köln 1994.

Botting, Fred: *Making monstrous.* Frankenstein, criticism, theory. Manchester, New York 1991.

Ders. (Hrsg.): *Frankenstein.* New York 1995.

Bovenschen, Silvia (Hrsg.): *Die Listen der Mode.* Frankfurt/M. 1986.

Braitenberg, Valentin: *Künstliche Wesen.* Verhalten kybernetischer Vehikel. Braunschweig, Wiesbaden 1986 (E.A. Cambridge, Mass. 1984).

Branagh, Kenneth (Hrsg.): *Mythos Frankenstein.* Die offizielle Dokumentation zu *Mary Shelley's Frankenstein.* Düsseldorf 1994 (E.A. New York 1994).

Brauchbar, Mathis / Heer, Heinz: *Zukunft Alter.* Herausforderung und Wagnis. München 1993.

Breton, Philippe: *A l'Image de l'Homme.* Du Golem aux créatures virtuelles. Paris 1995.

Brittnacher, Hans Richard: *Ästhetik des Horrors.* Gespenster, Vampire, Monster, Teufel und künstliche Menschen in der phantastischen Literatur. Frankfurt/M. 1994.

Brockman, John: *Einstein, Gertrude Stein, Wittgenstein & Frankenstein.* Die Geburt der Zukunft. Eine Bilanz unseres naturwissenschaftlichen Weltbildes. München 1991 (E.A. Canada 1986).

Brown, David: *Cyberdiktatur.* Das Ende der Demokratie im Informationszeitalter. Berlin 1997.

Buddenmeier, Heinz: *Leben in künstlichen Welten.* Cyberspace, Videoclips und das tägliche Fernsehen. Stuttgart 1993.

Buddensieg, Tilmann / Rogge, Henning (Hrsg.): *Die nützlichen Künste.* Gestaltende Technik und bildende Kunst seit der Industriellen Revolution (Katalog) Berlin 1981.

Cassa, Mario: *Nietzsche contra Rousseau.* Verona 1982.

Chargaff, Erwin: *Die Aussicht vom dreizehnten Stock.* Neue Essays. Stuttgart 1998.

Clay, Catrine / Leapman, Michael: *Herrenmenschen.* Das Lebensborn-Experiment der Nazis. München 1997 (E.A. London 1995).

Cohen, John: *Human Robots in Myth and Science.* South Brunswick. New York 1967.

Collens, Harry / Pinch, Trevor: *The Golem.* What everybody should know about science. Cambridge 1993.

Crick, Francis: *Ein irres Unternehmen.* Die Doppelhelix und das Abenteuer der Molekularbiologie. München 1990 (E.A. New York 1988).

Cruse, Holk / Dean, Jeffrey / Ritter, Helge: *Die Entdeckung der Intelligenz oder können Ameisen denken?* Intelligenz bei Tieren und Maschinen. München 1998.

Dahl, Jürgen: *Die Verwegenheit der Ahnungslosen.* Über Genetik, Chemie und andere Schwarze Löcher des Fortschritts. Stuttgart 1989.

Damasio, Antonio R.: *Descartes' Irrtum*. Fühlen, Denken und das menschliche Gehirn. München, Leipzig 1995 (E.A. New York 1994).

Ders.: *Ich fühle, als bin ich*. München 2000.

Davis, Wade: *Passage of Darkness*. The Ethnobiology of the Haitian Zombie. North Carolina, London 1988.

Debus, Michael: *Der Mensch im »Zugriff« des Computers*. Stuttgart 1985.

Dietz, Karl-Martin: *Metamorphosen des Geistes*. Prometheus – vom göttlichen zum menschlichen Wissen. Stuttgart 1989.

Dohmen, Karin (Hrsg.): *Gentechnologie – Die andere Schöpfung?* Stuttgart 1988.

Dörner, Dietrich: *Bauplan für eine Seele*. Reinbek bei Hamburg 1998.

Dülmen, Richard van (Hrsg.): *Die Erfindung des Menschen*. Wien, Köln, Weimar 1998.

Eberhard-Metzger, Claudia: *Stichwort Zwillinge*. München 1998.

Eccles, John C.: *Das Gehirn des Menschen*. Das Abenteuer der modernen Hirnforschung. München 1975 (E.A. New York 1973).

Eigen, Manfred: *Homunculus im Zeitalter der Biotechnologie*. Göttingen 1984.

Faßler, Manfred / Halbach, Wulf R.: *Cyberspace*. Gemeinschaften, Virtuelle Kolonien, Öffentlichkeiten. München 1994.

Faulstich, Peter: *Computer und Roboter nur alte Zukünfte?* Zukunftsentwürfe in Science-Fiction-Comics. Kassel 1991.

Florescu, Radu: *In Search of Frankenstein*. With Contributions by Alan Babour&Matei Cazacu. New York 1975.

Foerster, Heinz von: *Kybern Ethik*. Berlin 1993.

Fortey, Richard: *Leben. Eine Biographie*. Die ersten vier Milliarden Jahre. München 1999.

Freeman, Derek: *Liebe ohne Aggression*. Margaret Meads Legende von der Friedfertigkeit der Naturvölker. Mit einem Vorwort von Irenäus Eibl-Eibesfeldt. München 1983.

Gebelein, Helmut: *Alchemie*. Die Magie des Stofflichen. München 1991.

Gendolla, Peter: *Die lebenden Maschinen*. Zur Geschichte der Maschinenmenschen bei Jean Paul, E.T.A. Hoffmann und Villiers de l'Isle Adam. Marburg a.d. Lahn 1980.

Glaser, Horst Albert: *Utopische Inseln*. Beiträge zu ihrer Geschichte und Theorie. Frankfurt/M. u.a. 1996.

Glaser, Horst Albert / Kaempfer, Wolfgang (Hrsg.): *Maschinenmenschen*. Referate der Triestiner Tagung. Frankfurt/M. u.a. 1988.

Gräfrath, Bernd: *Lems Golem*. Parerga und Paralipomena. Frankfurt/M. 1996.

Gramzow, Otto: *Friedrich Nietzsches Herrenmoral*. Leipzig 1908.

Graubard, Stephen R. (Hrsg.): *Probleme der Künstlichen Intelligenz*. Wien, New York 1996 (E.A. London 1989).

Günther, Gotthard: *Das Bewußtsein der Maschinen*. Eine Metaphysik der Kybernetik. Krefeld, Baden-Baden 1963.

Günther, Hans: *Der sozialistische Übermensch*. M. Gorki und der sowjetische Heldenmythos. Stuttgart, Weimar 1993.

Hagner, Michael (Hrsg.): *Ecce Cortex*. Beiträge zur Geschichte des modernen Gehirns. Göttingen 1999.

Hamer, Dean / Copeland, Peter: *Das unausweichliche Erbe*. Bern, München, Wien 1998.

Hanus, Otto K.: *Vom Limbus und Homunculus des Paracelsus zur Kunst in der psychomentalen Therapie*. München 1993.

Heckmann, Herbert: *Die andere Schöpfung*. Geschichte der frühen Automaten in Wirklichkeit und Dichtung. Frankfurt/M. 1982.

Held, Hans Ludwig: *Das Gespenst des Golem*. Eine Studie aus der hebräischen Mystik mit einem Exkurs über das Wesen des Doppelgängers.

Helman, Cecil: *Körper Mythen*. Werwolf, Medusa und das radiologische Auge. München 1991 (E.A. London 1991).

Herrlich, Peter: *Was ist Leben?* Fakten und Fragen der Biologie. Wien, Heidelberg 1977.

Hildenbrock, Aglaja: *Das andere Ich:* Künstlicher Mensch und Doppelgänger in der deutsch-englischsprachigen Literatur. Tübingen 1986.

Hoffmann, Hans-Joachim: *Kleidersprache*. Eine Psychologie der Illusionen in Kleidung, Mode und Maskerade. Frankfurt/M., Berlin, Wien 1985.

Holbein, Ulrich: *Der illustrierte Homunculus*. Goethes Kunstgeschöpf auf seinem Lebensweg durch hundertfünfzig Jahre Kunstgeschichte. München 1989.

Jacob, Francois: *Die Maus, die Fliege und der Mensch*. Über die moderne Genforschung. Berlin 1998 (E.A. Paris 1997).

Jungk, Robert (Hrsg.): *Menschheitsträume*. Visionen verändern die Zukunft. Düsseldorf 1969.

Kingdon, Jeremy: *Und der Mensch schuf sich selbst*. Das Wagnis der menschlichen Evlolution. Basel 1994 (E.A. London 1993).

Klein, Herbert G.: *Konstruierte Wirklichkeiten*. Kybernetische Bewußtseinsformen im anglo-amerikanischen Roman des 20. Jahrhunderts. Heidelberg 1998.

Koestler, Arthur: *Das Gespenst in der Maschine*. Wien, München, Zürich 1968.

Ders.: *Der Mensch – Irrläufer der Evolution*. Eine Anatomie der menschlichen Vernunft und Unvernunft. Bern, München 1978.

Krafft, Barbara (Hrsg.): *Traumwelt der Puppen* (Katalog). München 1991.

Kunze, Jürgen / Nippert, Irmgard: *Genetik und Kunst:* Angeborene Fehlbildungen in verschiedenen Kulturepochen. Berlin 1986.

Kurzweil, Ray: *HOMO S@PIENS. Leben im 21. Jahrhundert – was bleibt vom Menschen?* Köln 1999.

LeBlanc, Thomas: *Roboter und Zeitmaschinen*. Fünf Essays zur Science Fiction (Schriftenreihe und Materialien der Phantastischen Bibliothek Wetzlar Bd. 3), Wetzlar 1993.

Lecourt, Dominique: *Prométhée, Faust, Frankenstein*. Fondements imaginaires de l'éthique. Paris 1996.

Lehmann, Günther, K.: *Der Übermensch*. Friedrich Nietzsche und das Scheitern der Utopie. Frankfurt/M. u.a. 1993.

Lepp, Nicola / Roth, Martin / Vogel, Klaus (Hrsg.): *Der Neue Mensch*. Obsessionen des 20. Jahrhunderts (Katalog). Ostfildern-Ruit 1999.

Lippmann, Edmund O. von: *Der Stein des Weisen und Homunculus, zwei alchemistische Probleme in Goethes Faust*. Sonderdruck aus der Chemiker-Zeitung 1920, Nr. 31.

Lumsden, Charles J. / Wilson, Edward O.: *Das Feuer des Prometheus.* Wie das menschliche Denken entstand. München 1984.

Maier, Robert: *Die Stachanov-Bewegung.* 1935–1938. Stuttgart 1990.

Mainzer, Klaus: *Computer – Neue Flügel des Geistes?* Die Evolution computergestützter Technik, Wissenschaft, Kultur und Philosophie. Berlin, New York 1994.

Maranto, Gina: *Designer-Babys.* Träume vom Menschen nach Maß. Stuttgart 1998 (E.A. New York 1996).

Massari, Roberto: *Mary Shelley's Frankenstein.* Vom romantischen Mythos zu den Anfängen der Science-fiction. Hamburg 1989.

Mayer, Mathias / Neumann, Gerhard: *Pygmalion.* Die Geschichte des Mythos in der abendländischen Kultur. Freiburg i. Brsg. 1997.

Meesmann, Hartmut / Sill, Bernhard (Hrsg.): *Androgyn.* »*Jeder Mensch in sich ein Paar?*« Androgynie als Ideal geschlechtlicher Identität. Weinheim 1994.

Menegaldo, Gilles: *Frankenstein (Figures mythiques).* Paris 1998.

Moravec, Hans: *Mind children.* The future of robots and human intelligence. Cambridge / MA 1988.

Ders.: *Robot.* Oxford 1999.

Neher, André: *Faust et le Maharel de Praque.* Le Mythe et le Réel. Paris 1987.

Nietzsche, Friedrich: *Werke.* 8 Bde. und ein Ergänzungsband. Leipzig 1922–1923.

Packard, Vance: *Die große Versuchung.* Ein Eingriff in Körper und Seele. Düsseldorf, Wien 1978 (E.A. Boston, Mass. 1977).

Paracelsus: *Mikrokosmos und Makrokosmos.* Okkulte Schriften. Hrsg. und mit einer Einführung von Helmut Werner. München 1989.

Pearson, Keith: *Viroid Life.* Perspectives on Nietzsche and the transhuman condition. London, New York 1997.

Penrose, Roger: *Das Große, das Kleine und der menschliche Geist.* Frankfurt / M. 1998.

Petraschek-Heim, Ingeborg: *Die Sprache der Kleidung.* Wesen und Wandel von Tracht, Mode, Kostüm und Uniform. 2. neubearb. Aufl. Baltmannsweiler 1988.

Pieper, Annemarie: »*Ein Seil geknüpft zwischen Tier und Übermensch*«. Philosophische Erläuterungen zu Nietzsches erstem »Zarathustra«. Stuttgart 1990.

Plessner, Helmuth: *Die Stufen des Organischen und der Mensch.* Einleitung in die philosophische Anthropologie. 2. erw. Aufl. Berlin 1965.

Posch, Waltraud: *Körper machen Leute.* Der Kult um die Schönheit. Frankfurt / M. 1999.

Radwit, Karl: *Kollege Roboter.* Unsere Zukunft mit dem Elektronenrechner. München 1965.

Randow, Gero von: *Roboter.* Unsere nächsten Verwandten. Reinbek bei Hamburg 1997.

Rasche, Joerg: *Prometheus.* Der Kampf zwischen Sohn und Vater. Zürich 1988.

Rempeters, Georg: *Die Technikdroge des 21. Jahrhunderts.* Virtuelle Welten im Computer. Frankfurt / M. 1994.

Rheingold, Howard: *Virtuelle Welten*. Reisen im Cyberspace. Reinbek bei Hamburg 1992 (E.A. New York 1991).

Richter, Klaus: *Die Herkunft des Schönen*. Grundzüge einer evolutionären Ästhetik. Mainz 1999.

Riedl, Rupert: *Mit dem Kopf durch die Wand*. Die biologischen Grenzen des Denkens. Stuttgart 1994.

Riffkin, Jeremy: *Das biotechnische Zeitalter*. Die Geschäfte mit der Genetik. München 1998.

Rötzer, Florian: *Digitale Weltentwürfe*. Streifzüge durch die Netzkultur. München, Wien 1998.

Ders. / Weibel, Peter (Hrsg.): *Cyberspace*. Zum medialen Gesamtkunstwerk. Himberg bei Wien 1993.

Rollin, Bernard E.: *The Frankenstein syndrome*. Ethical and social issues in the genetic engineering of animals. Cambridge 1995.

Rose, Steve: *Darwins gefährliches Erbe*. Biologie jenseits der egoistischen Gene. München 2000.

Rousseau, Jean-Jacques: *Der Gesellschaftsvertrag*. Leipzig 1988 (E.A. 1762).

Rowe, David C.: *Genetik und Sozialisation*. Die Grenzen der Erziehung. Weinheim 1997 (E.A. New York 1994).

Saage, Richard: *Politische Utopien der Neuzeit*. Darmstadt 1991.

Ders.: *Vermessungen des Nirgendwo*. Begriffe, Wirkungsgeschichte und Lernprozesse der neuzeitlichen Utopien. Darmstadt 1995.

Sailer, Wolfram: *Wissen, Arbeit und Liebe in Mary Shelleys Frankenstein*. Studien zur romantischen Mythendeutung. Essen 1994.

Sauer, Lieselotte: *Marionetten, Maschinen, Automaten*. Der künstliche Mensch in der deutschen und englischen Romantik. Bonn 1983.

Schmitz-Köster, Dorothee: *»Deutsche Mutter bist Du bereit ...«* Alltag im Lebensborn. Berlin 1997.

Seim, Roland / Spiegel, Josef (Hrsg.): *Roboter Alltag*. Zur Soziologie und Geschichte des künstlichen Menschen. Münster 1995.

Sherman, Barrie / Judkins, Phil: *Virtual Reality*. Cyberspace-Computer kreieren synthetische Welten. Bern, München 1993 (E.A. London 1992).

Sherwin, Byron L.: *The Golem Legend*. Origins and Implications. Lanham, London 1985.

Silver, Lee: *Das geklonte Paradies*. München 1998.

Simon, Herbert A.: *Die Wissenschaften vom Künstlichen*. Wien, New York 1994 (E.A. 1969).

Sinjawskij, Andrej: *Der Traum vom neuen Menschen oder Die Sowjetzivilisation*. Frankfurt/M. 1989.

Söring, Jürgen / Sorg, Reto (Hrsg.): *Androiden*. Zur Politologie der Automaten. 6. Internationales Neuenburger Kolloquium 1994. Frankfurt/M. u.a. 1997.

Steinbuch, Karl: *Automat und Mensch*. Kybernetische Tatsachen und Hypothesen. 3. neubearb. u. erw. Aufl. Berlin, Heidelberg, New York 1965.

Steinmüller, Karlheinz (Hrsg.): *Wirklichkeitsmaschinen*. Cyberspace und die Folgen. Weinheim, Basel 1993.

Swoboda, Helmut: *Der künstliche Mensch*. München 1967.

Ders.: *Utopia.* Geschichte der Sehnsucht nach einer besseren Welt. Wien 1972.

Tietzel, Manfred: *L'homme machine.* Künstliche Menschen in Philosophie, Mechanik und Literatur, betrachtet aus der Sicht der Wissenschaftstheorie. In: Zeitschrift für allgemeine Wissenschaftstheorie. Bd. XV (1984), H. 1, S. 34–71.

Treffer, Gerd (Hrsg.): *Die Kreatur.* Frankensteins Spuren in Ingolstadt. Ingolstadt 1995.

Vacquin, Monette: *Die Geburt ohne Frau.* Frankensteins Kinder und die Gentechnik. Bad Münstereifel 1991 (E.A. Paris 1989).

Vartanian, Aram: *La Mettries L'Homme Machine.* A study in the Origins of an Idea. Princeton, New Jersey 1960.

Veeder, William: *Mary Shelley. Frankenstein.* The Fate of Androgyny. Chicago, London 1986.

Virilio, Paul: *Die Eroberung des Körpers.* Vom Übermenschen zum überreizten Menschen. München, Wien 1994 (E.A. Paris 1993).

Weingart, Peter / Kroll, Jürgen / Bayertz, Kurt: *Rasse, Blut und Gene.* Geschichte der Eugenik und Rassenhygiene in Deutschland. Frankfurt/M. 1988.

Weß, Ludger (Hrsg.): *Die Träume der Genetik.* Gentechnische Utopien von sozialem Fortschritt. Schriften der Hamburger Stiftung für Sozialgeschichte des 20. Jahrhundertes. Nördlingen 1989.

Ders. (Hrsg.): *Schöpfung nach Maß:* Perfekt oder pervers? Wissenschaft an der Grenze von Leben und Tod. Medizin zwischen Manipulation und Therapie. Gentechnik zwischen Markt und Moral. Oberursel 1995.

Wiener, Norbert: *Kybernetik.* Regelung und Nachrichtenübertragung im Lebewesen und in der Maschine. 2. rev. und erg. Aufl. Düsseldorf, Wien 1963 (E.A. 1948).

Ders.: *Gott & Golem Inc.* Düsseldorf, Wien 1965 (E.A. 1964).

Wieser, Wolfgang: *Organismen, Strukturen, Maschinen.* Zu einer Lehre vom Organismus. Frankfurt/M. 1959.

Wilkie, Tom: *Gefährliches Wissen.* Sind wir der Gentechnik gewachsen? Hamburg 1996 (E.A. London 1993).

Wilson, Robert Anton: *Der neue Prometheus.* Die Evolution unserer Intelligenz. Vorwort von Israel Regardie. Reinbek bei Hamburg 1987 (E.A. 1983).

Winnacker, Ernst-Ludwig: *Das Genom.* Möglichkeiten und Grenzen der Genforschung. 2. erw. u. akt. Aufl. Frankfurt/M. 1997 (E.A. 1996).

Wright, Lawrence: *Zwillinge, Gene, Umwelt und das Geheimnis der Identität.* Wien, München 1998 (E.A. London 1997).

Wuckel, Dieter: *Science Fiction.* Eine illustrierte Literaturgeschichte. Hildesheim, Zürich, New York 1986.

Wutrich, Timothey Richard: *Prometheus and Faust.* The Promethean Revolt in Drama from Classical Antiquity to Goethe. London 1995.

ERZÄHLENDE LITERATUR

Aldiss, Brian W.: *Der entfesselte Frankenstein.* München 1984 (E.A. London 1973).

Arnim, Achim von:»Isabella von Ägypten« (E.A. 1812) In: Ders.: *Erzählungen in einem Band.* Hrsg. von Walter Migge. München 1971, S.91–176.

Artmann, H.C.: *Frankenstein in Sussex.* Frankfurt 1969.

Asimov, Isaac: *Meine Freunde die Roboter.* Erzählungen. München 1982 (E.A. 1950).

Ders.: *Ich, der Robot.* München 1970 (E.A. 1941).

Bierce, Ambrose:»Moxons Herr und Meister« (E.A. 1909). In: Ders.: *Mein Lieblingsmord.* Frankfurt/M. 1966, S.142–154.

Blaylock, James P.: *Homunculus.* Er ist ein Winzling, aber er kann Tote zum Leben erwecken. München 1990 (E.A. London 1986).

Čapek, Karel: *R. U. R. Rossums Univeral Robots.* Prag 1920.

Deichsel, Wolfgang: *Frankenstein I.* Aus dem Leben eines Angestellten. Frankfurt/M. 1992.

Eichendorff, Joseph von:»Das Marmorbild«. In: Ders.: *Werke in einem Band.* Hrsg. von I. Hillmann. Stuttgart, Salzburg o.J. S.393–432 (E.A. 1819).

Ewers, Hanns Heinz: *Alraune.* Die Geschichte eines lebenden Wesens. München 1911.

Forster, Edward Morgan: *The Machine stops.* London 1909.

Galouye, Daniel F.: *Welt am Draht.* Frankfurt/M. 1973 (E.A. NewYork 1964).

Gibson, William: *Neuromancer.* New York 1984.

Goethe, Johann Wolfgang von: *Faust. Urfaust. Faust I u. II.* Paralipomena Goethe über »Faust«. Berlin, Weimar 1990.

Haber, Karen/Silverberg, Robert: *Die Zeit der Mutanten.* München 1994 (E.A. NewYork 1989).

Hauff, Wilhelm:»Der Affe als Mensch« (E.A. 1827) In: *Hauffs Märchen.* München 1967, S.210–238.

Hoffmann, E.T.A.:»Die Automate« (E.A. 1814). In: Ders.: *Die Serapionsbrüder.* Berlin, Weimar 1978 Bd. 1, S.396–429.

Ders.:»Der Sandmann« (E.A. 1817). In: Ders.: *Nachtstücke.* Wiesbaden 1975, S.7–47.

Houllebecq, Michel: *Elementarteilchen.* Köln 1999 (E.A. Paris 1998).

Huxley, Aldous: *Brave New World.* London 1932.

Lem, Stanislav: *Also sprach Golem.* Frankfurt/M. 1984. (E.A. 1973).

Maugham, W. Somerset: *Der Magier.* Ein parapsychologischer Roman. Zürich 1975 (E.A. London 1908).

Meyrink, Gustav: *Der Golem.* Frankfurt/M., Wien, Zürich 1969 (E.A. München 1915).

Münzer, Kurt:»Pygmalion«. In: Schwabe, Toni (Hrsg.): *Das Gespensterschiff.* Ein Jahrbuch für die unheimliche Geschichte. Jena 1920, S.157–175.

Mulisch, Harry: *Die Prozedur.* München 1998.

Panizza, Oscar:»Die Menschenfabrik« (E. A. 1890). In: Winkler, Michael (Hrsg.): *Phantastische Erzählungen der Jahrhundertwende.* Stuttgart 1982, S.23–42.

Paul, Jean: *Der Maschinenmann nebst seinen Eigenschaften.* Leipzig 1928 (E.A. 1789).

Ders.: *Einfältige, aber gutgemeinte Biographie einer neuen, angenehmen Frau von bloßem Holze.* Frankfurt/M. 1963 (E.A. 1789).

Petiska, Eduard: *Der Golem.* Jüdische Sagen und Märchen aus dem alten Prag. München 1987.

Renard, Maurice: *Der Doktor Lerne.* Frankfurt/M. 1977 (E.A. Paris 1908).

Roszak, Theodore: *The Memoirs of Elizabeth Frankenstein.* New York 1995.

Shaw, Bernard: *Mensch und Übermensch.* Gesammelte Stücke in Einzelausgaben. Hrsg. v. Ursula Michels Wend Bd. 5 Frankfurt/M. 1972.

Shelley, Mary Wollstonecraft: *Frankenstein.* Ein moderner Prometheus. Aus dem Englischen v. Friedrich Polakovics. Nachwort v. Hermann Ebeling. München 1970 (E.A. London 1818).

Smith, Michael Marshall: *Geklont.* Reinbek bei Hamburg 1998 (E.A. London 1997).

Verne, Jules: *Paris im 20. Jahrhundert.* Wien 1996 (E.A. Paris 1994, geschrieben 1863).

Villiers, de l'Isle Adam, Jean Marie: *Die Eva der Zukunft.* Frankfurt/M. 1984 (E.A. Paris 1886).

Wells, Herbert George: *Die Insel des Dr. Moreau.* Wien 1993. (E.A. London 1893).

Ders.: *The First Men in the Moon.* London 1901.

Ders.: *Die Riesen kommen.* Wien 1993 (E.A. London 1904).

Ders.: *Menschen, Göttern gleich.* Wien 1993 (E.A. London 1923).

Whitehead, Henry St. Clair: *Seven Turns in a Hangman's Rope.* New York 1932.

Weitere Literaturhinweise sind den Anmerkungen bzw. dem Text selbst zu entnehmen.

Bildnachweis

Personenregister

Nancy Etcoff

Nur die Schönsten überleben
Die Ästhetik des Menschen

352 Seiten, gebunden mit Schutzumschlag

Nancy Etcoff erhellt die Facetten menschlicher Schönheit.
Sie sagt uns, weshalb wir Modezeitschriften verschlingen,
weshalb wir unsere Taille messen, weshalb wir unseren Körper
durch Piercing und plastische Chirurgie verändern wollen
oder weshalb wir den Objekten unseres Begehrens
sehnsuchtsvolle Blicke zuwerfen.
Archaische Gesetze der Schönheit treten
uns vor Augen: So zieht es uns immer am stärksten
zu denjenigen hin, mit denen die Wahrscheinlichkeit,
Nachkommen zu zeugen, am größten ist.
Schönheit beeinflusst unsere Wahrnehmung und unser
Verhalten anderen gegenüber. Ein aufklärendes,
geistvolles und provokatives Buch.

DIEDERICHS

Richard Wrangham / Dale Peterson
Bruder Affe
Menschenaffen und die Ursprünge menschlicher Gewalt

344 Seiten, gebunden mit Schutzumschlag

Richard Wrangham und Dale Peterson erforschen die tiefsten
Ursprünge menschlicher Gewalt. Um bis an die Wurzeln zu gehen,
blicken sie in eine Zeit zurück, da sich unsere Spezies noch nicht
von den Menschenaffen des Regenwaldes wegentwickelt hatte:
vor 5 bis 6 Millionen Jahren. Die These der Autoren ist kurz
und einprägsam: Menschenaffen sind ähnlich gewalttätig
wie Menschen. Zweifellos lassen sich direkte Zusammenhänge
herstellen zwischen der Kriegsführung der Menschen und den
brutalen Überfällen von Schimpansen auf ihresgleichen.
Man kann an den Menschenaffen genau beobachten,
wie der Trieb zum Bösen – zu Destruktion, Folter
und Auslöschen – geartet ist, und somit herleiten,
wie tief er in uns Menschen verwurzelt ist.

DIEDERICHS